■ 本论丛是重庆大学"双一流"学科重点建设项目"新闻传播学一级
学科水平提升计划"研究成果，由项目经费资助出版。

新闻传播研究论丛

混沌与秩序：新闻伦理探微

刘海明 著

重庆大学出版社

内容提要

本书侧重关注我国新闻业的问题，内容广泛，既有灾难报道、媒体应急管理、人工智能、舆情预警，也有其他实务问题，致力于从新闻业界的混沌现象中探寻问题的症结所在，为构建新的新闻秩序提供理论支撑。所有的研究内容聚焦业界前沿问题，以伦理为研究视角，追求理论服务实践。基于这样的研究理念，强调研究内容的前沿性，学科知识的交叉性以及研究的实践性，注重理论与实践的结合。

本书适用于新闻专业的师生和媒体从业者阅读。

图书在版编目（CIP）数据

混沌与秩序：新闻伦理探微 / 刘海明著. -- 重庆：
重庆大学出版社，2023.9
（新闻传播研究论丛）
ISBN 978-7-5689-3895-2

Ⅰ.①混… Ⅱ.①刘… Ⅲ.①新闻学—伦理学—研究
Ⅳ.①G210-05

中国国家版本馆CIP数据核字（2023）第080652号

混沌与秩序：新闻伦理探微
HUNDUN YU ZHIXU：XINWEN LUNLI TANWEI

刘海明　著
策划编辑：陈筱萌　唐启秀
责任编辑：陈　曦　　版式设计：叶抒扬
责任校对：关德强　　责任印制：张　策

＊

重庆大学出版社出版发行
出版人：陈晓阳
社址：重庆市沙坪坝区大学城西路21号
邮编：401331
电话：（023）88617190　88617185（中小学）
传真：（023）88617186　88617166
网址：http://www.cqup.com.cn
邮箱：fxk@cqup.com.cn（营销中心）
全国新华书店经销
重庆市国丰印务有限责任公司印刷

＊

开本：720mm×1020mm　1/16　印张：21.25　字数：350千
2023年9月第1版　　2023年9月第1次印刷
ISBN 978-7-5689-3895-2　定价：88.00元

总序（一）|

马胜荣[1]

重庆大学新闻学院推出一套新闻传播研究丛书，书稿涉及的内容比较广泛，有独到的视角和理论思考，是学院中青年教授在不同时间段的研究成果。

重庆大学文科教育有着近 100 年的历史，1929 年建校之初设立了文学院。新闻教育起步于 20 世纪末期，1998 年成立人文艺术学院，开设了广播电视新闻学专业。2007 年，学校组建文学与新闻传媒学院。2012 年，学校调整学科布局，更名为重庆大学新闻学院。此后，学院不断引进人才，教学和科研不断加速，成果显著。目前，新闻学院已经拥有新闻传播学一级学科硕士授权点、新闻与传播硕士专业学位点，新闻传播学一级学科博士点，形成了本—硕—博完整的新闻传播人才培养体系。

这套研究丛书成稿的时间跨度由各位作者跟踪各自所研究问题的时间不同而定，有的是多年来相关论文的选集，有的侧重传播史的研究，如书稿作者在前言或后记中所言，所著文字都是他们紧密结合不断变化的新闻传播实际进行的理论探讨与思考，或是自己对所关注领域的新闻传播史的研究。书稿所涉及的问题涵盖新闻传播研究的这些方面，迫切需要不断和深入地探讨、思考和追踪研究。我以为，新闻传播研究对现有一些观点或者权威论断进行阐述和解释是有必要的，但更重要的是要发现新闻传播中的现实问题，分析和研究这些问题存在的环境和内在逻辑，提出新的思路和看法，以推进问题研究的深化和相关理论的提升，或是进一步研究新闻传播史上的一些重要问题，提出新的见解。

新闻传播学是实践性很强的学科。我认为，在新闻传播研究的过程中，坚持历史的观点和实践的观点是同样重要的。恩格斯在《路德维希·费尔巴哈和德国古典哲学的终结》这本具有典型代表性的马克思主义哲学著作中批评了历史领域中的"非历史的观点"。他指出，这种观点"不能把世界理解为一种过程，理解

1　马胜荣：第十一届全国政协委员、新华社原副社长兼常务副总编辑。

为一种处在不断的历史发展中的物质"。他写道："在这里，反对中世纪残余的斗争限制了人们的视野。中世纪被看作是由于千百年来普遍野蛮状态所引起的历史的简单中断；中世纪的巨大进步……欧洲文化领域的扩大，在那里一个挨着一个形成的富有生命力的大民族，以及 14 和 15 世纪的巨大技术进步，这一切都没有被人看到。这样一来，对伟大历史联系的合理看法就不可能产生，而历史至多不过是一部可供哲学家使用的例证和插图的汇集罢了。"[1] 恩格斯的这个观点对新闻传播研究有重要的启示意义。

实践的观点同样重要。新闻传播研究无疑需要深刻的理论思考，但这种理论思考应当建立在考察和研究实践问题的基础之上，应当而且必须同新闻实践紧密地联系起来。著名新闻传播学教授方汉奇先生 1999 年讲过："21 世纪是一个高度信息化的时代，是信息经济和知识经济占主导地位的时代。信息经济和知识经济有两大支柱，一是以高新科技为代表的传播技术产业，二是从事新闻和信息产品生产的媒体产业。新闻传播学作为将这两大领域有机联结的桥梁，在今后的国家建设和社会发展中必将发挥越来越重要的作用。"方汉奇先生当年的提醒是准确和重要的。进入 21 世纪后，随着传播技术的不断革新，新闻传播的环境发生了极其深刻的变化，新闻传播的形态、模式、渠道、受众等与传统媒体为主的时代极其不同，人工智能和算法等新技术给新闻传播领域带来的变化是颠覆性的。在这种传播环境中，越来越多的新闻学者认识到，新闻传播研究要更加关注新闻实践中遇到或者已经存在多年的问题，不断针对具体问题深入进行研究和理论思考。

关注和重视当代新闻传播实践是这套丛书的特点。八位教授的书稿涵盖面比较广，突出体现了他们关注实践的问题意识以及在研究方法和理论思路上独有的视角，反映了他们研究所关注问题的进程与轨迹。董天策长期从事新闻理论的教学、研究和新闻教育管理工作，是很有成就的中年学者，现任重庆大学新闻学院院长。他的书稿《提要探微：新闻传播理论纵横》选编了过去四分之一世纪中所发表论文中的 28 篇文章。他对在这一时期"有幸参与其中"的"新闻传播研究波澜壮阔、高歌猛进"岁月深深怀念，这些文章"算是汇集了个人在新闻传播学

1　恩格斯.路德维希·费尔巴哈和德国古典哲学的终结［M］.中共中央马克思恩格斯列宁斯大林著作编译局，译.
　　北京：人民出版社，1988：23.

术河流中的几朵浪花"。郭小安的《反思与重构：新时代舆论学研究的知识转型》、刘海明的《混沌与秩序：新闻伦理探微》、张小强的《颠覆与创新：新媒体生态及其治理》、曾润喜的《沟通与善治：网络时代的媒体与政策传播》等书稿紧密联系新闻传播实际，"眼睛始终没有离开业界的前沿问题"，时刻注意"去瞄准一个随时移动的靶子"，关注"没有得到足够重视"的有关领域，从实际问题入手进行深入的理论思考，提出了一些解决问题的思路与理论框架。龙伟的《历史的褶皱：近代中国的媒介与社会》、齐辉的《反击侵略：中国抗战的报界动员与新闻救国》、张瑾的《开放与嬗变：文献记录中的重庆形象》资料丰富、考证严谨，侧重从研究新闻传播史的视角，阐述他们各自研究领域的相关观点。张瑾、龙伟和齐辉三位教授历史学的造诣相当深厚，对各自领域的研究对象进行过多年的跟踪研究，成果比较突出，张瑾教授的一些研究在海外也产生了影响。无论是研究视角还是理论思考，他们的研究都有助于拓宽新闻传播史研究的视野。

我以为，新闻教育中教学与研究是相互支撑的两个方面，两者互为作用、相互完善，推动新闻教育的整体发展。教学主要是对学生的培养，为新闻媒体和其他有类似业务的机构输送人才。研究应该是对新闻传播领域各个方面的规律性研究和相关的理论研究，为新闻传播理论作出贡献。教师的出色科学研究无疑会推动教学工作，使学生能够在学习的过程中更直接分享教师的研究成果，从而推动教学。同样，出色的教学也会给研究注入动力。在丛书的书稿中，有一些研究是有学生参与的，能力比较强的学生肯定可以更多地贡献自己的智慧。丛书的这八位教授是学生十分欢迎和尊敬的老师，同时他们的科研成就也非常突出，在教学和科研两个方面都为学院作出了贡献。

我相信，随着重庆大学新闻学院的不断发展，学院的教师们一定会有更多的新闻传播研究著作问世，继续为推动新闻传播教育和研究而努力。

是为序。

马胜荣

2022 年 10 月 8 日于北京

总序（二）

董天策

2019年，对重庆大学新闻学院来说，是个具有重要意义的时间节点。这一年，经校内外专家评审与重庆大学学位委员会审议，新闻传播学成为重庆大学自主审核通过的首个一级学科博士点；这一年，"新闻传播学一级学科水平提升计划"获得学校支持，列入重庆大学"双一流"学科重点建设项目。

从1999年招收广播电视新闻学本科生，历经20年发展，重庆大学建成了新闻传播学本—硕—博的完整人才培养体系，学科专业水平不断提升。2019年、2021年，新闻学、广播电视学两个本科专业先后获批教育部国家级一流本科专业建设点。2020年，重大新闻传播学团队获批重庆市高校协同创新研究团队。同年，新闻传播学在软科排名中进入全国高校同类学科前20%。2021年，软科首次发布专业排名，两个本科专业均在全国高校同类专业前20位以内。

面对这样的发展态势，在推进"新闻传播学一级学科水平提升计划"的过程中，我提议出版一套新闻传播学研究丛书，让新闻学院的教授们在建院15周年之际来个集体亮相。经过一两年筹划与准备，"新闻传播研究论丛"终于完成了八本书稿的编撰，交付重庆大学出版社出版。

重庆大学是中央直管、教育部直属的全国重点大学，国家"211工程"和"985工程"重点建设的高水平研究型综合性大学，国家"世界一流大学建设高校（A类）"。20世纪40年代，重庆大学就发展成为拥有文、理、工、商、法、医6个学院的国立综合性大学。1952年全国院系调整，重庆大学成为以工科为主的多科性大学。改革开放以来，学校大力发展人文社科类学科专业，逐步发展成为研究型综合性大学。

1998年，重庆大学成立人文艺术学院，开设广播电视新闻学专业。1999年，成立广播电视新闻系，招收广播电视新闻专业本科生。2004年，获批新闻学、传播学、广播电视艺术学三个二级学科硕士学位授权点；2006年，获批新闻传播学一级学科硕士授权点，新闻学成为重庆市拟建设重点学科。

为了促进新闻传播学科专业的建设与发展，学校 2007 年组建文学与新闻传媒学院，聘任第十一届全国政协委员、新华社原副社长兼常务副总编辑马胜荣为院长。文学与新闻传媒学院在马院长的率领下稳健发展。学院成立当年，即与学校宣传部共建舆情信息研究所（中宣部直报点）。2010 年，获批新闻与传播硕士专业学位点。2011 年，学院与中国人民大学新闻与社会发展研究中心共建新闻传播与区域发展研究院。2012 年，学校调整学科布局，将中文系划出，文学与新闻传媒学院更名为新闻学院。

正是在这个时候，学校物色我来主持新闻学院院务。这是我从未想过的。在学校领导的感召之下，我接受了邀请，深为能够服务于家乡的顶级大学而备感荣幸。当年，林建华校长曾提出一个问题：重大新闻学院能否不办博士教育而专注于硕士教育尤其是专业硕士教育，办出特色，像美国哥伦比亚大学那样？个人以为这是一个富有创意的构想，但考虑到国情，我不得不坦率回答：恐怕不行。在中国，一个学科专业没有博士点，大家就觉得水平不够。重大新闻学院还是要努力创建新闻传播学博士点。

就任院长后不久，重大人文社科学部负责人要我做一个比较完善的学科专业规划，我未能圆满完成任务，因为当时的师资队伍还不足以支撑一个理想的学科专业规划。我只好说：不急，"草鞋没样，边打边像"。幸好重大有个"百人计划"人才招聘项目，我能够陆续引进几位具有学术发展潜力的"百人计划"青年学者，同时努力招聘国内外的优秀博士，在三四年内逐渐组织起具有学术研究能力的基本科研与教学队伍。

2015 年，新闻学院成功申报教育部、财政部高等学校"专业综合改革试点"项目"新闻学—卓越计划"，启动卓越新闻传播人才培养；新闻学专业获批重庆市特色专业。2016 年，新闻学院成为中国记协确定的中国新闻奖试点报送 18 家新闻院所之一。2017 年，新闻传播学入选重庆市重点学科，新闻传播与影视艺术专业群（与电影学院联合申报）获批重庆市特色学科专业群，新闻传播与区域发展研究院更名为新闻传播与社会发展研究院，获批校级研究平台，后再更名为数字媒体与传播研究院。学院的发展受到学界关注，被誉为国内高校十所"最具成长力的新闻学院"之一。

成长，是后起学院的主题，甚至是后起学院长期的主题。重大新闻学院2013年确立了"入主流，有特色，成品牌"的办学思路，2019年提出了"好学求真，力行至善"的院训，期待学院成长，期待教师成长，期待学生成长。令人欣慰的是，这些年来，重大新闻学院一直在成长，教师和学生也一直在成长。"新闻传播研究论丛"系列著作，就是重大新闻学院教师学术成长的部分记录，也是重大新闻传播学者参与中国新闻传播学术研究的个人见证。

对重庆大学这样的高校来说，建成新闻传播学一级学科博士点，新闻传播学进入软科学科排名前20%，只不过是真正的学科起步，未来的发展道路还很漫长。我相信，重大新闻学院的专任教师，包括"新闻传播研究论丛"的各位作者，一定会奉献更多更好的学术力作。

在此，特别感谢创院院长马胜荣先生。2007年，马老从新华社副社长兼常务副总编辑的领导岗位退下来，千里迢迢来到重庆大学创办文学与新闻传媒学院。2012年，为了支持我顺利开展工作，马老主动让我走上前台，改任名誉院长。即使按规定结束在重庆大学的所有工作之后，马老仍然一如既往，始终关心、支持、爱护重大新闻学院。请允许我代表新闻学院师生道一声：尊敬的马院长，感谢您为重大新闻学院所做的一切，我们向您致敬！

2022 年 10 月 8 日 于重庆

2020 年初，新冠疫情从暴发到随后变成全球大流行，这场疫情对世界影响的范围和深度，被认为是自第二次世界大战以来最严重的大事件。卫生紧急状态改变世界。面对突如其来的重大公共卫生事件，自媒体发布的相关信息鱼目混珠，令人难辨真假。有的自媒体为博眼球，以病毒式传播的方式炮制虚假信息，误导公众。让新闻机构和媒体从业者感受到信息传播秩序紊乱对新闻业的巨大挑战，让新闻学界和新闻研究者意识到从混沌中寻找秩序的重要性和紧迫性。当不少研究者纷纷选择以疫情为研究对象时，我倒觉得有必要以个体的研究为对象，回望自己既往的研究，希望从中发现有关新闻秩序从混沌到秩序的探微过程。

如果说新闻业的发展遵循从混沌到秩序的螺旋式循环过程，具体到某个研究者的学术轨迹而言，又何尝不是这样呢？最初靠机缘和灵感的驱使去思考问题，后逐渐摸索出适合自己的研究领域，这样一个由混沌到清晰的研究过程，见证着研究理念的逐渐形成。就笔者而言，所有论文秉承"立足业界前沿问题、以伦理为研究视角和追求理论服务实践"的理念，从事学术研究。

学术研究要有问题意识，只有立足业界前沿，从业界前沿的混沌状态中发现真正需要思考的问题展开研究，才能避免研究伪问题，确保研究的学术价值。曾几何时，人文社科的研究出现了"空中楼阁"现象，甚至出现"学术就是研究没价值的东西"的声音。学术研究的"用"与"无用"是相对的，片面强调"无用"反而容易迷失学术研究的方向。针对这种倾向，习近平总书记强调"广大科技工作者要把论文写在祖国的大地上"。对于新闻研究者而言，就是要把论文写在新闻业的"大地上"。可以说，在过去十多年的学术生涯中，我的眼睛始终没有离开业界的前沿问题，从各种自然灾难的新闻报道，到媒体版权保护，从网络舆情预警问题到新闻机构的应急管理，再到新闻业的人工智能应用，在写作之时既关注学术前沿问题，也植根于业界的土壤。

前沿问题意味着混沌。新出现的问题对于行业来说是陌生的，业界需要联手学界一起揭开这些神秘的面纱。把脉问题，为的是寻找问题的症结，为解决问题铺平道路。任何问题都是立体的，需要研究者从多个角度进行审视，为全面认识问题作出自己应有的贡献。就我而言，就是以伦理为研究视角，运用伦理学的知识具体审视新闻业界的前沿问题。伦理视角的选择看似偶然，实则也有必然成分。2008年的汶川大地震，新闻媒体的灾难报道招致舆论的批评，改变了笔者对某些报道的简单肯定态度，转而思考公众为何对媒体的报道不满意。以反思为特征的伦理视角一经尝试，发现伦理不仅可以当作视角，也可以作为研究的框架。即便在媒体版权问题的研究中，笔者也尽可能从伦理的角度思考问题。可以说，伦理就像一根引线，将笔者的学术研究串在一起，成为学术思考的"北斗星"。

真正的学术，既要有理论价值，也要有社会价值，还要有相应的应用价值。即便是纯粹思辨的论文，对读者的启迪也是其应用的具体写照。学术研究要追求理论服务实践，就是要"把科技成果应用在实现现代化的伟大事业中"，让学术研究体现出真正的价值。本论文集所选取的论文中，部分灾难报道伦理研究的成果被写入《中国媒体灾难报道手册》，成为业界培训的范例；报纸版权研究的观点，是国内较早关注新闻媒体版权保护的成果，对于唤醒新闻机构和媒体从业者尊重他人版权、保护自己作品版权的意识，具有指引意义；媒体应急管理研究，第一次将新闻机构声誉危机作为研究对象，在社交媒体时代提醒新闻机构的媒体管理重视自身的声誉管理；网络舆情研究，重点关注舆情预警这个关键环节，对预警的伦理问题进行了全面的透视。让学术思考走进新闻业，这是学术研究的归宿。

基于以上基本的理念，本论文集呈现以下三个方面的特点：

开拓性。在媒体一线工作的经历使笔者养成了追逐业界前沿问题的习惯。笔者几乎每天都会关注国内外传媒资讯，了解业界的最新动态变化，希望从中"淘金"。对传媒资讯的关注，体现在学术研究中就变成了开拓性。不论是灾难报道伦理、报纸版权问题、媒体声誉的应急管理还是网络舆情预警，都在一定程度上体现了研究的开拓性质。

交叉性。唐韧教授在《邻人的花园》序言中引用福楼拜关于科学和艺术在山脚下分手、在山巅会合的话，强调学科交叉的重要性。新闻业的问题并非新闻理论能解决的，特别是对于前沿问题的思考，需要从其他学科汲取营养。以伦理为视角决定了这本论文集的学科交叉性质，在新闻学和伦理学交叉的大前提下，尽可能扩大交叉面，增加研究的广度。

实践性。应用是学术研究的指向。对于新闻学的论文而言，来自实践，归于实践，这是体现学术研究满足业界需求的核心所在。问题需要理论的协助，理论是解决问题的工具，学术论文的落脚点是服务实践。这样的研究旨趣，决定了本论文集的实践特点。论文的实践指向，让这些论文既见证中国新闻业的发展，也验证其价值的大小。

学术研究是在混沌中寻找光，混沌的问题，注定对秩序的探寻也是浅显和不成熟的。这本论文集的意义，仅仅在于作为个人学术思考的轨迹，见证自我思考的过程。

刘海明

2023 年 6 月 1 日

目　录 |

第一章　灾难报道

途中道德：灾难报道的时间伦理

一、灾难报道的时间困境

面对突发灾难性事件反应快速是媒体的专业性使然。然而，追求快速并非一成不变的新闻职业理念。

现代社会的复杂性使人们面临许多前所未有的困境，这些困境多与人们的行为选择有关，而行为选择又与伦理关联。常规的职业伦理按照不同的职业各自约定俗成，职业伦理间的各自为政，促使不同职业工作者均以自己的职业伦理为圭臬。而社会发展的趋势要求跨行业的职业伦理彼此协调，否则在一定环境下将造成伦理困境。灾难报道的时间困境，就是媒体伦理无法回避的一个困境。[1]

在灾难现场，媒体青睐的采访对象很可能也是其他职业工作者服务的对象。在地震中被困的灾民，他们被解救出来后，医务工作者有职责给他们提供医疗救助，媒体从业者有职责询问获救者的感受以及受困期间的相关信息。同一时空中，医生和记者构成了竞争，各方都以自己的职业要求希望第一个接触获救的灾难受害者。灾难报道的时间困境由此产生。例如，2008年5月15日下午，某电视台直播一场已进行了几小时的现场救援，一位女性被压在废墟下已近72小时，其下身被倒塌的一段楼梯和水泥楼板紧紧压住。出镜的女记者频繁穿梭在救援现场，不时打断医务人员和其他救援者，让他们停下救援工作来回答她提出的诸如"你给她输的是生理盐水吗？""现在救援难度大吗？"之类的问题。[2]有记者没有换衣服就闯入都江堰的临时手术室，全然不知手术室是无菌室，也不管自己的进入拍摄是否影响医生的手术。

从尊重生命的人道主义角度来说，人的生命最为尊贵，对那些遭受地震灾难

1　刘海明，王欢妮.灾难报道伦理研究［M］.北京：商务印书馆，2012：34-35.关于时间伦理，在《灾难报道伦理研究》的历史演进部分，讨论新时期（1977—2007）灾难报道的伦理取向时，讨论过时间意识与灾难报道的关系。在该书第四章灾难报道的伦理准则与伦理规范（参见该书第94-96页），提出了时间适宜的伦理准则。由于该书是宏观研究灾难报道伦理问题，并未把"时间伦理"作为独立的研究对象。本文的目的，在于专门针对灾难报道的时间伦理问题进行讨论。

2　刘海明，王欢妮.灾难报道伦理研究［M］.北京：商务印书馆，2012：166.

重创、长时间被困、生命体征严重虚弱的获救者而言，他们首先需要得到治疗而不是接受媒体的采访。在媒体从业者这里，受众对灾难新闻的收受期待非常迫切，如果按照医嘱可能在 24 小时内都无法接触到获救的重症受害者，这对受众来说显然非常遗憾。任何职业都有自己的使命，每个从业者都认为自己的职业使命无比神圣。灾难情境下竞争的特殊性在于，竞争已经不纯粹是行业内部的竞争，跨行业的竞争凸显。例如，2013 年 4 月 21 日，某电视台记者采访正在抢修通信线路的工作人员。抢修通信线路的人员很忙，记者问了几个人，没有人愿意回答。一个通信抢修人员只说了一句：我们正在抢修通信线路，不然这里和外面的联系就没法进行。然后，记者才打消了继续追问的念头。[1]

灾难报道中，媒体从业者存在着抢新闻的行为，他们自身未必意识到自己的行为存在道德风险。因此，灾难报道的时间困境往往是造成尴尬的既定事实。譬如说，因为媒体从业者与医务工作者或其他职业的救援者争抢刚刚获救的灾难受害者而造成被采访对象死亡，进而引起舆论的批评和伦理的拷问。假若媒体从业者未能反省自己的采访报道是否存在不当之处，那么，时间困境对他们来说只能算作一种隐性的困境，这种困境依然无法具有现实的可感性。只有媒体从业者主观上意识到灾难报道时间困境的客观存在，进而才可能在以后的采访报道中吸取教训，避免类似不幸事件的发生。而灾难报道的时间困境进入媒体从业者的意识之中，需要他们明晰一些基本的权利概念，正确把握这些权利间的关系。

二、灾难报道时间困境的权利冲突

权利是一个庞大的体系，在这个体系内，权利具有层级性。有些权利对每个人来说都非常重要，离开该项权利，他（她）将丧失生存的合法性，比如生命权；有些权利则相对次要，比如知情权。就同一个人来说，生命权和知情权两者之间无法画等号。权利的主张和让渡，需要依据具体的语境做具体讨论，不同的权利很难被抽象地谈论孰重孰轻。

仅就灾难报道时间困境关涉的权利而言，就相当繁杂。这里的权利主体涉及灾难受害者、灾难救援者、医务工作者、媒体从业者以及媒体所代表的受众。灾难受害者的权利诉求为生命权，灾难救援者（含医务工作者）的权利诉求为施救

1　2013 年 4 月 21 日上午 11 点左右四川卫视抗震救灾专题电视直播节目播出的内容。

权，这些权利主体的权利诉求的实质相同：维护灾难受害者的生命权利。此外，媒体从业者自身的权利诉求为采访报道权和信息传播权，受众的权利诉求为公民知情的权利，这两个权利主体的权利诉求的实质相同：满足受众的知情权。

然而，生命权是为数很少的一些人[1]的权利，而知情权则是社会大众的权利。权利的冲突也在于此。由此可知，灾难报道时间困境权利冲突的实质就是生命权和知情权的冲突。例如，2008 年 5 月 15 日，救援队发现了被压在 3 块水泥预制板下已经 70 多个小时的陈坚。在等待和实施救援的过程中，某电视台女记者多次采访陈坚，还曾拨通了直播间电话让他说话（给妻子报平安等）。最终陈坚因消耗过多体力在被救出半个多小时后去世。[2]按照功利主义伦理学的观点，牺牲少数人的权利以维护绝大多数人的权利是道德的。这种观念的影响至今仍不可被低估。受功利主义伦理观的影响，一些职业伦理坚持强调多数人的利益比少数人的权利更为重要。在这种观念的影响下，在遇到权利冲突时，人们的行为选择是以计算利益的正负和利益的最大化为标准。这种轻视个体权利的做法最终以牺牲少数人的利益为代价。然而，在灾难事件中，应该有不同的选择。换句话说，救灾的首要目标在于救命。新闻媒体的灾难报道，其终极目标也不能超越这个目标。

灾难受害者所遭受的痛苦和生命威胁应该受到怜悯和同情，尊重并维护其生命权体现的是以人为本。媒体的采访权及其所代表受众的知情权属于次要层级的权利，在必要时刻，譬如说，救援工作和医治灾难受害者和采访灾难受害者之间，权利虽都向善，但权利的善在客观上有着质的区别。灾难受害者的生命权无可置疑被居于权利的最高层级，服务于这个权利的灾难救援者和医务工作者，其职业权利具有同样的重要性，因为不管是挖掘还是医治等救援行为都是在间接维护灾难受害者的生命权。作为媒体从业者应该意识到，灾难受害者最需要的是生命的救治，而不是煽情的报道。

有时候，知情权与采访权还存在隐性的冲突。这些冲突包括不能造成二次伤害，不能把采访权凌驾于他人的权利之上。2013 年 4 月 20 日，某年轻女记者在

---

1 重大自然灾难发生后，被救援者救出的人员在数量上无法和受众相比。

2 唐远清. 汶川地震报道中的新闻伦理反思［J］. 当代传播，2008（4）：47-48.

地震灾区不断追问一个丧失女儿的母亲，那位母亲都泣不成声了，记者还在追问她的感受。因为是电视采访，采访现场有不少围观者，记者在追问那位母亲的时候，还不断出手推搡旁边的人，估计嫌别人抢镜头了。[1]灾难报道伦理的时间困境，往往是媒体从业者没有顾及时间适宜的原则，在不恰当的时间，询问不恰当的被采访对象。

三、途中道德：灾难报道的时间伦理

灾难事件中的权利冲突造成了伦理困境，伦理困境的化解没有现成的药方，更不存在一劳永逸解决伦理困境的灵丹妙药。既然伦理困境是权利冲突造成的，作为一个社会现象，若非法律作出强制性规定，权利冲突的规避只能靠冲突主体之间对各自主张的权利的相互反思，进而进行相应的协调，要么取消冲突中的某种权利，要么处于冲突中的一些权利相互妥协。只要权利是一种客观存在，那么就无法取消这种存在。这样，权利间进行协商，某种权利作出暂时性的让渡，不失为解决问题的一个途径。

在伦理学上，笛卡尔在其《方法谈》第三章中阐述过一个"途中道德"（即"临时行为规范"）的思想，因为在他看来，构筑一个统一的伦理房屋不大现实。[2]按照笛卡尔的设想，人们由于在观念上的分歧，已经难以为自己建构一座坚实的伦理房屋了。但是为了使大家都能够继续前行，我们可以为自己搭建一顶帐篷。帐篷虽无法替代房屋，但也能提供类似的功能：防风雨、挡严寒、抗酷暑，从而为走到下一步创造条件。这种既稳定又易于拆除的帐篷，就类似于一种"途中道德"：它能够克服危机，善于宽容失误，具有暂时性、灵活性、可修正性，从而为进一步的作为提供广阔的开放空间。[3]

灾难报道伦理不是否认媒体伦理的核心原则，而是寻求解决媒体在特殊情境中所遇到的冲突和困惑。笛卡尔的"途中道德"开启了一扇思考的窗户，对我们思考现实社会的许多伦理困境具有启迪意义。以灾难报道的时间困境为例，这个困境的出现与媒体对报道时间性的强调有关，而这被赋予了一件理想的外衣：受

1　2013 年 4 月 20 日 21：30 左右四川卫视抗震救灾专题电视直播节目播出的内容。

2　甘绍平. 人权伦理学 [M]. 北京：中国发展出版社，2009：190.

3　Vgl. Christoph Hubig. Ethik der Technik als provisorische Moral [J]. *Jahrbuch fuer Wissenschaft und Ethik.* 2001（6）：191-193.

众知情权的需要。借用笛卡尔的"途中道德"思想则可以有效避免此类矛盾。当然，"途中道德"仅仅是个思想框架，在这个框架之内需要创造性地填充特定的内容。灾难报道的时间伦理就是"途中道德"在灾难报道伦理中的具体体现。

灾难报道的时间伦理所规范的是行为选择的时机问题。灾难采访、灾难报道的时机受制于特定的时间伦理，即特定的时间秩序。之所以用"特定"来限定时间伦理，这是与普通的媒体伦理之时间伦理相区别而言。常规的新闻采访和新闻报道活动，时间伦理的时间允许加速度，并且这种加速度合乎媒体和受众的利益。同时，媒体追求新闻的时间性也有助于信息的流动，进而推动社会的发展。也就是说，强调时间性符合善的原则。灾难报道情境下，媒体采访报道的时间性整体上也遵循这个原则，追求灾难报道的时间性符合社会的需要，缩短新闻事实和报道时间的时差具有向善性，值得肯定。不过，灾难报道的时间伦理要求媒体及其从业者在不损害灾难受害者个体的权利和利益的前提下才是善的，超出了这个限度，片面追求灾难报道的时间性，与灾难报道的伦理精神相抵触。

具体而言，媒体从业者的采访报道活动不是放弃新闻时间性，而是尊重灾难受害者的生命权，尊重灾难救援者的救援权，尊重灾难现场医务工作者的优先救治权。这个"三尊重"原则，不失为灾难报道时间伦理的"途中道德"。在四川雅安地震发生后，灾情报道过程中，各种媒体反复提醒媒体记者不要因为阻碍生命的通道而影响救灾；不少记者一出发就开始转发微信，"先救人、再采访""不要打扰救援工作现场""多倾听、少发问""不要反复采访悲伤的人"……[1] 不用谁来强调生命权、谁来强调救援权和优先医治权，媒体从业者应该把采访报道权自觉置于这三项权利之后。

当然，这并不意味媒体从业者只能在救援结束后才可以进行灾难报道，而是强调灾难报道不和救人、救命、救援争抢，媒体从业者可以用自己的眼睛观察自己的所见，用自己的手和耳朵记录自己的所闻。

新闻报道的时间性具有相对性，受众的知情权是有前提的权利，这种权利的行使不能以牺牲被采访对象的生命权为代价。灾难报道的时间伦理要求媒体的采访权和报道权以及受众的知情权以不侵扰灾难救援活动为前提，以不损害灾难

1　熊建.震区媒体记者上千人　人民日报：不要打扰救援［EB/OL］.［2013-04-24］.

受害者的生命健康为基准。在此基础上，灾难报道的时间伦理才符合真正的伦理精神。

　　灾难报道的特殊性要求媒体从业者充分意识到权利的复杂性，懂得妥协的重要性，以减少不必要的人为伤害。研究灾难报道时间伦理的现实意义和理论意义，不言而喻。

（原载于《新闻记者》2013 年第 8 期）

论窃听丑闻的伦理问题

自 2010 年 2 月新闻集团的《世界新闻报》曝出窃听丑闻，到 2011 年 7 月 8 日詹姆斯·默多克宣布关闭《世界新闻报》，窃听丑闻事件并未因此告一段落。随着一批媒体高管和警察被英国警方调查，其他报纸也被指控存在窃听嫌疑。其中，以英国《每日镜报》可能存在窃听行为最为引人注目。对于新闻界的窃听丑闻，时任英国首相卡梅伦抨击窃听行为"可耻"，提议成立一个比"英国报刊投诉委员会"更独立的机构来处理今后类似的问题。英国报刊投诉委员会作为媒体自律的行业性机构，依然没有及早避免媒体窃听丑闻的蔓延，这本身就很值得反思。

窃听的过失边界比较模糊，既是个法律问题，更是个伦理问题。窃听丑闻的司法调查还在进行当中，窃听的伦理问题虽有所涉及，但多限于媒体从业者职业操守的讨论。应该说，窃听丑闻还隐藏着更为深刻的伦理问题，对这些伦理问题的解读，有利于更好地反思窃听丑闻事件发生的根源。

媒体窃听的伦理问题，依照其内在的逻辑顺序，表现在价值伦理、权利伦理和技术伦理三个方面。

一、价值伦理的缺失

不同的机构，同样的行为所服务的目标未必相同。以信息搜集为例，国家情报部门的信息搜集旨在维护国家安全，新闻媒体的信息搜集旨在满足受众的知情权。信息搜集的途径很多，既有公开的，也有隐蔽的。窃听属于信息采集的特殊途径，这种信息搜集有严格的法律限制，情报部门的窃听符合其职业伦理，却未必符合被窃听方所在国家的法律。媒体的窃听，不论这种窃听的目的被宣扬得如何高尚，都为法律所禁止。个别媒体为保持受众对自己的信息依赖，主要靠窃取政要名流和娱乐圈人士的电话、邮箱等，以截取他们认为能产生轰动性效应的信息，这涉及媒体的新闻价值取向。

新闻理论教科书上，将新闻价值定义为受众在接收新闻活动中满足其需要所表现出的效用。新闻的有用性即价值，这作为概念界定没错，只是这个界定相当笼统，在新闻实践中容易引起误解。一则新闻是否"有用"，不同的人有不同的看法。即便受众的意见趋于一致，这种"有用"也未必就值得媒体去提供服务。要厘清这个问题，有必要对"价值"进行分析。

从哲学的角度讲，"价值"被定义为在人的选择和公共行为中一再显露出来的强烈偏好。正如赖金良先生所说："价值就是人类所赞赏、所希望、所追求、所期待的东西。"[1]在法国伦理学家涂尔干看来，"价值取决于意见，是意见的产物"[2]。这意味着，公众的信息消费偏好，在媒体从业者看来就是新闻价值的基本标准。

对新闻价值的这种理解没错，但在新闻实践中，新闻价值的选择并不像这么简单。除了价值的有用性之外，还应有伦理标准。价值的目的和结果，须符合伦理规范。伦理学中最基本的概念是善与恶，目的善的东西，效果未必善；效果善的东西，目的也未必善。就新闻价值来说，其目的善和效果善即便相统一，还有个行为善与恶的问题。假如新闻价值获取的手段失当，纵然一则新闻的价值含量很高，受众也很认可，并且有助于社会风气的改良和社会的进步，这样的新闻价值仍不符合伦理准则。《世界新闻报》的窃听丑闻，正是价值伦理缺失所造成的恶果。

价值伦理规范的不是价值本身，而在于价值的目的、行为和结果是否符合伦理规范。社会的商品化程度越高，社会受到功利观念侵蚀的可能性也就越大。功利主义有个观点："效用原则或有益原则是正当、错误和义务唯一的终极标准，更严格地说，在我们所有的行为中，要寻求的目的是善超过恶的最大可能的差额（或恶超过善的最小可能的差额）。[3]用加减法，只要结果为正就意味着善，这使得功利主义者强调结果本身，只要结果能满足欲求，人们对价值实现的过程并不在意多少。功利主义有句颇为流行的世俗表达：吃鸡蛋没必要去问这是哪只鸡下的蛋。这同样适用于公众对新闻的消费。阅读一则轰动性的新闻，很少有人去问记者是如何得到这则消息的，新闻获取的途径是否合法，我们对这则新闻的消

---

1 王玉樑，岩崎允胤.价值与发展《中日价值哲学新论》（续集）［M］.西安：陕西人民教育出版社，1999：35.

2 涂尔干.职业伦理与公民道德［M］.渠东，付德根，译.上海：上海人民出版社，2006：100.

3 斯皮内洛.铁笼，还是乌托邦：网络空间的道德与法律［M］.李伦，等，译.北京：北京大学出版社，2007：10，135.

费是否会伤害被采访对象的权益。多年来，新闻业界对爆料多的记者赞赏有加，对能爆猛料的记者更是投以赞许的目光。至于新闻背后的新闻，新闻价值的伦理问题，似乎是个多余的话题。新闻界受功利主义思潮熏陶久了，功利主义弥漫在编辑部内外，盘踞在媒体从业者的灵魂里，他们的新闻活动自然或多或少地受到功利主义的影响，渐渐地放弃了对媒体人人格完善的起码坚守和追求。

价值伦理的缺失，混淆了媒体从业者对媒体社会责任的认识。在他们看来，满足受众的需求是媒体义不容辞的责任，监测环境也是媒体从业者的基本职责。受众对名人逸闻趣事感兴趣，对政治家的私人空间感兴趣，这是某些媒体的价值偏好，也是他们的新闻价值观。这种新闻价值取向本身并不为过，前提是媒体对名人逸闻趣事和私人信息的获得方式必须合法，必须符合道德善的原则。如果为引起轰动而做新闻，媒体从业者对这种特殊信息的搜集势必走向极端。自1963年以来，英国《世界新闻报》披露的最具冲击力的十大丑闻，涉及多位政要名流的桃色事件和球队的内幕交易。以桃色新闻为价值取向，以揭内幕为主业，是《世界新闻报》这家小报闻名于世的"法宝"。世界上的桃色事件每天都有，内幕每天都在产生，但不是所有的当事人都在泄露这些秘闻。既然这些秘闻不会轻易自行泄露，媒体和公众即便想了解也只能停留在渴望的层面。只有那些丧失了新闻价值伦理的媒体，才可能明知不可为而为之，通过特殊手段窃取名人消息。《世界新闻报》前主编布鲁克斯在接受质询时承认，雇侦探是英媒体惯常做法。侦探不是记者，他们参与新闻信息的采集，自然喜欢用侦探的方式，通过秘密渠道获得信息。媒体雇佣侦探搜集名人的桃色新闻，追求的是媒体的商业利益和知名度，而不是新闻价值本身，这是价值伦理缺失的必然反映。

价值伦理的缺失只是窃听丑闻的前奏，窃听从潜在的可能性变成现实，还与媒体从业者的权利伦理错位相关。

二、权利伦理的错位

人能够意识到自身，这是人超越其他生命体的最显著的标志。意识到自身的人类，不仅意识到自己的客观存在，更为重要的是意识到自己存在的价值。随着社会的发展，人的权利意识越来越浓厚，权利已经成为衡量文明程度的标准之一。权利，指人有做什么的自由和享有得到哪些利益的资格。随着社会分工的细化，人的权利呈现多样化趋势。一个人在获得劳动的权利后，具体的工作职责赋予其具体的权利。以新闻记者为例，记者的劳动权利表现为新闻采访权、写稿权和发稿权等等。这些权利丝丝相扣，缺少任何一种权利，都会肢解记者的劳动权。在缺乏新闻自由的地方，记者的工作权利往往遭到变相的压制，因为除法律以外，还有行政指令性的禁区，且这种禁区不是抽象的，因而也不具有普遍性，属于临时性禁令。记者为此抱怨，公众的知情权也受到不同程度的损害。新闻媒体对新闻自由的渴望，首先是采访权的自由行使，报道权的不受干涉。

自然的权利，如人的生命权，通常不需要受到外部的约束；那些后天派生出来的权利，如若不受约束，则可能导致权力的滥用。譬如，不少人分不清"权利"和"权力"。的确，这两个概念容易相混淆。一般而言，权力，是指有资格命令他人做什么，或者说，一个资格或对某物的主张。"权利"和"权力"的界限并不绝对，有时二者可以转换。也正因为"权利"和"权力"的边界并不绝对固定，容易导致内在的"权利"和外在的"权力"发生错位。对权利来说，"权利"也并不绝对，权利的行使不当，其危害同样显而易见。这涉及权利的伦理问题。

伦理框架下的权利，需要重新对这个概念进行定义。否则，在现实世界里就会造成许多麻烦。在康德看来，"什么是权利——某个国家在某个时期的法律认为唯一正确的东西是什么"[1]。康德定义的权利，将法律作为评判权利的尺度，其弊端在于，法律不是万能的，再具有普遍性的法律规定，也无法涵盖现实生活中构成"权利"的所有要素。既然权利的要素无法完全置于法律的规定之下，自然无法界定那些游离于法律之外的权利要素。这样，权利的合法性也就存在某种悬疑。

新闻记者拥有采集新闻信息的权利，相应地具有采访的自由，这早已成为一个共识。法律直接或间接地赋予了媒体及其从业者采集信息的资格，却无法详尽告诉记者什么样的采访才是合法的，或者说记者运用什么样的手段采访是合法的，什么样的采访手段是非法。当然，对于颁布了新闻法的国家，可以规定某些形式的采访为法律所禁止，但法律无法采取列举法完全列举非法形式的采访。这样，采访权必然存在模糊地带。《世界新闻报》以窃听的形式截获他人的私密信息，

---

1 康德.法的形而上学原理［M］.沈叔平，译.北京：商务印书馆，2005：39.

在报纸上以新闻形式披露这些名人私密信息时，向公众隐瞒了他们是以何种途径获得的，就连被报道对象也一无所知。这样，媒体通过不正当手段窃听来的信息，以记者合法"采访"的形式进入公众视野，成为报纸赢得公信力的手段。

窃听被引入到新闻采访活动，究竟是扩大了记者的采访权还是损害了其采访权，不能从采访权自身找到答案。权利是多重的，也是多样的。不同的主体（这里指人）之间，许多权利是一样的。不同主体同样的权利，要求权利的主张以不损害他人为底线。假如一个人所主张的权利损害到他人的权利，必然有一方的权利超出了法律允许的范畴，同时也有悖于权利的伦理准则。更普遍的是，不同主体之间，权利也不同，依然存在某一方的权利受到外来权利侵扰的可能。比如，记者的采访权与被采访对象的隐私权，就属于这种情况。记者的采访活动，被视作代表背后的受众进行提问。这表明，除非特殊环境，采访主要以问答形式进行，因而采访属于记者和被采访对象的信息交流。这样的交流活动，除非记者有意窥探被采访对象的隐私，一般很少能侵害到其隐私。窃听不是采访，而是监听，是靠偷听来记录被窃听对象的言行。监听属于司法部门的秘密侦查手段，其运用也有专门的规定，监听谁、监听的范围、时间和地点，均需要申请，得到批准后才可以进行。即便如此，有些监听依然面临诸多争议。举例来说，2006 年 8 月 17 日，美国底特律市联邦法官泰勒对《美国公民自由联盟》起诉美国安全部门的境内窃听计划侵犯民权一案作出裁决，认定布什总统在"9·11"事件后授权国家安全局在未经法庭批准情况下，对境内居民的国际通讯进行窃听，侵犯了公民的言论自由和隐私权利，违反了宪法中关于三权分立的规定，要求政府立即停止这种窃听活动。虽然这个案件后来在美国最高法院被翻案，法院认定政府为反恐窃听不需法庭授权，但这个案例告诉我们：政府部门的监听只能用于可能危及国家安全的特殊领域，而不具有普适性。

警方和安全部门的监听，是这些部门的特殊权力。这种权力，从某种意义上也属于其权利，但这种权利的行使有严格的限制，属于有限的权利。过去，在西方，新闻界被誉为"第四权力"，将媒体独立于立法、行政、司法之外。现在，这种观念早已被确认为错误，但在某些新闻机构看来，媒体的监督权既是权利更是"权力"。这种观念，在英国的 007 系列影片《明日帝国》里，反映得淋漓尽致。媒体不满足于报道新闻，还要制造新闻，进而创造他们想要的"世界历史"。这样，采访权从权利错位成权力，无须任何机构授权，便可以通过技术手段随意进入他人的私人空间，进行长期窃听。虽然目前还不清楚谁是《世界新闻报》窃听丑闻的主谋，但可以肯定的是，不管是谁下令窃听英国三千多名政治、娱乐名人的个人电话和信箱，下令者和执行者显然并不认为这样的做法有何不妥。这显然已经是超出了法律层面的问题，属于伦理层面的问题。媒体采访权被滥用，乃权利伦理错位所致，因为媒体从业者自认为他们有权干预社会问题，有义务把那些正在潜伏期的腐败问题和其他明星的丑闻公之于众。这种权利观将媒体的社会责任抬高到与司法部门平行的地位，抹杀了媒体权利和司法权力的界限，若不以纠正，新闻媒体真的将成为独立的"第四权力"。

由此可见，权利意识的浓厚并不等于权利意识的成熟。恰恰相反，对权利认识的偏颇，不仅无助于权利的行使，反而可能导致权利的滥用。窃听丑闻事件让我们认识到，以新闻采访为名进行的窃听，只具备目的善的外表，从采访目的、采访手段到采访效果，都有悖于真正的权利伦理精神。权利的主张必须合法，权利不能以牺牲其他权利为代价。《世界新闻报》的窃听，牺牲的是被采访对象的隐私权。有了窃听，任何人的隐私权均受到威胁。受到威胁的隐私，也就失去了隐私本身。诚如哲学家弗里德所说："当且仅当一个人能控制关于自己的信息时，它才拥有隐私。"[1]真正的权利，需要权利主张者能为自身提供获得其合法利益所需求的一切。隐私是公民正当的基本权利之一，即便是可能存在违法嫌疑的隐私活动，也只能由法定的机构进行监控。显然，新闻媒体并不属于这样的法定机构。

权利伦理的规范，最有效的办法是依靠法律来禁止。法律修订的滞后性，客观上要求行业性的机构从职业伦理的层面进行规范。步《世界新闻报》窃听丑闻后尘的《每日镜报》，已于2011年7月25日宣布即日起对报纸内部展开为期6周的自查行动。调查的目标不仅包括《每日镜报》，还包括涉嫌卷入窃听丑闻的《星期日镜报》，此外，镜报集团下属的《人民报》和《每日记录报》等将同时进行自查。[2]至于自查的结果如何，是否能杜绝媒体窃听现象，还有待观察。

1 斯皮内洛.铁笼，还是乌托邦：网络空间的道德与法律[M].李伦，等译.北京：北京大学出版社，2007：10，135.
2 张乐.英国镜报集团宣布自查窃听丑闻[N].新京报，2011-7-27.

价值伦理和权利伦理，属于记者的意识形态，窃听丑闻的最终发生，还需要借助外部力量来实现。因此，我们需要将讨论转向窃听的技术伦理。

三、技术伦理的异化

反思新闻界的窃听丑闻，无法绕过技术伦理这道门槛。现代世界，是一个建立在科学技术基础上的王国。任何行业，离开技术的支撑，这个行业就无法立足。何谓技术？技术是人类征服自然、造福自身的辅助性手段，这种手段可以是物态的产品，也可以是机械的运动。技术极大提升了工作效率，进而提升了人们的生活质量。哲学上的技术决定论，正是基于技术对人类社会的特殊贡献，强调技术的作用。新闻界同样是技术的受益者，即便是传统的报纸和期刊，从纸张生产、排版、印刷到发行，无不体现着技术的贡献。至于传统纸媒向电子报的过渡，离开电子技术和信息技术，更是无从谈起。这是就技术对纸媒的硬件贡献而言的，事实上，技术还改变着新闻的采集、写作和阅读方式。仍以报刊记者的新闻采访为例，录音笔的问世极大减轻了记者采访的劳动量，并且还大大提高了采访记录的精确性。

与此同时，也应看到技术的侵犯问题。照相机在公众场合拍摄，可能违背他人的意志。当然，这种技术的侵犯属于无意的，其后果通常也无伤大雅。但是，信息采集的设备在不断更新换代，这些设备既有成像的也有记录音频的，更有远距离监听的。技术门槛和设备成本的降低，早已使得窃听设备成为一种大众化的设备，在市场上可以轻易买到。技术设备的普及，为技术设备的滥用提供了便利。窃听设备的问世，源于人类之间信任感的不足，这在客观上至少造成一方对另一方私密信息感兴趣。有的人对不信任者信息的渴求，超出了"兴趣"本身，为的是趋利避害。所以，技术本身并无伦理可谈，像是一把利剑，既可以用于自卫，也可以用于袭击他人。在什么情况下使用这把剑，要看持剑人与被袭击者之间当下的关系如何。所以，技术伦理不能就技术来谈技术，必须将其置于伦理的视阈之下。用法国技术学家舍普的话说："赋予技术产品以道德价值，在我看来就意味着不应借口与社会关系已经无关而将物品排除在我们的审美判断——或者道德判断之外。"[1]

1　R.舍普，等.技术帝国［M］.刘莉，译.北京：生活·读书·新知三联书店，2004：142.

可见，技术伦理涉及的常常是原则问题而不是技术本身。新闻媒体购置采访类的技术设备，如相机、录音笔、摄像机、话筒，这些技术设备只能满足正常的新闻采访活动。窃听涉及被窃听者的隐私和尊严，只有司法部门在执行特定任务时可以使用。对新闻媒体来说，拥有窃听设备和使用窃听设备根本不是一回事。窃听设备生产商的目的可能是善的，是为了满足市场的需求。那些购置窃听设备的人，目的也未必都属于恶，也存在目的善的可能。窃听设备不具有自主工作的特性，最终使用离不开人工操作。《每日镜报》卷入准窃听丑闻，系由该报原记者詹姆斯·希普韦尔在2011年7月23日揭发所致。根据希普韦尔的描述，《每日镜报》的不少记者窃听技术颇为"老练"：他们会先用一部电话打给某位名人，电话接通后立即挂断，随即用另一部电话"入侵"名人的语音信箱，然后破解信箱密码，继而实施窃听。对这类做法，希普韦尔自称"见多了"。按照他的说法，窃听不限于《每日镜报》，涉及镜报集团旗下多家报纸，包括《人民报》。

技术伦理拷问的是媒体采访手段的禁忌和这类采访所造成的后果，技术上的可行性，并不意味着操作层面的合法性。新闻采访离开了技术伦理的规范，窃听技术的扩张迟早会进入新闻界。在法律阙如之下，新闻媒体使用窃听技术获取信息，采访失去价值伦理和权利伦理的制约，信息新闻价值越大，新闻媒体对这类信息的占有欲就越强烈，进而导致公众对这类信息的需求也相应强烈。这样，窃听形式的"新闻采访"，可能终将扩张到社会生活的各个角落。如此，对窃听产生恐惧感的可能不仅仅限于政治家和体育娱乐明星以及其他社会名流，甚至波及社会大众。窃听丑闻在全球引起巨大反响，表明窃听的后果是对公民基本权利的践踏。这种践踏的"罪魁祸首"虽然是窃听设备，归根结底却还是媒体从业者技术伦理异化的结果。如果新闻界拥有技术危机意识，谨言慎行，新闻采访活动弃用窃听设备，技术伦理的机制起到应有的作用，那么，窃听丑闻发生的可能性将大大降低。从《世界新闻报》到《每日镜报》，窃听丑闻促使新闻界重视技术伦理的特殊作用，以免因为技术让新闻道德濒临破产的边缘。

价值伦理的回归，权利伦理的正当施行，技术伦理的矫正，有助于媒体的自律。新闻媒体及其从业者只有清楚地知道什么样的新闻价值才是符合伦理准则的，什么样的权利才是正当的，什么样的技术应该是禁忌的，新闻媒体提供的信息才是干净的，同时也是对受众负责的。在这方面，需要所有的新闻媒体和全体新闻从业者形成共识，同时辅之以相应的新闻伦理自律机构和法律规范，新闻媒体的良性发展才成为可能。

（原载于《新闻记者》2011 年第 9 期）

媒体的自律与他律
——基于关系视角的讨论

责任感是衡量一个人、一个群体、一个行业、一个社会精神素质的重要指标。作为社会的镜子和良心的媒体,在社会生活中扮演着越来越重要的角色。媒体的健康发展,离不开媒介批评。媒介批评,因批评的主体不同,分为媒体的自律和他律。媒体所肩负的社会责任有多重大,媒介批评的社会责任就有多重大。探究媒体的自律、他律和媒介批评的社会责任问题,需要厘清关系和责任之关系。

一、关系决定责任,重要关乎责任

在哲学上,讨论责任,往往需要涉及自由,二者很难截然分开。"自由"是康德哲学里最为核心的概念之一,他认为"自由"是"理性"的本质属性,是"理性"的存在方式。"自由"乃是"自己"。一切出于"自己",又归于"自己"。一般认为,责任隶属于自由。例如,朋霍费尔(D. Bonhoeffer)在其《伦理学》中认为,责任是唯独存在于上帝和邻舍的约束中的人的自由。这种观点,将责任和自由并列,认为责任以自由为前提。这种"责任"观的指向,存在偏差。强调责任以自由为基础并没有错,遗憾的是没有触及"责任"的真实内涵。

康德以责任为中心来勾画他的伦理学,将责任视为一切道德价值的源泉。他要求人的行为必须为了责任而责任,来实现人的自由和提升人的尊严。[1]黑格尔欣赏康德的责任标准,但对康德责任观的空洞性提出批评:对于这种纯粹的责任,人一旦丧失了对它的信念,就会放弃这种标准、原则,从而依据爱好乃至现实的利益行为,因而这种纯粹的责任标准是非常脆弱的。[2]

全面认识"责任"的本质,同样需要放到伦理学的语境里去把握。责任可以被认为是(个)人与外界"关系"的一种表现形式,它属于伦理学研究的范畴。伦理学以道德现象为研究对象,研究人与人的各种联系。

---

1 刘登科.康德的责任概念及其责任伦理观〔J〕.中共南京市委党校南京市行政学院学报,2004(5):20-25.
2 刘登科.康德的责任概念及其责任伦理观〔J〕.中共南京市委党校南京市行政学院学报,2004(5):20-25.

何谓"关系"？常见的说法，关系是指人和人或人和事物之间的某种性质的联系。一个人、一个单位对另外一个人、一个单位，该承担什么样的责任，关键看二者之间的关系是如何确定的。"国家兴亡，匹夫有责。"这里的"责"，即是国家与公民个人之间的一种既定的关系。

关系是客观的，不以人的主观意志为转移。任何事物总是处在和其他事物的一定关系中，只有在同其他事物的关系中，它才能存在和发展，其特性才能表现出来。事物的存在和事物的相互关系是统一的。事物的发展变化会导致该事物同其他事物原有关系的改变、消失和新的关系的产生；而某一事物和其他事物关系的变化也会引起该事物的相应变化。人们思想中的关系是客观事物关系的反映。人的本质是什么？马列哲学的观点是："人的本质是社会关系的总和。"

关系决定责任。"责任"是个抽象的概念，很难从语义学上来界定。如果从关系的视角解读责任，则显得更为直观。所谓责任，从伦理学上看，就是一种天然的义务关系。人与人之间，有什么样的关系，就决定了彼此之间承担着什么样的责任。譬如说，父子之间，父亲对子女有抚养的责任，而子女对父亲有赡养的义务。这在本质上还是一种债务，在现代法治观念形成之前，这种债务是纯伦理意义的。现代法律形成以后，首先是个伦理问题，其次又增加了法律的束缚。

通常，关系愈紧密，责任越重大；反之亦然。举例来说，置身显赫地位的官员，其肩负的社会责任显然多于普通公民。凡是那些关系国计民生的行业，包括意识形态领域的部门，比如新闻媒体，其所担负的社会责任，远远多于别的行业。

可见，媒体的社会关系决定了其所承担的责任。按照美国学者路易斯·霍奇斯（Louis W. Hodges）的观点，新闻媒体所承担的责任有三种表现形式：

（1）指定式责任（Assigned Responsibility）。在某些国家，大众媒介是政府的一个组成部分。新闻业者的一部分责任往往由政府指定，另一部分则由他们所属的媒介机构或公司指定。

（2）契约式责任（Contracted Responsibility）。新闻业者通过与社会订立"契约"，自愿承担某些明确或者隐含的责任。契约式责任可以细分为两类：其一，新闻业者与雇佣他的大众媒介组织订立契约，明确规定所应承担的责任。其二，新闻业者与公众之间订立的"契约"，它与公众利益是一致的，如社会要求新闻工作者起到沟通信息的作用等。

（3）自愿式责任(Self-imposed Responsibility)。这一责任与新闻职业道德有关，它是新闻业者自愿将责任融于自律的价值体系之中，自觉承担责任。

霍奇斯的论述，同样可以用来概括媒介批评的社会责任。与这三种责任形态对应的是媒介批评的媒体自律、媒体他律。

二、媒体的自律，自律的困境

批评有两种形式，来自主体自身的和来自外部的。同理，媒介批评包括媒体内部的自我批评和外部的批评。前者叫媒体的自律，后者是媒体的他律。媒体的自律又分两种类型：部门自律和行业自律。

"自律"的原始含义指的是"法则由自己制定"，进一步引申的含义是：人作为主体自主地自己约束自己、自己限制自己。自律是一种自我约束。媒体的自律是媒介批评的一种初级形态，也是媒介批评履行社会责任的写照。部门自律包括编辑记者的自律和媒体的制度性自律，而行业自律主要指新闻行业协会的约束。

先来看部门自律。编辑记者的个人自律属于"自关系"，即自己对自己声誉的尊重、对新闻职业的神圣性负责，在自己的灵魂深处虚拟一种关系。这种关系是虚无的，属于软性的道德伦理范畴，其能否得以维持、正常运行，靠的是个人的修养和自控力。修养和自控力强的人，在从事新闻采编、传播过程中，就能通过自律对待自己所从事的新闻事业，在新闻实践中犯错误的概率也就大大减小。其不足在于，在现实生活中，并非每个人都有足够的道德修养和自控力，在遇到工作失误之时，即便有所悔意，但因"罪犯"和"法官"系同一主体，"法官"最终易于宽恕"罪犯"，因为罪犯就是自己。从实践上说，自己惩罚自己，不具有普适性。这是因为"自律、禁欲等等也可能是暴力的形式"[1]，对自己使用暴力，有悖于人之天性。既然自律意味着某种形式的"暴力"，也就不难理解为什么自律频频遭遇尴尬。环顾国内外的新闻界，新闻造假事件屡见不鲜，那些造假者事后敢于自己站出来揭露自己丑闻的，迄今尚未见到。非但不能如此，不少当事人在被指责造假之后，仍拒绝承认。

1　麦克卢汉.麦克卢汉如是说：理解我［M］.何道宽，译.北京：中国人民大学出版社，2006：103.

　　媒体的制度性自律属于"他关系"，即靠新闻企业内部的规章制度，用强制性的外力手段——主要是经济手段（对工作失误实行经济处罚）来完成。"他关系"的媒体自律属于一种有形的关系，这种关系多数是明晰的，构成具体的契约。即便没有契约关系，也具有一定的震慑力。也就是说，"他关系"下的媒体自律所承担的社会责任，在自觉性和强制性上均高于"自关系"的自律。然而，这种"自觉"和媒体的集体责任意识关系不大，媒体之所以制定严格的奖惩措施，更多是基于自身利益的考虑。如果一个媒体不能发现自己的缺点，而完全依赖于外部的惩罚和批评，其被动和尴尬不言而喻，关键还会危及媒体的公信力，最终影响媒体的经济收益。有时，"他关系"下的媒体自律还具有双重特性，对内严格处理当事的编辑记者，对外却拒绝承认失误。典型的例子如，2007年4月，美国弗吉尼亚理工大学恶性校园枪击事件发生后，《芝加哥太阳时报》无中生有地说凶手系中国留学生，待真相大白后却迟迟不敢站出来认错。[1]

　　再来看行业自律。和其他行业一样，新闻业也有自己的行业协会。新闻业的协会，既有区域性的也有国际性的。行业协会都有各自的准则。几乎在所有的新闻协会准则中，都强调新闻从业人员和媒体的职业道德的重要性。譬如，1923年美国报纸编辑协会制订的《新闻规约》中，将"责任"一词放在首位。[2]

　　行业自律与其说是一种"他关系"的延伸，不如说是一种"关系同盟"。行业自律的社会责任体现在行业之间对"准外部"（即媒体企业与媒体企业、媒体与新闻协会之间）的监控。这种自律在行使着事实的媒介批评权，它用一种准法规的形式来监督、批评、惩戒加盟的媒体。其章程、决议具有一定的强制性，是媒介批评社会责任得以落实的核心环节之一。正因为这个缘故，新闻行业协会的权力在加强。然而，行业自律虽以"他关系"的面目出现，究其实质，它依然没有跳出"自关系"的天地，还是在自己监督自己。和媒体从业人员的自律相比，无非是"自我"从个体的人变成了行业的人们以及不同的媒体成员而已。这种"关系同盟"的利益一致，一旦涉及协会成员媒体的声誉，选择遮丑，并非不可能。例如，湖南"华南虎事件"发生后，中国记协拒绝承认吴华的造假属于记者职业

1　朱幸福."新闻自由"="造假自由"？［N］.文汇报，2007-4-21（003）.

2　郑一卉.美国新闻界责任观念的历史考察［J］.现代传播（中国传媒大学学报），2006（6）：157-158.

行为。[1]

自律是一种有序的关系，构成自律的各种关系要素，只要能够有机协调起来，同样能够起到媒介批评的作用，履行其应有的社会责任。不可否认，现阶段我国新闻界的行业协会，存在着不同程度的异化现象。异化必然导致关系的紊乱。关系紊乱造成的后果只有一个：自律失效。自律失效，必然降低行业的威信，有时连业内人士也感到痛心疾首，以退出表示抗议。因为中国新闻摄影学会消极处理首届华赛金奖照片涉嫌造假事件，中国新闻摄影学会副会长蒋铎宣布退出该学会，理由是"虽然仅仅是一只鸽子的抵赖，却千真万确说明中国新闻摄影学会已经变了，肮脏！"[2]

自律的关系要素之间，因为容易转换或者混同，致使自律自它诞生的那天起，便携带了尴尬的基因。自20世纪90年代以来，世界范围内掀起的一场社会责任运动，是各行各业的自律无法约束自身的补救措施。所以，指望社会责任运动靠良心去悔过自新，规范包括新闻秩序在内的社会秩序，注定不大现实。就媒体而言，在强化自律的基础上，还得另辟他径。

三、媒体的他律及其责任

任何他律，均建立在外部关系之上。他律是指通过外部条件发生作用来规范和约束自己的行为。诸如法律、文件、制度都属此类。[3]黑格尔认为，道德自律要以他律为基础。马克思对此评论道："黑格尔的原则也是他律的，也是主体服从普遍的理性，有时甚至是服从普遍的非理性。"[4]

律他是主体为维护自身的权益或大众与社会的利益，或采取行动遏制他人不良行为，使个人免受非法侵害，使大众与社会的利益得到保护，或主动参与公共生活，通过自身良好的示范去影响他人的道德认知和道德实践。媒体的他律，同样表现于诸多的关系之上，并通过这些关系约束它，无不对媒体构成某种压力，

---

1 唐勇林.造假非记者职务行为［N］.中国青年报，2008-3-25."严格来说，湖南平江的华南虎造假事件，是造假者的个人行为，而非记者职业行为。"中国记协国内部行业自律处处长孙兆华3月24日对记者说，"虽然吴华本人从事记者职业，但这件事既非采访行为，所摄录像也未在其供职的电视台播出，因此，整个事件属吴华个人行为，和他究竟是不是记者并没有太大关系。这个事情所涉及的不是新闻职业道德，而是个人道德——造假是谁也不应突破的底线。"

2 谭人玮.新闻摄影学会副会长退会 称学会消极处理造假［N］.南方都市报，2008-3-25.

3 冯佳星.论"律他"道德的培养［J］.湖北经济学院学报（人文社会科学版），2007（12）：98.

4 马克思，恩格斯.马克思恩格斯全集：第1卷［M］.中共中央马克思恩格斯列宁斯大林著作编译局.北京：人民出版社，2007：523.

使之在有序的环境中运行。媒体的他律，包括来自法律的、行政的和舆论的惩罚和批评。

（1）法律。法律是最典型也最有强制性的他律形式。中国的传统社会是伦理社会，公众最喜欢讲的是道德。道德是法制的基础之一。道德是柔性的东西，道德和法律的关系是柔性和刚性的关系，二者互补、互动。不论是法人还是公民个人，"具备强烈的法律意识，知法、懂法、用法，是'律他'道德的另一种境界，也是捍卫法律尊严的必需[1]。"

从宏观上看，我国的法制环境，近三十年来有了质的改观，但就微观上而言，有些领域还存在法律的真空现象。新闻领域，就是为数不多的法律真空地带之一。成熟的新闻法不仅规定着新闻媒体的权利和义务，划分了其活动的禁区，而且对媒体违法的责任认定具有明确的处罚标准。一部新闻法，就是一部规定了媒体和外部关系的法律，它为从事新闻活动的单位和新闻工作者提供了明确的航道。

我国新闻和媒体相关的法律条款散见于一些法律法规中，给个别媒体发布不负责任报道、滥用媒介话语权提供了可乘之机，助长了个别媒体的不良习性，直接影响了我国大众传媒的公信力。媒体的他律在法律这个关节点上断档，是一种莫大的缺憾。这个缺憾，加重了媒介批评的社会责任，迫使媒介批评的其他他律分担了监督媒体的职责。尽快从法理上明确媒体的外部关系，很有必要。

（2）政律。媒体的他律，除了法律条文的约束外，还有来自政府部门的条例和政策以及指令等管理性条件的约束。我们媒体受到的这类约束，称为媒体他律的"政律"，以有别于国家针对新闻业颁布的成文法。

媒体的政律，有其积极意义。新闻媒体虽然具有较强的意识形态指向，但它不是特权行业，除接受相应法律的约束外，同样要受到政府职能部门的管理。换言之，政律之于媒体，是一种必然。这种他律形式，即便在新闻法制相对比较健全的美国，依然不能例外。这种他律形式在两次对伊拉克的战争期间表现得尤为明显。

政律毕竟只是他律中的一种形式，其所承担的社会责任，具有较强的政治取向。由此所造成的缺陷也显而易见。因为政律是政府意志的物化，随意性大，要

1　冯佳星.论"律他"道德的培养［J］.湖北经济学院学报（人文社会科学版），2007（12）：99.

么侵害媒体的采访报道权，要么侵害被报道对象的权益。之所以如此，源于政律的轴心是以政府利益为中心，而政府利益并非永远和民众的利益完全一致。尤其在事关政府侵权行为发生之时，媒体的政律出于本能的自卫，可能牺牲媒体和公众的利益。

媒体的政律，同样需要确立政律的内在关系。对大众传媒起推动的前提是，其内在的关系之间，必须全部以民众利益为取向。这种他律，需要建立在政府受法律监督的条件之下，并且只能是极少数政府部门可以依法以政律的方式管理媒体。

（3）舆律。公众对媒体报道的得与失，可以根据自己的意见，发表。这种媒介批评的方式，我们称之为媒体他律的舆律。在网络出现之前，以单向传播为主，媒体掌握着话语权。在这种单向传播模式下，。会，评说他人，唯独很少自己照镜子。

技术是当代民主进步的助推器。网络传播技术为公众监督媒体提供、利。网络出现以前，在媒体上出现批评媒体的读者来信，纵然有，也是碎片性的，无关媒体大雅。舆律在媒介批评的社会责任体系中，处于自愿式责任的地位。它的关系特点是多对一。这里的多，因为不具有强制性，剥离了利害关系，可以纠媒体之偏。媒介批评的舆律，目前主要集中在网络评论中。现阶段，媒体的舆律对媒体的监督，其作用还不太明显，但在网络跻身主流媒体之后，其作用将日趋重要。

（4）学律。指的是狭义的媒介批评概念。是独立于法律、政律和舆律之外的媒介他律形式，也是媒体他律中最具活力的一种监督手段。新闻学界以媒体及媒体现象为研究对象，它是以独立的方式，从学术的视角看待、评价媒体及其媒体现象。学术相对超然的地位，保证了学律在媒介批评中的作用比较特殊。媒体要发展，需要倾听来自学界专家学者的建议，不断更新经营理念。主管媒体的政府职能部门，也希望从学界这里了解信息，以便制定具体的媒体政策。缘此，媒介批评自问世以来，始终站在传媒发展的前沿，"善则赏之，过则匡之"，最终赢得了良好的口碑。

学律的责任，同样源于学界和媒体的关系。新闻教育是为新闻业输送人才的，媒体的弊病若不能及时得以纠正，新闻业的发展必然存在障碍。新闻业的兴衰关系新闻教育的利益。新闻业繁荣，新闻教育的社会地位自然得到提升；新闻业的公信力下降，也是新闻教育的耻辱，更影响到新闻教育的发展。明白了学律和媒体的这种关系，也就不难理解，为什么有影响力的媒介批评主要源自新闻高等教育机构，著名的媒介批评家往往是一流的新闻学者了。

媒体的关系紊乱，使大众传媒对其担负的社会责任持消极态度，同时也加重了媒介批评的社会责任。当今，我国媒介批评的责任在于，尽快界定媒体自律中的"自关系"和"他关系"，以及媒体他律中的"他关系"和"自关系"；研究媒体与政府和公众的关系，对重新构建合乎法律规范的媒介关系提出合理化建议。

纵观媒体的自律和他律与媒介批评的社会责任，其关系可以简要概括如下：

政府承担着制度性责任，新闻业承担着荣誉性责任，新闻学界承担着道义性责任。这三者共同构成了媒介批评的社会责任。

（原载于《全球传媒评论》2011 年第 7 期）

新媒体灾难报道角色的伦理问题

媒体形态的变化，在一定程度上也影响着媒体功能的变化。截至 2008 年，新媒体在我国得到了长足的发展，不论从技术上还是使用者数量以及社会服务方面，新媒体已然具备了大众传媒的要素。2008 年 3 月的"3·14"事件、5 月的汶川大地震以及 8 月的北京奥运会，新媒体在这三次事件中的出色表现，使新媒体最终获得了社会的广泛认可，成为真正意义上的媒体。

与社会的联系越密切，越需要进行伦理的审视。刚登上信息传播和社会服务历史大舞台的新媒体也不例外。新媒体在汶川大地震期间的历史功绩无法抹煞，但不可否认的是，其间也存在着某些问题。

一、新媒体受众的角色

在社会生活中，处于一定社会地位的人集许多角色于一身，就是一个"角色丛"。现代传媒出现后，人们又担当了新的角色。在传统媒体面前，受众收受信息的被动角色具有相对性。新媒体改变了信息的传受途径，每个人既可以是信息的收受者，还可以是信息的生产者和发布者。"公民记者"的概念就是新媒体时代的产物。2006 年，美国的一份调查表明，媒体发布的新闻有 40% 的消息源自博客，且这个数字呈上升的趋势。由此可见，新媒体塑造了公众新的社会角色，每个人都在有意无意中扮演着新闻记者的角色，在消费信息的同时也在生产并传播着信息。新媒体时代受众角色的这种变化，在重大突发性事件发生时表现得尤为明显。2008 年 5 月 12 日 14 时 28 分汶川大地震发生后，手机短信、博客和播客最早发布这一灾难信息。据英国《每日电讯报》报道，5 月 12 日地震当天 14 时 35 分 33 秒，中国网友在美国微型博客网站 Twitter 上发布了北京地区有轻微震感的消息。而在地震发生后的 1 小时之内，仅新浪博客就有来自震区四川以及周边地区的网友发表的近千篇描述地震的博文。土豆网上最早的视频短片播客是在地震发生后的 14 时 55 分上传的，用来报道四川当地的情况。[1] 可以说，在当

1　林丰蕾.土豆网王微：播客们通过手中设备记录地震［EB/OL］.［2008-05-15］.

时震区的通信、交通等基本设施条件几近中断的情况下，新媒体把身处灾区的网民（含手机使用者）变成了"新闻记者"。

二、角色的德与个人的欲求

角色的德与个人的欲求密切相关。欲求在形态上分为有意识的欲求和无意识的欲求两种。前者是一种显性的欲求，与人的利益相关，一个人的价值取向在很大程度上决定了这种欲求的对象；后者属于本能反应，这种欲求距离利益较远，更能反映出一个人的内在品质。不管是哪种形式的欲求，都可以从道德善和道德恶的层面进行区分，具体表现为值得欲求与不值得欲求两类。值得欲求符合目的道德善的要求，不值得欲求属于目的道德恶的范畴。个人的社会角色，有的是社会分工赋予的，有的则是个人出于某种动机自行承担的。人所担当的某些社会角色可以自行选择，但自我选择的社会角色中所包含的德的成分并不相等。一个选择见义勇为角色的人，其欲求在目的方面含有更多的道德善，旁观者的欲求是自我安全第一，这样的欲求不属于道德恶，但其道德善所处的层级较低。善是分层级的，不同层级的善之间可以有所比较，社会往往倡导高层级的道德善。所谓的至善，就是所有层级善的顶端。圣人角色的德，可以视为最高层级的道德善。其所欲求的目标不仅值得欲求，且非常值得欲求。

新媒体语境下的"公民记者"角色的德（道德善）并不局限于揭露和批评，肯定和赞扬是善，对社会事件的记录也是善行。不论是 2008 年汶川大地震还是 2010 年的海地大地震和智利大地震，在地震发生的瞬间，一些公民用自己的手机、DV 摄像机拍摄了大量珍贵的地震原始资料，这些资料通过手机媒体、博客等广为传播，不仅满足了受众的知情权，更重要的是，还为开展救援提供了有价值的参考。以博客的作者——博主（Bloger）为例，置身灾区的这些博主们将各自的所见所闻汇集成文字、图片，在自己的博客上发表。在地震期间，他们的角色是"公民记者"——灾难的见证者和报道者，在因灾难造成的信息不对称的关键时刻，这些"公民记者"义务记录了这段特殊的历史，具有极其宝贵的史料价值。作为新媒体之一的博客，"在重大灾难性事件发生的时刻，起到了信息沟通的重要作用，真正地彰显了'第四媒体效应'。面对地震，大量志愿者、专家学者和新闻工作者及普通民众的博客，及时将灾区信息向外界传递，成为主流媒体报道的补充。"[1]
新媒体时代"公民记者"角色的道德善在新媒体从事灾难报道中多次得到体现，
为新媒体最终赢得社会的普遍承认奠定了基础。

三、角色的德与道德恶

善与恶是一对共同体，无法孤立存在。肯定新媒体"公民记者"角色道德善
的一面，主要是指他们在大地震期间充当了灾情发布者、信息传递者和民意反馈
者的角色，这些角色的德性属于道德善。近年来中外数次的大地震均证明了"公
民记者"角色主流的善。不可否认，"公民记者"角色的德也并非一律向善，
个别"公民记者"的角色属于道德恶。同一个角色，不同的主体所欲求的目的并
不相同，欲求目的的差别造成了德的性质的变化。有人幸灾乐祸，将灾难造成的
不幸当作"消遣品"；也有人无中生有，捏造事实，或者捕风捉影，传播虚假信
息；有人则缺乏做人的良知，对灾区遇难者和受害者公然辱骂。具体而言，有的
在 QQ 等即时通信媒体中以熟人聊天的方式"欣赏"灾难给灾民造成的苦难；有
的则利用手机短信和匿名发帖的形式散布谣言。这方面最典型的事例是关于余震
和是否再次发生大地震的猜测、传言的态度及其所产生的反应。

新媒体时代，传播角色的公民化，每个新媒体的使用者都可能传播包括传言、
谣言在内的信息。分析这类信息传播者角色的德，需要依据传播者对传播内容的
认知水平作具体的分析。传播行为是传播主体有意识的活动，传播的动机有善恶
之分，这种善恶还可以进一步区分为主观的善恶和客观的善恶。不同性质的传播
善恶，影响着我们对角色的德的总体评价。非主观的传播，源于传播者在尚不清
楚传播内容正确与否的情况下草率实施了传播行为。新媒体时代涌现出来的"公
民记者"客观上扮演了信息采集者、传播者的角色，但他们的专业知识和技能训
练远远逊色于职业记者。鉴于这种实际情况，讨论"公民记者"角色的德应该设
置一个底线——不故意传播虚假信息为新媒体"公民记者"的道德善的底线。之
所以这么定义，是基于这样的考虑：许多时候，传言（包括少量的谣言）并不容
易甄别，即便是传统媒体的从业者也同样常常面对这方面的诸多困惑。像大地震

---

1 沈玉华.博客在重大灾难性事件中的信息传播特色分析——以"5·12汶川地震"为例［C］//第六届亚太地
区媒体与科技和社会发展研讨会论文集.［出版地不详］：［出版者不详］，2008：294-298.

这样的灾难事件发生后，人们的恐慌心理远远高于往常时期，对余震的畏惧以及对是否还有余震发生，尤其是破坏性的余震发生，成为一种最普遍、最迫切的集体欲求，即便是非震区的民众也同样非常关注这个问题。

"公民记者"有关地震等灾难信息的传播途径，主要是人际传播。比如说QQ 聊天或手机短信，是传播这类信息最为常见的途径。这类信息一旦发出后，信源的考证特别困难，因为传言在电子人际传播时代的传播速度超乎人们的想象，瞬间即可传递到世界任何一个有网络信号的地方。同时，传言从一个信源发出后，因为和人们的切身利益有关，人们会迅速再次将此信息直接转发或者编发给各自的熟人。在这种情形下，每个"公民记者"对传言的具体处置方式可能有所不同，但大多数人不会让这类敏感信息停留在自己这里。这时"公民记者"的角色的德整体上来说属于目的善，其传播传言是为了减少可能降临的灾难事件对熟人造成的伤害。甚至有人也未必真的相信这类传言必然应验，但宁可信其有、绝不信其无的心理源自对灾祸的畏惧，以及随之而来的趋利避害诉求。至于"公民记者"角色的效果是善抑或是恶，则不是他们所能顾及的事情。那些故意传播虚假信息的"公民记者"——其角色的德则属于典型的道德恶。这种道德恶首先是一种目的恶，传播虚假信息为的是给政府添乱，给民众制造恐慌，以满足自己内心某种不可告人的恶意快感。这类虚假信息一经传播，在社会上所造成的后果堪忧，属于典型的效果恶。应该说，个别"公民记者"这一角色的德不仅突破了伦理道德的底线，也为法律所无法容忍。新媒体个别"公民记者"角色的道德恶，在汶川大地震期间和智利大地震期间都有所体现。

在角色的德中有一种性质非常恶劣的道德恶，这就是恶意的辱骂和诽谤。新媒体的自媒体性质，给予每个使用者以平等言说的空间。新媒体的使用者只有在使用新媒体这个媒介平台发布信息时，他（她）才进入"公民记者"这一角色。"公民记者"角色的弹性特征的弊端在于，临时的角色往往给"公民记者"以更多的随意性。随意性是伦理的敌人，因为随意和本能的距离最近，本能与理性相对，它是一种自然欲求，一时的冲动就是本能最好的写照。临时的角色容易使角色主体在来不及意识到自己承担该角色所应具备的基本素质之时草率行事。也就是说，临时性角色的德缺乏可预期性，因为环境、心境和冲动，同样一个主体，可以呈现出截然不同的德性。这种情形下"公民记者"角色的德可以成为被批判的对象，但不宜作为定性一个人是善还是恶的标准。汶川大地震期间，"公民记者"角色最恶劣的德当属来自辽宁的一名 19 岁的少女了。这个女孩在网吧，通过 QQ 视频用 4 分 40 秒的时间狂骂四川灾区人民，并将这段视频上传到网上。

角色的德是新媒体灾难报道伦理最根本的德。世界的主宰者是人，人的活动是否符合伦理道德和法律等规范的要求，在很大程度上制约着人类社会发展的方向，同时也与人类自身的利益直接相关。新媒体改变了信息的采集、发布方式，这就客观上要求新媒体的"公民记者"们重视自身角色的德的建设，进而保证新媒体为社会的发展作出积极的贡献。角色的德以自律为主，但新媒体灾难报道的伦理规范仅靠自律还远远不足以实现，需要他律的参与。新媒体的他律，集中体现为把关的德。

四、结语

新媒体灾难报道角色的伦理问题，表面上看是谣言和诈骗，但这并非新媒体独有的现象。因此，研究新媒体灾难报道的伦理问题，不能简单就事论事。技术的特征、特殊的传播主体，是新媒体在信息传播过程中比较显著的特点。我们选择了角色的德为研究对象，讨论了新媒体灾难报道的伦理问题，并提出了规范的方向。新媒体在未来的发展中还将遇到更多的伦理问题，新媒体的伦理问题及其规范尚处于襁褓之中。汶川大地震给新媒体一个展现自我实力的机会，也给新媒体及其伦理研究提供了一个难得的文本。这个文本已经画上了句号，但对这个文本的解读才刚刚开始，希望我们的研究能抛砖引玉，吸引更多的研究者加入到新媒体灾难报道伦理研究的行列之中。

（原载于《现代传播（中国传媒大学学报）》2010 年第 10 期）

*基金项目：本文系 2009 年度国家社科基金项目"汶川大地震语境下我国灾难报道伦理的规范化研究"（09BXW005）的阶段性成果。

新媒体灾难报道把关的德与服务的德

目前，新媒体在社会事务中扮演着越来越重要的角色，重大社会事件和社会活动均有其身影。新媒体服务社会的功能越显著，新媒体报道的把关功能就越重要。传播学的"把关人"理论揭示了一个现象：媒体在选择信息时会根据自己的价值取向进行遴选，传播什么或者不传播什么，事先都经过媒体（记者、编辑）的筛选。信息过滤的过程，也就是媒体把关人发挥作用的过程。新媒体参与重大灾难报道时，有效弥补了传统媒体报道的不足，但也出现了诸多不尽如人意的地方。这主要涉及新媒体灾难报道伦理把关的德和服务的德两个方面的问题。

一、把关的德

新媒体时代，传播技术改变了传统的信息把关流程，信息遴选方面的把关不再由职业把关者担任，"公民记者"随时都能发布信息，海量信息发布的不定时给新媒体的职业把关人增添了无形的压力。此外，手机运营商和网站运营商把关的专业素养和实践经验相对不足，编辑把关的效果受到影响。因而，新媒体把关的德变得更为复杂。

把关的德是一种限制的德。限制意味着对自由的束缚和对权利的剥夺，而限制本身具有较为明显的主观性，它是某种意志的产物。因此，媒体意志和编辑个人的好恶将直接影响到把关的德的性质。信息把关的任务在于修正信息中的错误，过滤信息中的冗余成分，同时剔除有害信息，这三项日常性工作成为信息把关的德的对象。凡是符合目的善和效果善统一的信息把关的德，便是把关的道德善。相反，无论主观、客观的原因，把关内容的缺项，或者把关工作做得不够完善，信息把关的德即便属于道德善，也是有缺陷的。在现实生活中，新媒体承载的信息数量呈上升趋势，而新媒体所雇佣的编辑队伍在数量上无法同步增长。把关人数量的不足决定了新媒体把关者无暇顾及信息中的用词和文法错误，无暇删除冗余信息，只能重点对违反国家法规、政策的信息进行屏蔽。站在把关者的角度看，他们只要履行了基本的工作职责，其把关就应该属于道德善。这样的把关其德性是善的，这虽然不存在争议，但这种道德善属于消极的道德善。就信息把关者而言，把关的消极的道德善比较保守，不是最好的道德善。经验表明，消极的道德善容易造成把关的缺位现象，将本来属于把关者审查的内容给忽略掉了。以新媒体的灾难报道为例，新媒体把关者在审核信息时，仅仅注意明显失真的信息还不够，对于那些可能误导公众的信息也应有具体的对策。如新媒体所涉及的灾难报道，信息来源无法核实，过于具体的数字反而值得怀疑。作为博客媒体的专业编辑，如何审核此类灾难信息，衡量着编辑把关的德。没有尽到职业伦理要求的职责，必然造成把关的缺位。

与此相反，把关还存在某些越位现象。越位和缺位不同，越位可能属于目的善，也可能属于目的恶。把关者在把关过程中有意的越位属于目的恶，用他们的成见取代了客观的把关标准，侵犯了"公民记者"合法的信息发布权和相应的言论自由权。越位并不全然是把关的目的恶所致，目的善也可能导致把关的越位现象。例如，把关者出于尽责的目的，对把握不准的信息直接删除，而把关者的判断事后被证明是错误的。

把关的德的目的善虽然重要，但真正关键在于把关效果的德之性质如何。效果善是把关的德追求的终极目标，效果恶是把关的德竭力所规避的。对于信息把关者来说，实现目的善并不难，难的是实现效果善。效果善具有客观性，它不以个人的主观意志为转移，有些时候，目的恶也可以实现效果善，所谓"歪打正着"即是例证。效果善的实现，目的善是前提，行为善是保证，只有目的和行为都符合道德善的要求，效果善的实现才有保证。新媒体灾难报道伦理的效果善是"公民记者"、新媒体运营商、新媒体信息把关者以及新媒体受众四方合力协作的结果。在这里，信息把关者的职责是保证有益信息的快速流通，并且为这些信息的传播助一臂之力。海量的新信息层出不穷，先前的信息很容易被淹没。在这种情况下，信息把关者的职责已经不是单纯的信息过滤者，而是传统意义上的编辑角色，通过置顶的形式将真正有价值的信息显示在显著的位置，以增强这类信息的传播力。这表明，效果善虽然是客观的善，但其最终的实现离不开主观的欲求。

由此带来的问题是，过分强调信息传播的效果善，可能造成信息把关者的越位现象。从表面上看，越位属于积极的德，因为欲求者在主动追求某一目标。事实上，越位的实质属于积极的恶，其动机虽善，遗憾的是这种目的善并不纯正，动机不纯的善最终很容易走向善的反面，成为恶的东西。避免把关中的越位现象，需要信息把关者具备较高的综合素养。以新浪网为例，2008 年 5 月 12 日下午四川汶川大地震发生后，当天傍晚就出现了北京 12 日 22：00—24：00 将发生 2—6 级地震的传言。有些网站对该消息进行了突出处理，而新浪网并没有这么做，因为该网站的编辑了解到目前地震尚不能被准确预报这一科学事实，认为这么一种形式的信息发布，它的准确性有待商榷。就这种把关方式来说，对传言进行突出处理的网站及其信息把关者属于越位，其目的善无可置疑，本着对受众负责的态度，同时他们也在追求某种眼球效应，扩大网站的知名度。而新浪网的编辑对于目前无法肯定的东西采取的处理方式是不删除也不助推，将这种信息作为一种客观存在允许它自由流通，让事实最终去证明这类传言的真伪。

如前所述，把关的德包含了信息的筛选、过滤、编辑修改和传播。信息把关的这些程序通常被认为是技术性的，这种认识并不全面。媒体是人类文明的有机组成部分，媒体本身就是一座文化建筑物。这意味着，信息把关人还肩负着另外一项重任，这就是文化缔构。文化缔构是一种编辑原则，既包括缔构有原创性的信息，将这些信息纳入媒体这座文化建筑物内，同时也包括了尊重既有的人类文明，譬如对传统习俗和伦理道德的尊重。这是对把关人更高层级德的内在要求。在灾难报道伦理中，新媒体的信息把关人应意识到自己的职责，追求信息把关高层级的道德善，从文化道德的层面妥善处理新媒体上出现的一些不和谐的信息。大地震所造成的灾难多数是血腥的，有关地震的图片、视频，就新闻（信息）的真实性而言，这些信息无疑是真实的。但是，这类信息的传播也离不开信息把关者的审核以及相应的编辑加工。汶川大地震期间，在一个名为"橡树财富"的网站上，有一组关于灾区地震的图片，这组图片的文字说明为："汶川已经变成了人间地狱，救援现场惨不忍睹……血、泪、残缺不全的逝者肢体，让人望而生畏。""人间地狱"的说法当时可谓流行一时，至于这个比喻是否违背了新闻真实性原则，显然值得商榷。遇难者残缺不全的肢体照片，从真实性方面无可厚非，但从传统文化的角度说，显然缺乏对遇难者应有的尊重。新媒体的信息把关者如何妥善编辑处理此类图片、视频，关系到把关的德的问题，不可忽视。就灾难报道而言，减少煽情的报道，用其他手段检测是否构成侵权，应该是新媒体信息把关者的应尽职责，也是其把关的德的具体要求。未尽这些职责，归根结底还是信息把关缺位的问题，也是信息把关者的德不够尽善的写照。造成这一现象的原因，人们容易归结为新媒体的信息量和把关人的数量之间存在矛盾，因为把关人的数量无法满足信息把关的客观需要。应该说，这个所谓的"矛盾"只是一种假象。事实上，新媒体信息把关者现有的人员配置大体上可以满足信息把关之需求，其奥妙在于新媒体借助了另外一种力量来强化对信息的把关，这就是技术的力量。

从人类登上世界历史舞台的那天起，人类就在凭借技术来实现身体的延伸，而建立在互联网技术上的新媒体则是人的身体和神经系统的延伸。所谓"技术"就是"不懈地改造世界和人类以便它们能相互适应"[1]。可以说，技术的奇妙远远超出了人们的想象，它像魔术一样将一个个让人觉得不可思议的东西变成了现实。既然技术闪烁着人性的光辉，技术就进而获取了超越它自身的许多东西。基于这种认识，德国哲学家海德格尔得出了技术的本质与技术毫不相干的结论：技术被谁所操控，它也就在为谁服务，因为一切技术都以有效的行动为目的。这样，技术的运用便必须被置于伦理的视阈之下进行审视，因为技术的运用既可以是善的也可以是恶的。

技术是新媒体的造物主。现代传播技术让信息流动踏上了快车道，"公民记者"的信息采集、制作必须倚重于技术，没有手机、DV 摄像机以及互联网等技术设备，也就不会出现"公民记者"这样的称谓。与此同时，技术带来的便利还需要用技术来管理。信息把关需要专门的群体，这个群体将大量程序性的事务交给技术本身，而不是全部由自己承担。新媒体通过事先设置的程序，自动监测并过滤一些可以被技术程序捕捉到的信息。以微博为例，微博的运营网站主要通过技术手段充当"把关人"角色。大量访客的在线即时交流，单靠自然人作为把关主体显然难以承担把关任务，植入相应的关键词，对敏感词语进行屏蔽，对疑似词语交由人工甄别处理，既可以提高信息把关的准确性，还大大提高了信息把关的效率。

技术的德在新媒体灾难报道中至关重要。技术是把双刃剑，它在造福人类时具有向善的一面，在祸害人类时则是突出了其恶的一面。以互联网的"搜索引擎"

---

1 R. 舍普，等. 技术帝国［M］. 刘莉，译. 北京：生活·读书·新知三联书店，2004：3.

为例，搜索引擎的德也有恶的一面，"人肉搜索"的强悍功能也常常受到质疑，个人信息包括隐私性的信息在搜索引擎面前失去了藏身之地。地震期间，灾区部分地区的信息中断、沟通不畅，搜索引擎在那个时期充当了信息沟通的桥梁作用。通过搜索引擎，许多抗震救灾最急需的信息被挖掘出来。技术把关的德集中体现为道德善，通过技术手段造福人类，通过技术手段促进抗震救灾。与此同时，技术有时也体现出道德恶的一面。举例来说，对于新媒体上出现的虚假信息，尤其是诈骗信息，简单地提醒人们注意不要上当的作用有限，通过技术把关监测这些危害社会、伤害人们感情的恶行，应该更有意义。

不论是编辑把关还是技术把关，每一种把关的能力总是有限的。只有人工把关和技术把关结合起来，才可以实现最佳的把关效果。同样，从伦理的角度说，编辑把关的德与技术把关的德需要互补。技术把关主要针对的是程序性的东西，其特点是以最少的人力资源投入获取最大化的劳动。编辑把关侧重的是综合性的把关，需要运用个人的智慧对具体的问题作出分析。在这方面，新媒体把关的德收到了预期的效果。2008 年 5 月 19 日至 21 日"全国哀悼日"期间，我国网络媒体的页面颜色全部被换成黑色，以肃穆庄重的页面形态表达对地震遇难同胞的深情哀悼；网络游戏及各类娱乐频道也全部停止运行。这是新媒体把关的结果，是新媒体信息把关目的善、行为善和效果善的统一，把关的德彰显出新媒体信息把关者及使用者对遇难同胞的尊重。

二、服务的德

媒体的价值不在于其作为媒介物自身，而在于媒介作为联结社会与公众的一座桥梁，在于媒体在提供讯息的同时也在推动社会的发展。而媒体及其从业者所做的一切，归根结底是在服务社会。媒体的社会服务功能，是传媒业非常重要的功能之一。媒体存在的意义在于服务，而服务本身通常属于美德伦理的范畴。

服务的本质是为他。为他可以分为直接的为他和间接的为他两种形式。间接的为他，其目的性并不突出，有时甚至连为他的施事者自己都很难意识到，但在客观上却是为他。世间绝大多数的为他均属于这种形式，这种间接的、无意识的为他也是伦理学上常说的"利他"。利他是一种最普遍的现象。不论是自然人还是法人组织，利他是其最重要的活动内容。就媒体来说，信息的采集、制作和传播，同样属于行为的利他。

网络传播技术的普及使全体具有读写能力的公民受惠。这是技术利他的恩赐。假如技术的本质不是利他，很难设想技术会越来越受到重视。同样，技术也让利他的目的性变得更为隐蔽。人们在享受技术的便利时，其实正是技术的发明者和技术产品的制造商服务社会（利他）目的的实现。新媒体的本质是物，这种物的有用性和纯消费性质的物有着显著的不同，人们选择新媒体，表面上是在"消费"（这种物品），但这种"消费"的实质是"生产"。作为信息载体的新媒体，是"公民记者"为他的工具。"公民记者"在自媒体上发布信息，其直接目的可能是自我消遣，但对于受众而言是受益的。这样，"公民记者"在为己的同时，也是在为他。

新媒体参与灾难报道时，"为他"的目的性得以凸显。破坏性的灾难事件发生后，"公民记者"们发布的悼念性的文字不具有直接的为他特征，而对于灾难受害者来说，这样的文字则是一种精神的慰藉，从而获得生的信念。事实上，汶川大地震期间，新媒体的为他绝不限于单纯的悼念，而是直接参与了对灾区的救助工作。

在为他方面，新媒体较传统媒体有着自己独特的优势。传统媒体限于版面空间、播出时长、刊行播出周期等，无法全天候服务社会。传统媒体的这个先天不足在常规时期表现得并不明显。遇到重大突发性灾难事件，时间就是生命，生命的拯救急需大量的信息，这类信息可以通过广播、电视媒体来搜集传播，但这些媒体在传播具体的详细数据时则未必合适。譬如，一份地形图、一组详细的数据信息，广播电视可以传递这些信息，对信息接收者而言接收的效果却未必理想。多数的新媒体却不存在这方面的担忧。汶川大地震期间，"公民记者"提供的救援线索和救灾经验为前线的救援活动提供了宝贵的信息支持。如汶川大地震发生后，通往汶川的道路、桥梁遭到破坏，当地的地形险要，而当时的天气状况又不利于飞机降落，救援汶川的计划受阻。2008年5月14日上午10时许，网上有个题为《希望大家顶起来！》的帖子称，距离汶川县城往成都方向仅7公里的七盘沟村山顶特别适合空降。该帖经过近2 000次的转载后，5月15日四川省抗震救灾临时指挥中心军方指挥曾电话联系了这位发帖人，核实情况后迅速展开勘查，最终成功空降汶川。

　　技术的力量赋予了新媒体为他过程中许多得天独厚的地方。媒体承载信息，这些信息也包含了情感信息。情感是一种软信息，这种信息的传递和普通的信息传递不同。实践表明，每当有重大事件发生后，新媒体在传播情感信息方面发挥着传统媒体所无法比拟的优势，这得益于新媒体是一种参与式媒体，交互式的信息交流模式适合情感信息的交流。此外，传统媒体的情感信息传播是一对多的传播模式，即便这种情感也代表了公众的某一集体诉求，不足之处在于这种集体的情感信息不得不被传统媒体凝缩为一种凝固的信息，然后再向外输出。新媒体来自无数个"独立"媒体，一个个自媒体的"从业者"（"公民记者"）所表达的情感可以通过在线的形式以鲜活的方式尽情表达。这样，新媒体在情感信息的传递方面，与传统媒体有着很大的不同。在平时，这种情感信息的传播主题相对分散，难以形成社会性的共同行为。但遇到全社会关注的社会性事件，"公民记者"们在情感表达方面主题同一，传递的时间相同，情感信息可以汇集成一股强大的信息流，产生轰动性的社会效应。巨大的社会不幸，人性天生的怜悯，是这类情感信息孕育和传播的最佳时机。如汶川大地震发生后，"贴纸条"缅怀遇难者成为许多网民表达心愿的方式。即时通信媒体腾讯QQ推出了祈福版，很多网友的个性签名都设置了"烛光"或"黄丝带"的标识，一起祈祷被困的同胞尽快脱离危险，重建美丽家园。[1]

　　媒体服务的德终究是媒体人的德行。在灾难报道中，新媒体服务的德具体体现为社会群体的目的善，"公民记者"灵魂深处所具有的人性光辉所形成的欲求，促使他们用力所能及的方式为灾区的抗震救灾工作尽一己之力。当这种欲求变成实际行动，新媒体服务的德的目的善也就变成行为善，这种行为善最终收到了良好的社会效果。"公民记者"们以多种方式参与到抗震救灾的行列。除前面提到的服务形式外，还有一种更重要的服务形式，就是募集资金。汶川大地震后，传统媒体和新媒体无不以多种方式为灾区筹集资金。电视媒体的赈灾晚会是公认的募集善款的重要途径。但电视晚会不能连续举行，而新媒体则可以通过私人或公共服务的方式长时间募集资金。例如，腾讯公司的QQ在登录框上添加了"早一

1　林丰蕾.腾讯：数亿Q民通过QQ传递信息和赈灾［EB/OL］.［2008-05-16］.

点到达多一分希望"的赈灾募捐号召，点击后可以直接进入腾讯公益在线捐助平台。2008 年 5 月 15 日 21 点 49 分，据腾讯财付通在线捐赠平台的统计数据显示，由腾讯公益慈善基金联合壹基金启动的网友赈灾捐助超过了 1 000 万元，参与捐赠活动的网民覆盖了国内所有省、市、自治区，同时包括为数众多的港澳台同胞和海外侨胞。新媒体服务灾难报道的具体行为得到了社会的公认，取得了良好的社会评价。

服务的德的向度有两个：一个是指向自我的服务，一个是指向他者的服务。前面所讨论的新媒体灾难报道服务的德，是就后一种服务指向而言的。必须承认，服务的德也包括自我向度的服务，伦理学上将这种服务称作为己。传统媒体指向自我服务的德，是媒体及其从业者自利的德。自利也是一种德行，前提是自利所欲求的利益符合道德善。超出了善的限度，自利也就走向了其对立面，成为道德恶。正当的为己利他是媒体伦理所倡导的准则。随着社会主义市场制度的确立，为己的理念已经深入人心，为己同样被伦理道德观念所接收。尽管如此，作为自媒体的新媒体，其指向自我服务的德和传统媒体有着较明显的区别。新媒体的运营商和新媒体"公民记者"之间不存在雇佣关系，这样一来，也就无法像传统媒体及其从业者那样有着统一的利益纽带。由此带来的问题是，新媒体的"公民记者"们可能利用媒体这个平台进行不法活动，以谋取不正当的利益，但新媒体运营商自身无法直接监管这类恶行。而新媒体少数这样的"公民记者"所从事的活动，在本质上也是一种为己活动，一种自我服务。这种服务源自他们不正当的欲求，以损害公众的利益来满足自己的私欲。这种服务属于典型的道德恶，这种道德恶从目的到行为直至效果无一例外全是恶行。纵观汶川大地震期间个别新媒体"公民记者"自我服务的道德恶，其行为主要是两种：谋取物质利益的自我服务，还有满足个人不健康心理的自我服务。前者主要表现为经济诈骗。如 2008 年抗震救灾期间，一些个人或组织利用公众对灾区的关切，通过手机短信大量发送接收爱心捐款的银行账号，使不明真相者上当受骗。这样的为己（服务）满足的是传播者个人的物质欲求，这种服务的道德恶是新媒体灾难报道伦理应规范的对象。

技术造福人类的脚步不会停止，新媒体服务社会的范围只会继续加大。尽管新媒体服务的德中存在某些不尽如人意的地方，技术的进步将可以修正自身的不足，限制目的恶的欲求利用新媒体这个平台进行诈骗和其他不法活动。因而，新媒体灾难报道伦理的服务的德，其善的一面将得到强化，恶行生存的空间将呈下降的趋势。

三、结语

新媒体灾难报道涉及的伦理问题，表面上看是谣言和诈骗，但这并非新媒体独有的现象。因此，研究新媒体灾难报道的伦理问题，不能简单就事论事。技术的特征、特殊的传播主体，是新媒体在信息传播过程中比较显著的特点；服务的社会化以及服务方式的多样化，是新媒体参与灾难报道的一大特点，其中出现了某些负面现象，这也是新媒体灾难报道伦理应及时规范的地方。新媒体家族的成员还在不断增加，新媒体的信息传播方式、传播途径还有待完善，新媒体服务社会的潜力还有待进一步挖掘，新媒体在未来的发展中还将遇到更多的伦理问题，新媒体的伦理问题及其规范尚处于襁褓之中。希望本研究能抛砖引玉，吸引更多的研究者加入到此行列中。

（原载于《中州学刊》2010 年第 4 期）

* **基金项目**：本文系 2009 年度国家社科基金项目"汶川大地震语境下我国灾难报道伦理的规范化研究"（09BXW005）的阶段性成果。

灾难性新闻采访的伦理原则与制度框架构建

任何伦理都是意识形态的表现形式之一。伦理与意识形态的关系可以追溯到原始初民时代。自人类社会形成后，逐步出现了各种观念的集合，亦即人们常说的意识形态（Ideology）。人们通过相互交往建立的各种行为准则——伦理观念，从属于意识形态的范畴。社会分工出现后，每个行业都需要一套道德规范来约束其从业者的行为。这些行为规范就是行业性的伦理，而"伦理学是关于道德的哲学研究"[1]。人类的伦理行为，在康德看来，可以分为如何对待他人与如何对待自己两大类型。以往的新闻伦理研究侧重于对后一种类型的探讨，强调新闻从业人员抵制行业不正之风和新闻腐败，以恪守法律底线。事实上，新闻伦理研究的对象涵盖了新闻事业的全部环节，每一个环节均离不开相应的伦理规范来约束。新闻采访主要是记者的社会交往活动，在新闻业务中处于非常重要的位置，也是最容易出现伦理问题的环节。采访伦理矛盾最突出地反映在灾难性新闻采访活动中。2008 年四川汶川大地震后，一些记者的采访行为引发社会争议，暴露出灾难性新闻采访伦理的特殊性，而这一特殊性长期被人们所忽略。那么，灾难性新闻采访伦理的特殊性何在？要回答这一问题，有必要先了解采访伦理的内涵和实质。

一、采访伦理的内涵与实质

西方语境里的"伦理"与"道德"含义大致相当，指的是人们应当如何行事的具体规范，它们外在的表现形式是风俗和习惯，内在的表现形式是每个人的品行。而汉语中的"伦理"与"道德"的含义有所不同。"伦"为类别，"理"指区分，"伦理"的本义乃指事物的条理，进而引申为人伦道德之理，关注的是个人或行业的行为方式的规范与否；"道"指供人行走的道路，"德"的本义是登高、攀登，后引申为"得"；"道德"指遵守各种准则规范后受到的尊崇，含有对某种情操的追求。19 世纪下半叶西学东渐，受西方文化的影响，汉语中"伦理"

---

1 Louis P. Pojman. Ethical Theory：Clasical and Contemporary Readings［M］. Belmont：Wads worth Publishing Company，1995：1.

与"道德"之间的精微区别反而被忽视了，人们对伦理和道德的认识趋于含混，不少人误以为"伦理"或者"道德"在日常使用中基本同义。[1]

哲学上的争议多与词语概念的模糊有关，实践上的麻烦表面上看是认知与理念存在分歧所致，追根溯源还是语言歧义埋下的祸根。汶川大地震期间新闻采访中暴露的诸多问题不能简单归咎为记者个人的过失，而是需要重新审视采访伦理的元定义。对采访伦理内涵认识的模糊，导致记者容易在新闻采访实践中迷失方向，误将有悖于伦理的言行当作敬业精神的体现来追求，记者越"敬业"，背负的伦理诘难也就越多。

区分伦理和道德的词源和内涵在于甄别新闻采访——尤其是重大突发灾难新闻采访过程中的伦理行为与非伦理行为。伦理的取向受制于利益的驱动，己他两利格局下的双赢是所有职业伦理追求的共同目标，这也是伦理行为的原动力所在。采访伦理同样受这个原动力的驱使。媒体对新闻事件的关注，尤其是灾难性新闻事件的关注，归根结底还是逐利的内在动力使然。当然，媒体所逐之"利"，既有社会的公共利益，也有自身的功利内容。采访伦理的作用在于提醒处于逐利进程中的记者在从事采访活动时应具有促进自己和被采访对象利益的意识，而不是等造成既定的事实后再去评价采访活动的得失。符合伦理规范的采访，采访者与被采访者可以在一个融洽的气氛中进行交谈，双方同时从采访活动中获益。这样的采访体现的是一种真正的伦理精神，而"真正的伦理精神，就像每一片蔷薇花瓣都表现了蔷薇的特质并散出蔷薇的芬芳一样"[2]。

采访伦理的实质是为采访活动构建一个有序的共同体。共同体的核心是伦理的秩序问题。康德将共同体的秩序分作伦理的自然状态和律法的自然状态。[3]康德的伦理共同体的概念超出了人们的理解力，但对研究采访伦理却不无借鉴意义。新闻采访是一门典型的合作艺术，记者与被采访对象在特定的时空条件下进行，双方合作的效果要看双方配合得默契与否，而默契是彼此尊重，亦即遵守了采访的伦理秩序的结果。

---

1 徐雷.试论采访中职责与伦理的冲突［J］.南京政治学院学报，2001（3）：103-106.

2 马克思."莱比锡总汇报"的查封和"科伦日报"［M］//马克思恩格斯全集：第1卷，中共中央马克思恩格斯列宁斯大林著作编译局，译.北京：人民出版社，2007.

3 陈家琪.伦理共同体与政治共同体——重读康德的《单纯理性限度内的宗教》［J］.同济大学学报（社会科学版），2008（2）：40-47.

新闻采访的情境不同，伦理共同体的重要性也有较大区别。对于灾难性新闻采访的伦理共同体，其特殊的情境、特殊的时期、特殊的采访对象，使得这个伦理共同体的内部结构趋于复杂。灾难性新闻采访的伦理制度构建，将主要围绕共同体内的采访者与被采访者展开。讨论伦理制度建构，须先确定具体的伦理原则。

二、灾难性新闻采访的伦理原则

采访伦理和新闻实践密切相关，它是规范记者采访的行为准则。伦理准则具有稳定性。不过，新的情境在不断涌现，新情境要求伦理准则的与时俱进。新闻采访恰恰置身于社会变化的前沿地带，随时可能遇到新情境。采访伦理如何适应情境变化，以保证采访活动不因伦理准则的教条而受影响，是对媒体和记者的一大考验。

采访伦理属于社会治理伦理，它治理的是记者的采访行为。采访伦理的这种治理作用在灾难性新闻采访中表现得尤为突出。在灾难现场从事采访活动的媒体从业者什么样的言语和行为符合灾难性新闻采访的伦理规范，什么样的言行是伦理所禁止的，要弄清楚这些问题，可以从灾难性新闻采访的几个主要伦理原则来认识。

伦理原则由总原则和具体的子原则共同构成。伦理对人的行为进行规范，目的在于增进每个人的利益总量，并最终促进社会发展。这个总原则可以用"己他并重"来概括。在这个总原则下，伦理追求的是"不损害一人地增进利益总量"[1]，以达到个人和社会的共赢。采访伦理的己他并重原则中的"己"，既包括记者，也包括媒体；该原则中的"他"，主要指被采访人，在灾难性新闻采访中，这个"他"还应包括除人之外的记者可以采访到的一切存在物——有生命的存在物与无生命的存在物。在这个总原则的统摄下，灾难性新闻采访伦理的子原则由五个部分组成。

1.善的原则

善是具体事物的组成部分，这些具体事物的行为和存在对社会和绝大多数人的生存发展具有正面意义和正价值。善也不是静止的，随着主体和时间的变化，善可以被赋予不同的内容。通常，"善"被看作一种道德境界，是人们推崇的美

---

1 王海明.新伦理学：上册［M］.北京：商务印书馆，2008：8，67，197.

好行为。"善"历来是伦理学研究的对象。至于何为伦理学中的善，古今中外却众说纷纭。比如休谟主张"善即快乐"，并将此作为善的原则；罗斯则主张"在伦理学中，我们必须考虑那些内在的而非终极的善的整体"[1]。在规范伦理学看来，"善"乃是一种伦理行为应该如何的道德价值和道德原则。采访伦理属于规范伦理学的范畴，其主张的"善"可以归结为恪守一定的道德价值和道德原则的"道德善"，采访活动的出发点和结果应符合多数人的利益。由是观之，采访伦理善的原则评价的是采访活动本身和采访活动结果价值的正负。任何采访活动都要求记者以基本的道德善和道德原则为前提，并且这种道德善和道德原则因时因地因事而有所差异。譬如，常态情境中的采访与非常态情境中的采访，对采访方式的评价也不尽相同。重大灾难性事件中，衡量新闻采访活动的善与非善，核心的评价标准是采访行为是否符合人道。亦即，灾难性新闻采访活动对被采访对象的尊重，关键看记者能否做到以人为本。

伦理学是关于人的活动的理论，脱离了"人"这个主体，伦理学也就失去了存在的价值。灾难性新闻采访伦理语境中的善不是记者的爱心，而是记者是否以人为本，因为"爱心"无法与好的效果画等号。动机和效果的统一论强调，动机善只是善的一个方面，行为结果的好坏才是检验动机善真伪的标准。善的原则在灾难性新闻采访中表现得更为直接。每逢发生重大突发性灾难事件之后，往往也是利益冲突炽热化之时。置身于这种情境内的人，面临的伦理拷问也最集中。记者的采访活动即一个例证。灾难性新闻采访活动的特殊性在于，采访是以媒体所代表的"大多数"的名义在对灾难事件中受伤或被拯救生命的少数（人）的公开询问，这些"大多数"对灾难信息的了解能否以牺牲个别受难者的利益为代价，换言之，大多数受众的信息消费是否人道，需要由采访伦理的善的原则来裁定，裁定的依据是采访的道德善究竟是正数还是负数。在灾难性新闻采访的伦理原则中，善的原则应该是最核心的原则，因为这关系到灾难性新闻采访伦理的存在与否。

2.正当原则

"正当"本是道义论（亦称义务论）伦理学的基本概念，强调的是"应该"。"应该"包括"道德应该"和"非道德应该"两个类别。"道德应该"亦即伦理学的

1　史斯.正当与善［M］.林南，译.上海：上海译文出版社，2008：132.

"正当"，系指行为对于社会创造道德的目的的效用性；"非道德应该"主要是指行为不符合个人目的的效用性。[1]和"善"偏重对行为结果的评判不同，"正当"考察的是人的行为的合理性和合法性的依据。诚如布洛克（H. Gene Blocker）所说："伦理学试图发现能够确证人类所有行为和最终说明使行为正当或不正当之最高层次及其最普遍的原因。"[2]

　　采访伦理以及灾难性新闻采访中的"正当"，关注的是记者从事采访活动的愿望、要求和行为与被采访对象利益以及受众利益整体的符合程度。正当原则区别于善的原则的地方在于，前者强调记者的主观愿望，后者更注重采访的结果。在灾难性新闻采访伦理中，厘清采访行为的道德应该与非道德应该，不妨借用康德关于区分德行与任性的论述。康德所说的德行指的就是行动的坚定准则，他把这称作"原初的善"（也就是在遵循自己的义务方面准则的圣洁性）；"任性"则被理解为随意从什么地方取来一个合乎需要的行为动机。[3]康德对于德行的见解和我们所说的采访伦理中的道德应该不是一个概念，不过，他对"任性"的定义有助于我们理解正当原则中的"非道德应该"。灾难性新闻采访环境的特殊性，无形中使现场记者油然而生一种天然的使命感，这种使命感和康德的"德行"概念有些许的相似，记者坚信只要能通过采访获得第一手资料，尤其是获得独家新闻，就是一种无上的荣光，这种荣光可以带来单位领导的赞许、媒体同行的羡慕和受众的肯定，进而产生一种义不容辞的采访愿望。为将这一愿望变成现实，他（她）可以竭力去付诸行动。记者将自己的所作所为当作了一种道德应该，甚至是一种道义的责任。至于道德应该和非道德应该的区分，没有旁人善意的批评，没有自省的时间，一切都在突发中进行，何况有的采访活动还是在直播的压力下直接进行的。"非道德应该"的采访之所以是不正当的，乃因为记者将采访当成一门功课来完成，有发稿时间的要求，采访对象因量的不足缺乏可供选择的余地，采访谁、采访什么进而有点撞大运的味道。当遇到新闻价值颇高，可能是千年一遇的采访机会时，报道需要一跃成为统治记者的力量，此时为达目的不择手段的

1　王海明.新伦理学：上册［M］.北京：商务印书馆，2008：8，67，197.

2　H. Gene Blocker. Ethics: An Introduction［M］. Oregon: Haven Publications, 1988: 10.

3　陈家琪.伦理共同体与政治共同体——重读康德的《单纯理性限度内的宗教》［J］.同济大学学报（社会科学版），2008（2）：40-47.

强盗式采访，也可能被现场记者自认为是正当的。至此，我们再来确定灾难性新闻采访正当原则的道德应该，也就迎刃而解了。采访动机的善可能是非道德应该，对灾难事件中蒙受不幸的个体的尊重和关爱，才是合乎被采访对象利益的行为，进而可以被视作采访伦理的正当原则。因此，在采访伦理的善的原则和正当原则相遇时，善的原则优先于正当原则。没有善的原则，正当原则也就成了空中楼阁，正当原则将面临被滥用的危险。

3. 秩序原则

善的原则和正当原则只是灾难性新闻采访伦理的意识形态原则属性，规范的是记者个人的心境，适用于所有情境的采访活动。灾难性新闻采访除了无条件遵守这两个原则以外，还有属于自己的特殊原则，这就是采访伦理的秩序原则。

研究道德不是伦理学的目的，伦理学在各个领域建构的一座座伦理大厦，可以概括为两个字："秩序"。伦理学要变成一种被人们所普遍接受的学说而不是纯思辨的道德哲学，需要从形而上的善和正当逐步向形而下的行为次序过渡。从客观的角度看规范伦理学，正心之余的伦理学，还要铺设伦理的轨道——基本的伦理秩序。

秩序在伦理中的位置非常重要，在灾难性新闻采访伦理中，更是被作为一种原则来对待。常规情境的采访，可以根据采访者和被采访者的协商来完成。灾难性新闻采访打破了常规的秩序，有些唾手可得的采访必须从秩序原则的角度判断能否进行采访。灾难性新闻采访的被采访对象有两大类型：灾难事件中的受难者和抢救受难者的救援人员。在灾难现场，被发现的受难者的体质处于极度衰弱的状态，对双方而言，时间就是生命，在现场进行采访的记者反而成了真正的旁观者。记者的介入，势必改变原本是救援者和受难者的秩序关系，这里出现了灾难性新闻采访伦理制度中的优先难题：采访和救命哪个优先。在汶川大地震中，秩序原则被破坏的现象并不罕见，个别记者打着采访的旗号直接向奄奄一息的患者争分夺秒挖信息，直接冲进手术室向手术医生要感想。秩序原则遭到破坏的代价已经留下了不少的遗憾，一些原本可以活命的震区人民离开了人世。因采访伦理失当导致的人间悲剧告诉我们，灾难性新闻采访的秩序原则，是生命的守护神，是生命的盾牌，它将那些非道德应该的采访者拒之门外。一旦这个盾牌缺席，违背伦理的采访活动就可能像闪着寒光的利刃，伤及他人。

4.情感原则

人是有理性的动物，但情感和理性共存于一身，道德和伦理无法绝缘于情感。情感从属于人的态度，与态度中的内向感受、意向具有协调一致性，是态度在生理上一种较复杂而又稳定的生理评价和体验。情感包括道德感和价值感两个方面，具体表现为爱情、幸福、勇敢、仇恨、厌恶等。就人的思维和行为而言，"理性只能叫人知道某件事该做，某件事该怎样做，却不能叫人去做事；能叫人去做事的，只有情感。"[1]

新闻采访是一项职业性的交际活动，交际需要记者和被采访对象用自己的情感去沟通。情感不足与情感过剩，都可能影响新闻报道的客观公正。控制情感，让情感在适度的范围之内有助于正常的采访活动，于是成为一种客观的需求，这就是采访伦理的情感原则。采访活动的情感式样丰富，其中一个表现形式是记者的敬业态度。敬业历来被视为道德的元素，"敬业乐群"和"忠于职守"也是中华民族的传统美德。孔子主张人生在世应"执事敬""事思敬""修己以敬"。宋大儒朱熹则说，"敬业"需要"专心致志以事其业"。于是，敬业作为优良的个人品质被美德伦理学所接纳。作为情感原则的敬业，同样是灾难性新闻采访伦理的原则之一。灾难事件往往笼罩着恐怖气氛，许多未知因素随时可能出现，记者的人身安全受到不同程度的威胁。退缩还是毅然面对险情而上，是检验记者个人品质优劣的试金石。在汶川大地震中，有记者不愿在地震灾区逗留，而是躲在宾馆向单位传递虚假信息，造成了恶劣的影响。这是缺乏敬业情感的直接写照，也是新闻界的耻辱事件。

情感原则中还有一种勇敢情感，这种情感通常是以高度敬业的形式表现出来的。勇敢源于对困难和险情的无畏，它被美德伦理学所接纳，原因也在于此。灾难性新闻采访中，一些记者只身穿梭于灾区的多个现场，他们身上表现出平常很难见到的无畏精神，敢于和救援人员一起前往一线采访，用自己的笔和镜头记录一个个历史画面和细节，记者的勇敢精神确实是采访伦理所需要的。当然，勇敢也要讲究适度原则，在伦理限度的许可下，可以起到积极的作用。超过了这个限

---

1 冯友兰.三松堂全集：第1卷［M］.郑州：河南人民出版社，2000：556.

度，勇敢最终换来的收益可能是负值，负值的收益显然违背了真正的伦理精神。汶川大地震的抗震救灾过程中，有记者为第一时间奔赴被围困的区域，和救援人员争坐直升飞机，这种勇敢的代价是减少了运输救援人员和伤员的宝贵的座位。这些血的教训告诉我们，灾难性新闻采访的伦理中不能没有情感原则，情感原则可以让记者事先意识到情感适度的重要性，以免制造新的无谓牺牲。

5.效用原则

采访伦理以效用作为伦理判断的基础，其目的在于促成或趋向于促成善最大限度超过恶，反之则是不正当的。效用本是经济学的概念，用来衡量消费者从一组商品和服务之中获得的幸福或者满足的尺度。伦理学中的功利论把效用最大化看作衡量一种社会组织的道德标准。比如，英国的边沁（Samuel Bentham）和密尔（John Stuart Mil）就主张社会应该以总效用最大化为目标，也就是以大多数人的幸福最大化为目标。

采访伦理固然是规范记者的采访行为，但其宗旨不是单向度的，而是有自己的多向度的利益取向——追求精神的和物质的功利目的。趋利避害是人的天性，也符合经济学原则。伦理的力量不仅来自个人内心的信仰，而且在很大程度上外化为对利益的选择与取舍。伦理的功利性质，需要以效用来衡量伦理的完善程度。按照北京大学王海明教授的说法，伦理学的效用原则是"两利相权，取其大者；两害相权，取其小者"。至于灾难性新闻采访伦理的效用原则，国内已有的观点是："权衡利弊的首要尺度和标准是什么？那就是'公共利益'。"[1]

伦理学以追求"公共利益"为主要目标，是就一般意义而说的，这并非放之四海而皆准的绝对真理。在灾难性新闻采访伦理中，这个原则便遇到了麻烦。纵观灾难性新闻采访的受害者，毫无例外是被采访者而不是记者。表面上看，记者通过自己的努力完成了采访任务，获取了欲得到的信息，套用伦理学的效用原则，似乎也说得过去。但问题在于，为什么符合效用原则的采访活动会招致舆论的非议？是舆论吹毛求疵还是这个效用原则本身存在瑕疵所致？公众的微词源于灾难中本不该丧命的无辜者因为记者的采访耽搁了宝贵的抢救时间，当然，即便记者放弃采访的优先权，将其让位于救治，患者最终仍可能离去。但是，就伦理的最

1 徐雷.试论采访中职责与伦理的冲突［J］.南京政治学院学报，2001（3）：103-106.

终效用看，这是一种负效用，正是这个负效用给公众留下了把柄。除此之外，问题出在该效用原则假定的公共利益（公众利益）大于灾难中重伤患者的个人利益。在媒体和记者看来，牺牲少数人的性命尽管很遗憾，但能借此满足大多数受众的知晓欲，其道德值是"正值"。其实，这是一种不良道德论调，属于道德悖论。采访伦理，无论是常规采访还是灾难性新闻采访，受众的利益应该最大限度照顾，前提是不能以任何人的性命为代价。在这里，一个人的性命的效用，远远超出了所有受众的知晓价值。记者和媒体借口满足公共利益损害灾难中的受难者的利益，在国内外的采访伦理中都是不允许的。故我们可以将灾难性新闻采访伦理的效用原则修订为：两利相权，取其大者；两害相权，以性命为天。也就是说，记者不能在被采访者生命安全没有保障的前提下进行采访。

三、灾难性新闻采访伦理的制度框架

灾难性新闻采访的伦理原则之间虽然有着内在的联系，但在形式上无疑是分散的。单个原则好比建筑材料，找出这些材料之后还须对这些材料进行组装，使之成为一座真正的建筑物——专业伦理制度的小屋。构建这个伦理小屋为的是加强媒体从业人员的伦理意识，尤其是遇到罕见的重大突发灾难性事件后，记者能够在特殊的环境下，游刃有余地做好信息采集工作，并最大限度地免除外界对媒体和记者所做的采访报道的不满和批评。这需要一套相对完善的灾难性新闻采访的伦理制度来保证。无形的伦理制度只有变成潜移默化的观念，内化为记者的主体意识，记者才可以在灾难现场以理性、理智的方式更好地进行采访，并且将采访当作一项有益于救灾的服务，而不是媒体和自己单纯的采访活动。在这些方面，传媒还有欠缺之处，这反映出伦理观念的薄弱，意味着制度设计有待加强。

伦理是系统化的优良道德标准的集合体，制订优良道德标准的关键在于确定行为的道德价值。采访伦理的制度构建首要解决的是确定采访行为本身的道德价值。人类的伦理行为可以分作两大类：利己与利他。所有的伦理行为要受促进或者损害他人与自己利益之意识的支配。特殊的环境对人的伦理行为要求更高，灾难性新闻采访的伦理制度构建，应该从规范人的伦理行为寻找切入点，并和其他三种规范共同构成一个整体的制度性伦理框架。

1. 人伦规范的伦理框架

人伦是中国儒家伦理学说重点强调的一个概念，规定的是人与人之间的关系，旨在教人学会如何做人。人伦规范是灾难性新闻采访的伦理制度的奠基石，它内含了采访伦理的善的原则。同属于新闻业务的采访、写作和编辑，三者之间的伦理要求有着显著区别，后两者是采编人员之间的事务，其伦理要求是内省式的。采访活动直接与社会接触，和人打交道，其伦理要求更为严格。灾难性新闻采访的人伦规范，就是"要尽可能避免对采访对象的情感伤害，即使为此放弃采访也在所不惜。对新闻工作者来说，首先要做一个人，然后做一个新闻人，这个顺序不能颠倒。"[1]

当记者首先要学会做人，这里的"做人"不是当代汉语语境下含有贬义色彩的"会做人"，亦即懂得如何讨别人的欢心，在人际交往中善于趋利避害，保证自己获取最大的利益。学会做人对记者的要求是，将以人为本作为基本的行为准则，用成熟的专业理念作为行动的指南，在采访报道的各个环节中恪守人之为人的伦理底线。这个伦理底线的起点较高，只有具备牢固服务意识的人才可以担当。灾难性新闻采访伦理制度语境下的人伦规范，在普通人伦的基础上，增加了独特的元素。追求采访内容的真实、客观和公正，是采访伦理人伦规范的内容，追求采访的人文关怀也是这个规范不可或缺的内容。灾难性新闻采访伦理制度中的人伦规范，将在灾难现场从事采访活动的记者置身于较低人伦的位置，使之发自内心敬重年迈的老人，用行动尊重救援人员的工作，对灾难中受困、受伤（含情感伤害）的未成年人给予人道的关爱。一言以蔽之，人伦规范对记者在灾难现场的采访作出了更多的条条框框的限制，促使记者学会用眼睛和耳朵采访，用自己的语言报道自己的所见所闻，而不是沿用常规的采访模式，继续用问答的方式捕捉信息。记者应尽量不用直接引语，即便搜集被采访对象所说的话，并在下一步的报道中作为直接引语使用，也最好是用听来的对话，忌讳采用追问的方式获取被采访对象的话语。

总之，少插嘴，多观察，不添乱，关键时刻协助救援，是灾难性新闻采访伦理制度核心的人伦规范要求。

---

1 杨清.新闻传播的伦理学思考［J］.内蒙古大学学报（人文社会科学版），2007（1）：111-114.

2. 权利规范的伦理框架

制度是对人、行业和部门权利的规范。在王海明教授看来，伦理制度针对的是人的行为规范，其中包括权利规范和非权利规范。权利规范即法，是任何人应该且必须遵守的行为规范；非权利规范属于道德，通过舆论、名誉等外在的压力以及良心等内在的力量来实现，是应该而非必须遵守的规范。[1] 按照这个说法，伦理制度是对人的非权利行为的规范。然而，记者的采访权不管是权利还是权力，只要采访伦理存在，便是在挑战人的行为规范，属于非权利规范的命题。新闻采访可以不是权力，但它起码是权利的一种。在采访伦理的制度框架中，应该将采访当作一种权利规范来看待。权利与责任是一对孪生兄弟，有权利才能产生责任。

任何权利都是有限的权利，权利规范的目的在于避免权利的滥用，避免权利的滥用对他人造成伤害。这种规范对于灾难性新闻采访的意义尤为重大，它包含了采访伦理的正当原则。权利规范的伦理框架对灾难事件现场的采访权利进行限制。这种限制是非强制性的，却是记者行为的权利规范。哪些对象不适宜于采访，哪些时间不能采访，采访的限度问题，所有这些都在这个伦理框架讨论的范围之内。有生命之虞的灾难事件中的受伤者、正在参与救援的所有工作人员、遇难者的家属，这些成员都是采访的禁忌对象，也是灾难性新闻采访权尽量让渡的对象；伤员脱离危险前、救援人员救援结束之前是采访伦理的时间禁忌，这之前所有时间段都不建议对遇难者亲属进行采访；采访的限度也就是提问的限度，以不影响被采访对象的人格和情感为底线。

权利的适度和权利的放弃，是权利规范伦理框架的核心内容。至于何谓适度，何时放弃部分采访的权利，需要现场记者根据具体的情境作出判断，伦理框架只能圈定一个轮廓或边界，伦理制度的滞后性和灾难事件的特殊性决定了这个框架无法对行为本身作出详尽的描述。

3. 采访程序的伦理框架

灾难性新闻采访伦理的制度性构建的必要性在于，通过对灾难现场采访活动的秩序的规范，保障灾难中的受害者、救援人员和记者所代表的媒体三方的利益，进而谋取特殊时期最大的社会效益。在这里，程序正义的作用居于主导地位，程

1　王海明.新伦理学：上册［M］.北京：商务印书馆，2008：8，67，197.

序正义成为采访伦理制度的骨骼和脉络。哈贝马斯主张的"程序的"，主要是"形式的"。哈贝马斯认为，伦理学的主要问题就是正义。因此，在罗尔斯那里作为"正义理论"的东西在哈贝马斯这里就变成了"形式伦理学"。[1]哈贝马斯所谓的形式伦理学，在采访伦理中等同于程序伦理。

采访程序的伦理和新闻真实的道德性相联系。采访是为了信息，这种信息不是媒体和记者个人自享的，是为公众提供的。信息的真实性至关重要，信息真实的道德性正在引起重视，这种重视目前多集中于探讨采访的手段是公开的还是隐性的。法学界和新闻学界之所以对隐性采访持批评态度，是认为这种采访涉嫌损害了被采访对象的权益。其实，这种采访的根子是在程序非正义上，只不过从这个角度进行分析的不多。如果说隐性采访的程序失当不容易被发现，那么，灾难性新闻采访的程序则因为显性而有必要引起重视。

规范灾难现场的采访程序，源于对生命伦理的借鉴和尊重。灾难发生后，医疗界的救死扶伤是最为神圣的任务，其他职业的工作都是为此服务的。关爱生命，恪守秩序或者程序，成为灾难性新闻采访伦理的分内职责。这样，采访程序的伦理框架也就包含了秩序原则和情感原则。1995年，英国报刊投诉委员会（PC）修订的《业务准则》中对新闻工作者未经当事人同意采访进行限制，规定采访被要求停止后不应再坚持采访，被要求离开时不可继续逗留或尾随。这是针对非灾难性新闻采访的规定。在灾难性采访中，采访的程序伦理需要采访行为主动作出牺牲，照顾灾难中受害者的权益和受众的利益。

4. 利益规范的伦理框架

世界上不存在绝对的非功利，功利具有绝对性，非功利具有相对性。媒体关注世界的变化，报道一切适宜于报道的事件，既是功利的也是非功利的。媒体的非功利行为，通常被视作其履行社会责任。媒体是独立的法人单位，需要稳定的经营收入以获得基本的经济保障，否则便失去了存在的物质基础。媒体间的新闻竞争，实质上是媒体的利益之争。有利益就需要有规范，规范既有法律的也有伦理的，伦理是对道德的优化整合。这样，利益规范遂成为采访伦理的制度框架的重要内容。

---

1 姚大志.何谓正义：罗尔斯与哈贝马斯［J］.浙江学刊，2001（4）：10-16.

道德意味着不同程度的利益让渡，而利益规范的伦理框架包含了效用原则和情感原则。灾难性事件是新闻价值极高的事件，也是产生重大新闻的天然优良土壤。但是，这个土壤却是以牺牲少部分人的利益（包括生命）为代价的。灾难性事件是人类和大自然争夺生命和财产安全展开的特殊角逐，是捍卫少数人利益的斗争。新闻媒体如何对待灾难性新闻事件，如何采访灾难性新闻事件，需要解决三种利益之间的纠葛：灾难受害者的利益、公众利益（准确地说是受众利益）和媒体自身的利益。在 PC 修订后的准则中，受害者利益被置于首位，不允许记者擅自采访处于悲痛状态的受害者，禁止记者不顾被采访对象的感受擅闯医院进行采访。虽然 PC 的这个准则并非专门针对灾难性新闻采访而制定，但修订后的新准则要求"任何"援引"公众利益"的"例外"都必须有充分的解释，更强调了在涉及未成年人的报道中必须证实有"异常的公众利益"可凌驾于"正常的""首要的"儿童的利益之上，以限制媒介借口"公众利益"滥用权力的可能。[1] 英国新闻界有关新闻采访的伦理制度规定，值得我国新闻界在灾难性新闻采访伦理制度构建过程中借鉴。

（原载于《社会科学研究》2009 年第 5 期）

* **基金项目**：本文系国家社科基金项目"汶川大地震语境下我国灾难报道伦理的规范化研究"（09BXW005）、四川省哲学社会科学研究项目"灾难性新闻采访的伦理规范与建构"（SC08B70）的成果之一。

---

1 林琳.英国报刊投诉委员会与英国新闻业务准则［J］.国际新闻界，2000（2）：29-34.

灾难性新闻采访的伦理规范与建构

　　媒体在人类对社会的认知过程中扮演着越来越重要的角色。记者的职责就是告诉受众他们所不知道的事情。尤其在特大自然灾害和其他重大事件突至时，灾难现场的信息传递关乎救援工作的成败。在灾难现场采访的记者，其足迹成为公众视线的导游图。在传播技术高度发达的今天，灾难性新闻采访和灾难事件同步，不再给新闻采编人员以从容采制新闻的时间。以往只有在电视里才能看到的节目主持人，转身就可能成了一名战地记者。新闻记者争分夺秒地采访，在赢得"新时代最可爱的人"荣誉的同时，也面临着新闻伦理的诸多挑战。本文所谈及的灾难性新闻，系指因不可抗拒的自然力，如地震、雪灾等，以及非自然力造成的重大突发性灾难事件，比如空难等。灾难性新闻采访伦理的焦点问题在于，在生命和新闻采访之间，孰轻孰重？辨析这个伦理问题，旨在为新闻工作者辨明今后"在道德上作决定时应当选择的思考方向"[1]，以及怎样在新闻伦理的框架下进行采访和报道。

一、灾难性新闻采访时间伦理失范

　　多元的世界，在同一时空的诸多要素之间共生共存。任何要素的生存，均需要占有资源。资源的有限性与要素的无限性，导致要素之间对资源占用的竞争。竞争的前提是合乎某种既定的规则。灾难性新闻的空间要素，可能是非常局部的地段（如空难），也可能是绵延数百公里的范围（如雪灾、大地震）。空间要素基本是一维的，可能对媒体的采访构成竞争，但一般不至于出现伦理失范现象。灾难新闻的时间要素是二维的，救援灾难中的伤员占用的时间是一维，记者采访救援人员和受伤人员占用的时间是另一维。时间的二维彼此交织，构成一对不可调和的矛盾。某些灾难性新闻采访受到舆论的微词，正在于其时间伦理存在失范现象。

1　胡兴荣.新闻哲学［M］.北京：新华出版社，2004：26.

灾难性事件无法避免，对灾难新闻的采访也不能放弃。当前，"旁观者已经不复存在，每个人都是剧组成员"，"在地球这艘太空航船上，谁也不是乘客，人人都是飞船的工作人员"[1]。对今天的媒体而言，任何一场特大的灾难，媒体都已经从旁观者变成了直接的参与者。由此无法避开的一个伦理困境是：记者的采访权和受难者的生命权，哪个更应优先。答案虽然不证自明，但在新闻实践中，二者重要性的次序排列，更多地依赖于记者个人经验的把握而非法律和伦理的裁决。经验的判断，需要以良知为基础。而良知，则是潜意识的本能反应，是先天的秉性和后天的素养熏陶有机融合的结果。此所谓"人之所不学而能者，其良能也；所不虑而知者，其良知也。"特殊环境下，良知以个人的本能的形式出现。所以，记者在灾难现场的采访，面临着新闻伦理的考验。

四川汶川大地震发生后的 2008 年 5 月 14 日晚 10 点，在都江堰发现 2 名幸存者。营救人员说救人要紧，某电视台记者说："只要 5 分钟就好。"遇难者上方有一块板，随时有可能垮塌，营救人员想把它搬开，记者却要求保持原状。

由此，时间伦理出现了争议。公民的生命和新闻的时效性构成一个时间伦理的结构。在这里，时间要素是唯一紧缺的资源，伤者和记者谁先行占用了这金贵的 5 分钟时间，谁将是直接的受益者。在这起事件中，妇女下体残废，老人丧命，这样的结果暴露了灾难性新闻采访的时间伦理失范现象的危害。如果时间伦理的结构稍作适当的调整，救援人员实施救援的同时，记者在旁边摄像，采访变成记者现场的解说或者全部使用同期声，即便最终保不住老人的命，起码媒体不会遭遇新闻伦理的尴尬。

灾难性新闻采访中的时间伦理失范现象，国外也同样存在。1995 年，日本阪神地震发生后，日本媒体纷纷动用直升机拍摄、报道。低空飞行的直升机噪声，往往遮蔽了瓦砾下的呻吟和呼救的声音，给初期救助工作造成不少困扰，遭到了国民的质疑。[2]

现有的新闻伦理研究，重个案分析，轻理论剖析，鲜少从时间伦理的角度研究伦理失范现象。时间伦理的相对隐蔽性，蒙蔽了业界的眼睛；伦理研究的滞后，

---

1 麦克卢汉. 麦克卢汉如是说：理解我 [M]. 何道宽，译. 北京：中国人民大学出版社，2006：131.
2 刘柠. 日本阪神大地震灾难报道中的新闻伦理问题 [N]. 南方都市报，2008-5-25（004）.

延迟了学界的聚焦。随着对灾难性新闻采访伦理的逐步规范，对时间伦理的认识，新闻时效性至上的理念正在受到质疑。

二、灾难性新闻采访的对象伦理失范

伦理学产生的路径，依赖于由实然到应然的抽象和规范。实然是客观存在，应然是主观的愿望。应然是对实然经过归纳、抽象后形成的某种规范。作为实践性很强的一门学科，新闻伦理更是离不开新闻业务这个"实然"对象。唯有静观实然之缺憾，才能提出应然，亦即新闻事业努力的方向。灾难性新闻采访是手段而非目的。采访报道灾难事件，为受难者分忧解难，决定了灾难性新闻采访目的的善。灾难性新闻采访的手段，亦当合乎善的要求。假设采访行为不当，结果的善必然要打折扣。采访的对象，是记者可以选择的。灾难性新闻采访，情形危急，给记者遴选采访对象留下的空间不多，但客观的不利条件并不是"饥不择食"进行采访的理由。事实上，伦理层面的某些禁忌，是不能违背的。

（一）对象伦理的失范

采访是记者的权利。但采访权是一项相对的权利，这种相对性在灾难性新闻采访中表现得尤为突出。采访需要对象，对象是采访的客体。采访客体的选择，既受采访事件性质的制约，也受客观因素的制约。灾难性新闻的采访对象，有必要按照对象伦理的要求进行挑选。如果选择不慎，则将给被采访对象造成心理阴影，进而造成采访对象伦理的失范。

从本质上说，对象伦理是一种采访禁忌，保护的是被采访者的权利。通常，灾难性新闻中的主角是灾难的直接经历者（包括受害者）。新闻的特点在于追求报道的时效性，从而需要灾难的见证者介绍亲身经历和感受。而灾难必然给这些见证者的身体和精神造成巨大伤害。接受采访会不会给他们增添额外的痛苦，乃至构成生命威胁，显然是记者应该事先考虑的。不考虑采访对被采访对象可能造成的伤害而采访，可能会造成采访对象伦理失范现象的发生。2002 年 4 月 15 日上午 11 时许，中国国际航空公司的 CA129 航班在韩国釜山机场附近不幸坠毁。机上全部 166 人只有 37 位幸存者。韩国新闻媒体对空难的报道，夹杂了许多不合"新闻伦理"的报道。韩国民间航空飞行员协会提出批评说："对身受重伤的患者强行进行采访是不符合国际惯例的。"飞行员协会的总务理事文八岩也指出，

"在飞行员身体未康复的情况下强行采访，并对事故调查做推测性报道，不仅对飞行员人权造成了严重侵害，还可能会导致（我们）在事故调查时犯下致命的错误。"[1]可见，采访对象伦理一旦失范，将会造成次生灾难风险指数的上升。

对象伦理，还包括被采访对象的年龄因素。现代社会，人的年龄，按照阶段不同，享有的保护也不尽相同。这也是世界上绝大多数国家颁布未成年人保护法的法理依据。2007年6月1日起实施的修订后的《中华人民共和国未成年人保护法》，除提及未成年人的隐私权外，并未对接受媒体采访儿童的年龄以及情况做出明确规定。但在新闻实践中，儿童的姓名受保护，如果上电视脸部则要打马赛克，这已经是不成文的规定。

在灾难中遭遇不幸的未成年人，他们如果成为媒体采访的对象，媒体该如何保护其合法权益，这显然是个有待完善的新闻伦理问题。汶川大地震中，有个被埋了37个小时的孩子获救后被送到医院，不少记者蜂拥而至，询问孩子被埋期间的情况，结果孩子一看到摄像机就大喊："让他们离开！"未成年人的心智尚未成熟，特大灾难对他们造成的身心损害，远远超出其对成年人的身心损害。不考虑他们的心理承受能力，直接采访，有悖于基本的新闻伦理。2008年5月21日，中国心理学界危机及灾难心理救援项目组向媒体发出的建议中，不建议采访此次受灾的未成年人，特别是伤残的未成年人；如果必要，建议文字采访，即使未成年人同意电视采访，也应用马赛克遮住面部；对同一个儿童采访不宜太多，一次即可，不能重复采访。[2]

（二）语言伦理的失范

语言是人类交际的工具。"语言能非常深刻地影响着我们的意识。""使用友善、温和的语言，会将事物带向好的方向。"[3]新闻采访是一种语言的艺术，得体的采访语言，可以促进记者和被采访对象的沟通和交流，获取更多有价值的信息。不得体的提问，是采访的障碍。这里涉及的是采访语言的伦理问题。灾难性新闻采访中，特殊的环境，紧张的氛围，考验着记者语言运用的技巧和能力。

1　王思明.从坠机报道看韩国"新闻伦理"［J］.解放军外国语学院学报，2004（2）：108-112.
2　中国心理学界危机及灾难心理救援项目组.中国心理学界关于地震救灾媒体报道的倡议［EB/OL］.［2008-05-12］.
3　江本胜.水知道答案［M］.猿渡静子，译.海口：南海出版公司，2004：23.

在汶川大地震期间，某电视台记者问一位被压在废墟里的男子现在还能不能呼吸。还有一名记者采访一个男孩，这个男孩的哥哥被困在废墟里。记者问男孩的哥哥还会不会回来，男孩答："会回来。"记者追问："说实话。"这两个案例里的采访语言，其程度虽够不上语言暴力，却是很不得体的。被困在废墟里的男子，只有头部露在外面。问他能不能呼吸，不仅失礼，而且无知。至于那个不信任男孩回答的记者，其追问的潜台词是期待孩子哭着说"哥哥死了，回不来了"。采访是有目的的，是为报道的主题服务。但采访不能预设，否则不仅违背了新闻的真实性原则，而且有悖于新闻伦理。

采访语言伦理的特殊性在于，记者在提问时未必意识到自己的问话触及了语言伦理的红线。麻烦也正在于此，因为是瞬间的对话交流，如果不是事后被指正，这样的伦理失范几乎很难被当事者觉察。语言伦理的失范，与记者没有树立以被采访对象为本的意识有关。当意识上的真空变成具体的言语时，也就易于显得莽撞了。

（三）行为伦理的失范

人的行为能力，受个人意识和社会意识的支配。法律、道德伦理，归根结底是为行为立法。新闻伦理中对新闻从业人员行为的约束，除了遏制新闻腐败的客观需要外，同时也包括尊重被采访对象，尊重受众。后一种情形的规范，在实践中往往被忽视了。

灾难性新闻采访的行为伦理的特殊性在于，这种伦理的界限比较模糊，给界定工作带来难度。采访的行为伦理有时表现为记者的敬业精神，这在表面上相当感人。譬如，2008 年 5 月 17 日，俄罗斯救援队救出第一名幸存者时，摄像机的强光灯正对着幸存者的眼睛，而伤员在地下被埋那么久根本不能见光。俄罗斯救援队队员怒吼记者并把门关上，而那位记者又冲了进去。

在地震发生后的 72 小时内的现场采访，记者可以不参与直接救援[1]，但其行为以不能妨碍救援、不损害伤员健康为底线。越过了这个底线，即是对采访行为伦理的挑战。事实上，伦理为所有人的行为划定界限。超越了允许的行为范围，

---

1 关于这个问题，目前还存在争议。有人认为，人的生命至尊，当记者遇到一个生命危在旦夕的人，当以救人为第一要义；有人持不同看法。本文论点的前提是，有专业的救援人员在场的情况下，记者可以当作一个纯然的旁观者，专司采访报道之职。

拷问的是违禁者的良知和职业道德。对新闻从业人员而言，不顾他人安危而执意挖新闻、抢新闻，表明他（她）已经被异化了。凤凰卫视记者雷宇写道："我唯一的感觉只是觉得她（那个幸存者）很可怜，遇到地震已经是非常的不幸，更悲惨的是在自身没有丝毫反抗力的时候，还要被媒体将这种不幸放大、摆布，沦为宣传的工具。"[1]

三、公众的知情权与媒体的自私

宇宙的结构模式是时空模式。人类生活的世界，从哲学的角度说，其结构也是时空结构。现代社会，时空结构发生逆转，这体现在时间呈逐步升值趋势，空间则出现了贬值的趋势。具体而言，人们对时间看得格外金贵，漠视空间距离。许多人对家门口的事情可以置之不理，但对遥远地方的事情感兴趣。譬如，布什的感冒可能比自己邻居家的变故更重要。[2]

时空结构的转向，在新闻界表现为人们对新闻时效性的追求。时效性的隐喻是迎合公众的知晓欲，满足他们的知情权。此次四川汶川特大地震发生后，中央电视台在很短时间内以直播的形式报道地震情况。地震灾区的四川电视台，在抗震救灾期间也在直播救灾现场的进展情况。电视直播和网站滚动更新最新消息，直接受益的是地震中的受害者，他们（包括他们的家人）的遭遇可以通过电视直播及时传播出去，给救援队伍提供信息；间接受益的是亿万的电视观众，他们可以了解灾区的情况，减少牵挂。

知情权属于一种有限的私权。新闻信息的知情权，亦是如此。新闻知情权的获得和扩大，建立在技术进步的基础上。然而，技术是一把双刃剑，在造福人类的同时，也会损害他人的利益。就新闻知情权而论，公众享有法律允许的知情权虽然无可非议，但在时效性上，并非全部信息都可以零时间获悉。像地震灾害及其救援的电视直播，时效性可以和事件进程同步，但是，这种同步毕竟是要付出代价的。一家媒体在时效性方面做得越好，其损害其他人的可能性也越会随之上升。我国台湾学者、公共电视台研究发展部研究员曹琬凌曾批评说，媒体似乎变

---

1 雷宇. 地震灾害也考验记者的良知［EB/OL］.［2008-05-09］
2 这个观点是中国传媒大学党报党刊研究中心王武录教授在 2008 年 6 月 13 日上午的报刊编辑学课堂上的开场白。文字系笔者根据王武录教授的观点整理。

／57／

得无限伟大，仗着多数人"知的权利"，任意践踏少数人的隐私等人权。[1] 虽然曹研究员是就媒体和公众的知情权而言的，但造成多数人知的权利侵犯少数人之人格权、隐私权的根源，往往源于媒体对时效性的追求。于是记者为了追求时效性，便常常有无视新闻伦理道德约束的事情发生。

按照社会责任学说，媒体满足公众的知情权是其内在性的义务。事实上，媒体还有其自己的商业逻辑。商业逻辑得以合理存在的先决条件是这个逻辑需遵循基本的商业伦理。新闻伦理则涵盖了商业伦理的成分。新闻伦理的框架下，商业逻辑需要服从新闻的伦理要求，而不是相反。正因为如此，新闻伦理才是关于新闻职业道德的科学，它涉及记者个人利益、媒体自身利益与社会整体利益等一系列的关系问题。所有的关系之间，均须按照伦理逻辑进行调和，以符合共赢的目标。显然，并不是所有的新闻记者都能自觉地在合乎伦理道德要求的商业逻辑下去工作。如果说，个别记者违背新闻伦理的做法出于对新闻伦理的无意识或者说无知，因此还可以被谅解的话，那么，极个别记者公然违背新闻工作者的职业道德，以弄虚作假的手段博取受众的好评，则是新闻界的耻辱。据从地震现场回来的香港记者"逆水行舟"在其博客上披露，个别记者为了能有效参与全球媒体的新闻比赛，竟要求受难者"摆拍"或是"补拍"一些照片。更有甚者，还让救护车停下来，对说不出话的伤者和司机做采访。难怪在香港，有大学心理学教授把记者在地震现场、医院或学校对遭遇严重心灵创伤的人实行的"冷酷新闻挖掘采访"称为"媒体暴力"。[2]

所有这些，或许皆可归因于媒体的自私。事实上，公私的界线是相对的。记者为媒体工作，媒体既为自身也为社会服务。震灾采访遭到舆论的批评，表面上看，是记者"忘我工作"的大公无私，是媒体实践宣称的"报道一切"的理念，却忽视了这种"忘我"和绝对报道的私利成分。在有理性的人们看来，记者的采访之所以缺乏人性，之所以可以为获取优先采访报道权而不惜牺牲受伤被困人员生存的权利，正是媒体自私的写照。也许，在媒体及其从业人员看来，他们的所

1　曹琬凌.电视新闻专业规范与研究［M］.台北：台湾公共事业基金会，2002.
2　谭刚强.走出五月，那一场心理地震还会摇撼吗？［EB/OL］.［2008-05-30］.（注：谭刚强系国际华人医学家心理学家联合会（IACM-SP）会员、重庆市协和心理顾问事务所所长、重庆市社会心理学会常务理事兼心理咨询专业委员会主任、重庆市心理学会科普专业委员会副主任、重庆文理学院教科系兼职心理学教授。）

作所为是为"公"的。然而，他们忘记了，世间的万事万物都是处于变化之中的。"公"一旦抛弃了基本的伦理限度，它也就具有了"私"的成分。"摆拍""补拍"照片或者镜头，与其说是造假，不如说是受利益的驱使。符合记者叙事意图的补拍、摆拍的照片或者镜头，在参加各类新闻评奖活动时，一举成名的机会相对多些。如果不是受私利意识左右，补拍、摆拍现象本该是新闻记者的敌人，而不是"助手"。新闻造假，是新闻工作者只要商业逻辑不要伦理信条的唯一表现形式，与新闻职业道德格格不入。

四、结语

伦理的批评不是目的，避免类似失误的再度发生是新闻伦理研究的最高目标。这是因为，任何伦理研究，都是从"实然"出发，剖析"实然"的是或非，指明"应然"的东西。用罗素的话说，伦理学须从"实然"演绎出"当然"的不可能性。[1]

在灾区采访报道的记者是爱的使者、情的传递者，是精神卫士。没有他们的工作，外界无从知道灾区情况，不知道情况就无法组织救援。尽管在震灾采访的实践中有诸多的败笔和遗憾，但谁也不能抹杀震灾新闻报道的成就。奥克肖特（Oakeshott）说过，"伟大的成就是在实践的迷雾中取得的"。[2]我们探讨震灾采访的伦理，目的正在于以此拨开既成的迷雾，唤醒更多新闻工作者的新闻伦理意识。

新闻应为人服务与尊重人，前者是新闻工作者应尽的职责，后者是起码的良知。采访中对人的关注能否贯穿始终，是衡量一个记者是否成熟的标志。关注人，除了表现在尽量避免触及死者亲属的痛处外，还表现在提问内容对人的关注。如果不是采访非直接当事人，而是采访其他人来了解受害者的信息，通过侧面了解受害者或死者的性格特征、喜好以及理想等，同样可以达到还原一个"活"人的目的。

灾难性新闻采访，需要记者具备基本的伦理意识，在生命和新闻之间取其重、舍其轻，以尊重他人生命为要义，其间，新闻报道只能是配角。于是，这就要求

---

1 罗素.哲学问题［M］.何兆武，译.北京：商务印书馆，2007：61.

2 G.萨托利.政党与政党体制［M］.王明进，译.北京：商务印书馆，2006.

记者首先学会做人，然后再当记者。正如凤凰卫视记者陈晓楠在一篇灾区日记中写的那样："这样一场巨大的灾难，挑战着每一个生命，也叩问着大家已经习以为常的新闻伦理与新闻道德。毕竟在灾难的第一现场，新闻人作为记者的同时，更重要的还是要被还原成'人'。"[1]

（原载于《西南科技大学学报（哲学社会科学版）》2008年第6期）

***基金项目**：本文系四川省社科项目"灾难性新闻采访的伦理规范与构建研究"（SC08B70）的成果之一。

---

1 陈晓楠.面对受伤的人们，我该怎么问？［EB/OL］.［2008-05-21］.

第二章　应急管理

探析媒体应急管理的准则与内涵

社交媒体形成的网络舆论改变了传统话语权的格局，以往拥有话语权的新闻机构及其从业者变成了被监督者，随时可能爆发的媒体危机事件让其面临网络舆论的压力。相对于媒体常规管理的制度化建设，虽然媒体应急管理制度建设存在一定的难度，但并不意味着其没有规律。新闻机构可以根据自身的经验，参照同行处理类似问题的经验，粗线条地为应急管理活动拟定一个工作框架，在遇到媒体危机时提供参考的依据。根据近年来我国社交媒体上媒体危机事件的特点，本文认为，新闻机构摆脱危机事件应坚守速度、沟通、处置和愿景四个准则。

一、速度准则：及时回应

在社交媒体上，没有"舆论豁免权"之说，全体社会成员（机构）都是网络舆论监督的对象或潜在对象。新闻机构在这个舆论场里扮演着双重角色：一方面是社会的监督者，另一方面也是被社会监督的对象。监督与被监督的双重角色，要求新闻机构及其从业者严格律己，以免授人以柄。

新闻活动伴随着遗憾或过失。新闻报道的差错、媒体从业者言行的出格是"媒体问题"的导火索。有时，这些问题未必真的严重，但网络舆论可以放大这类问题。不论新闻机构是否认同网络舆论的批评，涉事媒体的社会声誉都将受到损害。出于自利的本能，新闻机构应及时启动应急预案，避免危机升级。

时间和效率是衡量应急管理质量的重要因素。效率对速度有较高的要求，忽视了速度的应急管理，显然名不副实。由此，速度的快和慢，成为应急管理和常规管理的分界岭。应急管理的特殊性，使得速度成为其最基本的准则。速度准则强调正视对声誉危机危害程度的评判，主张涉事媒体及时回应以赢得公众的谅解，认为公众的良好印象决定着网络舆论批评的走势，这有利于舆论态势的扭转。

媒体应急管理的速度法则与新闻的时效性法则在逻辑上相通。新闻机构新闻的时效性与媒体的社会声誉相关联，新闻机构可由此受益。然而，新闻机构在涉及时间和效率问题时可能采取双重标准，对于新闻报道强调时效，对自身问题引发的舆论冲突却未必及时回应。后一种情况，属于媒体应急管理的"速度漠视症"。漠视速度并非完全不负责任，而是基于某种审慎考虑的"理性"行为。这种理性行为的背景依然与速度问题相关。

在新闻实践中，和时间赛跑存在着某些隐患，新闻机构为追求报道的时效性付出过代价。早在1894年，查尔斯·A.达纳在康奈尔大学演讲时就告诫听众："永远不要匆忙行事……三思而言，没有说出口的话不会造成任何伤害。所有的正确都不能弥补一个错误。"20世纪20年代，美国学者对新闻机构的片面强调时效性发出过预警："一个将时效性作为座右铭的新闻体系似乎也为自己埋下了祸根。"所谓祸根，即媒体危机事件的导火索。为避免因强调时效性而引火烧身，媒体管理制度对新闻时效附加了保证新闻真实这个条件，而非片面强调报道的时效性。之所以对时效性有所妥协，正如美国《坦帕时报》（*Tampa Times*）的规约所言："《坦帕时报》的好名声必须远离指责。"[1] 媒体应急管理的速度准则强调回应舆论的重要性，主张应急的及时性。"及时"的时间性特征相对模糊，没有苛求新闻机构在获悉不利的网络舆论后即刻采取相应的应对措施，而是倾向于要求新闻机构主动回应问题，让公众了解相关情况。至于这些内情何时透露、透露的方式以及透露多少，新闻机构可依照事态的发展有所选择。只要回应发布及时并把握好火候，对扭转危机就很有帮助。

媒体应急管理倡导及时回应的速度准则，在于声誉危机一旦爆发就会快速发酵。舆论的非理性决定了网友不会给新闻机构以长时间静思的机会。对媒体危机事件的来龙去脉未必清楚的网友们而言，"偶然的事实，创造性的想象，情不自禁地信以为真，这三种因素便会产生一种虚假的现实，导致人们作出激烈的本能反应"[2]。置身于网络舆论这个"大社会"（The Great Society）中的网友，他们似乎知道很多，实际情况往往相反。涉事媒体若不及时发布信息，公众就会通过想象来虚构危机事件中那些未知的因素。除非特别碰巧，否则这样的虚构将让新闻机构陷入更加尴尬的境地。应急管理是否及时，关系到新闻机构的切身利益，所以不能不重视应急管理的速度问题。在这方面，无论是传统媒体还是新媒体都

1　弗林特. 报纸的良知［M］.萧严，译.北京：中国人民大学出版社，2005：392-394.
2　李普曼. 公众舆论［M］.闫克文，江红，译.上海：上海世纪出版集团，2006：11.

有成功的案例。2015 年 5 月 20 日 16：30 左右，贵州省贵阳市楼房垮塌事故中尚有 17 人失联。新华社记者欧东衢在亮明新华社记者身份后，仍被阻挡拍摄，并被维持秩序的工作人员抢夺相机，为此，新华社很快发表声明。清华大学尹鸿教授称"新华社维权，开了好头"。当然，也有新闻机构的应急管理在速度方面受到舆论的批评。[1]

新闻机构注重应急管理的速度，及时跟公众进行沟通是赢得公众理解的前提。只要新闻机构在危机事件发生后没有官僚习气，不摆架子，以积极的姿态主动解决问题，就是对速度准则的贯彻。

二、沟通准则：以诚相待

媒体危机事件的特点是公众的质疑或批评，质疑或批评的表现形式是语言文字或图片。基于这样的表现形式，媒体应急管理更重要的是做好和公众的沟通工作，这是应急管理的核心所在。

沟通是交流的主要方式之一。良好的沟通氛围和双方的彼此尊重，决定着沟通（特别是危机沟通）的质量。就媒体应急管理而言，沟通的环境存在着某些先天不足：沟通前网友的态度已经明朗，网络舆论针对媒体的不满在蔓延，与此同时，新闻机构本能地认为舆论的批评对自己并不公正，甚至有点小题大做，双方的这种对立情绪，增加了媒体应急管理沟通的难度。在媒体管理实践中，新闻机构对网络舆论的批评要么保持缄默，要么以简要的声明方式表明自己的姿态。显然，这样的沟通方式，并非媒体应急管理的正确做法。媒体危机事件的实质是新闻机构的社会声誉危机。这类危机纯属子虚乌有的乌龙事件很少，绝大多数是新闻机构从业者的言行存在偏差所致。新闻机构处理危机事件的态度和质量，关系到公众对一家新闻机构的评价。要正视舆论的评价，新闻机构就必须尊重公众，以坦诚的态度对待自己遭遇的危机事件。这样，对公众以诚相待就成为媒体应急管理应遵循的沟通准则。

沟通的前提是沟通双方相互尊重且坦诚。在新闻业务中相对重视媒体从业者对被采访对象的尊重。美国学者梅茨勒将新闻采访理解为"代表背后的公众，为

---

1 2013 年 11 月 9 日上午，《北京青年报》称：2013 年 10 月 31 日该报 A8 版《支持转基因副部长被指受聘美国公司》一文，报道农业部副部长李家洋曾受聘杜邦公司国际生物技术咨询委员会成员一事，报道中援引的部分网上信息未经农业部及李家洋副部长本人确认，给农业部及李家洋副部长本人造成不良影响，编辑部深表歉意。

获取信息或交换信息而设计的对话"[1]。记者代表公众进行提问，前提是他们的
报道能够被公众所认可。这种认可建立在新闻机构的公信力基础之上。公信力的
高低与公众对一家新闻机构的忠诚度有关。媒体危机事件的爆发，在于公众对某
家新闻机构及其媒体从业者的报道或言行存在失误感到失望。关于这个问题，李
普曼曾中肯地指出："唯一能够每天判断读者是否忠诚的就是读者自己。没有任
何办法能够用来对付他的背信弃义。"[2]公众的不满源于他们对新闻机构的某种
热爱。也许，媒体危机过程中的批评者未必承认他们对涉事媒体怀有忠诚，检验
忠诚与否不在于承认还是不承认，而在于他们对新闻机构的关注程度。关注程度
高，忠诚度就高。可见，没有受众的新闻机构，也就没有媒体危机事件。既然公
众对媒体的忠诚是媒体危机事件的诱因。对于新闻机构而言，在危机事件发生后，
如何不辜负这个庞大群体对自己的忠诚，考验着其内心对公众的尊重程度。尊重
是相互的，深刻理解公众，是媒体应急管理的基本功，要懂得对公众的忠诚给予
大体相当的回报。在自身的失误造成多数公众的不理解和批评时，新闻机构应以
坦诚的态度主动跟公众沟通。

媒体应急管理过程中，新闻机构与公众的"沟通"和人际交往中的面对面沟
通有着显著的区别。媒体应急管理的沟通虽然在本质上也是人与人的沟通，但这
样的沟通并非面对面的人际沟通，而是在网络平台上间接的信息互换过程。这个
信息互换没有事先约定具体时间，没有事先确定参与沟通的双方成员的名单。由
于媒体应急管理要处理的是新闻机构和众多不确定对象的在线意见互换，新闻机
构能表达的信息只能是经过字斟句酌的"声明"和针对网友意见的回应。这种特
殊形式的沟通要取得预期效果，涉事新闻机构需主动承认自身的不足，以赢得公
众的普遍谅解。在这方面，20世纪20年代在美国出版的《底特律新闻》就有类
似的规定："如果你犯了错，就有义务做两件事：向被冒犯的人认错和向读者认
错。"对于大多数新闻机构来说，也许觉得出现问题的只是某个具体的记者、编
辑，以机构的名义向公众道歉，这显然不太合适。《底特律新闻》的管理层并不
这么认为："如果一个记者喝醉了，人们不会说'这就是某人某人'，叫他的名

1 梅茨勒.创造性的采访［M］.李丽颖，译.北京：中国人民大学出版社，2010：9.
2 李普曼.公众舆论［M］.闫克文，江红，译.上海：上海世纪出版集团，2006：236-237.

字，而会说'这就是《底特律新闻》的记者'。这对全体报社员工都有影响，它剥夺了报纸的部分声誉，也损害了报纸的声誉。"[1]

沟通准则要求新闻机构以虔诚的态度向公众道歉，并解释媒体问题的形成原因和处理的具体结果。这样的"沟通"，形式上是语言文字的表述，实质上则是对新闻机构应急管理过程的公开、透明。社交媒体时代，信息的透明程度大大提高。新闻机构的活动也应该置于阳光之下，而不能只向公众展示新闻机构光彩照人的一面，把那些有污点的、不光彩的一面人为地屏蔽起来。不坦诚的沟通，也许在短时间内可以收到某种预期的效果，但随着时间的推移，信息的全面化会让公众认识到新闻机构的虚伪。那样，先前沟通取得的成效很快会化作乌有，并且让新闻机构面临更为严峻的声誉危机考验。

媒体危机事件本身就是公众的信任危机，如果媒体应急管理无法令人信服，其预期目标就很难达到。在媒体管理中，个别新闻机构在危机事件发生后不是主动跟公众沟通，而是采取删帖的方式减少网络上不利于自身的声音。这种特殊的应急措施，显然更为短视。这样的行为，有悖于新闻伦理。1922年通过的《俄勒冈新闻伦理规约》写道："诚挚和真实。合乎伦理的新闻事业，其基础是诚实……新闻界不允许有假装者、歪曲者、撒谎者、压制者或有不诚实想法的人。"沟通准则建立在文明的基础之上。新闻机构作为社会的良心和导师，理应在道德层面给公众做出榜样。在有些新闻机构看来，是网络舆论给媒体制造了麻烦，虽然不得已采取相应的应急措施，但沟通的诚意欠缺。个别新闻机构甚至指责舆论，以不合作的对抗态度回应外界的质疑和批评。显然，这是新闻机构缺乏文明素养的写照。新闻机构应该明白："与其说是别人让你痛苦，不如说是自己的修养不够。"2014年2月14日，东京大雪。翌日，日本各大报纸刊登类似通知："由于受大雪影响，可能送报时间晚了，请原谅。"寥寥数语，在公众没来得及抱怨前，新闻机构已经先跟他们表达了自己的歉意。

坦诚乃做人做事之根本。新闻机构在处理自身问题时须坦诚面对公众，避免因态度问题和缺乏诚信酿成信任危机。在社交媒体时代，新闻机构尤应恪守这个准则。否则，新闻机构可能透支自己的公信力。这种透支现象，也可能是媒体从

1　梅茨勒.创造性的采访［M］.李丽颖，译.北京：中国人民大学出版社，2010：9.

业者的个人坦诚与新闻机构的坦诚错位所致。2007 年 1 月，《每日邮报》驻华盛顿记者托比·哈顿在萨达姆·侯赛因被实施死刑 6 小时之前，已将萨达姆如何被吊死的过程进行了绘声绘色的描述。事后，托比·哈顿在其博客上坦白了这一切，但那篇博文很快被删除。《每日邮报》的员工收到这样的警告："在博客里提任何行业内的'新闻诀窍'时，要三思而后行。"[1] 我国媒体在这方面也有失败的案例。[2]

沟通准则之所以是媒体应急管理的核心准则，在于新闻机构要获得更好的发展，离不开公众的信赖。遇到麻烦是正常现象，关键在于以什么心态和行为解决眼前棘手的问题。没有坦诚做基础，就没有真正意义上的沟通，因而也就无所谓真正意义上的媒体应急管理。

三、处置准则："华佗疗法"

应急管理着重于解决眼前棘手的问题。解决现实问题，需要诊断问题之所在。大多数的媒体危机事件的问题并不隐蔽。网络舆论关注的是那些即时的、吸引眼球的事情，深层问题很少以直接的形式呈现出来，因而较少在网络舆论场产生即时的共鸣。新闻机构在处置危机事件时需要确诊问题的症结后对症下药。媒体应急管理也应以此为准则。

在我国医学史上，华佗被尊称为外科手术的鼻祖。这样的称谓未必符合史实[3]，但华佗的符号意义却是不争的事实。外科手术的优点在于目的单一、定位精准、收效明显。媒体应急管理的处置准则也具有类似的特点。这里，我们将这种处置准则称作"华佗疗法"。"华佗疗法"需要新闻机构对问题进行认定，对具体的责任主体进行必要的切割。这种切割并不是否认新闻机构的管理责任，而是划分个人和机构的责任。不论是在跟公众沟通时还是内部通报时，明晰部门、个人的直接责任和间接责任，体现的是媒体应急管理实事求是的态度，而非权宜之计。

应急管理的责任认定须坚持公正原则。直接责任容易界定，职能部门和管理

1　戴维斯 . 媒体潜规则：英国名记揭秘新闻业黑幕［M］. 崔莹，译 . 广州：南方日报出版社，2010：1.

2　2013 年 2 月 10 日 01：45，央视综艺官方微博发表《特别声明》："在刚刚落幕的央视蛇年春晚上，刘谦的调侃桥段并非导演组设计，而是刘谦的现场发挥，纯属个人行为。重播版春晚已将该段落删除。"不到一个小时的工夫，刘谦在其新浪微博予以回应："在台上所说的话，每一句都沟通过，双方满意才会定案的。come on! be honest."

3　于赓哲 . 被怀疑的华佗——中国古代外科手术的历史轨迹［J］. 清华大学学报（哲学社会科学版），2009，24（1）：82-95+159.

者的间接责任相对难以认定。通常，管理者在认定直接责任时比较认真，在认定管理责任时容易避重就轻，有的甚至否认重大失误跟自己有关。新闻机构的应急管理部门在处置危机事件时扮演着"仲裁"的角色。仲裁的基础是坚持公正原则，对于所有造成危机事件的行为主体进行责任认定，并给予合理的问责惩罚。就像医生在手术时不能厚此薄彼，修复、切割问题部位时不能有所偏颇。那样的话，手术必然留下某些后遗症，外科医生和患者的病症部位之间不存在私人的恩怨关系，新闻机构参与应急管理的管理者和被调查、处分的对象之间很可能存在某些利害关系，在处置责任人时就存在因私废公的可能性。处置不公，媒体应急管理的公正性就会受到质疑，甚至给新闻机构带来更多的潜在威胁。

公正是媒体应急管理处置准则"华佗疗法"的基础，至于如何理解"华佗疗法"的"公正"问题，存在一定的难度。对此，可以从媒体应急管理处置的范围和处置的层级两个方面来理解。范围是个空间概念，公正是个伦理概念。当范围的概念被引入到管理领域，范围的维度就不再单一。应急管理部门在处置具体问题时涉及的范围过小或者过大，都可能造成某些不公。范围过小，可能遗漏了相关的人或事；范围过大，可能会殃及无辜。不论哪种情形，都会影响应急管理的精准程度，降低"华佗疗法"的效果。

媒体应急管理的处置范围有内外之别。外部范围主要指新闻机构以外发生的意外事件。

外部事务通常包括自然人（媒体从业者）和法人（新闻机构）因外力因素所造成的安全事项（个人安全和器材安全）和名誉事项。对于安全问题所造成的媒体危机事件，新闻机构通常会通过行政途径协调。对于性质严重的，会通过法律程序来解决这类冲突。这样的解决方式，与"华佗疗法"相吻合。在新闻实践中，安全问题引发的危机事件所占的比例不大，较常见的是媒体从业者和新闻机构的声誉受到不同程度的损害。这类事件的应急处置，有时当事人的临场处置效果可能更佳。2015 年 5 月 10 日，加拿大 CityNews 电视台记者亨特（Shauna Hunt）在报道足球赛事时遭路人调戏，她中断采访，对起哄的球迷进行批评。很快，公开"性骚扰"记者的两名男子的个人资料被曝光，一名当事人被机构以违反公司雇员行为守则为由将其开除。"华佗疗法"的精髓在于切除毒瘤。媒体从业者在事发时的果断措施，不仅有助于维护个人的人格尊严和供职机构的形象，还可以震慑那些干扰新闻活动的人。记者亨特这样的处置办法，属于典型的"华佗疗法"。类似的事例，我国的新闻机构也有过成功的案例。2015 年 3 月，财新传媒回应郭文贵通过港媒贬损财新传媒职业公信力，败坏胡舒立女士的名誉："财新传媒特予以强烈谴责，并已聘请律师，依法追究造谣、传谣者的法律责任。"

内部事务通常包括新闻业务问题（如新闻差错）和个人行为问题（如敲诈勒索）等。新闻机构在这个环节的"华佗疗法"遇到的阻力往往最大。涉及机构内部的事务，简单的事情处理起来也未必容易，因为涉及的利害关系相对复杂。如果处置得有失公允，不仅不利于问题的根本解决，还会起到变相纵容媒体从业者犯错的作用。国内新闻机构对有偿新闻多以红头文件的形式禁止："视情节轻重给予纪律处分直至开除公职，涉嫌犯罪的移送司法机关依法处理。"在处理问题时，往往从轻处理。[1]

媒体应急管理处置的层级是指新闻机构处分责任行为人的轻重程度。西方新闻机构遇到纠纷优先通过司法程序解决争端。司法程序耗时长且成本不菲，但法院裁决的公信力高，执行裁决具有强制性。因此，我们将法律判决视为处置的最高层级。然而，并非所有的媒体危机事件都适合用法律程序来解决。譬如，新闻差错导致的网络舆论批评，以及媒体从业者的个人轻微失当的言行，这些言行本身并不触及法律的底线。新闻机构在处置这类问题时通常通过内部的管理制度来问责。突发事件的应急管理，要能在新闻机构内部的管理制度中找到对应规定，依照这样的规定进行处理非常必要。这类处置的层级显然低于依照法律条文的处理。特别是在新闻机构的管理存在明显人治色彩时，较低层级处置的结果往往是严重问题从轻处理。处置准则要真正做到公正，让"华佗疗法"真正具有刮骨疗毒的效果，需要新闻机构完善内部管理制度，依照法律精神制定管理制度。一般来说，媒体应急管理应坚持司法途径优先、内部处罚次之的原则。

处置准则的"华佗疗法"强调处置的力度恰到好处，不因处罚过轻失去教育、

---

[1] 新华社上海分社违规和交通银行上海分行合作，被纪委调查后只是"终止与交通银行的合作协议，并退回交通银行尚未执行合同金额 350 万元"，并未公布合作内容以及详情况，未披露处分内部人员的详细信息。参见孙乾：《安徽省、国土部和新华社公开巡视整改情况第二轮巡视 逾 50 名局级干部落马》，《京华时报》2014 年 6 月 10 日，第 5 版。

警示媒体从业者的机会。处置力度的把握既来自经验，也需要引入法治理念。在这方面，我们的新闻机构还有较大的提升空间。

四、愿景准则："扁鹊疗法"

随着媒体危机事件的化解，新闻机构的秩序恢复正常，在媒体决策层看来，应急管理已完成其使命，保留应急管理这样的临时性管理部门显得多余，因为媒体危机事件不可预测。

不可预测并不意味着风险没有规律可循，对于新闻机构来说，声誉危机的不确定性符合自然原则，因为微观世界的物质是以"概率"而非"确定"方式存在的。新闻活动的失误在所难免，从概率论的角度看，舆论关注的不确定性决定了有爆发媒体危机事件的可能性，只是这种可能性在什么时间节点出现很难被事先准确预知。即便是人为策划操纵的危机事件，网络舆论的走势能否按照策划者的计划发展同样值得怀疑。媒体危机事件的或然性，使得这类事件都无法被复制。

信息传播技术越进步，社会风险因素越多。风险社会的"风险"和大自然的风险不同，这类风险源自人或利益共同体的某些过失。"过失型风险"需要风险事件的主体在事后能及时反思自我。新闻机构也不例外，各种过失往往是媒体危机事件的诱因。事后检讨过失有助于避免类似事件的发生。正如贝克所言："在这种意义上，风险社会也是一个潜在的自我批判的社会。批判的参照点和前提以风险和威胁的形式产生出来。风险批判不是一种规范的价值批判。正是在传统进而是价值衰落的地方，风险出现了。批判的基础不是过去的传统而是未来的威胁。"[1]

反思、批判为的是更好地改进自身。公众媒介素养的提高，使他们对信息服务的质量要求更高了。只有新闻机构的服务专业化，公众对媒体的依赖度才不会降低。从这个意义上说，新闻机构和公众之间共命运。要做到这一点，新闻机构应树立前瞻意识，充分估计媒体危机事件的不确定性，提前堵塞漏洞，防患于未然。这种前瞻意识，我们将之称为媒体应急管理的愿景准则。这个准则的目的在于，给新闻机构提供媒体危机状态和媒体和谐状态两种可能状态。新闻机构从自身的利益出发，自然优先选择和谐状态。

---

1 贝克.风险社会［M］.何博闻，译.南京：译林出版社，2004：218.

愿景准则的实现可以借助于传统中医的"扁鹊疗法"。这里所说的"扁鹊疗法"并非推崇扁鹊本人治病的经验，而是肯定他所推崇的医治之道。《鹖冠子·世贤第十六》记载，魏文侯曾问扁鹊他们三兄弟中谁的医术最高，扁鹊推崇他长兄，因为扁鹊长兄在病症"未有形"时已经采取措施，避免疾病祸害肌体，这样的医治之术具有真正的长远眼光。对于媒体应急管理而言，"扁鹊疗法"（"未有形而除之"）是通往愿景准则的必由之路。这样的应急管理理念，要求从正常中发现不正常的征兆，并及时针对这些征兆进行预防处理。至于征兆的发现，在于新闻机构的管理者"采用什么尺度"，"时间眼光需要拉长的时候情况会是一个样子，需要缩短的时候情况则是另外的样子"。[1]

在媒体管理实践中，国内外新闻机构在不同程度上都采取过类似的"扁鹊疗法"。20 世纪 20 年代美国的新闻伦理教科书就肯定了定期做读者调查"这个做法的目的不是等着听抱怨，而是主动创造和维持读者的印象"。[2]我国的《南国早报》这些年来十分重视差错问题，一是制定了相关条例，处罚记者原稿差错或者是见报差错；二是开设专门的栏目，刊登纠错内容，并且付给纠错的读者稿费；三是每天编前会评报时，把纠差错作为一个内容。算得上是天天纠差错，天天讲防止出差错[3]。

在传播全球化的今天，新闻机构要在未来避免严重的危机事件，除从新闻理念到新闻报道的内容和角度选择外，还应重视尊重全球文化的多样性。新闻业的全球化，对新闻的客观性提出了更高的要求。在这方面，对不同宗教信仰的报道内容尤其应慎重行事，稍有差池就可能会给新闻机构带来灾难性的后果。美国第 29 任总统哈定曾对《马里恩明星报》（*Marion Star*）提出忠告："对所有宗教事务都保持尊敬。不要等别人提出要求，而要主动去做。最重要的是，要保持语言干净，永远不要让肮脏的语言或暗示性的报道变成铅字。"[4]无视这个忠告，新闻机构将付出惨痛代价。2015 年 1 月 7 日，法国《查理周刊》巴黎总部遭袭，造成 12 人死亡。如果该杂志社预先能评估亵渎宗教信仰类漫画的严重性和长期

1　李普曼.公众舆论［M］.闫克文，江红，译.上海：上海世纪出版集团，2006：106.
2　弗林特.报纸的良知［M］.萧严，译.北京：中国人民大学出版社，2005：286.
3　李启瑞.开场白［M］// 我们错了.北京：商务印书馆，2011：3-4.
4　弗林特.报纸的良知［M］.萧严，译.北京：中国人民大学出版社，2005：393.

性，那么悲剧事件就有可能避免。

愿景准则需要新闻机构将危机意识贯彻到新闻生产传播实践中。危机事件不仅仅是告诫媒体从业者意识到遭遇危机事件的可能性，更要树立信用意识，恪守新闻职业道德，这是新闻机构应急管理的"扁鹊疗法"。新闻机构的信用程度越高，其从业者的事业心越强，新闻机构就越是安全。把守信贯彻到日常的新闻实践中，是避免媒体声誉危机事件最好的"疫苗"。

五、结语与讨论

在媒体应急管理的准则中，速度、沟通和处置属于业务准则，愿景属于伦理准则。

在业务准则中，速度准则体现的是新闻机构对网络舆论的重视程度。重视程度越高，应急管理的速度准则体现得越是理想。一般来说，新闻机构的商业化程度越高，对市场的依赖程度越高，其在遭遇媒体危机事件时越是追求应急的速度。相反，行政色彩浓厚的新闻机构遭遇媒体声誉危机事件后，更喜欢求助行政力量的干预，用技术方法（比如删帖）消除危机造成的不良影响。这种私下求助的速度也许同样迅捷，但从表面来看，公开应对危机事件的速度相对迟缓。

沟通准则体现的是新闻机构对待公众的态度。新闻机构对公众的态度，决定了新闻机构跟公众沟通程度的深浅和态度的真诚还是敷衍。新闻机构的行政级别的高低、地域性的强弱也影响着媒体应急管理的沟通程度。一般而言，全国性媒体的受众地域性相对模糊，遇到危机事件时较少主动跟公众积极沟通。地方性新闻机构（含行业性媒体）受众的地域性（行业性）相对清晰，涉事的新闻机构在沟通过程中的诚恳程度高于全国性的媒体。

最具技术含量的是处置准则，这有赖于新闻机构的管理水平及其处置重大突发事件的经验。新闻机构的高层管理人员，因所处的岗位和工作性质，有机会接触到一些相对棘手的问题，他们应该是处置媒体危机事件的骨干力量。处置危机事件除了经验的要求外，参与应急管理的人员还要具备足够的网络舆论及心理学知识。目前，我国新闻机构的高层管理人员的年龄结构和学历结构在这方面也许并不占优势。此外，他们接触、使用社交媒体的频率也未必达到媒体从业人员的平均水平。这样，处置准则的贯彻，就需要临时参与人员或媒体应急管理部门的人员综合补充其知识、经验方面的不足。

　　愿景准则属于伦理准则，新闻机构的应急管理容易忽视这个准则。尤其在浮躁成为社会普遍现象的今天，法治观念还处在普及阶段，更高层次的伦理道德教育以及职业伦理精神的培育显得相对超前。这种尴尬的现实，并不利于愿景准则的推行。愿景准则要求新闻机构的声誉危机意识具有前瞻性，危机意识的淡薄会导致遇到危机事件时希望借助于行政力量扭转局面而不是通过坦诚的沟通方式来解决问题，这种急功近利的心理实质上是对媒体问题的保留甚至是纵容。越是这样，愿景准则对媒体应急管理就显得越重要。在我们看来，改变认识需要改变既有的媒介生态。只有媒介生态改善了，"扁鹊疗法"的愿景准则才可以逐渐被新闻机构所接纳。

　　　　　　　　　（原载于《新闻爱好者》2020 年第 3 期，作者：刘海明，陈茗）

　　＊基金项目：本文系国家社会科学基金项目"微博语境下媒体应急管理研究"（13BXW041）的研究成果。

媒体风险的必然与或然之辨

当代社会，安全感成了一个全球性的问题。新闻机构是否存在媒体风险？在英国《世界新闻报》的窃听丑闻导致该报被关闭以及法国《查理周刊》遇袭前，多数新闻机构的管理层未必思考过这方面的问题。经历了数次媒体危机事件后，新闻机构自身的安全问题由隐性变得显性起来，"媒体（自身的）风险"不再是杞人忧天的伪命题。然而，媒体风险究竟是必然性的产物还是或然性的孤立事件，对这个问题的回答关系到新闻机构对媒体风险的重视程度，有必要从哲学层面进行思辨。

一、风险与风险社会

风险是对未知的、具有破坏性后果之事的预先感知。这样，"风险"只能是那些处于未然状态的破坏性因素。风险的非现实性决定了其本质是感知。没有感知，就无所谓风险。意识不到风险的危害性，就不会对风险有所畏惧。从某种意义上说，"风险可以被界定为系统地处理现代化自身引致的危险和不安全感的方式"。当代社会被称作"风险社会"。在这样的社会里，"不明的和无法预料的后果成为历史和社会的主宰力量。"[1]

在风险社会中，没有哪个行业享有"豁免权"。以互联网为特征的风险社会，掌握较多话语权的新闻机构同样面临无法预测的舆论风险。

在传统媒体时代，信息的单向度传播模式和新闻机构的议程设置决定了报道什么、不报道什么以及如何报道。出于自利的考虑，除少数具备新闻伦理精神的新闻机构外，绝大多数新闻机构对涉及自身的负面信息会不自觉地予以屏蔽，由此降低了新闻机构及其从业者的媒体风险。从这个意义上说，新闻业的"现代性"，应该始于互联网的诞生。在此之前，新闻机构自身的失误甚至丑闻时有发生，这类具有危机性质的事件对涉事新闻机构造成的冲击却不大。既然已然的风险——媒体危机事件——对新闻机构的危害并不大，至于那些尚处于未然状态的、潜在

1　贝克.风险社会［M］.何博闻，译.南京：译林出版社，2004：19，20，52.

的风险，连媒体管理者也未必意识到，对于普通的媒体从业者而言，他们对媒体风险的感知敏感度自然更低。这种状况的形成，与风险的成本过低有关。没有代价就无所谓风险，进而不会产生风险意识。

互联网时代，每个行业在享受信息快捷传播给自己带来的便利的同时，也感受到某种无形的压力。就新闻业而言，传统媒体的议程设置可以决定报道什么和如何报道，却无法阻止公众对媒体报道发表各自的意见。社交媒体的出现，使得公众可以通过个人社交媒体披露新闻机构或媒体从业者的负面信息。

互联网让世界变成了村落，信息一经公开传播就带有世界性，传统媒体风险的区域性特征变得不再明显。地方媒体的失误或者丑闻在网上传播后，不再受传统媒体议程设置的限制，公众通过网络转发就可以让这样的失误、丑闻很快便广为人知。网络信息的交互性，可以通过公众的跟帖评论形成网络舆论。这样，一个不起眼的媒体失误，或者一个社会危害程度不大的媒体丑闻，经过网络舆论的发酵，将会降低涉事新闻机构甚至整个新闻业的社会声誉。

显性的行业，在舆论场出现的频率高，受社会关注度也高。因媒体从业者的职业显性，出现问题受社会关注的可能性也大，其风险系数较高。新闻机构及其从业者的风险，因信息传播的迅捷呈现出风险均等的趋势。

风险和风险社会受重视并非出于偶然，或者并非只是人们道德水准提高的产物。风险的成本高，凡是遭遇风险的主体，不论是个人还是机构，因风险造成的声誉危机至少在短时间内能给涉事方带来相应的舆论压力。伴随着舆论压力，涉事方的经济利益往往同步蒙受损失。比如，新闻报道的失误，涉事记者和编辑要被扣发奖金；媒体的失误、丑闻还会波及其广告收入，以及某些合作项目。因此，"与风险社会发展相伴随的是那些因风险受折磨的人和那些得益于风险的人之间的敌对。在这种意义上，风险社会同时也是科学社会、媒体社会和信息社会"[1]。

二、媒体风险的必然性之辨

"新闻机构的日常运作中存在风险"这个命题并不存在争议。造成媒体风险必然性的根源是什么，这种必然性对媒体管理意味着什么，无疑是值得讨论的问题。

1　贝克.风险社会［M］.何博闻，译.南京：译林出版社，2004：19，20，52.

讨论媒体风险的必然性，不妨先看看哲学层面有关"必然"的观点。

我国先秦的典籍中，"恒""常"等词被多次使用。"恒常"多就天地万物和人世间的道理而言。这些道理因为恒常而被视为真理。既然真，且不易改变，因而包含必然的成分。相对而言，古希腊哲学家对"必然"的思考较为具体。亚里士多德将"必然"理解为："它必然是就表示不可能不是。"[1]亚里士多德揭示的只是"必然"的存在状态而非"必然"的本质。康德从形而上学的角度思考宇宙万物，认定自然的东西对于人类来说具有某种必然性。他在《道德形而上学探本》中认为："所发生的每件事物必然由自然定律决定，此乃亘古不变之理。"[2]在黑格尔看来，必然性是个潜在的概念，它在尚未被理解时才是盲目的：必然的事物都是通过一个他物而存在的，这个他物，分裂成为起中介作用的根据——实质和活动，分裂成一个直接的现实性，或同时又是条件的偶然事件。[3]

必然性的论述千差万别，其内容并不复杂。在这方面，法国概率学家拉普拉斯对"必然性"有过经典的表述："所有事件，纵令其微不足道，似乎并不遵循伟大的自然定律，也是自然定律的结果，就像太阳的旋转那么必然。"[4]

必然性与人的心理安全有关。既然命运笃定不变，不论幸福还是磨难，一经知晓就产生了某种安全感。正如比利时的普里高津教授所言："我们周围的自然界是有序和有理性的，恰如人类的思维一样。我们每天的活动便隐含着对自然规律普适性的完全信赖。"[5]

媒体风险看似无常，其实还有某些必然的成分。一般来说，认知偏差、行为过失、责任心不足和制度漏洞，会对新闻机构构成威胁。只要因素无法完全被排除，媒体风险的存在就具有必然性。

（一）认知偏差的必然性

新闻学院的普及、新闻理念的熏陶和专业知识的传授以及专业技能的强化训练，提高了媒体从业者的专业认知能力。相比早期的新闻业，接受过高等教育和

1　亚里士多德.亚里士多德选集·形而上学卷［M］.苗力田，编译.北京：中国人民大学出版社，2000：83，147.
2　哈金.驯服偶然［M］.刘钢，译.北京：中央编译出版社，2000：1，4，173.
3　黑格尔.小逻辑［M］.李智谋，编译.重庆：重庆出版社，2005：159，160，162.
4　哈金.驯服偶然［M］.刘钢，译.北京：中央编译出版社，2000：19.
5　普里戈金，斯唐热.从混沌到有序：人与自然的新对话［M］.曾庆宏，沈小峰，译.上海：上海译文出版社，2005：348.

专业教育的媒体从业者对新闻价值的判断和对新闻素材的筛选能力和写作水平提高了不少。

　　然而，媒体风险更多与媒体从业者的认知能力无法全面正确认识新闻报道过程中可能存在的问题有关。认知决定判断，认知的偏差会造成判断的偏颇，进而影响新闻报道的全面性，致使新闻报道的局部失实。假新闻的出现，使新闻机构恶意制造虚假新闻的可能性虽然存在，但不会太大。不然，涉事新闻机构很快会成为舆论谴责的对象，进而失去市场存在的合法性。新闻实践表明，故意提供虚假新闻的事例并不多见，大量的失实报道是媒体从业者认知能力方面的原因所致，由此引发公众的批评，进而给新闻机构带来麻烦。

　　认识论的可知论是有限的可知，绝对的可知永远不会变成现实。即便是可知，也只是认知的可能性，且这种可能性是指人类的整体认知。整体认知是全体人类（包括已经不在人世的前辈）的认知的内容。事实上，每个人穷其毕生也不能学完前人积累的知识。现代大学的学科门类在增多，专业知识的种类也在不断增加，但人的生命并未延长多少。因此，虽然相对于昨天的我，今天的我的认知总量增加了，但相对于整个人类的知识总量，个体的知识量比例反而在下降。虽然总体上人类的认知水平依然在上升，但就具体的行业来说，只有该行业的从业者有效分工，才能应对日益增加的人类知识。否则，因个人知识储备欠缺造成认知方面偏差的状况就难以避免。就新闻业而言，媒体从业者个人的知识结构和认知水平相对有限，日常性的新闻报道涉及的领域和知识如此广泛，任何一个媒体从业者个人的知识积累都很难完全认识报道对象。媒体从业者的认知偏差增加了新闻报道的不准确性甚至局部失实的可能性。在互联网时代，公众对于媒体差错的挑剔在增加，每一次挑剔在社交媒体上都可能引起网友的围观。新闻媒体的报道数量呈增长趋势，而媒体从业者的认知能力很难与此保持同步增长，媒体风险的必然性因素自然有增无减。

　　（二）行为过失的必然性

　　人的活动是其最基本的日常形式，不论是言语还是肢体活动，总体而言总是按照人的意志行事。人的理性判断力引导自己朝着理想化的目标努力。至于目标能否实现以及其完成的程度如何，其个人行为是否出现过偏颇，影响着目标的实现。单个行为的完美不是问题，连续行为的完美则很难实现，或者说根本无法实现。这样，人的行为存在过失就具有了必然性。

新闻工作和其他工作的不同之处在于，虽然新闻工作流程也遵照某些既定的流程，遵照程序行事出现差错的概率会大大降低，但接触的内容都不会完全相同。重复性越小的工作，对从业者而言挑战性就越大。新闻报道的内容可能比较普通，受访对象也可能重复出现，只要不能排除每个事项都有其独特的地方，只要受访对象不是背台词式地接受采访，对于媒体从业者而言，每次采访都具有挑战性。设计采访方案，制定采访提纲，以确保每次采访具有新意，这是媒体从业者的职责所在。只要他们这么尝试，也就是在冒险——设计的问题不够周全，采访过程中的突然失误，都可能导致达不到理想的采访效果。再有经验的媒体从业者，每次采访有所遗憾也是常态，否则就失去了改进的空间。无改进，也就无所谓进步。因此，采访活动必然伴随着某些瑕疵。

除新闻采访外，不论是选题策划、稿件写作还是节目制作，媒体从业者的行为同样必然存在某些过失。不论是纸媒还是电子媒体的新闻报道，不论是有修改时间的报道还是节目直播，没有完美无瑕的新闻报道，源于媒体从业者的行为必然存在或多或少的过失。没有这种必然性，新闻报道就没有遗憾可言。只要遗憾是恒定的，那么，新闻活动存在行为过失就具有必然性。

（三）责任欠缺的必然性

权利和义务对等。享有权利，意味着要承担相应的义务。义务的实现，体现为肩负具体的责任。不同的职业，机构（单位）会给不同岗位制定相应的职责。从管理学的角度看，职责只有被量化，才利于按季度或年份进行考核。可以被量化的职责，需要每个从业者严格履行。

还有更多无法量化考核的责任。这类责任的履行，依靠的是从业者的责任心。以报纸工作为例，记者在采访写作过程中的敬业程度很难被量化考核。责任心强的记者、编辑比较敬业，工作起来一丝不苟，这样撰写的稿件、编排的版面因记者和编辑付出的时间多、用心专注，所以稿件、版面的质量高于那些耗时不够多、用心不够专一者的稿件或版面。因此，可以被量化的岗位职责，只要无法保证每个媒体从业者都具有崇高的新闻理想，并把这种理想践行到具体的工作中，且这样的践行持之以恒，那么，就必然存在责任欠缺的现象。

事实上，能够被量化的职责指标毕竟有限，更多的工作无法被量化考核。新闻机构的口碑好与差，在于一家媒体从业者整体的敬业程度究竟是高还是低。熟悉新闻业务的人经常听到年长的从业者讲述他们那代人的工作经历，感慨年轻一代的工作责任心问题。的确，受社会大环境的影响，新闻业已经不再是朝阳行业，媒体从业者的收入与其他行业相比已经不占有太多优势。这一点，从每年高考后微博上一些媒体从业者对有意报考新闻院系的考生别学新闻的劝告中，可以看到他们对媒体工作的失望甚至厌倦。他们的建言从一个侧面表明：他们在工作时可能不愿意付出更多的时间和精力，责任心欠缺，新闻报道的质量就难以持续稳定。既然每个行业都无法要求每个从业者都怀有崇高的职业理想和职业精神，在工作还是谋生的基本手段的时候，谋生大于理想追求的从业者，其责任意识存在某些欠缺就具有必然性。对于媒体来说，责任意识欠缺的从业者多了，出现新闻差错的可能性就会增加，媒体风险因此上升。

（四）制度疏漏的必然性

制度包含了社会经验和群体认知的水平。理性的制度必然摒弃了以往的失误，吸取了相应的教训，为避免类似的失误奠定了基础。制度可以有效避免失误，且符合群体利益最大化的原则，因而才可以被强制推行。制度可以被强制推行，并不意味着制度没有疏漏。群体的经验再丰富，教训再多，只要他们的认知水平不能完全满足对新事物认识的需求，制度准则的有效性就要受到限制。换句话说，制度必然存在疏漏，疏漏的存在是制度得以改进的前提。

新闻机构的制度化建设是新闻业发展到一定阶段的产物。对处于家庭作坊阶段的媒体（报纸），媒体管理虽然客观存在，但多限于媒体负责人个人的经验，他们依照以往的经验和个人的主观判断决定媒体的发展。只有新闻机构的规模扩大，制度化建设才能成为必然。制度化的媒体管理让媒体管理者有章可循，让从事新闻业务的记者、编辑程序化地生产新闻。

新闻机构的制度同样不会达到完美无缺的程度。制度确立的准则源自过去的教训和经验，社会发展会导致新的问题、新的状况不断出现，新闻业要适应社会发展，其自身必然也会遇到不少前所未有的问题、状况，媒体管理者对于这些问题、状况的充分认识需要时间，在此之前的管理只能摸索，在实践中检验其措施的效果。制度疏漏的客观存在，必然会影响到媒体工作，有些棘手的问题因管理不到位而被舆论所关注，进而招致公众的批评。

人类社会的发展对制度的需求只会强化而不是减弱，已有制度的疏漏成为制度改良的前提。新闻机构的管理制度体现的是特定阶段媒体从业者的集体认知水平，这样媒体管理制度就不可避免地存在疏漏。只要这种疏漏客观存在，媒体风险就必然无法避免。

三、媒体风险的或然性之辨

哲学上和必然性相对的是或然性（偶然性）[1]。必然性受因果律的支配，只要条件具备，就必然会出现某种结果。至于或然性出现的时间、方式和造成的后果，则有很大的不确定性。研究媒体风险，对必然性的了解固然重要，但对或然性的认识更具有理论意义和现实意义。

（一）或然性地位的转变

东西方哲学都有关于必然和或然的论述。我国古代哲学著作《易经》强调事物发展的变化：变化虽有规律，某种结果的出现虽然可能但具有不确定的因素。西方哲学对或然的思考更多。亚里士多德较早区分了必然和偶性的差别：在已存事物中，"有些则不是出于必然，不永远如此，而是经常这样，这就是偶性存在的本原和原因。因为我们把那些既非永远也非经常如此的东西称为偶性。"[2]

在哲学史上，关于必然性和或然性（偶然性）孰更重要的争论一直在持续，其中强调必然性决定或然性的观点占上风。个别哲学家甚至否定或然性的存在。斯宾诺莎就认为，一切都是必然的，偶然性只是表示人们知识上的缺陷，实际上并不存在偶然性。[3]也有少数哲学家持相反态度，在肯定或然性的重要性时连必然性都给否定了。古希腊哲学家伊壁鸠鲁就对必然性持否定态度："被某些人当作万物的主宰的必然性，是不存在的，宁肯说有些事物是偶然的，另一些事物则取决于我们的任意性。"伊壁鸠鲁否认必然性，他认为必然性带来了痛苦，因而

1　我们使用"或然性"这个词而没采用"偶然性"，主要基于这样的考虑：偶然性强调人们对事物的未知因素很难把握，它侧重于指观察、统计、描述以预测可能性发生的概率，因而是人们认知世界的方法。或然性是指有可能却不一定，侧重于指事物的确定性因素和不确定性因素综合形成的结果的可能性。

2　亚里士多德.亚里士多德选集·形而上学卷［M］.苗力田，编译.北京：中国人民大学出版社，2000：83，147.

3　黑格尔.小逻辑［M］.李智谋，编译.重庆：重庆出版社，2005：159，160-162.

希望限制必然性："在必然性中生活，是不幸的事，但是在必然性中生活，并不是一个必然性……在生活中谁也不会被束缚住，控制住必然性本身倒是许可的。"[1]

必然性和或然性是事物发展的两种方式，两者缺一不可。必然性构成事物的稳态，或然性带来事物的变化。那种认为或然性是现象而必然性是本质的观点，不仅弱化了或然性的作用，而且颠倒了或然性产生的根据。从构成要素上看，必然性和或然性都是某种可能性，只不过必然性是终极的可能性，而或然性是随机的可能性。所谓随机的可能性，是指过程的随机性。必然性和或然性的构成要素并无质的区别，所不同的只是可能性的实现程度而已。必然性和或然性并不存在谁比谁更为重要或者优先甚至高等的问题，而是如何正确认识它们，以达到趋利避害的目的。这表明，不论是片面肯定必然性还是片面肯定或然性的观点，在理论上都难以站得住脚，也无法在实践中得到检验。

因果律在必然性这里表现得相对明显，必然性受到格外的重视并不奇怪。社会发展的复杂化趋势，因果律反倒变得并不那么直接，不少事物的不确定性在增加。这样，长期占统治地位的必然性开始受到怀疑。这个转变的标志性事件是达尔文的进化论。进化论的主要论点是偶然（或然）性。突变是由纯粹的偶然造成的，大量的小偶然积累起来，就产生了复杂的有组织的结构。[2]自达尔文的进化论学说问世以来，理论界开始倾向于强调或然性。在恩格斯看来："偶然性推翻人们至今所理解的必然性。关于必然性的迄今的观念失灵。坚持这种观念，就等于把人的自相矛盾的并且和现实相矛盾的任意规定当作规律强加给自然界。"[3]

（二）或然性究竟是什么

必然性和或然性的地位（重要性）之争，涉及世界观的变革。一种弱势的观念要得到普遍的承认并非一朝一夕的事情。虽然达尔文的进化论影响巨大，但要让哲学界就此给或然性正名并非易事。例如，20世纪著名的哲学家维特根斯坦就没有给或然性（偶然性）理性存在的空间："世界的偶然特征当然不容许进入

1　马克思，恩格斯.马克思恩格斯全集：第1卷［M］.中共中央马克思恩格斯列宁斯大林著作编译局，译.北京：人民出版社，2007：26.

2　戴维斯.上帝与新物理学［M］.徐培，译.长沙：湖南科学技术出版社，2007：224.

3　马克思，恩格斯.马克思恩格斯全集：第4卷［M］.中共中央马克思恩格斯列宁斯大林著作编译局，译.北京：人民出版社，2007：327.

逻辑结构中""逻辑中没有偶然的东西"。[1]

科学领域的重大新发现是改变哲学观念的最好契机。20 世纪量子力学理论的问世，增加了或然性与必然性抗衡的砝码。1927 年，德国物理学家维尔纳·海森堡（Werner Heisenberg）创造性地使用代数矩阵，提出了著名的测不准原理（Uncertainty Principle，又译"不确定性原理"）。[2]许多物理学家，包括爱因斯坦，起初都抵制海森堡的论点，因为该论点否定了严格的决定论。[3]

《驯服偶然》的作者哈金教授对或然性的重要性推崇有加。在他看来，"20 世纪物理学最具决定意义的观念变革，是发现世界不是决定论意义下的。因果性这座由形而上学长期占据的堡垒，终于垮了下来，或至少倾斜了：过去的事情并不能精确地决定未来将要发生的事情。19 世纪，人们能够看到，世界可能是有规则的，但不服从自然的普泛定律"。哈金不是简单地给或然性唱赞歌，而是从概率学的角度分析或然性的大小："偶然定律颠覆了决定论。要相信世上有这样的定律，人们需要在大范围的人口中发现定律般的统计规律。"相反，"牛顿体系不需要什么概率，除非概率是一种能够发现原因的工具"。[4]

哈金希望用统计学的方法发现或然性的规律，进而"驯服偶然"。"那么这些偶然性和概然性又是什么呢？概然性意味着可信度，或理性信念的程度：一个事件的概然性是我们所具有的认为该事件曾经或将要发生的理性。偶然性所指的是一个事件的客观性质，即它具有能够发生的'可能性'（facility）。因而，一个事件从本质上说有一种大一些或小一些的偶然性，它们或是已知的，或是未知的。"[5]

这里的"概然性"，更接近于我们所说的"或然性"，因为偶然性侧重于哲学认知的方法，而或然性（概然性）则可以通过观察、感知甚至统计计算，预测其发生的概率。当然，无论是海森堡还是哈金以及其他学者对或然性的肯定，他们主要基于自然科学对世界的认知来谈论必然性和或然性。人类社会的现象和自

1 维特根斯坦.逻辑哲学论［M］.贺绍甲，译.北京：商务印书馆，2005：12，26.

2 这个理论通常被表述为：你不可能以无穷精确度既知道一个基本粒子的位置又知道它的动量，粒子位置的不确定性和动量不确定性的乘积，必然大于或等于普朗克斯常数除以 4π，测不准原理是量子理论中最根本的部分，它将概率概念引入宇宙。

3 凯根.三种文化：21 世纪的自然科学、社会科学和人文学科［M］.王加丰，宋严萍，译.上海：格致出版社，2014：1，29.

4，5 哈金.驯服偶然［M］.刘钢，译.北京：中央编译出版社，2000：1，4，19，173.

然界的现象有某些相通之处，但毕竟各有特点，不能简单地等同，因为"社会偶然性并不等同于自然世界的偶然性，前者是真正偶发的，而后者则是不变的或是有规律变化的"[1]。

（三）或然性与媒体风险

在社会科学研究领域，或然性的地位在同步上升。1991 年，威斯康星大学沙巴斯教授写道："'偶然'一向被认为是垃圾，但是到了 19 世纪'偶然'突然受到礼遇，成为'维多利亚时代的男仆'。……物理学家抛弃决定论，社会科学家则看到了偶然的价值所在。"[2]

或然性因素对新闻业的影响也日益明显。特别是以微博和微信为代表的社交媒体普及后，网络舆论事件的数量显著增加。对于媒体管理者来说，一旦网络监督新闻机构日常化，媒体事件就会呈上升趋势，而媒体事件则是媒体风险的代名词。再有公信力的媒体，只要其处于运营状态，就无法完全避免业务方面的漏洞。这些漏洞只要无法被媒体管理者和员工即刻意识到，它们就可能演变成媒体事件，对新闻机构的社会声誉构成威胁。因此，媒体应急管理的任务就是加强对媒体工作或然性因素（媒体风险）尽可能全面的认识。

社会领域对或然性的认识，显然不能简单借用数学计算的方法。虽然媒体风险的或然性因素并非完全不可计算，但媒体风险所包含的或然性因素未必具有同质的特性。对于不同质的东西，数学计算的方法得出的结论的有效性要降低许多。传统的管理学研究可以运用数据统计和理论模型来提出寻找解决问题的办法，对于媒体应急管理来说则未必适用。

笔者认为，媒体风险的或然性具有以下三个方面的特征。

1.风险爆发时间的或然性

谈到时间，人们容易与必然性相联系。这是因为，时间的可分割性和规律性相对于其他因素决定了我们对时间的认识更为容易。这并不意味着时间与或然性没有关联。1930 年，心理分析学家荣格（C. G. Jung）在一次演讲里曾特别提到"偶合性"（Syn-chronicity），即"机遇"的概念。"偶合性"打破了机械论先因

---

1 德兰逊.社会科学：超越建构论和实在论［M］.张茂元，译.长春：吉林人民出版社，2005：28.
2 哈金.驯服偶然［M］.刘钢，译.北京：中央编译出版社，2000：1，4，19，173.

后果的时间概念，提供一种时间"非因果"（Acausal）的解释，此概念对哲学、科学和心理学均有重大意义。[1]

时间和结果的"偶合性"自然有多种形式。因果关系的因或果既可确定也可以不确定。确定的因或果符合因果律，不确定的因或果依然遵守因果律，只不过这样的因果联系缺乏直接性罢了。在汉语里，将符合善原则的意外结果称为"缘分"或"机遇"，不符合善原则的意外结果称为"风险"或"危机"。

媒体风险，显然属于后一种情况。或然性意味着媒体风险爆发时间的不确定性。计算机科学再进步，也很难计算出风险出现的准确时间节点。如果未来的超级计算机能实现这个计算结果，必然性将重新统治人类社会，或然性（偶然性）因有望被完全把握而再度成为必然性的婢女。更为可怕的是，因为或然因素在事先可以被精确地计算、预测，人类社会的发展将完全被人类自己所主宰。那时，即便客观存在包括媒体风险在内的各种大量的社会风险，实际上这些风险已经很难给人类社会造成实际的危害。没有痛感的风险惩罚，人类社会也就失去了前进的动力。因此，风险爆发时间的不确定性永远不会消失，不然人类将成为全知的上帝。

新闻机构犹如一架高速运转的机器。新闻机构的规模越大，这部"机器"的内部结构就越是复杂，而管理制度健全的程度与这部"机器"的精密程度成正比。制度有无法涵盖的地方，机器也有老化的时候。此外，外部因素的作用也会给这架在社会舆论中显眼的"机器"带来许多不确定性因素。有时并非媒体自身的问题，而是因为外部因素的误识误判[2]，造成无辜的受害者。后一种情形下的那些无辜新闻机构，其遭遇的媒体风险在爆发时间方面更具不确定性。

2. 网络舆论因素的或然性

必然性产生规律，规律意味着简单。然而，认识到事物的规律既不等于把握了事物的规律，更不等于解决了问题。否则，社会问题的解决就简单了许多。社会是个有机体，社会问题的发生原因多样，我们找到一个原因并不等于找到了所

1　俞懿娴. 中西时间哲学比较视野下的易哲学——方东美、程石泉论中西时间哲学 [J]. 周易研究，2008（4）：42-50.

2　举个例子，一家媒体造成的失误，因为网络舆论的猜测有误，可能让没过失的媒体临时受到指责。所谓"躺着中枪"，就是这个意思。

有原因。社会风险的显露有着更为复杂的原因。任何一起社会危机事件看似或然，但或然的背后显然包含着相当复杂的原因。工业社会的社会危机事件较农耕时代增加不少，信息时代的社会声誉危机事件较工业社会的增长量更为明显。严峻的现实迫使人们改变了传统的对必然性的盲目肯定，逐渐接受或然性同等重要的观念。从这个意义上说，"简单性思想正在瓦解，你所能去的任何地方都存在着复杂性"[1]。

新闻机构作为信息企业，和其他工商企业不同的是：新闻产品的问题更容易出现在网络舆论中，因为网络舆论场平台本身就可以传播新闻产品。媒体从业者个人的伦理失范或者违法乱纪行为比其他行业的同类问题更容易被传播出去，进而形成舆论。这样，网络舆论与媒体风险的关系相对密切，媒体管理部门采取应对措施的时间再快，也比不上微博、微信等信息平台上传播涉事新闻机构负面信息的速度。

社会成员的构成过于复杂，网络调控的有效性很难得到保证。对于媒体管理者而言，在弄清楚媒体问题产生的原因之前，可能网络舆论已在热烈讨论该事件了。形成网络舆论的因素很多，有时比较突出的问题引起的网络舆论关注度未必高；有时很不起眼的小事，也没有造成多少实质性的社会危害，反倒能引发网络舆论的激烈批评。对于媒体管理者而言，究竟何种元素会放大某个媒体问题，由于这类因素的不确定性太多，以至于很难把握。对于已经形成网络舆论走势的研判，同样需要找到最关键的舆论因素。何种元素起主导作用的或然性越大，媒体应急管理的难度也就越大。

网络舆论场不相干的因素有时可能瞬间发生关联。这样，看似并不相干的因素，在特定环境下却可能发生"化学反应"。这样的"化学反应"即所谓的"绝对巧合"。个别新闻机构的危机事件所造成的冲击还可能造成"非常巧合"的意外受害者。比如，因《中国青年报》报道形成的"乔东事件"，曾让中国人民大学新闻学院成为意外的受害者。或许，这就是或然性（偶然性）的特殊杀伤力。对于意外受害者而言，他们"是偶然性的牺牲品。难道还能有别的说法适用于这

1 J.布里格斯，F.D.皮特.湍鉴——浑沌理论与整体性科学导引［M］.刘华杰，潘涛，译.北京：商务印书馆，1998：271.

种无法预见的事件吗？在这里，偶然性显然是本质的东西，是完全独立的两条事物因果链所固有的，只是在它们的交叉点上造成了意外事故"[1]。

　　3.媒体风险后果的或然性

　　康德倡导人们仰望星空，以思考宇宙人生问题。纯粹的理论思考之所以重要，在于理论对实践的指导意义。谈论必然性和或然性，目的在于通过对必然性和或然性的认识，减少风险对社会的危害程度。对于信奉必然性的人而言，行为本身已经预示着结果，结果自然没有什么神秘的成分可言。在柏拉图看来，"人们的行动就像被舞台后面看不见的手操纵着的木偶的动作，以至于人仿佛只是神的一个玩物"[2]。

　　或然性带来结果的不确定性，即结果的多样性。一果多因是最常见的表现形式。原因是个相对抽象的词，只有特定的对象才可以被理解。在社会生活中，风险事件的原因往往表现为具体的言语或行为。这些言行并非孤立的个体动作，它们一经形成，就会在现实生活中产生某些反应——刺激他人，进而令他人产生连锁反应。他人的反应，也以言语或行为的形式出现。媒体危机事件的本质是言行不当引发的麻烦。媒体从业者一句欠妥的语言或者一个不得体的行为，可能招致他人的不满。这种不满被传播后在网络舆论场进行发酵，引发更多的人表达自己的立场。相同立场的人，他们的态度相近，构成一种舆论声音；不同立场的人，其态度相异，构成另外一种舆论的声音。两种立场、态度在网络舆论场内共同作用于一个媒体危机事件，这些立场、态度的地位"平行"，但其原因不同，导致的结果也不尽相同。至于媒体危机事件最终以什么样的方式结束，则看这些"平行因素"的角逐。对于这些平行因素而言，它们交切于因果线上，我们很难事先预料媒体危机事件最终造成的后果。

　　新闻采编工作的特点在于求新，这给新闻工作带来了许多挑战。因为追求新颖，有些时候媒体从业者无法在最短时间内了解新闻事实的来龙去脉，造成报道不同程度的失实。事先对报道的后果无法准确预料，新闻机构的管理者在处理媒体危机事件时，对事件的危害程度的评估以及对后果的预测都存在较大难度。这

1　雅克·莫诺.偶然性和必然性：略论现代生物学的自然哲学［M］.上海外国自然科学哲学著作编译组，译.上海：上海人民出版社，1977：85.

2　汉娜·阿伦特.人的境况［M］.王寅丽，译.上海：上海世纪出版集团，2009：145.

样，"新闻工作者有时真的很像那些摸象的盲人，每个人的结论都不同……即使是最好的记者也会有他的'盲点'。……但凡要减少错误几率，挽救措施的基础都应该是对事实本身的价值和尊严的认定，以及对最微不足道的错误造成的危害的充分认识。"[1]在媒体应急管理的实践中，因为对事实本身的价值和尊严认识存在偏差，所以有时会导致媒体风险后果的或然性增加。

媒体应急管理的对策不同，产生的结果也不同。跨国媒体危机事件容易给涉事新闻机构造成一种错误的印象：国外的受众未必注意我们的报道，他们即便知道了也未必有什么办法干预我们的报道。这种经验性判断在传统媒体时代可能行得通，但未必适合社交媒体时代。或然的对策中包含着媒体理念的必然性，这种理念的必然性又影响着应急管理后果的或然性。新闻机构要趋利避害，就不能不从或然性的角度多方评判危机事件风险的多种可能性，然后选择既有利于新闻机构自身也不损害公众感情、利益的对策。

四、结语

由于社会转型加上社交媒体的普及，我们的社会变成了名副其实的"风险社会"。对于长期掌握新闻话语权的新闻机构而言，传统的话语权虽然依然在握，但这种话语权的垄断地位随着互联网的兴起已经开始被动摇，新闻话语权适用的范围在减少。最典型的是舆论场的分野，出现了两个舆论场：主流媒体舆论场和网络舆论场。舆论场的并存，导致新闻机构话语权影响社会的力度在减弱。减弱只是一方面的，另一方面是新闻机构的"神圣性"受到一定程度的挑战，社交媒体上有关新闻机构及其所属媒体和媒体从业者的批评声音增多，这种状况的客观存在威胁着新闻媒体的公信力。如何应对网络舆论场中涉及新闻机构问题的负面信息，成为当代媒体管理的崭新课题——媒体应急管理，这属于媒体管理的分支。

因为没有明显而即刻的威胁，所以让新闻机构的媒体管理者改变传统的理念，树立必要的风险意识，主动摸索应急管理的规律，显然存在一定难度。传统的媒体管理理念建立在必然性的信条之上。

媒体风险有外部的因素，更多则与其自身因素有关。辨析媒体风险的必然性，在于告诉新闻机构及其从业者新闻机构的安全性并非无限的安全而是有限的

1　弗林特.报纸的良知［M］.萧严，译.北京：中国人民大学出版社，2005：15.

安全，进而树立必要的风险意识；辨析媒体风险的或然性，在于强调新闻机构的媒体风险具有多种的不确定性，媒体管理者无法事先预知风险的爆发时间，很难掌握造成风险的全部原因，无法预料风险带来的后果。只有事先为媒体应急管理制定多种预案，完善已有的媒体管理制度，才能减少潜在风险变成现实事件的可能性，同样也可以降低已然风险事件的破坏程度。

（原载于《新媒体与社会》2019 年第 1 期）

* **基金项目**：本文系国家社会科学基金一般项目"微博语境下媒体应急管理研究"（13BXW041）的阶段性成果。

新闻机构的网络舆论风险与应急管理

以微博和微信为代表的社交媒体在改变公众接收信息方式的同时，无形中也在重塑传统的舆论格局。传统的社会舆论场由传统媒体主导，在这个舆论场里，舆论监督是指传统媒体监督其他社会机构而非新闻机构自身。在社交媒体形成的网络舆论场中，公众和社会机构的社交媒体兼具网络舆论监督的职能。网络舆论监督的即时性使得所有行业的舆论风险变得常态化；网络舆论监督的交互性消解了监督者和被监督者之间的地位悬殊状况，两者逐渐呈现出某种"对等"的趋势。在社交媒体时代，当新闻机构与外部发生利益冲突时，涉事方不再是被动的被监督者，他们通过社交媒体对新闻机构的舆论监督提出批评，使涉事新闻机构陷入网络舆论的旋涡。近年来，围绕媒体版权侵权纠纷、新闻机构的社交媒体问题、媒体从业者个人问题等导致的媒体声誉受损，需要新闻机构树立网络舆论风险意识，通过媒体应急管理及时化解自身的声誉危机。

一、版权纠纷与应急管理

新闻机构既是版权所有人，也是他人版权作品的使用者。在新闻活动中，新闻机构应依照《中华人民共和国著作权法》（以下简称《著作权法》）维护自身的版权权益，尊重他人的版权。但是，我国新闻机构在尊重他人版权方面的表现并不理想。

1. 网络批评

根据我国《著作权法》的相关规定，新闻作品的标题、报道角度和呈现方式等受著作权法保护。著作权法只保护原创作品。在新闻生产过程中，"搭便车"现象较为普遍。所谓"搭便车"，是指未经版权所有者同意就"借鉴"其作品，这对坚持原创的新闻机构构成了侵权。

现阶段，一家新闻机构的产品未经许可被同行媒体转载或被冒名盗用，通过司法诉讼途径维权的效果并不理想。相反，版权作品受损的新闻机构通过官方微博披露这种侵权行为，反而容易对侵权方施加舆论压力，成为新闻机构维护版权便捷有效的方式。[1]

按照我国的媒体版权交易规则，只要传统媒体按年度付费，即可获得使用新华社新闻稿件的资格。若是使用新华社的"专稿"，则需要单独约定。新闻机构使用新华社稿件，应尊重新华社及其记者的权利，注明作者和来源。不标明出处且拆散稿件破坏了作品的完整权，造成媒体记者自采稿件的假象，这显然属于变相抄袭。

版权作品利益受损的新闻机构通过社交媒体曝光同行的版权侵权行为，在网络舆论场凝聚共识，给侵权媒体以舆论压力，迫使侵权机构依法规范新闻采编秩序。这种版权应急策略的可行性在于，媒体的公信力源于其良好的社会声誉，同行的揭短批评所引起的舆论关注，对涉事新闻媒体的声誉损害更大。认识到网络舆论的力量，尊重同行版权符合新闻机构的利益，这是网络舆论监督的必然产物。

版权纠纷的舆论化对规范媒体版权秩序有促进作用。值得注意的是，有的新闻机构对来自媒体同行的版权侵权批评表面上保持沉默，但在私下通过公关运作解决纠纷。这种应急策略的有效性，取决于涉事媒体领导层私人交情的亲疏以及侵权媒体对受害方的尊重程度。

媒体应急管理是网络舆论发展到一定阶段的产物。网络舆论形成的媒体危机事件，需要新闻机构转变传统观念，运用互联网思维解决外部冲突。互联网思维意味着对话、协商，重视新闻机构的社会声誉。采取暗箱操作方式打压利益受损的新闻同行，是与媒体应急管理的理念背道而驰的。

2.反侵权公告

新闻机构在社交媒体上批评版权侵权行为的影响有限，以"公告"形式抗议同行侵权的影响更大。近年来，重视版权保护的新闻机构通过发布《反侵权公告》，震慑侵权的同行。[2]

发布《反侵权公告》是媒体应急管理的一种有效方式，为依法维权积累证据。

1　例如，2014年1月13日，新华社的《除夕高速公路免费？》报道引发较大社会反响。第二天，《新京报》头版刊载的记者林野署名的报道前5段与"新华社中国网事"微博的稿件一字不差，文中数十段雷同。"新华社中国网事"在其官方微博上指责"这是赤裸裸的抄袭"，要求《新京报》调查此事并就抄袭行为道歉。

2　2015年3月20日，大众报业集团发布《反侵权公告》，批评某新闻机构长期冒用大众报业集团名义和报徽图形注册商标和"大众日报"注册商标，表示"保留依法追究侵权人法律责任的权利"。参见《反侵权公告》，《大众日报》2015年3月21日。

主张版权的前提是媒体自身必须已经遵守我国《著作权法》。因此，新闻机构在批评同行侵权之前，应先审查自身是否存在版权侵权的行为。如果自身有违法瑕疵，《反侵权公告》的效力不仅会减弱，甚至会成为网络舆论批评的把柄。2013年11月27日，财新传媒法律部发布《反侵权公告》，称财新网发表的报道遭遇侵权转载，并曝光了侵权媒体名单，里面有搜狐新闻、《南方都市报》、《京华时报》等媒体。有趣的是，《南方都市报》在2015年至少发布过6次《反侵权公告》，公告强调：“对侵犯自身著作权益的违法行为，本报社将采取一切必要的合法措施，追究行为人的侵权责任，包括但不限于公开谴责、向国家版权行政管理部门举报、提起诉讼等。”

3.诉讼维权

西方新闻机构的应急管理主要通过诉讼解决纠纷。法院的判决具有法律效果，胜诉方可以通过法院的强制执行，达到既维护自身权益又教育同行的目的。通过诉讼维护版权权利，在我国新闻实践中呈上升趋势。[1]知识产权法庭为媒体版权诉讼提供了便利。

新闻机构的版权诉讼范围很广，不同类型媒体的版权客体的构成也各不相同。以电视媒体为例，台标属于商标，一些商业机构模仿电视媒体的台标开发商品，不但损害了新闻机构的商业利益，还降低了台标的品位。台标被侵权，诉诸法院裁决是最根本的解决纠纷办法。[2]传统媒体起诉门户网站转载侵权，赢得诉讼的把握更大。[3]

二、社交媒体与应急管理

新闻机构及其所属媒体（版面、频道、栏目）的社交媒体对扩大新闻机构及其产品的影响力功不可没。社交媒体给新闻机构带来的不全是福音，这些社交媒体发布的内容失真、媒体从业者个人社交媒体的言论失当均能酿成舆论风险。

1.内容失实

社交媒体的主要功能是发布信息，其跟帖评论是由信息价值延伸出来的辅助

1　关于新闻机构的版权诉讼，参见刘海明.报纸版权问题研究［M］.北京：中国社会科学出版社，2013：165-169.

2　王子薇.旅游卫视台标被侵权获赔200万［N］.法制晚报，2015-4-26.

3　例如，2015年1月23日，北京青年报社起诉新浪网侵犯著作权案在北京市海淀法院开庭，被判赔偿原告18 100元.孔德婧.新浪侵犯著作权被判赔偿［N］.北京青年报，2015-5-19.

功能。传统媒体普遍"生产过剩"，通过社交媒体发布资讯，既增加了新闻传播的内容，也提高了传统媒体的影响力。社交媒体上的"袖珍式新闻"对媒体把关提出了更高的要求。社交媒体账号发布的信息一旦失实，将损害涉事新闻机构的声誉。有些新闻机构的社交媒体为扩大自身影响，喜欢转发同行（包括微信公众号）的信息，对同行把关的信任也是舆论风险的来源。[1]

为确保社交媒体信息真实，新浪微博通过设立虚假信息举报大厅鼓励举报虚假信息，聘请专家团参与评判网友举报的内容，对于发布虚假信息的账号给予降低信用等级、暂停发帖和跟帖功能、销号等不同处罚。这些应急管理举措对规范微博秩序、打击虚假信息起到促进作用。

2. 更正致歉

新闻差错具有某种必然性。发现新闻失实后，新闻机构应采取补救措施，更正错误并向公众致歉，这样的"更正 + 致歉"符合媒体应急管理的坦诚准则。新闻机构的更正致歉传统也应体现在社交媒体上。社交媒体的更正致歉对公众而言更具有可感性，在情感上有助于消除他们的不满情绪。有些社交媒体在这方面做得不错[2]。

致歉是一门艺术，致歉的时机选择、态度是否虔诚、责任认定是否到位需事先全面权衡。社交媒体致歉不当同样会招致批评。应景式致歉的"诚意"很容易被公众解读出来，如果"致歉"的行文存在逻辑瑕疵，消极影响会更加明显。[3]

危机事件属于"急症"，适合于系统性的"调养"，不能仅仅满足于纠正差错。新闻机构要重视更正致歉的严肃性，更正致歉"并不妨碍报纸的准确性，也不会损害报纸在社区里的声望"。[4]业界管理者也对此持相似观点，"我们容易为正面的辉煌而自得，而常常对既往的过失讳莫如深。因为难能，所以可贵"[5]。

1　例如，2015 年 9 月，《华西都市报》《新闻晨报》在微博转发"四川小伙在南极开火锅店"的虚假消息，造成很大的不良影响。两地主管部门及时进行干预。参见国家新闻出版广电总局办公厅：《关于对〈财经〉杂志微信公众号等媒体发布虚假失实报道查处情况的通报》（新广出办发〔2016〕31 号），2016 年 4 月 14 日。

2　例如，2014 年 2 月 12 日，东方早报官微发出快讯《上海版高考改革方案曝光，高三只考语数，英语退出统考》。但是撰稿记者并未参加相关会议，报道内容不完整也不准确。该社交账户及时更正并致歉。

3　中国旅游与经济台. 新浪微博［EB/OL］.［2013-06-17］.

4　弗林特. 报纸的良知［M］. 萧严，译. 北京：中国人民大学出版社，2005：17.

5　李启瑞. 我们错了［M］. 北京：商务印书馆，2011：1.

3."分支社媒"

大型新闻机构的社交媒体通常不止一个。除代表新闻机构的官方账号外，下属媒体的版面（频道）、栏目所属的社交媒体属于"分支社媒"。此外，媒体从业者的个人社交媒体账号也可能注明了其所供职的机构、岗位甚至职务。从所有权方面看，这类社交媒体具有鲜明的私人属性；但从公众的理解看，个人身份的标识让这些社交媒体具有准媒体的属性。公众容易相信媒体从业者在社交媒体上发布的内容，是因为这类社交媒体所有者供职的机构具有较高的公信力。实践表明，新闻机构及其从业者的社交媒体也是媒体舆论风险的来源。新闻机构要降低舆论风险，应将分支社媒以及员工的社交媒体纳入应急管理的范畴，这是媒体管理的延伸。

媒体管理需要确认机构和个人社交媒体之间的隶属关系及管理权限。例如，美联社对员工个人社交媒体采取有限度约束的原则，鼓励员工积极使用社交网络，但同时要求员工恪守该社的基本价值观，"即不应该随意通过社交网络就当下的争议性话题表达自己的意见，其他任何例外情况都应该征求我社高管的意见"。社交媒体的社交属性决定了这类媒体以个人意见为主，媒体属性则要求在这类平台发布的信息行文严谨。如果知名媒体从业者的社交媒体上出现暴力语言，容易引发网络舆论的关注，个人缺陷会被公众认为是新闻机构的缺陷。在这种情况下，新闻机构有必要干预其员工社交媒体的信息发布，并采取相应的应急措施减少负面影响。[1]

三、声誉风险与应急管理

声誉是外部对个人或利益共同体的评价。在互联网上，个人和机构的声誉均超出传统的地域限制，"声誉风险"应运而生。以真实为生命的新闻业具有较高的行业声誉，在社交媒体出现后，新闻机构也同样面临着潜在的声誉风险。

1.员工声誉

媒体从业者的社会声誉主要通过作品的社会影响力间接获得，如电视媒体主持人定时出现在荧屏前，公众对主持人的熟悉程度远超过对普通编辑记者的熟悉程度。一位记者编辑或主持人的作品（节目）质量再上乘，如果他们的社会声誉

---

[1]　例如，2014年2月21日，广东卫视主持人因女友看病被护士连扎四针而在微博上发表"想拿刀砍人"的不当言论，遭到网络舆论的批评。尽管事后该主持人删除了微博并道歉，但造成的不良影响涉及其所供职的媒体，为此他受到单位的内部处理。梁超.王牧笛被责令深刻反省［N］.京华时报，2014-2-25.

欠佳，如个人的言行有悖于公序良俗，那么在这种情况下，作品质量形成的社会声誉退居次要地位，公众依然不会原谅媒体从业者的过失，并质疑其所在媒体的管理责任。这表明，媒体从业者的个人声誉属于媒体声誉的一部分，需纳入媒体应急管理的范畴。

在社交媒体上，知名度与舆论风险呈正相关。新闻机构及其从业者的社会知名度较高，在社交媒体上的受关注度也较高，网络舆论风险较其他行业的危险度要高。其中，女性知名媒体从业者的信息，尤其是涉及私生活方面的传闻格外引人注目。公众对这些传闻的真实性似乎并不在乎，即便是子虚乌有的传闻，依然会严重损害当事人及其供职媒体的声誉。有些传闻因社会背景等方面原因，当事人及她们所供职的新闻机构暂时无法公开回应。只有时机成熟，才可以公开回应。

个人声誉管理具有自主性，媒体从业者遇到声誉危机时采取什么方式维护自己的声誉，选择的权利在涉事者自己。知名新闻机构的主持人回应传闻的难题在于，即使他们站出来澄清事实也未必能取得公众的信任。基于这样的原因，在央视主持人李小萌看来，传闻问题最好交给时间来解决。当然，在特殊情况下，如果第三方机构能出具事实证明，媒体从业者的声誉风险可能得以化解。现阶段，公安机关调查的结果，具有更多的说服力。[1]

2. 机构声誉

新闻机构的声誉得益于其所办媒体的新闻理念是否秉持客观公正的报道原则，能否敢于面对社会问题，以及新闻报道的质量。网络舆论对新闻机构的监督效力在于社交媒体的社会影响力。对于新闻机构存在的问题，公众通过社交媒体披露相关信息并发表评论，以此对涉事新闻机构造成较大的舆论压力，迫使涉事媒体改正错误。假如新闻机构本身并无过失，仅仅由于观念的差异导致某些网民利用网络舆论炒作，这样的炒作式"监督"，反而会提高受害新闻机构的社会声誉。[2]

新闻机构的社会声誉建立在舆论动态评价的基础上，拒绝回应公众的批评只

---

1 2013年初，深圳报业集团某负责人遭遇网络攻击。1月18日，该集团发布《深圳报业集团严正声明》，批评不法分子捏造事实、恶意诽谤，给报社造成了严重的名誉损害，深圳福田警方随后侦破了此案，造谣的人也被绳之以法。

2 例如，曾有人在南方报业集团门口焚烧《南方周末》并录下视频公开传播，反遭舆论批评。

会加剧新闻机构社会声誉的下降。特别是当新闻机构或其从业者存在过失时，及时回应并接受舆论批评有利于形象修复。如果新闻机构采取相反的应急策略，如删除相关信息、关闭官方微博的跟帖评论功能等，这样的做法反而不利于声誉的恢复。具备风险意识的新闻机构管理层会选择主动回应，尽快扭转被动局面。[1]

新闻机构的舆论风险有时并非新闻业务问题或者言语失当所致，而与新闻机构的社会活动相关，比如向被采访单位索要好处费，或者推销物品。在社交媒体上，这类问题被网友甚至企业曝光的事例并不少见，媒体从业者利用新闻采编活动收取好处对新闻机构的社会声誉冲击很大。对于这类危机事件，最好委托第三方（比如警方）介入调查，通过还原事实验证指控的真实与否。[2]

在应急管理方面，机构声誉风险与个人声誉风险的应急管理模式应有所不同。个人可以选择缄默，机构则有必要回应公众关切的问题。特别是对于新闻报道失实的质疑，如果不及时回应，则意味着新闻机构承认了事实。遗憾的是，相当一部分新闻机构并不公开回应。[3]坦诚是应急管理的基本准则之一，如果新闻机构对危机事件的危害程度判断失误，因为危机的升级不得已才有所回应，那么这种被动的迟缓应对策略会暴露出媒体应急管理意识的缺位，应对效果也不理想。[4]

在我国的新闻实践中，还有一种特殊形式的"邻接性媒体声誉风险"。所谓"邻接性媒体声誉风险"，是指拥有良好社会声誉的新闻机构本身并不存在任何问题，只是在特殊情况下变成社会矛盾冲突的"媒介物"，比如，有些人利用新闻机构的招牌做文章。对新闻机构而言，"邻接性媒体声誉风险"显然属于意外，这种风险中的新闻机构和涉事方并不存在所谓的利害关系，只是被动卷入了舆论

---

1 例如，2016 年 6 月 28 日，《南方日报》官方微博回应网传该集团记者诱奸女实习生一事，表示如情况属实将严肃处理，收效较好。
2 在这方面，新华社的做法值得肯定。2015 年 5 月 15 日，新华社否认该社两名记者在庆安枪击案报道中收受有关部门好处费的传闻，称"（黑龙江）分社已向哈尔滨市公安局报案，依法追究造谣、诽谤者的责任"。
3 例如，2015 年 6 月 23 日，新华网发表报道《走私"僵尸肉"窜上餐桌，谁之过？》。7 月 9 日，有媒体称"僵尸肉"报道是假新闻。7 月 12 日，新华社用事实否认对方的质疑。朱柏玲.新华社记者回应"僵尸肉假新闻"事件发公开信否认报道是假新闻［N］.半岛晨报，2015-7-13.
4 在这方面，《财经天下》周刊和富士康的冲突具有代表性。2013 年 9 月 13 日，富士康工会在官方微博上发表《对〈财经天下〉周刊刊发不实报道的抗议书》，称《财经天下》为"不良媒体"，该刊起初并未予以回应。富士康方面揪住不放，该刊才被迫回应。参见《〈财经天下〉周刊关于〈富士康的夜生活〉报道的声明》，《财经天下》周刊 2013 年 9 月 16 日发布。

旋涡，最终导致这种"声誉风险"的发生。[1] 规避这种特殊的声誉风险超出了媒体应急管理的范畴，成为系统性的社会治理问题，新闻机构唯有客观真实地报道求助信息，才能间接给自己解围。

四、媒体事务与应急管理

作为利益共同体，新闻机构必然存在利益冲突，有的需采取应急措施。媒体纷争包括人身安全、劳资诉求、媒体经营等方面。

1. 人身安全

媒体的批评报道难免触及某些机构或个人的利益，如果报道损害了其利益或名誉，他们可能会对新闻机构产生怨恨，严重的可能报复记者。从应急管理的角度看，所有的批评报道均具有潜在的风险，媒体从业者和新闻机构对此应有充分的心理准备，并事先制定相应的预案。有时，正面报道也存在安全隐患，只是这类风险发生的概率低，尚未引起新闻机构的重视，这给应急管理带来更多的困难。[2]

媒体从业者的人身安全事关新闻机构的切身利益。当记者遭遇威胁时，新闻机构主动发声表明态度，既是对员工的最好安慰，也是树立社会声誉的良机[3]。有时，记者的人身安全遇到威胁，其供职媒体未必清楚内情，即使在这种情况下，替出事记者呼吁依然必要。2013 年的"陈永洲事件"中，《新快报》表示"将采取法律手段，全力维护记者的正当采访权益"[4]。虽然陈永洲最终被判刑，但这样的媒体应急做法并无不妥。

当前，我国的媒介生态状况并不乐观。媒体从业者在新闻活动中遭遇人身威胁时，如果所属新闻机构的应急措施乏力，只会助长针对舆论监督的不良风气。这应引起新闻机构管理部门的重视，通过寻求合理的对策减少此类事件的发生。

2. 劳资诉求

改革开放前，媒体从业者的薪酬福利由财政经费提供。媒体市场化以后，商

1　例如，2014 年 7 月 16 日，7 位访民在中国青年报社门口服农药后倒地，报社门卫被迫紧急报警。李润文、李超、吴琰 .7 名访民集体自杀事件调查 [N]. 中国青年报，2014-9-29.

2　例如，2001 年 7 月 4 日，《南国早报》报道一名法医的先进事迹，因报道涉及其离婚隐私，结果记者被法医的前妻扇了耳光。李启瑞 . 我们错了 [M]. 北京：商务印书馆，2011：99-100.

3　例如，2013 年 1 月，财新传媒记者陈宝成遇袭。2 月 1 日，财新传媒法律部发表了《关于本司员工陈宝成遇袭事件的声明》表示声援。

4　2013 年 10 月 23 日，《新快报》头版以《请放人》为题，发出"呐喊"，"敝报虽小，穷骨头，还是有那么两根的"；第 4—5 版，刊登记者曹晶晶、郭海燕采写的报道《新快报披露自家记者被长沙警方跨省刑拘过程》。

业化新闻机构开始自负盈亏，薪酬发放与媒体效益直接挂钩。2007 年全球性金融危机前，国内媒体很少出现拖欠薪酬现象。随着实体经济下行趋势明显，传统媒体的广告收入明显下滑，媒体从业者讨薪现象时有发生。[1]新闻机构往往是从外围（即临时用工）开始拖欠工资的，拖欠事件无法解决时可能导致舆论事件。有的新闻机构回避拖欠问题，事情被曝光后引发舆论关注，主管部门不得不采取相应措施。例如，2014 年 10 月，《榆林日报·都市生活版》因拖欠两个半月工资导致单位员工公开讨薪。榆林检察机关介入调查后，《榆林日报》和《西安日报》才进行紧急磋商。

3. 媒体经营

一些新闻机构在广告收入不理想时，会通过有偿新闻弥补收入不足。有偿新闻混淆了新闻和广告的界限，具有一定的隐蔽性。有偿新闻活动被举报后，通常由新闻出版行政管理部门出面应对。[2]

比有偿新闻更背离职业伦理的是新闻资源的寻租现象。个别新闻机构以承包的形式将版面（栏目）出租出去，自己坐收渔利。有的承包商雇用人员打着新闻采访的名义进行敲诈勒索，造成不良社会影响。这类违规经营活动被曝光后，同样由当地新闻出版行政管理部门采取临时处罚措施。[3]

在新闻机构的违规经营活动中，记者站的问题最为集中。记者站是新闻机构的分支机构，其活动仅限于依法从事与媒体业务范围相一致的采访、组稿、通联等新闻业务活动，须由持有新闻记者证的媒体从业者开展工作。在新闻实践中，不少新闻机构的记者站肩负着发行、创收任务，有的甚至变成了经营性的公司[4]，如以摊派形式强行要求基层单位订阅报纸，影响恶劣。[5]这些事件被曝光后

1　例如，2013 年 5 月，兰州晨报社采编人员就薪资问题和领导层进行谈判，要求获得和记者相同的提薪待遇，编辑们趁夜吊班时向值班领导申诉并提出同工同酬的诉求。该事件在社交媒体上传播后，报社决定在有关底薪、稿分、产假工资以及法定节假日工资等待遇问题上满足员工的全部要求。

2　例如，2011 年科技日报社违规收取宣传费 149 万元。当时的国家新闻出版总署责令报社立即纠正违规行为，退还违规收取的宣传费。参见中华人民共和国新闻出版总署：《警示通知书》（新出字〔2012〕188 号），2012 年 8 月 2 日。

3　例如，商务时报社曾向广告公司和个人转让版面和报纸出版许可证，2014 年被吊销报纸出版许可证和所有人员的记者证。参见国家新闻出版广电总局：《行政处罚决定》（新广出函〔2014〕347 号），2014 年 10 月 30 日。

4　例如，中国贸易报社就曾违规任命广告发行代理公司人员为记者站负责人，负责记者站日常工作，造成严重的不良社会影响。参见国家新闻出版广电总局：《行政处罚决定》（新广出函〔2014〕301 号），2014 年 9 月 22 日。

5　农民日报社河北记者站李俊奇以不报道蔚县矿难为条件，要挟基层单位订阅报纸并索要 20 万元。璩静.索要"封口费"9 人被判刑［N］.石家庄日报，2010-3-31.

虽得以纠正，却暴露出新闻机构的守法意识淡薄，并为新闻机构埋下了声誉危机的种子。

五、结语

社交媒体不仅改变着传统的舆论格局，也改变着传统的媒体管理模式。舆论格局的变化成为媒体管理变革的原因，媒体应急管理成为舆论事件的结果。新闻机构需要适应外部环境的变化，而不是排斥或无视这种外部监督的存在，坐等网络舆论风险的爆发。

媒体舆论风险的种类众多，所有的风险都可能对新闻机构的切身利益构成威胁。声誉风险偏重媒体的精神利益，媒体从业者的人身安全、劳资诉求和新闻机构的经营问题则偏重经济利益。媒体从业者的人身安全表面上与其供职媒体不存在直接的利益关联，但如果媒体从业者没有一个安全的工作环境，身体受到伤害需要新闻机构提供医疗费用，精神受到惊吓影响工作，那么最终损害的还是供职媒体的经济利益。

新闻媒体被视作社会的良心。因此，新闻机构应注重管理制度建设，严把新闻产品质量关。新闻产品的瑕疵少了，网络舆论对新闻产品的挑剔减少，这是减少媒体危机事件发生的重要保证，要将网络舆论监督变成促进新闻事业进步的动力。

（原载于《中州学刊》2018 年第 3 期）

* **基金项目**：本文系国家社会科学基金一般项目"微博语境下媒体应急管理研究"（13BXW041）的研究成果。

民国时期媒体问题应急管理的特点

辛亥革命之后，处于历史大变革期间的媒体，面临着需要随时做好应对时局变化的准备。随着社会的变迁，一个划时代的历史事件发生，这个事件在改写中国历史的同时，也为媒体的发展提供了契机。与此同时，媒体的发展也考验着媒体应急管理的能力和水平。

一、媒体抗争与应急管理

外部环境的特殊，可能影响到媒体的新闻业务。媒体若无力与外部力量抗衡，那么只能以"开天窗"的特殊方式暗示某个非常重要而敏感的新闻被删除，民国时期的报业"开天窗"的案例不在少数。并且，由于社会动荡，行政权力加大对进步媒体报道事务的干涉，一批报纸受到打压，生存环境持续遭到破坏，遭遇了前所未有的报业危机。其中，以"癸丑报灾"最为典型。1912 年，报人报纸被警告传讯、打砸搜查、封门停业的恶性事件时有发生。至 1913 年底，全国继续出版的报纸仅剩 139 家。此外，大批报人受迫害，新闻记者中至少 24 人被杀，60 人被捕入狱。1913 年正逢农历癸丑年，当时新闻出版人将这一年报纸遭受的浩劫称为中国近代新闻史上的"癸丑报灾"。

媒介生态的持续恶化，让新闻业同行认识到，新闻业是个社会共同体，每家媒体都是共同体的成员。一家媒体的报道权被干涉，这样的悲剧也可能在自己身上重演。所以，涉事媒体在尽量依法维权的同时，新闻界同行也会伸出援助之手，帮涉事媒体奔走呼号，通过舆论进行声援。例如，1913 年 6 月 12 日，原浙江《自由报》总经理许畏三当上浙江省检察厅厅长后，因《汉民日报》在报道和评论"九花娘聚赌案""共和春殴斗案"等丑闻时涉及他，故派法警拘捕该报主编邵飘萍。邵飘萍不仅不逃，而且从容面对审讯。当月 15 日，《申报》刊登庭讯实况。26 日，浙江杭县地方审判厅驳回许畏三以检察长名义提起的公诉。《申报》评论批评许畏三……媒体人的傲骨在遭遇无妄之灾时表现得淋漓尽致。

二、股权之争与应急管理

对于独资的媒体来说，媒体的所有权归出资人所有。媒体所有权的转让，其他人有看法但无权干涉。但是，创办媒体的投资规模大，为规避风险，多数媒体的出资人并非仅仅一人。多方出资创办媒体，符合现代企业的要求。只是在遇到股权转移时，有时也会产生内部矛盾。这类股权之争的矛盾，迫使媒体所有出资人、员工采取相应的措施，以维护媒体的正常运行。《中国新闻事业通史》中，对媒体的股权纠纷和媒体的反应有所记载。

1927 年后，国民党加大对上海租界中国人报纸的新闻检查。《新闻报》因在美国注册，幸免于检查，但风波仍然不断，福开森急转让其股权。《申报》老板史量才购得福开森的股权，实际上控制了《新闻报》。福开森转让股权背着《新闻报》其他股东、职工，甚至背着汪氏兄弟，他不希望横生枝节引起麻烦，史量才也不愿意将此事张扬出去，以免搞得社会过于瞩目。经过双方妥协，终以 70 万元的代价达成初步协议。1929 年 1 月中旬，根据让股草约的协定，史量才委派董显光为《新闻报》新任监督，前去接收馆务，引起《新闻报》上下波动，成为股权风波爆发的导火线。[1] 1 月 13 日，《新闻报》打破常规，在第一版广告中登出《本馆同人紧要宣言》，把股权之争的矛盾公开化。由此，一场媒体股权的应急管理在《新闻报》其他股东、员工和史量才之间同步展开。

1 月 16 日，《新闻报》接着发表《本报全体同人第二次宣言》，第一次公开点了史量才的名。《新闻报》从上到下，从经理、助理汪氏兄弟到一般职工，一齐卷入收回股权运动，这并不是偶然的，主要的原因是汪氏兄弟和职工都担心史量才购下《新闻报》会引发人事变动，危及他们的切身利益。从 1 月 26 日起，一些商业团体和商店、同行公会纷纷来电来函，声援《新闻报》收回股权……受到压力最大的是史量才。一次普通的报纸股权转让引发了如此激烈的反响，这是他始料未及的。双方经过多次协商，于 2 月初大体达成了协议。1929 年 2 月 2 日，《新闻报》刊登出最后一则《本报全体同人启事》，宣告了股权转让风波的结束。[2]

《新闻报》股权事件是我国新闻史上典型的媒体应急管理案例。该事件持续

---

1 方汉奇.中国新闻事业通史：第 2 卷［M］.北京：中国人民大学出版社，1996：460-461.
2 方汉奇.中国新闻事业通史：第 2 卷［M］.北京：中国人民大学出版社，1996：63-468.

时间长，争斗程度激烈，由内向外逐渐透明，社会反响热烈，影响范围广泛。这个事件的可贵之处在于涉事双方以比较理性的方式，用各自的智慧和经验，维护各自的权益。

三、媒体业务与应急管理

1.稿荒应急

媒体以内容为王，而内容的供给主要来自记者和编辑的生产。对于纸媒来说，副刊又是报纸杂志不可或缺的内容。作为固定连续出版物，副刊作品更多来自社外作者的供稿。战事较多的年代，社外作者能静心从事文艺创作也有不小的困难。这样，媒体管理者就需要考虑稿荒的应急管理问题。1926年10月，邹韬奋担任《生活》周刊主编，接办《生活》周刊后，由于人手不够，他只好用六七个笔名轮流撰写各式各样的文章。与此同时，他还得向社外作者约稿，以应对稿件不足的局面。茅盾在回忆起与邹韬奋的来往时说道，由于时间紧迫，自己一个星期之内就得创作出一篇小说。不得不承认编辑与作者之间面临着同样的时间焦虑。然而这毕竟是非常态下的应急处理，保证稿件的充足供应才是解决之道。

2.应对审查

民国时期，不同党派的意识形态差异，必然体现在媒体业务方面。从广义的焦点说而言，媒体管理既包括媒体内部的管理，也包括来自行政管理部门和新闻业的行业组织的管理或指导。狭义的媒体管理指媒体内部的自主管理。这种管理，也可以称作媒体自治。来自行政管理部门和行业组织的管理或指导，有强制性也有非强制性的。强制性行政管理（指导），有时会与媒体具体的新闻理念存在冲突。当这种冲突发生时，对于法制不够健全的社会而言，媒体管理者很难借助法律途径解决问题。客观上说，新闻的时效性也不允许媒体管理者就某个具体的新闻报道走司法途径维权。如何既表达媒体的无奈又不延误媒体的出版，考验着媒体管理者的智慧。比如，遇到紧急情况，媒体可能采取"开天窗"的方式坚持自己的立场。民国时期的《西安晚报》，仅在1939年前两个月内，开"天窗"就达4次之多。[1]

新闻出版的事前审查，给新闻媒体带来了诸多压力。媒体要应对新闻审查可

---

1 冶铁.陕西报业史上的"开天窗"现象 [J].新闻知识，1995（6）：39.

能出现的后果，不得不制订几种预案。每一种预案，毫无例外都属于媒体应急管理的内容。媒体应急管理的经验来自新闻实践。例如，抗战期间在重庆出版的《新华日报》，编辑部就总结出了以下一些应急管理的策略：应在什么时机送审，不易通过的词句能以什么方式"重见天日"，违检、"开天窗"哪一种斗争形式符合当下的形势……[1]

《新华日报》的经验虽然可贵，但是应对紧急情况比较被动。"1945年8月，民主派人士黄炎培访问延安回到重庆后，写了《延安归来》一书，详细介绍了他本人到延安访问的所见所闻。因为明知道该书会被中华民国书籍检查官删改，所以为了保持作者的自由表述，决定不送检查。紧接着重庆的各大报刊和书店都发表声明，《东方杂志》等16家杂志社都声明不再送交检查。这就是当时轰动全国的新闻界'拒检运动'。"[2]9月，重庆出版界发起的拒检运动扩展到成都、昆明等地，并由出版界扩展到新闻界。最终，迫使国民党管理部门通过了废除新闻出版检查制度的决定和办法。媒体合理采取的应急措施，为媒体争得了免受新闻审查的权利。

3.战时应急

战争不但增加了物资采购的难度，也增加了报纸、杂志发行方面的难度。互联网已经普及的今天，纸媒可以通过自己的网站及时发布电子版新闻，而抗战期间的中国媒体则没有这方面的便利。如何规避报刊发行方面的问题，需要媒体管理者寻求应急之策。"为了抗战的应急需要，成舍我专门提出用特殊方法创办一个足供五千万人阅读的全国报纸来推进'报纸下乡'，以宣传抗战。具体而言，就是在重要都市设立总社，以县团为单位设立分社，总社将所有报纸内容编排好，以短波无线电报传送给各分社，然后由各分社按照总社指示用吉士得速印机印刷，并在当地发行。"[3]

成舍我发明的"全国报"，以连锁报纸的形式改变了报纸在一地印刷的传统，不但缩短了报纸运输的时间，也避免了因战火纷飞造成的交通道路中断而影响报

1　方汉奇.中国新闻事业通史：第2卷［M］.北京：中国人民大学出版社，1996：691-692.

2　田野.1945—1949年中华民国新闻传播制度研究［J］.今传媒，2014，22（12）：35.

3　成舍我."纸弹"亦可歼敌［M］//中国青年记者学会编.战时新闻工作入门.上海：生活书店，1939：90-108.

纸的正常发行。报纸多地同时印刷，报纸开办外地专版，这样的做法被不少大报所采用。

四、解放区媒体问题应急管理

1.战时设备应急

战争给媒体带来的现实问题不少，其中最直接的影响就是要维持媒体印刷的稳定性，需要有备用的印刷机和电台等设备。一旦遭到战火袭击，这些设备被损坏，备用设备可以立即投入使用。例如，1947年3月国民党军队进攻西北，在撤离延安的当天，新华社第二线战备电台继续以"新华社陕北"电头对外发稿。[1]人民日报社原总编辑李庄曾描述过我军1947年撤离延安时，轮流使用备用电台以应对蒋介石军队的追击，从而保证了新闻消息的及时发出。

2.合并与停办

解放区的媒体数量增加，对新闻从业者的需求自然增多。记者、编辑的人数很难在短期得到改善，为让媒体有效运行，管理部门在必要时会对媒体进行合并，以保证新闻报道工作的顺利进行。例如，1946年中共中央根据《新华社、解放日报暂行管理规则》将新华社和《解放日报》进行了重大改组，实行报社合一、以通讯社为主的体制。解放区的媒体虽然各自独立，但都属于党的媒体。在一些新开办的媒体急需专业人员时，媒体管理部门通过平衡利益的方式，关停大城市某个不太重要的媒体，帮助边远地区新办媒体渡过人才危机的难关。

3.媒体业务

最新战况的新闻价值高，这类消息自然是解放区媒体不能忽视的内容。对于广播媒体或者新华社电讯来说，可以立即播发收到的稿件内容。而报纸需要给编辑留出时间，并且印刷周期有相对固定的要求。对于重要的战况消息，比如解放军在战场上的大捷，有的报纸采取临时增出号外的形式来应对紧急情况，这适应了战时环境需要，也便于消息的及时传播。

然而并非所有的战况消息都比较确定。有时，媒体尽管收到了消息，但上级要求暂缓报道，这与局势和战事的复杂性有关。一旦消息把握不准，报道与事实存在偏差，将会造成不良的社会影响，这样的慎重考虑也是基于确保新闻真实性

---

1 贺文发.突发事件与对外报道［M］.北京：中国传媒大学出版社，2008.

的考虑。举个例子，1949 年《人民日报》的北平版本来在 2 月 1 日即可正式宣告北平全面解放，但考虑到时局复杂多变，该宣告还是延期了 1 天问世。

五、结语

民国时期，媒体遭遇的问题较为复杂、突出，从媒体抗争展现出媒体人的骨气到全体报社人员抗争股权变动表现出的团结一致，当下的媒体人应该以史为鉴，端正态度，不忘初心；从灵活应对审查到合理安排记者进行采编活动，巧妙应用已有优势，人力资源合理配置初显端倪。民国时期，尽管动荡的战时环境不利于报纸的正常发行，但是给予了媒体探索应急管理的契机，从问题入手倒逼媒体管理者摸索出一系列阶段性的应急管理方案。伴随着新媒体的高速发展以及新技术的不断更迭，现阶段复杂的社会形势下，媒体管理者不得不未雨绸缪，同时要具备危机意识。以史为鉴，可以知兴替，创新来源于传统，媒体管理研究也要认真对待历史，从历史的轨迹中寻找前进的助推力。

（原载于《新闻爱好者》2016 年第 10 期，作者：刘海明，刘雪）

*基金项目：本文系国家社会科学基金一般项目"微博语境下媒体应急管理研究"（13BXW041）的研究成果。

论媒体应急管理的缺位现象
——以天津港"8·12"特别重大火灾爆炸事故为例

在媒体管理过程中，管理者对突发事件的把控能力和应变能力，考验着管理部门的管理水平。在社交媒体出现前，除非有特殊需要，媒体自身的事务很少会引起社会的关注。随着以微博为代表的社交媒体登上历史舞台，新闻媒体自身的事务很快进入了公众视线。这样，媒体自身的声誉风险系数随之增加，客观上要求媒体管理部门重视自身声誉建设，消除不利于媒体的负面影响，保持媒体的公信力。于是，媒体应急管理受到关注。

国内外现有的媒体应急管理研究文献，侧重于媒体应对外部突发事件的报道策略，应急管理以配合政府部门的应急为主，对媒体自身问题的应急管理则较少关注。研究的不足，与新闻实践的重视不够有直接关系。媒体应急管理的缺位现象，在天津港"8·12"特别重大火灾爆炸事故（以下简称"天津'8·12'爆炸事故"）中很具有代表性。

一、新闻供给应急管理缺位

（一）非常规新闻供给管理缺乏

定期连续出版，是构成"新闻媒体"的重要元素。这是新闻媒体和图书出版的显著区别。定期连续出版这个要求，早在新闻媒体诞生初期，就已被作为制度而得以确立。遇到媒体自身不能按时出版发行（播出）的情况时，该媒体会事先发布消息，并解释原因，以减少由此给受众收受信息造成的影响。应该说，这是新闻供给方面最基本的应急管理措施之一。

定期连续出版，对媒体的新闻采集能力提出了要求。一家媒体只有拥有一定数量的记者、编辑，甚至包括特约记者、通讯员，才可以满足媒体日常的新闻出版需求。信息时代，公众对信息需求的多样性，客观上要求媒体能够全方位报道社会的最新变化。新闻供给的规模（种类、数量）、速度和质量，决定了一家新闻媒体的竞争力。

新闻供给作为媒体日常管理的事项，通过部门间的分工协作及部门内部不同岗位的分工，保障媒体在新闻传播内容方面的基本需求。这种需求，通过制度性的设计，媒体管理层可通过选题、策划、采访，有目的地采集不同题材的内容，以满足受众对新闻信息的不同需求。

日常管理可以满足常规情况下的新闻供给，这种按部就班的管理，有时会遇到挑战，这就是媒体遭遇的突发事件。社会上的突发事件，会打破媒体常规的新闻供给模式，若处理不当，媒体所提供的突发事件报道则可能招致受众的不满，进而让涉事媒体受到牵连。换句话说，社会性的突发事件，由于媒体自身的新闻供给不当，可间接酿成媒体的信誉危机。至于新闻媒体自身遭遇的突发事件，对该事件的供给若不够及时、充分，则更容易加剧媒体声誉危机的程度。这样，媒体对新闻供给的管理若忽视了特殊时期新闻供给管理方面可能出现的问题，媒体所面临的声誉风险系数也会相应增加。

现阶段，在媒体方面，与西方知名媒体相比，我国新闻媒体的整体水平可能还存在一定差距。至于媒体应急管理，我国媒体机构的管理的安全意识相对薄弱。由此带来的问题是，媒体缺乏应有的危机意识，也不容易制订各种危机时刻的紧急应对预案。一旦遇到特殊状况，媒体的反应可能迟缓，有时甚至没有危机事件的信息供给。没有新闻供给就没有新闻呈现，没有呈现就可能造成二次危机——媒体不作为，导致受众对新闻媒体的批评。

（二）新闻报道内容滞后

媒体报道具有选择性。不同媒体的新闻理念不同，决定了各自新闻选择的偏好。新闻选择的偏好虽各有差异，但新闻业的行业标准，决定了新闻选择的差别不会太大。选择标准悬殊，可能会让受众感到不适应。所以，新闻业和其他行业一样，存在某种公认的行业标准。

报道什么，不报道什么，就是这样的标准之一。虽然这个标准无法绝对统一，但通过长期的新闻实践，新闻媒体依据法律红线和受众的喜好，逐渐懂得了优先选择那些受众普遍感兴趣的信息予以报道。对于那些社会关注低的信息，媒体可能会减少新闻报道量。对于社会关注度高的信息，尤其是涉及公共安全的事件，媒体报道的密集度也会增加。新闻媒体的这个运作规律，与马斯洛的社会需求理论相吻合。按照这个理论,人的安全需求与人的本能距离最近,因此人对这方面的需求特别强烈。对于那些正在遭受生命安全威胁的人是如此,同样,对于那些暂时没有类似安全威胁的人来说,他们也希望及时了解某个特定事件中的情况。作为新闻媒体,不论是从自身的商业利益还是社会义务来说,及时供给这类突发性安全事故的信息,在很大程度上决定着新闻媒体公信力的高低。

道义中的"应该"与理论上的"应然"大体一致,而与现实生活中的"实然"总有一段距离。就新闻供给来说,并非所有应该的供给,在新闻实践中都能得到贯彻落实。一个地方出现了重大突发安全事故,而没有得到国内外媒体的关注,与事故相关的信息因而未能在新闻媒体上得以呈现,在信息传播如此迅捷的今天,出现这种现象的可能性很小。更难以想象的一种情形是:甲地发生的事情,乙地甚至全国媒体都在报道,唯独事件所在地媒体或者部分媒体保持沉默,即所谓的新闻供给局部断层。这种现象按说只能存在于虚拟的假设环境中,而天津"8·12"爆炸事故却"验证"了这个假设。

2015年8月12日23时34分,位于天津滨海新区塘沽开发区的瑞海国际物流有限公司所属危险品仓库发生爆炸。爆炸引起剧烈震动,当地居民通过微博、微信等社交媒体,发出大量的文字、图片和视频信息。

这起爆炸事故发生的时间,对于传统媒体来说,要及时给受众提供相关的报道,确实存在一定难度:报纸已基本定版甚至印刷,广播电视节目也基本结束当天的新闻报道。特别是临近午夜时分,媒体管理部门基本停止运作,管理人员和新闻采编人员留守单位值班的人员不多。客观地说,无论是天津本地媒体还是外地媒体,包括在天津设有分支机构的媒体,要在最短的时间内报道爆炸事故的情况,都存在一定的困难。这表明,安全事故发生的时间点对媒体的新闻供给状况有着较为直接的影响。在媒体基本处于休眠期的午夜时刻发生突发事件,特别是发生在远离新闻媒体的地方,传统媒体的新闻供给出现几小时的空档期,受众可以理解。

天津的这起爆炸事故,因时间节点相对特殊的缘故,受众并未苛求当地媒体在第一时间发出相关报道。纸媒出号外报纸,也需数小时的时间采访、写作、编辑、印刷和发行。广播电视要播发这样的报道,同样需要一定的时间。

新闻传播从技术的角度看，已经没有任何的时间盲区。从媒体应急管理的角度看，传统媒体的官方微博账号可以弥补传统媒体新闻供给的不足。天津"8·12"爆炸事故发生后，天津地方媒体的整体表现欠佳，本地媒体对爆炸案的报道在速度、数量、质量方面，均无法和外地媒体相提并论。从理论上讲，爆炸事故所在地的新闻媒体，和外地媒体同行竞争有着得天独厚的优势，记者可以在最短的时间内赶到事发地点，可以最早报道爆炸现场的情况。但从舆论的反响看，天津媒体的反应并不理想。个别地方媒体在若干小时后甚至第二天中午，对爆炸案的新闻供给仍存在缺位现象。

有些媒体人士也撰文批评天津媒体在事发后的普遍沉默导致在本地新闻上很难看到现场报道。例如，2015年8月13日，新浪新闻专栏推出的一篇评论写道：

> 爆炸发生后，微博、微信群、朋友圈被刷屏，微博相关话题阅读量已超2亿次，人们急切希望知道更多权威的信息。但诡异的是，从爆炸事故发生至今，天津市有关方面的信息发布、新闻报道严重不足。

> 打开《天津日报》等媒体的电子报，会发现他们很"机智"地撤掉了头版……不知道是否是因为对爆炸事故只字未提，怕被网友"炒作"。

> 新媒体平台总不至于失语了吧，但现实依然让人震惊。

> 直到今天凌晨3：52，天津市人民政府新闻办公室官方微博"天津发布"才发布了第一条消息。而此时，距离爆炸事故发生已有4个多小时，网络上已经流言四起。[1]

这样的批评还不少。有的批评将天津媒体和北京媒体进行了对比，质疑外地媒体在报道爆炸事故，而天津媒体这方面的新闻却迟缓甚至空白，由此得出"天津媒体不行"的结论。例如：

> 但昨日天津本地日报类几乎没有太拿得出手的硬新闻，更有个别媒体官微转了《新京报》的内容，这被外地网友质疑，觉得事发地最有影响力的媒体居然转外地媒体的内容，很奇怪……央视新闻的正点直播是从凌晨1点开

---

[1] 汤嘉琛．塘沽大爆炸，天津依然是座没有新闻的城市［EB/OL］．［2015-08-13］．

始做现场连线的，且消息都来自自己前线的记者，没有标注引用。……网传一句话很到位，"全世界都在看天津，而天津在看韩剧"。[1]

管理的目的在于保证被管理对象获得利益的最大化，这是管理合法性的前提。应急管理和常规管理不同，其目的在于减少危机和给被管理对象带来的损失。对于那些事发地表现不佳的媒体来说，在重要的新闻竞争中占据天时地利人和，却意外地以失利结束新闻竞争，难免给人们带来一定的困惑。

二、节目编排应急管理缺位

在有关天津"8·12"爆炸事故的报道中，天津的电视媒体受到的批评最多。所以，有必要单独反思电视媒体的应急管理问题。

（一）节目编排未突破常规

不同介质的媒体，其内容呈现的方式不同。广播电视媒体是线性媒体，只能按照时序逐个呈现所播报的信息。广播电视节目的这个特点，对广播电视媒体管理提出了自己的要求：按照时间顺序编排节目。在同一个时段，一个频道（率）只能有一个节目。相反，纸媒是依据版面来呈现内容，安排在一个版面（页面）的内容，读者可以一眼看到其关键信息。广播电视节目的受众则只能逐条接收信息。所以，广播电视节目的编排虽然可以预先告知受众每个时间段所播发的信息类型及大致的内容，但更多信息只能等到播出后，受众才可以具体知晓。

节目编排和版面安排一样，属于新闻媒体日常性的管理事项。虽然广播电视节目的编排并非一成不变，每年甚至每半年也会有所调整，但整体而言，如果没有临时性的重大活动，广播电视节目需要依照既定的编排安排具体播出的内容。

广播电视节目的编排，依据受众的欣赏习惯进行制定。例如，新闻类节目，多在整点或半点开始；其他节目的起始时间，允许适当灵活安排。这样的编排，既考虑到受众的收听收视需求，也兼顾媒体自身的实际情况。并非所有的节目时长都可以按半点和整点计算，也不是广告时间恰好就可以弥补节目时长的缺陷，节目编排的时长只能依频道（频率）整体的情况而定。

信息时代，媒体所传播的信息量增多，媒体管理者会通过扩版、增加频道（频率）满足这种变化。对于电视媒体来说，单一频道的节目编排，在遇到突发事件

1　王亚君.论天津媒体为什么不行［EB/OL］.［2015-08-13］.

时，临时变更某个节目相对容易。在频道多样化的今天，不同频道的节目编排因定位不同，节目类型差别较大。什么频道的节目必须打破常规、什么频道的节目可以按部就班进行，对管理者来说，在特殊情况下，非新闻频道的节目要不要依据临时情况对节目编排有所变动，变动的话该如何变动，这个问题显然有点棘手。例如，2008年汶川大地震期间，有四川省以外省份的个别卫视节目，因继续播出娱乐节目，不仅遭到公众的质疑，也受到业界和学界人士的批评。后来，新闻行政主管部门在遇到类似特大灾难时，可能会通知各地广播电视媒体在哀悼期不得播放娱乐节目。这表明，节目编排的应急管理，有时已经从具体媒体的内部管理纳入到了行政管理范畴。

（二）节目编排的应急管理无序

电视节目编排完毕，一旦进入执行阶段，在遇到临时状况时，其应急管理的难度并不亚于新闻供给。新闻供给只要有记者以及相应的设备抵达现场，就可以投入工作，源源不断地向后方输送采集编辑好的内容。收到前方信息或成品节目的后方编辑部，若要及时播出就可能打乱既定编排的节目。即便是事先安排了其他准备播出内容的固定新闻节目，来自事发现场的内容也必须在直播时优先播发。对于媒体编辑人员来说，因为无法预知准确的新闻时长，所以不得不根据实际情况裁剪内容，以保证节目整体播出时间的固定。特殊情况下，新闻直播节目可能会打破常规时间长度，延长本次节目的播出时间。遇到这种情况，已经安排播出的节目要么顺延，要么进行取舍，或临时停播一些节目，以维持当天频道节目的播出时间。

上述的节目编排应急管理，是基于有效的应急管理而谈。如果媒体的应急管理不到位，要么临时的节目编排缺乏秩序性，要么节目编排缺乏必要的应急管理。缺乏必要的媒体应急管理，在信息闭塞的年代，所造成的不良社会影响较小。在越来越多的电视节目通过卫星传输，因而全球范围内可以收视的今天，一家电视媒体节目编排的应急管理水平高低，很容易暴露在公众的视线之内。在社交媒体出现后，公众对重大事故发生后各地媒体的反应情况，通常会做出直接的评价。在天津"8·12"爆炸事故发生后，天津卫视的节目编排并未有明显调整。对于各地都可以看到该台节目的公众来说，他们自然不会满意一家卫视对本地重大新闻的无动于衷。

不论是新闻供给缺位，还是新闻供给不足，对于节目编排管理来说，采取应急管理就失去了前提条件：节目编排的临时变动，需要有临时的节目供给。没有节目供给，电视媒体就很难在节目编排上做出调整。或者说，调整，可能也是局部节目的微调，无法让一家电视台的多个频道同步采取行动。

天津"8·12"爆炸事故发生后，同样是新闻媒体，当地纸媒虽然也受到了批评，但为什么公众对电视媒体的批评更多？如前所述，纸媒推出号外的特刊，在时效方面远不如广播电视媒体快捷。天津电视媒体的节目编排，其应急管理缺位，与新闻供给有直接关系，但并非真的没有补救的办法。

中央电视台的新闻节目在事发后两小时左右，开始直播救援情况。天津本地的电视媒体如果派不出记者，完全可以临时转播央视的直播节目。如果既定的节目必须照常播出，则可以用字幕的形式滚动播出事发现场地的最新信息。在微博上，不少外地媒体的官方微博，更新天津"8·12"爆炸事故信息的速度快，数量也不少。如果天津当地电视媒体的节目编排具备应急管理意识，在每个频道正在播出节目的下方，转播其他媒体的相关报道，同样可以减少来自舆论的压力。按照推测，如果这些节目中插播了滚动字幕，相信当地微博网友会介绍这方面的应急之策。在新闻供给部分曾举过的例子中，有网友跟帖介绍天津卫视在事故发生后播出《逃出生天》，认为这是天津卫视节目编排的应急管理。

节目编排的应急管理，有显性的，也有隐性的。对于缺乏媒体管理经验或者媒介素养的人来说，他们可以感受得到显性的应急管理。比如，电视台中断正常的节目播出，临时改播事故现场报道；对于电视台采取的变通方式，如前面所提到的插播滚动字幕，也可以让观众感觉到应急管理的存在。如果节目编排的应急管理比较隐性，如改播某个灾难影片，这样的隐性应急管理，只能让了解内情或者媒介素养较高的人理解媒体应急管理的存在。相反，如果应急管理真的缺位，涉事媒体又不能给出及时合理的解释，公众只能对媒体应急管理缺位的原因进行猜测。电视节目的编排具有公共利益的性质，媒体的应急管理缺位客观上是对公共利益的某种损害。正如李普曼所言："什么事情因为公布出来并不'符合公共利益'而需要加以隐瞒，如果其中的界限并不那么清楚，这样瞒来瞒去，最后就会使人认为已经没有什么公共事务可言。"[1]

突发事件是非理性的，而管理却是理性的。应急管理是对非理性事件的理性应对。虽然这种理性应对往往显得简单，甚至存在瑕疵，但这种理性管理的存在，整体而言十分必要，公众对应急管理过程中出现的问题也容易原谅。相反，新闻媒体应急管理的缺位，可以视作媒体管理理性的缺位。即便涉事媒体有自己的各种理由来辩解，这些理由甚至属于典型的真正"苦衷"，但因为无法和公众直接及时沟通，"理性"缺位对媒体应急管理的危害则更大。

三、网络舆情应急管理缺位

（一）对网络舆情重视不够

舆情的实质是观点性的言论。通常语境下的网络舆情，必然是具有破坏性的网络言论。这里所谓的破坏性，主要指对利益相关者具有不同程度的危害。比如说，这些言论会有损利益相关者的社会声誉，或会损害利益相关者的经济利益。假若网络舆论中的言论对利益相关者不具有这种破坏性，就很难促使利益相关者主动重视针对特定事件的公众意见。网络舆情言论的特殊含义正在于这些言论不利于利益相关者的发展。

当代社会，网络舆情是一个机构社会声誉的晴雨表。对于新闻媒体来说，其在行使舆论监督权利的过程中，可以给被监督对象的行为做出评价。但新闻媒体也不是无冕之王，并非只有监督别人的权利，而自己可以置身于被监督之外。特别是在社交媒体出现后，新闻媒体和其他社会机构一样成为了网络舆论监督的对象。凡是可以由网络舆论监督的机构，针对某个具体机构的网络舆情就客观存在。重视这些网络舆情的变动，针对网络舆情所反映的问题，及时采取相应的措施，这样的应急管理对减少不利于本机构的负面社会评价，有促进作用。对网络舆情而言，针对网络舆情开展的应急管理需要预警。

预警的实质是解释。综观历史上那些经得起时间检验的解释，都是建立在科学基础之上的。换言之，科学的结论之所以是令人信服的解释，在于这些解释源自研究者长期观察、调查、实验、分析、思考并不断完善的结果。所以，真正的解释需要超越现有知识，提出新的见解。

---

1 李普曼.公众舆论［M］.闫克文，江红，译.上海：上海世纪出版集团，2006：32.

作为预警性质的解释，面对的是各种复杂多变的社会问题，研判舆情的专业人员面对不同的舆情事件，需要掌握不同的相应专业知识。对于绝大多数社会治理部门内设的舆情机构而言，很难网罗各个学科的专业人才，并且这些专业人才既要有丰富的理论知识，更要有起码的社会实践经验，此外还应有一定的处理突发事件的经验，然后才可能在解释舆情事件的时候超越现有的知识，依据最新的变故提出建设性的意见。倘若无法做到这一点，解释的质量显然就是个值得思考的问题。

舆情预警的解释，需要解释者不仅要充分认识到事件中施为方的行为动机，还要认识到公众做出不同舆论反应的动机。对各方动机的把握，直接关系到舆情解释与事件发展实际状况的吻合程度。动机之所以重要，在于人的观点表达与其真实意图未必完全一致。换句话说，人是会撒谎的动物。虽然不是每个人每时每刻都会撒谎，但在事关个人利益面前，人们撒谎的可能性往往更大一点，这种状况在社会上具有普遍性。

对于新闻媒体来说，对自身的网络舆情足够重视，能够在舆情事件密集期采取应急管理应对网络舆情的，至今还不普遍。[1]

（二）对网络舆情处理不当

网络舆情的特点是来势凶猛。舆论的非理性决定了网络舆情的复杂性。对于涉事方来说，无视网络舆情的发展，虽然最终网络舆情也会趋于平息（这是因为舆论永远不会长时间聚焦一个事件，随着新事件的出现，公众的视线会发生转移），但是涉事方的社会声誉在一定时期内会受到影响。所以，针对特定对象的网络舆情事件，涉事方通常会做出某种反应。

天津"8·12"爆炸事故引发的针对天津媒体的网络舆情有其自身的特点：公众批评的对象并非只针对某个具体的天津媒体，而是就天津本地的新闻单位有所批评，甚至天津市官方的新媒体，也受到了不同程度的批评，包括天津宣传部门牵头的新闻发布会，因主持人不知道救援总指挥是何人，遭到的批评也不少。网络舆情涉事方身份的复杂，决定了所有的天津媒体（含新媒体和宣传部门），都属于网络舆情的涉事方。涉事方身份越复杂，网络舆论的指向越模糊。舆论指

---

[1] 2015年8月，《中国青年报》曾因一篇报道遭遇网络舆情事件。该报社联合中国人民大学新闻学院一起采取舆情应对措施，减小了来自网络舆论的压力。虽然该报的网络舆情应急管理虎头蛇尾，舆情处理不够彻底，但在我国新闻媒体中，已经算做得较好的案例了。

向的模糊性，使得网络舆情涉事方的身份同样模糊。比如，舆论批评天津纸媒的电子版头版被撤掉，其他报纸的电子版有无类似现象？如果没有，是撤掉电子版的报纸头版内容存在某种差错，还是涉及了敏感信息，不得不通过撤掉电子版消除负面影响？当然，还有一种可能：头版内容虽然报道了天津"8·12"爆炸事故，但可能记者没有深入现场，而是以报道领导活动为主。这样的报道印在纸上，只是天津本地的读者可以看到，如果相关内容出现在报纸的电子版上，报社管理层担心招致更多人的批评。所以，通过悄然撤版消除不利于自身的影响，也可视作局部的应急管理。

整体来看，网络舆论针对天津媒体的批评有的比较具体（这样的批评多是技术性的批评），有的比较模糊，导致天津新闻单位要么觉得没必要公开澄清，要么觉得不好单独和网民进行沟通而未能及时回应舆论的质疑。电视媒体的报道迟缓，节目编排变化较慢，可能确实是行政部门的指令在先，新闻单位不能公开解释新闻供给和节目编排缺位导致，这种可能性也不能被排除。

新闻媒体的网络舆情应对缺位，在本地遇到重大突发事件时，外地媒体受到的新闻限制可能明显少于本地媒体。这与新闻媒体主管单位不同、接收来自本地或高级别新闻主管部门的信息渠道不同有关，由此所形成的时间差，给异地采访的新闻媒体提供了更大的活动空间。从新闻竞争的角度看，天津"8·12"爆炸事故给天津媒体提供了增加知名度的机会，当地媒体不该错过这个难得的竞争机会。从事后的舆情应对缺位看，当地媒体似有难言之隐。

新闻媒体的舆情应对缺位，有时可以通过其他途径间接向公众透露信息，进而达到缓解舆论压力的效果。当地媒体人通过个人的社交媒体发布信息，以反批评的形式告诉公众：当地媒体并非无所作为。例如，天津电视台一位主持人就在其新浪微博中给天津媒体及其新闻同行正名。

当然，个人微博传播的效力和新闻媒体的正式澄清之间，有着不小的距离。事实上，天津媒体网络舆情应对的缺位，既损害了天津新闻媒体的公信力，也不利于当地新闻媒体的舆论监督。"'没有新闻'带来的一个结果就是：官员不习惯面对媒体，缺乏修理，很缺媒介素养，此次也完全暴露出来这些问题。"

四、结语

媒体应急管理的目的在于修正差错、恢复常态、维护声誉。这就涉及媒体应急管理在媒体管理中的位置问题。长期以来，我国的媒体管理，并未给应急管理留下适当的位置。关于这一点，从媒体内部的机构设置上就可见一斑：很少有媒体设置危机问题应急处理部门。既然没有给应急管理留下一席之地，而只是等遇到轰动舆论的重大差错，甚至是媒体丑闻之后，新闻单位才不得不临时组织人员，牵头商议对策，这样的临时商议，因参与者缺乏危机应对的专门知识、专业经验，而缺乏与公众沟通的能力。

自社交媒体登上历史舞台后，没有哪个行业可以置身于网络舆论的监督之外，因而每个行业在强大的网络舆论面前都显得弱小。顺应时代变化，提高声誉风险意识，重视应急管理工作，成为摆在所有社会机构面前的任务。新闻单位的媒体管理，也应增设日常性的应急管理机构，媒体应急管理只有纳入媒体的日常管理，因缺位问题造成的声誉下降现象才能得到缓解。正如李普曼所说："如果决定采取行动，那就必须重新认识环境，审时度势，找到行动的合理性。但是，如果眼前存在着无论如何也解释不通的事实，那么有三条出路可供选择。人们可以只当它不存在，但会因此而失足、失着、失败。"[1]

媒体管理中给了应急管理的合法位置，仅仅设置这样一个机构虽然可以避免应急管理的缺位，但媒体应急管理重要的是工作到位。所谓到位，指不能仅仅等到本单位遇到问题才有所反应。应急管理机构要注意对行业性事件的研究、模拟处置。行业性的问题，虽然与本单位没有直接关联，但同行存在的问题、遇到的麻烦，也有可能在其他单位重演。模拟性地进行应急管理，不断积累经验，才能使应急管理走上常规化的轨道。

（原载于《新闻爱好者》2015 年第 11 期）

***基金项目**：本文系国家社会科学基金一般项目"微博语境下媒体应急管理研究"（13BXW041）的阶段性成果。

---

[1] 李普曼.公众舆论［M］.闫克文，江红，译.上海：上海世纪出版集团，2006：272.

第三章　新闻实务

新型主流媒体作用力的功能结构及其逻辑关联

2018 年 8 月 21—22 日，在全国宣传思想工作会议上，习近平总书记提出要切实提高党的新闻舆论传播力、引导力、影响力、公信力。这个表述实质上对我国新闻传播业提出了明确要求。"在新的历史起点上，锻造中国新型主流媒体，凝聚社会共识，加强国际传播能力建设，是中共中央在新闻宣传战线上的战略部署，也是主流媒体着眼于未来发展的重大战略选择。"[1] 新型主流媒体作用力之间究竟存在何种内在逻辑关联？这些关联在现实层面是否存在某些不协调的问题？它们和新闻舆论的关系如何？本文尝试从功能结构的角度分析新型主流媒体作用力之间的内在联系。

一、媒体作用力的相关研究

媒体的功能主要在于影响公众的力量。新闻媒体与受众不是孤立的存在，两者之间相互依存、彼此影响。新闻媒体与受众相互作用所产生的作用力，通常被分为四类：传播力、引导力、影响力和公信力。这些作用力是新闻媒体和受众关系协调所产生的积极作用。新型主流媒体作用力的功能结构比较合理，其与受众的联系相对紧密，两者之间的相互作用更为明显，新型主流媒体功能结构的传播力、引导力、影响力和公信力更具学术研究价值。

（一）媒体作用力研究：从内涵到外延

从 20 世纪 30 年代开始，研究者开始关注媒体的可信度问题，开启力学维度的媒体研究。早期的可信度研究（稍后演变成"公信力"研究）属于以受众为主体的媒体边缘力学研究。随着媒体力学研究范围的扩大，21 世纪初，"传播力""引导力"和"影响力"等概念出现，拓展了媒体力学研究领域。

2005 年以来，我国研究者逐渐关注"公信力"问题，其多出现在冲突性语境下，公众对媒体公信力的整体提升存在着期待[2]。"公信力"和"可信度"等概念的

1 李良荣，袁鸣徽.锻造中国新型主流媒体［J］.新闻大学，2018（5）：1-6+145.

2 罗文辉，林文琪，牛隆光，等.媒介依赖与媒介使用对选举新闻可信度的影响：五种媒介的比较［J］.新闻学研究，2003（74）：19-44.

纠缠，使得界定"公信力"成为当务之急。当时比较有代表性的定义包括：第一，指媒体在长期的发展中日积月累而形成、在社会中有广泛的权威性和信誉度、在受众中有深远影响的媒体自身魅力；第二，指负有社会责任的传者通过大众传播媒介提供客观、全面、及时、权威的信息，最终得到社会的普遍认同[1]；第三，指大众传媒引导社会舆论、赢得受众信任的良好媒体品质[2]；第四，指媒体在长期的新闻传播实践过程中所形成并累积的、赢得社会和受众普遍信任的程度或能力[3]。

我国的主流媒体是党的新闻舆论机构。和商业化媒体相比，新型主流媒体更重视公信力的构建。新兴媒体从业者新闻专业主义的素养相对欠缺，在一定程度上拉低了新闻媒体的公信力。相比之下，主流媒体公信力明显高于网络媒体的公信力[4]。这并不意味着主流媒体公信力不存在问题，增强主流媒体公信力，不仅是政治性原则、真实性原则和权威性原则的要求，也是媒体核心竞争力和媒体国际视野的要求[5]。

（二）媒体作用力的内在功能：从孤立到关联

媒体作用力的功能结构并非天然地存在着有机联系，而是经历了一个从孤立到逐渐关联的过程。媒体作用力的研究，从孤立的概念认识逐渐向两种力的彼此关联过渡。以传播力和影响力的关系为例，传播力是影响力的物质基础，它决定着影响力的大小和范围[6]。扩展到传播力、引导力、影响力和公信力，四者之间同样密切关联：传播力是其他三种力的基础；引导力、影响力、公信力的形成和发生影响，有赖于传播和传播力；基于传播和传播力，引导力和影响力并驾齐驱；传播力、引导力、影响力最终都要立足于公信力。[7]传播力和引导力是方法和手段，是新闻舆论工作的出发点；影响力和公信力是目的和效果，是新闻舆论工作

1　周治伟.公信力的概念辨析［J］.攀登，2007（1）：76-78.
2　姜苏，徐惠.试论媒介公信力［J］.新闻大学，2013（1）：149-152.
3　沈正赋.新媒体时代新闻舆论传播力、引导力、影响力和公信力的重构［J］.现代传播（中国传媒大学学报），2016，38（5）：1-7.
4　徐敬宏.网络时代如何提高党报公信力——借用拉斯韦尔"五W"模式［J］.学习与实践，2006（8）：155-160.
5　袁新洁.关于增强党报公信力的思考［J］.当代世界与社会主义，2010（2）：119-122.
6　杜永明.传播力决定影响力［J］.中国广播电视学刊，2008（2）：1.
7　丁柏铨.论新闻舆论传播力、引导力、影响力、公信力［J］.新闻爱好者，2018（1）：4-8.

的落脚点[1]。

目前，传统媒体作用力和新兴媒体的新闻舆论"四力"并未同步提升，反而在不同程度上有所削弱[2]。党的十九大报告强调提升新闻舆论的"四力"。胡正荣教授认为，将"四力"作为一个系统完整表述是马克思主义新闻观的新发展。传播力、引导力、影响力和公信力四者之间彼此关联、相互作用，传播力是前提，引导力、影响力是目标，公信力是保障[3]。

通过对媒体作用力的文献梳理不难发现，现有文献对四者的内在关联虽有所触及但相对粗略浅显，有必要从媒体作用力的功能层面予以厘清。

二、新型主流媒体的作用力：功能与结构

所谓新型主流媒体，是指在传统主流媒体基础上打造的自觉履行社会职责、能够获得当代受众认可的新闻媒体。当前，媒体环境发生了变化，传统媒体"四力"受到削弱。提高新型主流媒体的传播力、引导力、影响力、公信力，需要了解这些作用力的功能与结构。

（一）新型主流媒体作用力的功能

新型主流媒体的作用力之间相互依附、相互作用，通过新闻报道和舆论引导发挥作用。对新型主流媒体功能结构和内在逻辑关联的认知，可以从探究这些作用力的功能入手。

新型主流媒体作用力的功能结构（见图1）包括两个层面：一是应然功能，即理想中的新型主流媒体功能；二是实然功能，即新型主流媒体在新闻舆论引导中的作用。

1.新型主流媒体作用力的应然功能

应然功能属于抽象的属性，在排除各种现实因素的干扰后，以静态的道德方式描述客体所能达到的最佳状态。新型主流媒体作用力的应然功能不仅是这些作用力赖以存在的依据，也是其价值指向的体现。新型主流媒体的定位决定了其结

---

1 沈正赋.新媒体时代新闻舆论传播力、引导力、影响力和公信力的重构[J].现代传播（中国传媒大学学报），2016, 38（5）：1-7.

2 强月新，徐迪.我国主流媒体的公信力现状考察——基于2015年问卷调查的实证研究[J].新闻记者，2016（8）：50-58.

3 中国传媒大学党报党刊研究中心课题组.提高新时代党报传播力、引导力、影响力、公信力——"人民共和国党报论坛"第十四届（2017）年会综述[J].新闻与写作，2018（1）：86-88.

构功能的应然功能，主要体现在提高新闻质量、宣传方针政策以及回应社会关切
三个方面。

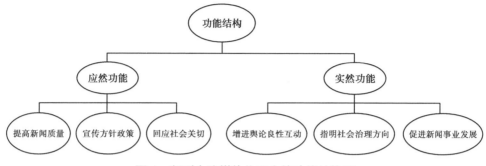

图1 新型主流媒体作用力的功能结构图

应然层面的传播力、引导力、影响力和公信力属于虚构的"力"。或者说，
它们是可能的"力"。这些应然意义上的作用力因其现实的可能性而具有相应的
理论意义。应然功能的新型主流媒体作用力从可能性转化为现实，靠的是新闻产
品的质量。新闻报道是媒体和外部发生联系的起点，新闻产品质量不达标就无所
谓传播力。传播力位列四者之首，在于它是引导力、影响力和公信力的逻辑起点。
新闻产品的质量决定着主流媒体的传播力，通过传播力带动主流媒体的引导力，
进而获得广泛的影响力和公信力。

应然层面的新型主流媒体作用力在于其所依托的公共资源。在我国，新闻媒
体从属于党的事业，这个"事业共同体"决定了主流媒体可以优先获得有价值的
时政信息。公共资源为主流媒体作用力从应然的力转变成现实的力提供了可能。
这些资源对新型主流媒体的支撑作用表现在：党政重大事项的优先发布权被提供
给相应的媒体机构，发布的平台也选择在新型主流媒体及其所属的新兴媒体上，
对这些资讯发布和解读的新闻价值决定了新型主流媒体功能结构应有的价值指
向。从理论上说，只要新型主流媒体充分挖掘自身所拥有的优质资源，在保证产
品质量的前提下，作用力的应然功能也就具备了转化为现实的可能性。

应然层面的新型主流媒体的作用力还在于媒体在回应社会关切方面的优势。
随着传播技术的进步，主流媒体作用力的应然功能具备了现实的可能性。由于多
种因素的制约，这些应然使命并未全部转变成现实。在不同的时代，主流媒体的
使命也不尽相同。就我国现阶段的新型主流媒体而言，回应民众关切的重大社会

问题，党的利益才能和民众的利益相一致。这需要新型主流媒体常态化地主动回应社会关切，彰显新型主流媒体的传播力、引导力、影响力和公信力。主流媒体作用力的应然功能依托于其所承载的信息。信息发布、政策解读是手段，回应社会关切的能力是新型主流媒体的应有力量。

2. 新型主流媒体作用力的实然功能

新型主流媒体作用力的应然功能是一种倒推的功能属性，是在现实基础上对这些力进行抽象的规定。这种规定的价值在于——它反过来可以对新型主流媒体的作用力提出更高的现实要求，这个现实要求即新型主流媒体作用力的实然功能。

哲学意义上的"实然"是事物或规则在现实世界中存在的形式或关系，这将新型主流媒体作用力的实然功能与实际作用进行了区分。新型主流媒体作为现实的存在物，其作用力具有应然和实然的双重功能。实然功能的新型主流媒体作用力是现实可感的四种力。至于这些力所能实际发挥的作用并非本文讨论的内容，这里讨论的实然功能特指新型主流媒体功能结构可以实际发挥作用的可能性。

现阶段，我国主流媒体作用力的实然功能包含三个方面的作用：增进舆论的良性互动、指明社会治理的方向、促进新闻事业的发展。

遇到重大突发公共事件，在新闻舆论处于胶着状态、缺乏权威声音的解读时，新型主流媒体发声引发舆论关注，折射出新型主流媒体传播力、引导力、影响力和公信力的"在场"。新型主流媒体作用力的实然功能首先表现为增进舆论的良性互动。新型主流媒体以平等姿态和公众交流看法，这种平等对话的形式有利于新闻舆论的良性互动。这种互动增加了新型主流媒体的"平民色彩"，强化了新型主流媒体作用力的现实功能。

新闻价值选择的标准多样，重要、新颖、时效等标准有个基本的隐喻——社会问题。问题导向的新闻普遍受到欢迎，表明揭示社会问题的新闻才具有传播力，这也是媒体获得影响力和公信力的源泉。引导力同样有赖于问题导向的新闻，新闻反映问题的过程，也是引导公众思考问题的过程。对问题的报道使媒体作用力不再停留在应然功能的层面，转而进入实然功能层面，发挥新闻媒体的监测环境功能，为社会治理制造舆论氛围，这既强化了主流媒体的实然功能，也有助于新型主流媒体作用力的现实提升。

新型主流媒体与新闻舆论保持良性互动，有助于实现作用力的实然功能，即促进新闻事业的发展。新型主流媒体的全面发展依赖于作用力之间的协调发展，在新闻市场竞争中通过磨砺自身获得强大的生命力。新型主流媒体作用力这个实然功能只是一种现实的可能性。想要实现这个可能性，需要新型主流媒体将应然功能和实然功能变成现实。所有的逻辑推演提供的只是现实的可能性，不能将实然等于真正意义上的现实。

综上所述，虽然新型主流媒体的应然和实然功能基本清晰，不论是应然层面还是实然层面的新型主流媒体，都很难具体地分析每种力的具体作用，这是作用力的不确定性所致。要清晰地呈现新型主流媒体功能结构的关系，还需要对这些作用力的结构进行解析。

（二）新型主流媒体作用力的结构

新型主流媒体功能结构的传播力和引导力是单向度的向外作用力，影响力和公信力是双向度的作用力。传播力和引导力、影响力和公信力的向度区别，决定了这些力并非简单的平行关系，而是典型的共融关系。所谓共融，是指四者同时存在，依据各自的特性和功能发挥作用。共融是在特定空间结构内的共存。四者所处的空间并不在一个平面上，而是构成了一个立体的空间结构：公信力居于结构的核心内层，传播力和引导力居于结构的第二层，影响力则处于结构的第三层（见图2）。在这样一个空间结构内，"四力"之间构成了共融的结构层级关系。它们并非简单的空间位置排列，而是包含有彼此满足对方、满足媒体需求和社会需求的价值关系。新型主流媒体作用力功能结构的层级结构关系可表述为：共融的层级价值关系，每一种力无一例外对应某种具体的价值原则。

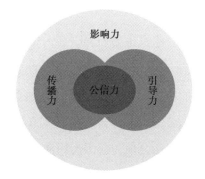

图2　新型主流媒体作用力的层级结构图

1.第一层级（内核心结构）：公信力所体现的信仰价值原则

信仰的本质是信念，这种信念通常被描述为强烈的信任。公众对新型主流媒体的信任强度弱于政治和宗教语境，这种信任源自信息（时事新闻和态度）的交融。在新闻传播过程中，每个人无法在所有问题上取得共识，这并不妨碍他们持有相似的世界观。公众的媒体选择遵循的是对媒体新闻理念的认可程度，即每个人都有自己的信仰价值原则。

信仰是新型主流媒体最为核心的价值原则。新型主流媒体作为党的舆论工具，党的信仰即新型主流媒体的信仰。这种信仰通常以涵化的方式间接体现出来，受众可以选择接纳或不接纳。接纳新型主流媒体的受众无形中也接受了媒体的信仰价值原则的熏陶，这意味着他们基本认可新型主流媒体的信仰价值。受众规模是新型主流媒体公信力的真实写照，信仰价值体现着受众对新型主流媒体的信赖程度和媒介选择行为，这种选择是受众信仰价值的媒体反映。新型主流媒体的公信力所体现的信仰价值原则，使公信力居于主流媒体功能结构的核心地位。这种优势地位的形成经历了一个相对漫长的过程，是数代主流媒体从业者共同努力的结果。

在新媒体时代，媒体传统的优势在减弱，公信力的核心地位面临挑战。新型主流媒体必须巩固自身的传统地位，然后才是提升新型主流媒体的可信度。社会环境和媒介环境有变化，新型主流媒体赢得公众信赖的方式也要有所调整，这是提升公信力的内在要求。新型主流媒体的信仰价值不能弱化，否则将会失去稳固获取公信力的基本能力。

2.第二层级（中间层结构）：传播力所体现的事实价值原则与引导力所体现的艺术价值原则

在公信力这个核心层外，是以传播力和引导力为代表的中间层结构力。传播力、引导力、影响力和公信力均有作用于其他客体的能力，它们发挥作用的方式并不相同。新型主流媒体的传播力和引导力属于动力源，这两者先发挥了作用，新闻机构才能赢得影响力和公信力。传播力和引导力要支撑影响力和公信力，只能居于中间层。否则，影响力和公信力会因为距离传播力和引导力较远导致作用力的失衡。同在第二层级结构的传播力和引导力也不是平行关系，两者在大致相同的空间结构内发挥作用。否则，传播力和引导力就成了排斥或吸引的关系，导致其中一方被削弱，变成一种混合型的力。共融关系意味着传播力和引导力既相互独立，又彼此借力，协同发挥作用。共融而不被同化，源于两者的价值原则有别，传播力体现的是事实价值原则，引导力体现的是艺术价值原则。

作用力的弱化从传播力的弱化开始，终于公信力的弱化。传统媒体传播力弱化的原因多样，报道内容的新闻价值含金量不足是根本原因。传播力弱化不是媒体介质多样造成的，而是因为缺乏高新闻价值的事实无法获得受众认可。事实价值原则是新闻媒体的共性原则，新型主流媒体的传播力也源自对这个原则的恪守。新型主流媒体的新闻资源优势与受众的心理预期相契合，既是提升传播力的突破口，也是构筑新型主流媒体作用力第二层级结构防线的关键一环。

在新型主流媒体的作用力中，引导力最为脆弱。引导是一种愿景，把愿景变成现实已经不易，把个体愿景变成普遍愿景才是新闻传播学意义上的引导力。引导力在不同的历史阶段强弱也不同，新型主流媒体的舆论监督力度与传播力和引导力成正比。引导力体现的是艺术价值原则，这个原则要求引导不能是居高临下的道德说教，而应是艺术化的劝导。

引导力的艺术价值原则要求主流媒体在引导舆论时注意度的把握。引导之所以必要，是因为社会心态中存在非理性、不健康的因素。新型主流媒体作为社会治理的舆论工具，通过引导舆论走向推动社会问题的解决。

3. 第三层级（外层结构）：影响力所体现的行动价值原则

影响力是指新型主流媒体影响社会行为的能力。影响力由内向外辐射，公信力由外向内聚焦，两种力的向度决定了它们所在的层级位置。影响力是基于传播力和引导力而形成的新型的力，它是媒体的品牌效应对社会行为施加的影响。

新型主流媒体的影响力属于有形的行为资产，表现为媒体的报道和评论在打动受众的同时转为社会化的媒体力量，对公众的行为产生影响。行动价值通过公众对新型主流媒体工作的评价反映出来。新型主流媒体影响力属于他者评价。当公众对媒体报道或评论持赞成态度时，媒体的价值取向会潜移默化为评价主体的价值取向。

影响力居于新型主流媒体功能结构的最外层，离公众距离最近，最能感触到其他力的强弱。功能结构的层级格局是在新型主流媒体的发展过程中逐渐形成的，公信力能够后来居上，在于公信力是媒体最宝贵的无形资产，这种资产一经获得就相对稳定。传播力和引导力起着联系内层和外层的作用，只能居于中间地带。影响力是间接的联系力，它是新型主流媒体功能结构的"外交使节"，要对社会产生影响就必须与外部保持密切接触，第三层（外层）的位置非影响力莫属。新型主流媒体作用力的层级结构决定了力度方面的区别。在新闻实践中，不同的作用力在发挥作用时无法达到某种平衡。规范这些作用力使之达到平衡状态，需要进一步思考。

三、新型主流媒体作用力功能结构：规范与平衡

新闻机构内部结构和各要素间的平衡是维系媒体运行的前提。新型主流媒体作用力之间的协调需要通过新闻机构内外部关系的协调规范力场，实现作用力的平衡。

（一）新型主流媒体作用力功能结构的规范

传播力、引导力、影响力和公信力的空间结构和功能结构不同，不同的力存在不兼容的可能。新型主流媒体作用力是媒体从业者思想和行为的某种延伸，对这些力的规范将为达到四者的平衡奠定基础。

1.秩序规范

新闻市场的竞争也包括作用力之间的竞争。不同级别的同类媒体间存在竞争关系，当位阶差别在上下级媒体间竞争时，作用力竞争的秩序相对稳定。在同级新型主流媒体之间，作用力之间的竞争虽不明显，新闻质量、受众规模和社会影响以及公众的认可程度也有位次的差序区分。位次差序在媒体市场竞争中表现得未必明显，如果作用力的实际表现关系到新闻机构的全国排名，那么新型主流媒体的作用力构成竞争关系。力的竞争将导致秩序内部结构的松动，进而造成秩序的紊乱。地方媒体和不同位阶的新型主流媒体展开竞争是大的趋势，新型主流媒体之间的秩序规范应引起重视。除了新型主流媒体系统的竞争，它们还要和新兴媒体竞争。每种介质的媒体各有优劣之处，这些优劣在传播力、引导力、影响力和公信力四个方面必然有所反映，现实的差异拉开了媒体间的差距。新型主流媒体作用力之间的竞争也不相同。要凸显引导力，就必须在影响力和公信力上下功

夫，归根结底是传播力的提升。在新闻市场竞争中，新型主流媒体恪守公平、公正的原则参与市场竞争，为非主流的媒体提供行业标杆，这是其作用力功能结构秩序规范的目标。

2. 技术规范

严肃媒体和娱乐化媒体追求新技术，新型主流媒体同样是传播技术的受益者，通过技术支撑，媒体内容可以多介质、多途径、大容量、快速地传播出去。利用社交媒体平台后，绝大多数新型主流媒体的作用力得到提升。技术带来的不全是积极作用，一些地方媒体迫于绩效考核的压力，通过变相推销新媒体产品增加访问量，这并不可取。提高新型主流媒体作用力需要对传播技术运用有所规范。对技术运用的规范也是新型主流媒体尊重受众的体现，这是新闻道德的内在要求。技术自觉建立在捍卫新型主流媒体公信力的基础之上，体现的是媒体的节操和精神，这正是反思的力量。诚如黑格尔所言："精神超出了它的自然形态，超出了它的伦理风俗、它的生命饱满的力量，而过渡到反省和理解。"[1]

3. 评价规范

作为客观存在的力，对新型主流媒体作用力的评价应由第三方机构完成。传媒业的同行评价缺乏必要的客观性和说服力，公众无法核查这种榜单的科学性和真实性。评价动机、评价过程和评价结果的规范，对于新闻机构和公众有参考价值。如果评价标签化、政绩化，将降低新型主流媒体作用力的品位。可以由媒体行业协会机构组织或者委托国内外享有盛誉的学术机构对全国所有新型主流媒体进行评价，同时对比商业化媒体的相关数据，供新型主流媒体正确认识自己，避免人为拔高或压低某种力，造成新型主流媒体作用力功能结构的局部失衡。

（二）新型主流媒体作用力功能结构平衡

新型主流媒体作用力所处的社会结构有别于其他媒体，其作用力结构的平衡主要表现为空间结构平衡、功能结构平衡和信息结构平衡。

1. 空间结构平衡

功能结构属于二维空间结构。所谓二维空间结构，是指新型主流媒体空间结构和作用力空间结构并存的空间结构。这种二维空间结构并不意味着同时存在两

1　黑格尔.哲学史讲演录：第1卷［M］.贺麟，王太庆，译.北京：商务印书馆，1959：54.

个独立的空间，只是为了分析方便，将这个混合的空间结构专门进行了区分。我国主流媒体空间结构呈现出显著的位阶特征，不同位阶主流媒体的空间结构呈现金字塔形结构特征，这种"金字塔"结构是一种天然的空间结构。从表面上看，主流媒体的空间结构特征将直接影响功能结构的平衡，因为不同位阶空间结构作用力的悬殊可能造成作用力的失衡。从时间结构上审视，这种担忧将不复存在。媒体的发展是一个历史过程，新型主流媒体以金字塔式的方式逐步创办，这种空间布局的历时性有效地避免了不同层级新型主流媒体因行政级别的落差而导致作用力的紊乱。位于塔尖的中央级主流媒体屈指可数，省级主流媒体和地市级主流媒体数量递增。主流媒体的位阶落差为新型主流媒体的功能结构平衡奠定了基础。空间结构的平衡同时受到新型主流媒体实力和作为等多种因素的制约，因此这种平衡是相对的动态性平衡。

2.功能结构平衡

新型主流媒体不同功能的作用力要维持平衡，必然由一个特定的结构模式维系。这些作用力在各自发挥作用的同时，还以互动的方式存在于力场内。作用力的功能结构稳定模式可以借用帕森斯社会互动的稳定模式来说明。按照他的"地位—角色"理论，"地位"代表行动者所处的结构位置，"角色"表达社会对该位置的行为期望[1]。对照新型主流媒体的作用力，"地位"是传播力、引导力、影响力和公信力各自的空间位置，"角色"是它们在这一位置所实际发挥的作用。层级结构和空间位置的相对固定保证了作用力的稳定，作用力的"角色"职责处于动态的变化之中。新型主流媒体作用力的"角色"中，传播力和引导力是内在的意念力，扮演"积极的力"的角色。受这种意念的驱动，新型主流媒体通过对新闻事实的选择、报道策略的制定和传播方式的设计达到的预期宣传效果。虽同属"内在的力"，但传播力较多依赖客观条件，新闻事实和媒体平台及其传播渠道决定着传播力的强弱；引导力的意念属性明显，引导的效果和预期的目标有一定距离，有时甚至会产生相反的结果。由于可以发挥自身优势，强化新闻报道的传播力和新闻舆论的引导力，新型主流媒体的传播力和引导力处于相对有利的地位。公信力和影响力是外在的现实的力，扮演"消极的力"的角色。只有这些作

---

1 PARSONS T. The Social System［M］. NewYork：Free Press，1951：6.

用力各司其职，新型主流媒体作用力的功能结构才能保持平衡。

3.信息结构平衡

空间结构和功能结构的平衡是抽象意义上的平衡。在新闻实践中，新型主流媒体作用力的平衡还必须引入一个关键性元素，即每种力所承载的内容。离开内容，作用力只能停留在假设的层面，无法转化为现实的力。在新闻传播过程中，信息结构的变化对主流媒体作用力的影响明显。一般来说，知识性、娱乐性和批评性的内容普遍受到欢迎。国家的方针政策中包含有前沿性新知，将时政新闻做得厚重，是新型主流媒体获得传播力和引导力的客观需求。新型主流媒体作用力信息结构的平衡，要求肯定性和批评性信息在数量上协调。不同位阶的新型主流媒体很难简单地套用某个固定的比值，但这并不意味没有一个可以参考的比值范围。数学上的黄金分割——0.618这个比值对建构新型主流媒体"四力"的信息结构具有参考价值。在新媒体时代，新型主流媒体应参照黄金分割调整信息结构，通过增加批评性信息吸引公众。空间结构和功能结构决定了不同位阶的新型主流媒体信息的适用度有所不同，同样的立场在不同位阶的表达力度也不同。新型主流媒体应寻求信息结构的平衡艺术，在探索中寻找适合自己的平衡艺术，而不是追求普遍性的平衡艺术。

四、结语

提升新闻舆论传播力、引导力、影响力和公信力，是时代赋予新闻媒体的使命。新闻追求客观，但媒体报道要有立场；舆论无法理性，但舆论引导要有站位。因此，新型主流媒体肩负着更多的引领使命。新型主流媒体对新闻舆论的引领，就是党的新闻舆论工作的具体体现。要胜任这项工作，必须认识当前新型主流媒体作用力的优势和劣势，了解它们的真实水准。只有厘清新型主流媒体作用力的内涵和外延、功能和结构、规范和平衡，才能发挥新型主流媒体作用力的作用，做好新闻舆论工作。

从新型主流媒体作用力到新闻舆论"四力"，对新型主流媒体提出了更高要求。在新媒体时代，新闻舆论的媒体环境、社会环境发生了很大的变化，新型主流媒体的竞争优势有所削弱。新闻舆论内错综复杂的利益纠葛和社会伦理心态的碰撞，使得新型主流媒体要想在新闻舆论工作中有所作为，必须提升传播力、引导力、影响力和公信力。了解新型主流媒体作用力的应然功能和实然功能，找准新型主流媒体作用力在每一层级的空间结构，规范新闻舆论工作中的向度和力度，寻求不同力的平衡点，是新型主流媒体提升新闻舆论"四力"的内在要求。

引导新闻舆论，对新闻伦理提出了更高的要求。作用力的性质决定了力的功能。传播力不以人的意志为转移，引导力受制于理想和利益，影响力受制于道德约束，公信力剔除了非道德因素。道德因素缺位将降低新型主流媒体作用力的功效和品位。新闻舆论工作要避免"四力"的消极影响，需要发挥主流媒体的优良传统，规避非道德因素的干扰，使新型主流媒体焕发更大的活力。

（原载于《中州学刊》2019 年 10 月）

*基金项目：本文系国家社会科学基金重点项目"重大公共事件的社会伦理心态研究"（17AZD006）；中央高校基本科研业务费项目"多元社会的媒体记忆与社会共识研究"（2018JDCSK07YJ04）的研究成果。

新闻伦理中的共同价值与道德冲突

　　媒介技术为新兴媒体的诞生奠定了基础，新兴媒体的发展加快了媒介融合的进程。媒介融合意味着媒体形态和媒体呈现方式的相应改变，但并不局限于这些方面的改变。从某种意义上说，媒介融合是一场媒体变革，不仅对传统新闻理念提出挑战，也带来了新的伦理问题。当前，学术界多关注媒介融合的业务问题，对媒介融合引发的新闻伦理问题探讨多集中在具体伦理问题上。讨论具体的伦理问题固然必要，基础理论的思考同样不可或缺。新闻伦理的共同价值有哪些，这些共同价值之间有无道德冲突，显然有思考的必要。

一、新闻价值与新闻伦理共同价值

　　伦理既包含着对善与恶、美与丑、是与非的判断，也承担着对区域性或行业性秩序构建的任务。不论是道德判断还是秩序构建，其前提是选择认知的角度和相应的利益关系。认知角度和利益关系决定价值观念。价值观有量的区分，选择某种价值观的人越多，则该价值观越具有发展的张力，表明该价值观符合多数人的认知习惯和利益诉求。共同价值，可以理解为绝大多数人所认可的价值，是一种价值观的最大公约数，也是大多数人的行为指南，因而受到伦理学研究者的重视。

　　围绕"共同价值"这个概念，研究者习惯从语义上将"共同价值"理解成"全体人类"的某种价值。物理学研究的对象具有同质性，任何一类物（现象）在构成元素和属性方面相同，都可以被冠以"定理"。人类社会的每个个体都是一个"多元的宇宙"[1]，差异而非同质才是人类社会的本质。只要承认这个事实，在讨论"共同价值"时，就不必试图从全人类的角度寻找某种所谓的"共同价值"。笔者认为，从共同体的角度来讨论"共同价值"，不同的共同体有着不同的利益诉求，共同体内部的利益诉求相对一致，具备形成"共同价值"的条件。共同体内部成

1　美国哲学家威廉·詹姆斯在其《多元的宇宙》（吴棠译，商务印书馆1999年版）中为多元论辩护，强调个体的差异性和多样性。

员间人与人、人与共同体的关系，反映着该共同体的"共同价值"。

每个行业都可视作一个共同体。行业的发展需要相应的伦理规约，职业伦理规范着从业者的价值取向和职业行为。新闻业也是如此。利益诉求的一致性使新闻伦理需要恪守某些相同的价值观。至于新闻业的利益诉求究竟是什么，传统的新闻价值理论虽有不同的看法，却早已达成基本的共识。新闻理论中的新闻价值和新闻伦理的共同价值之间是否等同？如果等同，理由是什么？不等同的理由以及共同价值究竟包含哪些方面的内容？这些显然是无法回避的问题。

（一）新闻价值与伦理价值

"价值"是主体对客体重要程度的评估，这种评估可以是理性的也可以是非理性的。理性的评估受制于主体认知能力、逻辑推论是否严谨以及利益关系等因素，这种评估容易得到多数人的认可；非理性的判断则不受诸多条件的限制，属于个人感官的直觉判断，这种评估的结论仅具有一定的参考性。对客体的价值评估，不同的人会有不同的评估方式和标准。个体的人作为社会共同体的成员，利益诉求的一致性在客观上要求他们对同一客体的价值评估采取彼此可以接受的方式，结论因而相似。

从语义学的角度看，"价值"这个词预设了这样一个观点：被评估的对象（客体）具有积极的存在意义和认知意义。离开这样的预设，"价值"就显得虚妄而失去了可信性。因此，只有那些有益于社会发展的客体才可以被纳入价值的范畴，对社会无益的客体并不属于"价值"的任何范畴。这一点，在经典的"价值"定义中可以得到印证。例如，美国《政治学分析词典》的编著者将"价值"界定为："值得希求的或美好的事物的概念。或是值得希求的或美好的事物本身。"在他们看来，"价值反映的是每个人所需求的东西：目标、爱好、希求的最终地位，或者反映的是人们心中关于美好的和正确事物的观念，以及人们'应该做什么'而不是'想要做什么'的观念。"[1]

抽象地分析概念并非目的，概念界定的目的在于准确地认识事物。我们对"价值"概念的认识也是如此：让"价值"依附于具体的客体，以审视某个具体客体及其问题才是我们的落脚点。对"价值"的界定也是如此，这个概念只是我们分

---

1 普拉诺，等.政治学分析词典［M］.胡杰，译.北京：中国社会科学出版社，1986：187.

析的起点，为的是引出"新闻价值"和新闻的伦理价值。

新闻事业对近现代社会发展的促进作用有目共睹，由此确立了新闻事业较高的社会地位。这从一个侧面表明：新闻机构及其从业者在新闻传播过程中对新闻的价值判断整体上符合客观实际。[1]假若不是如此，新闻事业的社会贡献将成为一种缺乏事实依据的主观判断。显然，这与事实并不吻合。

新闻只是信息呈现的形式，其实质是事实本身。构成新闻的信息只是符号化的事实，至于什么样的事实具有新闻价值，这显然是个经验问题。新闻报道和文学作品不同，前者需要契合某种社会需要，后者满足的是人的精神需求。偏离社会需求，不能服务社会的新闻，这样的新闻虽然可以照样被新闻机构生产并传播，从表面上看这样的"新闻"（事实）不会造成新闻产品的滞销，但是这类新闻的传播效果难以理想。新闻产品的市场化程度越高，对新闻机构来说，传播效果越好的新闻产品就越有经济效益。因而，新闻机构出于自利的考虑，不得不在从事新闻生产和传播时遵循新闻价值规律。

遵循新闻价值规律，有必要确认新闻价值为何物。按照新闻理论的传统说法，新闻价值是新闻事实本身所包含的满足社会需求的素质的总和。新闻信息的有用性，也就是满足社会的程度，被新闻机构及其从业者认定这样的信息（事实）本身具有新闻价值。依据业界的经验和学界的概括，新闻价值被拆分为不变要素和可变要素两类。不变要素主要由时效性构成，可变要素包括重要性、显著性、接近性、趣味性等要素。

有关新闻价值的构成要素，学术界虽有争论但早已形成基本的共识。至于在媒介融合时代，传统的新闻价值理论能否继续适用于新兴媒体的新闻价值选择，有待业界的实践和学界的观察。相对而言，新闻伦理的价值问题，一直未能得到学界的重视。

传统的新闻价值理论已经包含着某些伦理问题。譬如，趣味性是新闻价值的构成要素之一。新闻讲的是人的活动及相应的事项，符合新闻价值标准的事实只是客观的事实，其本身是否引起受众的兴趣，需要媒体从业者会讲故事。能够把

---

[1] 这个判断是基于我们对新闻事业对人类社会的整体贡献而言的。事实上，不论是过去的新闻机构还是现在的新闻机构，它们在日常的新闻报道中，难免会有价值评估方面的失误，刊播一些并不真正具有新闻价值的新闻。在笔者看来，微观层面的价值误判并不妨碍新闻价值宏观方面的社会贡献。

一个客观事实叙述得趣味横生，新闻价值才能得到真正的体现，受众也才愿意接受这样的事实。然而，趣味性并非全部蕴含积极价值，有的趣味可能诱发人们的阴暗心理。这样，新闻价值的趣味性就不可避免地包含了某些阴暗趣味。阴暗趣味有无传播价值，这显然涉及新闻的伦理价值问题。

伦理作为道德的外化形式，调节的是人与人的关系，在人际关系调整中规范共同体成员的行为，以实现社会秩序的和谐与稳定。伦理的这个社会功能在于其具体的规范（标准）具有某种特定的行为价值——即值得多数人按照这个标准去从事社会活动。伦理价值所倡导的行为标准必须与社会习俗、观念相一致，通过个体行为的实践来检验和反思这些行为标准是否最大限度地符合多数人的利益。如果说"价值是内在的主观的观念，它所提出的是道德的、伦理的、美学的和个人喜好的标准"[1]，那么，伦理价值需要符合美学原则、能够促进多数人利益的行为标准。

新闻事业在服务社会的同时也在促进自己的利益。对于新闻机构及其媒体从业者而言，新闻伦理之所以必要，在于其可以平衡新闻机构和受众之间的利益，进而扩大社会的整体利益。假如没有新闻伦理，媒体从业者的采编将缺少必要的约束，新闻报道也将失去行为指南，新闻机构的竞争因缺乏规范而失序，最终公众从新闻报道中获取的收益将明显减少。新闻伦理的缺位，带来的是新闻传播活动的紊乱，这种紊乱不论是对媒体从业者还是新闻机构以及公众，无疑是问题而不是福音。因此，新闻业和其他行业一样，需要通过伦理秩序的构建维系其自身的健康发展。

伦理价值首先要符合美学原则。新闻伦理价值的美学原则，要求媒体从业者的职业行为应该得体。这是因为新闻采编活动是一项与外部打交道的活动，媒体从业者的行为是否得体在很大程度上关系到信息采集的质量。我们无法想象，一个行为失范的媒体从业者能够采集到高质量的新闻素材。同样，新闻的呈现和制作同样需要符合美的原则，这决定着新闻报道的内容美和形式美。此外，新闻机构的利益也应符合美的原则。君子爱财，取之有道。对于新闻机构而言，只有通过新闻传播获得相应的经济利益，新闻机构才能获得基本的尊严。这个尊严的获

───────────────

1 普拉诺，等．政治学分析词典［M］．胡杰，译．北京：中国社会科学出版社，1986：187.

得，需要新闻机构通过提高新闻产品的质量获得相应的经济回报，而不是通过新闻敲诈或刊播不良广告赚取利润。

伦理价值需要新闻机构及其从业者的行为符合利益原则。伦理是人类行为的自觉。这种自觉并非与生俱来的自觉，而是外部环境培养的产物。对于动物而言，没有伦理的意识也不存在行为方面的自觉规范。动物的行为靠本能进行调节。比如，为生存的需要，有的动物也会"自觉"地做出某种行为达到保护自己的效果。人的自主意识让其懂得遵守基本的社会准则，达到个体利益的最大化。职业行为也是如此。一个人在其所从事的职业中什么可以做、什么不可以做，违反规定的行为意味着面临某些惩罚，进而达到规范其行为的效果。新闻伦理给新闻机构及其从业者提供诸多的行为标准，这些标准的推行一方面需要新闻机构及其从业者让渡其某些利益，另一方面通过遵守这些行为标准能够给其带来更多的利益。依据两利相权取其重的原则，利益的评估会促使个体的人和机构优先选择最有利于自己的行为标准。什么样的媒体行为最有利于公众，公众对新闻媒体的关注让新闻机构获得可观的广告收益。利益回报的目的性促使新闻机构及其从业者自觉按照新闻伦理的行为准则要求开展新闻采编活动。偏离这个行为准则，其利益回报将受到不同程度的损害。通过新闻实践，新闻机构及其从业者体会到伦理价值的经济回报，会越发自觉依照新闻伦理的行为标准开展活动。

相反，在行为失范成本不高的社会环境下，可能造成一种反常现象：新闻的伦理价值虽然贬值，却未必直接给新闻机构及其从业者造成利益的损害，这种短期的伦理失范与经济回报并不成反比的现象，显然很不正常。这种范畴的现象的利益是暂时的，其社会危害更为深远。越是这样，越是需要呼唤新闻伦理的重建。这其中，包括寻求新闻伦理的共同价值，给新闻机构及其从业者指明努力的方向。

（二）新闻伦理的共同价值

谈论"共同价值"，需要区分是道德意义上的共同价值还是伦理意义上的共同价值。道德和伦理虽然在本质上相同，但一个是内化的意识，一个是外在的行为。它们所处的场域发生了变化，同一个概念的内涵和外延也必然有所差异。道德层面的"共同价值"，主要是大多数人内心的观点、想法或感受，这些观点、想法或感受符合善的原则；伦理层面的共同价值，主要是大多数人选择某些认为有益于自身和他人的行为方式。如果不能区分大多数人和所有人，不能区分内心的感受或行为本身的区别，就为论证共同价值而给共同价值罗列几项其所认为的感受甚至能力或理念（制度），这样的罗列忽视了这些"共同价值"选项间的性质和逻辑关系，无法让人信服。有研究者宣称：

> 到目前为止，已经有很多种东西被人称为具有人类共同价值，如生殖力、快乐和民主。……从伦理学出发，杰里米·本瑟姆（Jeremy Ben-tham）认为快乐和疼痛是唯一本身具有内在人类共同价值的东西。[1]

伦理学所说的"共同价值"，应该是可以付诸行动的东西。即便其自身不具备行为能力，但通过人的行为可以间接地体现出来。就新闻伦理而言，绝对的"共同价值"应该并不存在。即便在真实性方面，新新闻主义者虽然也赞同新闻真实，但文学手法的新闻表现形式，最终会在一定程度上损害新闻真实。此外，同样是对真实的认可，有的新闻机构或媒体从业者会站在政治立场或者艺术的角度强调他们理解的"真实"。这表明，不论是道德层面还是伦理层面的共同价值均具有相对性。不承认这个相对性，把共同价值绝对化，很容易在逻辑上被人发现漏洞。比如，把快乐和痛苦作为人类的共同价值，这样的观点看似正确，其实经不起推敲。什么是真正的快乐，什么是真正的痛苦。肉体的快乐和痛苦，还是精神的快乐和痛苦？即便是肉体的快乐，受虐狂和心智健康的人所理解的快乐和痛苦，想必也有很大不同。

新闻伦理的共同价值，不同的研究者所概括的价值组成要素同样不会完全一样。至于什么样的价值更具普遍性，需要在新闻实践中去检验和修正，那种指望一劳永逸的论证，除非能预见到新闻业的长远未来如何发展变化，否则，传播技术的进步和社会环境的改变，必然会影响到媒体从业者的新闻理念和伦理观念。新闻理念的变化必然会或多或少地修正其伦理观念，而伦理观念的改变又将涉及新闻伦理共同价值的变化。因此，超时代的新闻伦理共同价值是否存在，持基本的怀疑态度远比持简单的乐观态度更为可取。

就目前来看，新闻伦理的共同价值可以从时间、知悉和品格三个方面来分析。

---

1 田辰山."金律"与"忠恕"：人类的共同价值［J］.当代儒学，2015（2）：154.

1.时间价值

新闻的时间性特征非常明显。徐宝璜曾将新闻比作"鲜鱼",耽搁的时间稍长一点,新闻就失去了其传播的价值。基于传播价值的考虑,时效性成为新闻价值中最没争议的构成要素。新闻伦理的共同价值中,时间扮演着什么样的角色,显然也是个值得考量的问题。

新闻是事实性信息,"新"是新闻自身的价值所在,也是其伦理的价值所在。新闻伦理中的时间价值和新闻价值中的时效性有重合之处,也有不同的地方。新闻价值强调时效,侧重点在于新闻事实和新闻报道之间的时间差,时间差越短,新闻传播的效果越好,符合这个要求的新闻,有助于新闻价值的提升。新闻伦理的时间价值强调的是新闻的善以及报道时机的善。不符合善的原则,新闻的时效性可能具备新闻价值但不具备伦理价值。

时间被置于善的原则之下,这是新闻伦理时间价值的第一个要素。

谈到时间价值,需要知道时间究竟是什么。时间作为一种计量单位,时分秒等量度的标准,为计时提供了便利。计量时间属于技术性工作,其难度不大,而思考时间的本质并非易事。古往今来,从来不缺乏尝试认识时间的人,但要清晰地界定清楚"时间"为何物,并非易事。就连大名鼎鼎的思想家奥古斯丁也有类似的困惑:"时间究竟是什么? 没有人问我时,我倒清楚,有人问我,我想说明时,却茫然不解了。"[1] 应该说,"奥古斯丁之惑"具有普遍性。直到康德开始介入对时间的思考,这个问题才真正被上升到哲学层面。

在康德看来,时间非自身存在之事物,亦非属于事物唯一客观的规定,故当抽去其直观之一切主观条件,则并无时间留存。时间仅为内感之方式,即直观吾人自身及内的状态之方式。时间乃一切现象之先天的方式条件。时间纯为吾人(人类)直观之主观的条件(吾人之直观常为感性的,即限于其为对象所激动),一离主观则时间自身即无矣。[2]

康德揭示了时间的本质乃主观之物。这个发现让时间和空间在本质上有了区分:前者属于主观之物,后者属于客观之物。非主观之物自然也不受伦理的约束,

1　奥古斯丁.忏悔录[M].周士良,译.北京:商务印书馆,1963:166.
2　康德.纯粹理性批判[M].蓝公武,译.北京:商务印书馆,1960:57-60.

而主观之物因有善恶的成分需受到伦理的制约。新闻报道强调时间要素，时间要素越是被突出，其越是应该被置于伦理的框架之下进行审视。这其中，时间与新闻真实的关系、时间与人的关系，是伦理价值重点考虑的内容。

时间影响着新闻的真实程度。历史学家和媒体从业者关注的对象在本质上并无区别，不同的只是时间维度的差别。历史学家关注的事实，其时间维度是逆时针的，指向过去已经完成的某个事实。历史事实的时间刻度相对清晰，历史学家的研究即便有时间的压力，这种压力也不大。因而，他们的研究主要为还原某个历史真相，可以倾其一生或者在若干年内探究一个具体的历史事实。时间的压力小，让历史学家可以真正尊重史实，不必为迎合谁而怠慢事实本身。媒体从业者显然没有这么幸运。他们面对的事件属于"尘埃乍起"阶段，无论这个"尘埃"是否可以"落地"，他们都不得不进行观察和采访。同时，新闻报道的时间要求未给媒体从业者预留太多的考证时间。只要他们核对的对象称其所采访的内容属实，新闻机构就会认定其符合真实性的要求，刊播其采访并核实的消息。在这里，报道的时间虽然符合善的原则，但是这个善属于次级善，与历史学家的反复求证和文献资料、物证的印证所追求的高级善有着明显区别。时间的要求可以保证新闻机构发布报道的时间不受影响，但无法保证所报道的新闻经过长时间的检验后依然属实。新闻伦理的时间价值是向真实倾斜还是向报道流程的快捷倾斜，因此产生了分野。

新闻价值的时效性兼顾新闻报道的时机是否合适，即所谓的时宜性问题。新闻伦理的时间价值同样强调时宜，只是这里的时宜被上升到善的高度，要求新闻机构在确定某些敏感消息时，对发布这类消息的时宜性作出判断。为此，新闻机构及其从业者要考虑与被报道对象相关的涉事方、受众和自身的多方利益，权衡这类消息的危害程度，并力求将其危害降到最低程度。完成这类评估再选择相对适合的发布时间，我们说这样的报道符合新闻伦理的时间价值要求。

2.知悉价值

在新闻业发展的初期，新闻报道和文学作品的界限相对模糊，媒体从业者很难给新闻定性。同样，在早期的政党报纸中也未必能够区分新闻和宣传的界限。在这两个特殊的时期，新闻要么是消遣娱乐产品，要么是纯粹的宣传读物，由此既误导了媒体从业者也误导了受众。

新闻是事实性信息，让新闻和文学划清了界限；新闻是有认知价值的事实性信息，让新闻和宣传品有了质的区别。事实性信息的新闻不属于宣传品，因而不可能像广告那样由商家专门出资在新闻媒体上刊播。真正的新闻，只能作为信息性商品在市场上销售。这类新闻能否得到受众的认可，在于它们对受众的有用性有多大。没有知悉价值的新闻，只能通过"搭便车"的方式传播出去，这类新闻所产生的实际效用只有受众可以评断。

伦理在强调利己的同时，也承认利他的重要性。对于新闻机构而言，利他并非纯然属于道德的考量，而是出于生存需要的考量。新闻机构所采集的新闻必须对受众有益，这样的新闻才有市场，进而给媒体带来利润，以维持新闻机构的正常运转。因此，采集新闻必须考量所采集的每一条新闻是否具有知悉价值，媒体从业者及其供职机构为利己而不得不先考虑如何利他。和普通有形商品一样，商品要满足消费者的某种需要，才会有人购买。新闻的销售方式虽然和普通商品的单个消费不同，是把若干条新闻打包在一张报纸（版面）、一个广播电视节目中进行销售，不单个零售的新闻虽然可以让一些新闻价值含量不高的新闻与受众见面，但这种注水的新闻数量所占比例不能太大，否则，危及的则是该新闻媒体的生存。

新闻机构对新闻报道质量的强调，就包含了对新闻知悉价值的维护。知道受众需要什么，让新闻真正满足受众的部分需求，通过利他间接达到利己之目的，这是新闻伦理知悉价值的意义所在。

知悉价值包括次级的知悉价值和高级的知悉价值两种形式。次级的知悉价值指的是新闻报道对受众的知悉意义。今天，消遣娱乐的新闻虽然依旧受到欢迎，但受众对新闻的实用性更为重视。遇到什么新闻可能具有偶然性，但某类新闻的应用性则早已为他们所知晓。比如，在房价涨跌没有规则的今天，不少人关注房价分析的报道，其目的在于给自己是否买房提供参谋，以及对优先选择什么地段购房提供帮助。同样，环境报道也会引发受众的关注，这关系到多数人的健康和生活的质量。新闻报道的利他程度越高，受众从新闻中获得的益处越多，这与新闻伦理所强调的社会责任不谋而合。

高级的知悉价值强调新闻的客观和全面。今天的新闻就是明天的历史。新闻是历史的素材，这个素材和个人日记等天然的素材不同，其事先经过了专业人员的加工整理。新闻做得越扎实，新闻的史料价值也就越高。同样一则新闻，对于富有伦理精神的媒体从业者而言，他们会像工匠那样，致力于自己所从事的工作，精雕细刻，把自己的心血投注于所报道的内容，反复调查和核实，撰稿或制作过程中注重从美学的角度让所报道之事具有可读（视、听）性，这种"工匠精神"所形成的新闻作品，和纯粹应付差事所形成的新闻报道，在报道内容的全面性和报道的艺术性等方面，显然会有不小的区别。新闻报道所耗费媒体从业者的时间和精力越多，受众所获得的信息和愉悦感也就越多。

高级的知悉价值还满足了新闻的客观要求。一起典型的新闻事件，社会评价不会一样。优秀的新闻需要媒体从业者尽可能全面调查，以客观的姿态全面呈现事件本身。客观意味着中立、公正；全面意味着媒体从业者为一则报道付出更多的时间和精力。这两者都是新闻伦理的内在要求。客观全面的报道，最大程度地满足受众对新闻事实的把握，有助于他们对事实作出全面的认识和正确的评价。相反，新闻报道的客观程度和全面程度不够，可能误导受众对新闻事件的认知。这样，知悉价值就不单纯属于认知价值的范畴，而具有了伦理的意义。因而，我们将其纳入新闻伦理共同价值的范畴。

3. 品格价值

出于利己的考虑和本能的尊严感，新闻机构和自然人一样，重视自己的社会声誉。声誉是多元性主体对某个单一主体的整体性的评价结果。这类评价的依据是基本的道德伦理标准，其结果可能存在某些误差，但不会游离于被评价主体的本质之外。

声誉的形成，与个体的内在品质和外在品格有着天然的联系。"品"作为会意字，其本义是"众多"。准确地说，"众多"应被解释成"众口"，意指多数人的评价。这样，内在的品格和外部的社会声誉（评价）形成关联。个体有什么样的品格，就有什么样的行为，进而享有与之相应的社会声誉。自然人是这样，由自然人组成的机构亦是如此。

'品格构成个体素质的重要内容，其决定了一个人的基本属性，并在一定程度上决定了个体对外部环境的反应模式。西方谚语所谓"性格即命运"，与此有着异曲同工之妙。个体具有唯一性，独特在每个个体的品格存在差异，进而影响到其为人处世的态度和行为方式。由若干个共同体构成的机构，因为利益诉求的一致或相近而缔结。随着机构管理制度的完善，机构及其成员在经营理念和处世态度方面趋于一致。新闻机构的缔结，其从业者在加盟伊始可能为生存需要，仅仅为获取一份报酬用以养家糊口。随着对供职机构了解的深入，个人品格和机构品格差异悬殊者，必然有一方选择和另一方断绝关系。能长时间在一家新闻机构供职或一家新闻机构长期聘用一个人，表明二者之间在个人品格和机构品格之间有着相吻合的地方。个体品格和机构品格的某种一致性，更多是磨合的产物。或者说，是强势的一方对非强势一方改造的结果。正如恩格斯所言："人创造环境，同样环境也创造人。"[1]

品格有其独特的个体价值和社会价值。人是有自主意识的生命体，没有个性就没有鲜活的个体。那样，人也就和模型化的人没有多大区别，成为由特定元素构成的纯粹的物。人的躯体具有物的属性，因为构成每个人躯体的元素并无多少差别。意识让人与人之间划清界限，人通过个体意识与他人保持距离。这样，每个人都有其存在的价值，而这种价值主要由其品格所决定。他们对社会的贡献，构成了品格的社会价值。

没有品格就没有人，也没有真正意义上的社会机构。虽然这种价值各不相同，从抽象意义上说，每个社会机构以其特有的价值取向和行为方式开展社会活动，而这正是其品格价值的体现。因此，品格价值应该属于社会机构共同价值的构成要素之一。

新闻机构的品格价值主要通过其新闻理念、媒体内容和新闻机构及其从业者的处世态度等方面表现出来。不同的新闻机构，其对待新闻的态度有所不同。同样的事件，因新闻理念不同，新闻机构的立场和报道的角度以及报道方式并不相同。对于那些存在利益分歧的新闻事实，新闻理念的差异在新闻报道中表现得相对明显。举个例子，对于自然灾难，新闻机构的意识形态决定了它们的报道立场，

---

1 马克思，恩格斯. 马克思恩格斯选集：第1卷［M］. 中共中央马克思恩格斯列宁斯大林著作编译局，译. 北京：人民出版社，1995：92.

即便新闻理念相同的新闻机构，它们同样用客观的方式报道灾难事件，受众依然可以感觉到每家新闻机构的立场，例如要么是发自内心的同情，要么是礼节性的同情。立场是品格的外在表现，有什么样的品格就有什么样的立场。新闻机构的品格价值，受众可以通过其或明显或隐性的立场感受得到，进而对其进行价值评估。新闻机构的品格价值，反映着该机构新闻伦理精神的高低。

新闻伦理的品格价值是内涵式的，其还可以通过报道格调的高低和报道质量的优劣表现出来。传统的新闻理论将新闻分为严肃新闻和非严肃新闻两种形式。严肃与非严肃，主要指新闻的格调是高还是低，而非纯粹的报道语言的严肃。一家新闻机构对待新闻事件的态度是严肃还是轻浮，取决于其新闻传统和编辑记者是否具有人文关怀精神，是否具有相应的社会责任感，而这并非由编辑部成员一时冲动所决定，而由新闻机构内在的品格所决定。你是什么样的新闻机构，便生产什么样的新闻产品。此外，新闻机构的品格价值与其新闻报道的质量存在关联。品格价值高的新闻机构，对于新闻报道的质量更为重视，通过质量管理尽可能多地提供优质报道。相反，品格价值低的新闻机构，虽然也重视新闻报道的质量问题，只是其质量管理并未触及媒体从业者的灵魂深处，进而无法把新闻报道提升到"文化建筑物"的高度，其报道的质量无法达到最佳状态。

二、新闻伦理共同价值与道德冲突

共同价值是人们对某种具体善的认可和追求。人们在追求共同价值的过程中不会一帆风顺，必然伴随着某些干扰，有时甚至是冲突。

（一）共同价值与道德冲突

社会发展伴随着冲突，从某种意义上说甚至是社会存在的基本形式。冲突由问题或矛盾所引发，绝大多数的冲突通过矛盾或问题的解决，以实现社会的暂时稳定。有些冲突的化解，需要一个漫长的过程。最典型的，莫过于人类和疾病的斗争。一种新的疾病出现，医学界发现后组织力量研究医治之道。在没有取得成功前，该疾病时刻威胁人们的身体健康，甚至危及其生命。以癌症为例，这种疾病和人体健康的冲突，至今没有得到革命性的解决。但我们相信，这样的冲突有朝一日会被攻克，进而通过专门的药物化解这种冲突。有些冲突，比如伦理学中的某些冲突，则很难从根本上寻找到彻底解决的办法。这不是我们对伦理冲突的结局持悲观态度，而在于这种冲突对社会发展具有某种积极的作用，可以刺激人们关注某些问题，发挥个人才智减少冲突。换言之，伦理领域的某些道德冲突是人类社会进步的催化剂，企图提出一些原则来消除某些冲突并不现实，因为道德冲突往往是人的社会性基因造成的，是人与生俱来的固有矛盾。企图通过医学或其他途径解决人类社会的道德冲突，只是人们的良好愿望罢了。

承认人类社会道德冲突的不灭性，并不等于承认我们在道德冲突面前不能有所作为，或者说不必有所作为。道德冲突的种类有限，不同的人在不同的时间和不同的场合面临同样的道德冲突时，他们为趋利避害而最大限度降低冲突的危害方面，未必机械地重复一种方法。依照具体的情况作出不同的反应，这是人的本能。通过不同策略的运用，让其权衡哪种策略能够有效减少冲突的危害，这对提升个人的认知能力和实践能力有着促进作用。

虽然共同价值得到绝大多数共同体成员的认可，价值取向的一致性，从理论上说可以避免道德冲突的发生，但在现实社会中，共同价值的道德冲突同样不可避免。共同价值的道德冲突，可以从以下三个方面来分析。

首先，伦理价值的多元性造成了冲突的可能性。假设人类的共同价值具有唯一性，除了某个固定的价值外，人们别无其他价值选项。在这种情况下，共同价值产生道德冲突的可能性相当小。正如前面所说，世界上并不存在绝对的"共同价值"，它只能属于某个利益共同体的一致性价值。共同价值的相对性，决定了其适用需要一定的条件。离开这个条件，共同价值就可能被暂时搁置甚至变更。举个例子，生是比较典型的"共同价值"，但在战争年代，分属于不同利益共同体的人在被捕后，有的人为保守其共同体的秘密，宁肯付出生命代价也不牺牲其所属利益共同体的秘密。这表明，在遇到道德冲突时，譬如说为活命不得不背叛共同体，或者为捍卫共同体利益而牺牲自己生命，两种冲突造成了共同价值的暂时失灵。同样，真实是新闻的生命，但新闻机构或者其从业者在面对重大利益纠葛时，同样需要权衡是恪守该价值还是抛弃该价值。赚钱和真实，都是新闻机构所渴望的。在编辑部抽象地谈论新闻伦理的价值概念不会发生道德冲突，在新闻实践中因为共同价值的多元性，它们之间早晚会有发生冲突的时候。因此，只要共同价值不是唯一的，不同的价值之间就存在冲突的可能性。

其次，伦理价值的实践性决定了冲突的可能性。元伦理学提供伦理学的基础理论，应用伦理学致力于从伦理角度解决现实社会的问题。寻找并阐释共同价值既有理论价值，也有实践价值。伦理学侧重于考察动机、行为和结果的三者统一。共同价值的理论能否经得起检验，比提出这些价值本身更重要。纯理论地谈谈，只能从逻辑层面验证其是否严谨，能够以自洽的方式令人信服。在现实世界，逻辑思维对人的社会活动影响虽然最大，却不能阻碍非逻辑思维在现实生活中起作用。利令智昏，利益天然存在，有时候人们为自己的利益考虑，可能自觉或不自觉地违反逻辑思维，做出反常的行为。这样，共同价值的道德冲突就具有了某种必然性。例如，新闻伦理强调新闻机构的社会责任，强调媒体服务社会。这样的伦理价值，不论是党媒还是商业媒体都宣称接受这样的观点。在媒体上谈论社会责任，与谈论者在行动中坚守社会责任，显然不是一回事。即便是新闻机构，有时也会出于自利的目的，把自己的利益包装成社会共同体的利益。以关注健康为例，新闻机构的报道批评某个品牌的产品存在质量隐患，至于这些隐患的危害程度，新闻机构可能夸大，甚至用牵强的理由制造新闻。有时，这些"问题"可能与新闻机构自身的利益存在联系。特别是在新闻机构跨界经营的今天，新闻业可能是新闻机构的主业，地产、桶装水甚至运动项目或培训项目，有的新闻机构也有所投资。对于其商业竞争者，新闻机构有时会背弃其宣称的伦理价值，甚至是新闻伦理的共同价值，造成相应的道德冲突。

此外，社会本身的复杂性也增加了冲突的可能性。伦理的共同价值不是人们行为的教科书，无法强迫每个人将其作为行动的指南。伦理价值发挥影响靠的是潜移默化。如果这种价值观念不能融进人们的血液，其作用的稳定性就很难理想。即便这些价值观念深入人心，其发挥作用的效果还受到外部推荐的影响。社会本身的复杂性超出我们的预料，一个人既有的伦理价值观念要在具体的社会活动中发挥作用，与其认知能力、知识水平和利益诉求有关。这些因素并不特别清晰，我们对社会问题的判断有时会出现偏差。有时候，我们未必意识到这种偏差，在这种情况下再套用传统的伦理价值观念，结果可能事与愿违。这一点，在灾难报道中表现得最为突出。有时候，媒体从业者出于善良的动机去采访灾难中的受害者，因为忽略了当事人的内心感受，由此造成的二次伤害，恰恰和其本意所赞同的伦理价值观念背道而驰。

（二）新闻伦理共同价值的道德冲突问题

伦理共同价值的道德冲突具有普遍性，不论什么行业伦理的共同价值，它们在实践中都不可避免地遭遇道德方面的冲突。新闻业在长期发展中逐渐形成的某些伦理价值，静态地和单个地来看，它们是合理的。这些价值观念在指导新闻机构及其从业者从事新闻业务或处理具体的媒体事务时，同样存在发生道德冲突的可能性。

1. 时间价值的道德冲突

时间作为纯粹的计量单位，作为数字的时间本身并不存在道德问题。只是新闻机构及其从业者在把时间作为工具或目标时需要和其他因素相挂钩，比如将时间和效率挂钩，将时间和时宜挂钩，在这种情况下，时间和效率、时宜等就不再是其单纯的自身，而打上了主观和利益的烙印。同样的时间节点和时间范围、时速以及效率，在不同的主体那里评判的标准不会完全相同，因此他们对时间价值的度量和应用必然存在差别。一旦时效的边界无法达成一致，就会造成道德层面的冲突。这种冲突，既可以是新闻机构与新闻机构之间的冲突，比如报道一个时间，甲新闻机构觉得报道得越快越好，乙新闻机构觉得还是多观察一下再决定是否报道，丙新闻机构觉得该新闻素材并无多少特殊之处，按照常规的新闻业务流程处理即可。从新闻业务的角度看，每家新闻机构有权处理一条新闻的紧急迟缓，决定报道或不报道。从新闻伦理的角度看，需要对甲乙丙三家新闻机构的处置方式进行道德评价，同样的新闻不同的对待方式，决定了必然有个伦理上的应该或者不应该。时间价值具有稳定性，不会因为新闻业务的具体操作而改变其内涵。这样，伦理考量的结果意味着道德冲突的客观存在。

需要指出的是，道德冲突有程度的区别。轻微程度的冲突，只存在于理解方面的差异。明显一点的冲突，则存在于新闻机构内部的业务讨论中。持不同看法的人公开表达他们的意见，最终求同存异，缩小分歧。严重的冲突不会在新闻机构内部或媒体从业者之间进行，其最可能的爆发是在网络舆论中，引发公众的广泛讨论。比如，针对重大自然灾难事件，新闻机构如何体现新闻伦理的时间价值，以达到报道速度和报道效果最佳的目标，这种报道的艺术需要新闻机构及其从业者在新闻实践中逐渐摸索。其效果的好坏，以不造成明显的道德冲突为底线。如果新闻机构的灾难报道偏离了时间价值的航线，有意满足某一方的利益，为公众所诟病，那么最终损害的还是新闻机构自己的利益。

时间价值的道德冲突集中表现在与新闻真实的冲突。新闻机构出于自身利益的考虑，强调新闻报道的快速。这种意识的形成是新闻市场竞争造成的，客观上也对社会发展有利。缩短新闻事实与新闻报道的时间差，显然可以提高新闻的时间价值。利弊形影相随，没有完全的利而无丝毫的弊。新闻的质量与媒体从业者付出的劳动时间成正比，投入的时间不足量，采访的区域和采访的人数以及采访的深度不足，有的被采访对象没有给记者提供全面的信息，甚至隐瞒一些重要事项，而记者要在规定的时间内完成报道任务，就可能造成新闻报道的局部失实。可见，时间与真实的关系天然地存在着，否则新闻真实就无法得到保证。对于不在乎新闻真实的新闻机构而言，也许不存在道德方面的压力。只是其受众如果挑剔新闻质量，新闻机构就面临艰难的选择：要么坚守新闻伦理，提供优质报道；要么失去部分受众，损害自己的经济利益。这方面的例子并不少见，某财经报纸就因不注重细节的真实，造成新闻报道的失实，最终被迫停刊。

时间价值的道德冲突还表现在不同主体间利益诉求的矛盾。新闻不是普通的商品。有形商品满足的对象是唯一的，只要使用者认可该商品即可。新闻作为无形产品，一件新闻产品要同时满足许多人，要得到多数人的肯定难度不小。不仅如此，时效问题与新闻报道涉事方的利益、公众利益、新闻机构自身利益甚至国家利益之间存在某些联系。不同主体间的利益如果与新闻伦理相背离，新闻报道若不照顾其利益就可能导致其对新闻机构产生不满情绪，严重的甚至会让新闻机构为此付出代价。比如，政府决策往往选择特定的时间发布，媒体从业者可能事先几天已经得到消息，如果这类新闻提前被披露，可能给国家利益造成重大损失。对于公众来说，他们本能地渴望新闻机构及早披露此类信息。这样，新闻机构必须权衡国家利益、公众利益和自身利益，时间价值与时宜就产生了联系。只有平衡多方利益，时间价值才可以发挥到最佳程度。

此外，时间价值的道德冲突有时还表现为与历史价值的冲突。新闻价值理论强调时效，这种价值理论给新闻机构及其从业者造成一种错觉：新闻产品的有用性可以是一次性的。只要在今天满足了受众的需求，就达到了其效果。从商业的角度看，新闻机构的这个观点并无不妥。然而，有形物体尚且可能具有文物价值，作为精神产品的新闻产品，其本身的长久存在意味着它们属于天然的"文物"，可以成为后世了解今天历史的读本。这样的读本其真实性如何，其质量如何，关系到该新闻的历史价值。新闻机构及其从业者对历史负责，是新闻伦理的职业要求。对历史负责，需要将伦理因素作为时间价值的考核标准，进而提醒媒体从业者在从事新闻报道时，以史家精神来对待自己的日常工作。缺乏史家精神，把新闻作为纯粹的谋生手段，同样会造成道德冲突，只不过这种冲突需要在多年后表现出来。比如，我们今天对晚清某个报纸的某条新闻提出批评，虽然报道该新闻的新闻机构不复存在，报道者早已谢世，但新闻还在，如果当初报道者细心一点，多点耐心，误导后人的可能性小了，时间价值和历史价值的冲突自然少了。

2. 知悉价值的道德冲突

新闻的有用性体现在其知悉价值上。新闻价值理论强调新闻的知悉价值，新闻伦理的知悉价值同样强调该价值。所不同的是，新闻伦理的知悉价值具有了道德方面的因素。比如说，新闻在今天越来越扮演着"知识"的角色，在第一时间给受众普及知识。这种"知识"未必是最前沿的新知识，而是在报道中将与之相关但多数人未必熟悉的知识及时地予以普及。比如，大城市的环境污染让受众知道了PM2.5这个概念，进而了解与此相关的知识。经济、医学、科技等领域的新闻，同样承担了科普的职责。我们每个人所接收的学校教育毕竟有限，即便是获得博士学位的人，他们能掌握的知识也仅限于某个专业的领域。对于现代社会的人而言，他们从新闻报道中源源不断地获取的知识，远远超过学校教育提供的知识。这样，新闻工作的性质有点类似教育工作，媒体从业者也就无形中扮演着"人民教师"的角色。如果这个比喻站得住脚，那么，新闻机构就是"学校"，新闻媒体就是受众的"教科书"，媒体从业者自然就是"传道授业解惑"的"教师"。在这种情况下，如果我们日常的新闻不能发挥知识传播的作用，新闻报道的知悉价值就不能得到较好的体现。表面上看，很少有受众抱怨新闻机构的报道知识含金量不足，媒体从业者也不会像教师那样被学生抱怨他们没有从新闻报道中获得太多的知识，似乎新闻报道知悉价值方面的问题不会发生道德冲突。在我看来，知悉价值的这种道德冲突早晚有显性化的时候。这是因为，受众的知识结构在改善，其平均学历呈上升趋势。即便是农村的广播听众和电视观众，初中毕业甚至高中毕业学历的人也在逐渐增多。城市媒体受众的学历水平，显然要更高。对于新闻机构来说，媒体从业者的学历水平虽然也在提高，但新闻报道的知识含金量如何同步增加，增加新闻报道的知悉价值，让自己的新闻产品与我们所处的这个时代相适应，这是个职业伦理的问题。

当代社会，新闻价值的大小应该充分考虑新闻知悉价值的大小。媒体从业者的知识结构和知识水平以及运用知识的能力如何，在某种意义上考验着其是否胜任新闻工作。在新闻媒体市场化程度不高的年代，新闻报道可以不考虑这方面的问题。新闻的市场化程度越高，新闻的知悉价值对于新闻竞争就越有促进作用。如果媒体上充斥着大量新闻价值不高的新闻，或者虽然有新闻价值，但新闻机构在加工新闻的过程中没能将相关的前沿知识附加到新闻报道里，对于媒体从业者而言，这样的新闻只能说基本合格。新闻道德倡导媒体从业者以高思想境界来对待自己所从事的工作。没有这样的道德境界，新闻报道的质量不能达到优质水平，危及的是其自己的饭碗，甚至是供职媒体的生存问题。以讣告新闻为例，传统的介绍个人生平和成绩的讣告新闻其知悉价值几何，只要看看《纽约时报》的讣告新闻便知，它给我国讣告新闻提供了学习的样板。知悉价值的道德冲突，最容易爆发的地方是媒体有意的舆论引导与客观实际的冲突。新闻机构应该秉持客观、中立的态度，坚持希望的良好品质。在某些特定的环境下，有时新闻机构会自觉或不自觉地以受众"社会导师"的身份出现。不论是媒体公开承认自己的"导师"身份，还是以新闻涵化的形式在潜移默化地塑造着受众的思想，新闻机构通过新闻报道传播某些思想、价值观，这是自近代以来国内外新闻机构都曾或多或少地做过的努力。舆论引导的实质是强调所倡导的某种思想、观点，或者为强调倡导而有意批判与之相关的思想、观点。从媒体生存的角度看，舆论引导要么是新闻机构甘为人师心理的趋势，要么是为自身获取某些精神利益甚至是无利益所采取的手段，对于受众而言，新闻机构的舆论引导对他们意味着什么显然是个需要厘清的问题。客观中立作为新闻伦理的基本原则，主观的信息并非和媒体水火不容，主观性信息可以在言论版（节目）和广告版（节目）中合法地出现。如果以新闻的形式达到舆论引导之目的，这样的知悉价值为道德冲突的发生埋下伏笔。除非新闻机构的舆论引导特别注重信息呈现的全面性，把截然相反的观点全面呈现给受众，是非曲直留给受众去做评判，新闻机构并不做任何的道德判断。否则，舆论引导就意味着宣传。在新闻实践中，"新闻宣传"的说法并不少见，这等于认可新闻的宣传性质。也许，受众并不反感这种新闻报道模式。即便如此，站在历史长河的角度看，舆论引导的宣传性质，损害的是媒体公信力。在信息单向度传播的时代，媒体把舆论引导的信息夹杂在新闻报道中，好像并未引起道德层面的冲突。在社交媒体普及的时代，新闻机构的舆论引导有意给受众传播某类信息，可能会招致网络舆论的批评。不论在国内新闻还是在国际新闻中，都可能引起网络舆论的批评。这表明，新闻伦理知悉价值如果不能全面客观，在今天引发道德冲突的可能性会越来越大而不是相反。

3.品格价值的道德冲突

互联网时代的到来，检验了麦克卢汉的"地球村"理论。互联网缩短了世界的物理距离，实现了信息传播的零时间。我们每个人可以在自己的社交媒体上和另外一个可以联网的社交媒体用户"面对面"地交流。互联网技术在带给人们极大便利的同时，也在重塑人们的道德观念，通过网络舆论监督我们的行为，进而提升我们这个时代整体的道德水准。

伦理秩序的构建需要一个强大的平台。传统社会伦理秩序的构建经历了空间不断扩张的过程，从最初的人际交流空间扩大到工业社会的社会空间。社会空间的范围越大，伦理秩序的重要性就显得越发重要。社会空间的扩大，意味着陌生人在数量方面的增加，而法律无法规范那些并无明显危害他人利益的行为。这样，伦理秩序对每个人的行为提出了要求。传统媒体在倡导伦理秩序方面，显然作出了自己的贡献。因为这个缘故，新闻机构及其媒体获得了较高的社会声誉。在受众眼里，新闻机构及其从业者的道德水准高于社会平均水准，因而他们对新闻机构的信任往往超过了对普通的商业企业的信任，个别时候甚至甚于对地方政府的信任。这是新闻机构通过新闻报道获得的公众形象，这种形象也是他们约束自己的产物。新闻伦理在新闻业中的重要性不断被强调，就在于越来越多的新闻机构意识到其良好的品格可以给他们带来良好的社会声誉，这正是新闻机构健康发展的重要保证。

在社交媒体普及之前，信息的单向传播模式占据主导地位，新闻机构及其从业者自身的行为过失不断，了解这方面信息的受众并不多，因而这样的行为问题并不对新闻机构及其从业者的社会声誉构成威胁。这样，新闻机构的品格价值存在被高估的可能。准确地说，不是受众高估了新闻机构及其从业者的品格价值，而是信息不对称导致了品格价值的误判。新闻机构及其从业者的品格价值被准确评估，需要新闻机构真正成为网络舆论的被监督对象，而不是只监督社会而不能接受社会的监督。换言之，社会机构的品格价值只有在信息实现高度互动的时代才能被真实地评估。这个时代的到来，对包括新闻业在内的所有行业及其从业者提出了更高的道德要求：谁无视基本的伦理秩序，谁就要遭到网络舆论的道德批判。如果被批评者的行为严重失当且态度不好，随之而来的道德冲突必然损害其社会声誉。

品格是个中性词，只是通常人们将其理解为人的优秀品质的外在形式。人的道德境界有高低之别，不同境界的人在处理事务时他们所怀有的目的不同，为实现目的所采取的手段也不会一样。品格优秀的人，善是其行动的底线。相反，品格低下的人，为一己私利可能不择手段。自然人是这样，社会机构同样如此。新闻机构的品格也不会整齐划一。一般来说，品格优秀的新闻机构其社会声誉良好，触犯法律的可能性也小。这类新闻机构，在新闻市场竞争中才可以保持不败的地位。需要指出的是，新闻机构的品格价值并不是恒定的，这种价值处于动态的变化之中。一般来说，新闻机构的传统已经形成，品格价值相对稳定，但这不排除某个阶段的经营者或媒体从业者破坏其品格价值，最终给自己招惹祸端。最典型的例子，莫过于《世界新闻报》的停办。因为"窃听门"，这家有着160多年历史的老报在短时间内谢幕。这表明，一家新闻机构一旦丧失其品格价值，就导致该新闻机构失去了存在的合法性，新闻集团关闭这家报社，其实是其新闻自律的结果。为保持新闻集团的社会声誉，主动关闭一家陷入道德困境的报社，应该是明智之举。

新闻机构品格价值的道德冲突，在内容品质方面表现得最为明显。内容品质的这种冲突，主要是严肃和低俗的冲突。不论是纸媒还是广播电视媒体，内容的严肃与低俗是新闻伦理品格价值的反映。严肃新闻所塑造的严肃媒体，以提供有价值的新闻、引导受众关注社会变化、关注社会问题为主导；低俗新闻以满足受众的感官刺激为主导，这类媒体往往以利益驱动为目的。严肃和低俗是新闻伦理的对应物，新闻机构的媒体定位决定了其品格的高低。当然，低俗能在短期内吸引更多的受众，让新闻机构感受到发行量和收视（听）率的快速增加带来的好处：知名度和经济收益的同步上升。与之相反，以严肃新闻见长的新闻机构获得受众的认可需要一个较为长期的过程，其经济收益的增长低于低俗媒体的增长速度。不论是严肃媒体还是低俗媒体，只有当它们具备相应的社会影响时，其品格价值的道德冲突才可以凸显出来。比如，湖南卫视的娱乐节目在内地相对成功，与此同时业界和学界普遍对该新闻机构有所质疑和批评。这种质疑和批评源于这家电视机构的品格价值以追求即时的酬赏为出发点。相比之下，《新周刊》《新京报》等新闻机构以严肃新闻为主，受众对其评价普遍较高。一些新闻机构的新闻和评论走煽情路线，其经济方面的成功与网络舆论对其批评同时存在。这方面，《环球时报》最具典型性。

品格价值的道德冲突主要因新闻机构及其从业者的行为问题引发。新闻学教育给学生讲述的新闻理念以及新闻理想，在社会转型期和实体经济整体下滑的大背景下，新闻机构及其从业者恪守新闻伦理也并非易事。媒体经营的压力，新兴媒体的竞争，传统媒体的生存空间在缩小，媒介生态在恶化，新闻机构开始面临生存方面的压力。仓廪实而知礼节，新闻机构及其从业者在面临"吃饭"不易的时候，品格价值受到的考验更为严峻。一些新闻机构接收形象广告，给记者编辑和记者站布置创收任务，媒体从业者和记者站成了经营人员和经营机构。在这种压力下，媒体从业者个人的品行面临道德的抉择：依照新闻伦理行事，可以完成新闻报道任务但很难完成创收任务；通过有偿新闻和新闻敲诈既可以完成报道任务也可以完成创收任务，其代价是违背新闻伦理并给新闻业蒙羞。可见，品格价值的道德冲突在今天表现得最为明显，其危害也最大。这样的道德冲突不仅在传统的新闻机构有所表现，新兴媒体的品格价值也存在同样的道德冲突。早在2014年，微信公众号通过软件制造虚假流量的现象就被曝光过[1]，2016年9月下旬，微信公众号刷量工具被腾讯公司屏蔽后，不少平时数万阅读量的微信"大号"，

1　张倩怡. 淘宝"刷流量"灰色店家坐地起价［N］. 北京日报，2014-7-29（11）.

其点击量跌到了三四位数之间。[1]

三、结语

价值作为最值得追求或希冀的事物，新闻价值和伦理价值在这方面并无本质的区别。新闻价值是新闻机构在长期的新闻活动中所发现并总结的业务规律，尊重这个价值规律对提高新闻产品的受欢迎度和传播效果具有促进作用；伦理价值是新闻机构及其从业者为维护新闻业的尊严和提高媒体公信力必须遵守的行为规范，这些规范可以最大限度地维护新闻机构及其从业者的利益，因而具有追求的必要。新闻机构及其从业者的伦理价值多元，值得全行业作为行为指南的伦理价值——即我们所说的"伦理价值"并不多。时间价值、知悉价值和品格价值是新闻伦理的共同价值，即核心价值所在。

任何一家新闻机构都是一个独立的利益共同体，而整个新闻业则可以视作一个统一的"命运共同体"。这个"命运共同体"由若干个新闻机构组成，每个新闻机构又由若干个媒体从业者构成。新闻业的媒介生态状况如何，该行业能够可持续发展，既取决于外部环境的变化，也与整个新闻业对伦理价值的追求有关。新闻伦理的共同价值的形成具有必然性，但新闻机构及其从业者对共同价值的应用则没有强制性。伦理道德规范和法律规范不同，它无法通过强制的方式将一种价值观念或行为准则施加给某个行业、社会机构或个人。伦理道德的价值观念发挥作用只能通过舆论施加压力。值得庆幸的是，网络技术为网络舆论的日益强大奠定了技术基础，社交媒体的发展实现了网络舆论的"国民待遇"，没有哪个行业可以享受网络舆论的豁免权。新闻机构及其从业者也不例外。因此，新闻伦理的共同价值不再是纯粹理论意义上的共同价值，这些共同价值具有了实践意义。

任何一个行业理论的共同价值均肇始于行业竞争的失序和教训。正因为如此，伦理的共同价值才具有行业的指导意义。然而，伦理共同价值虽然源于对伦理失序和教训的反思，但这种反思的教育意义集中体现在价值观念的缔造者们，他们经历过切肤之痛的教训，因而从主观上才肯接受一种观念。新闻业的人员流动性强，新闻机构面对新旧人员的更迭，行业伦理的共同价值如何传承就成了一个无法回避的问题。新闻职业伦理的共同价值也存在类似问题。对于新闻机构来说，

1　张香梅，吴弘磊.公号刷量工具失灵搅动假数据江湖［N］.北京青年报，2016-9-30（A08）.

提醒媒体从业者接受新闻伦理的行为规范，对于有悖于职业伦理的从业者进行惩戒，是传承伦理共同价值的有效手段。

社会处于不断的变化之中，现实世界不断给每个行业制造新问题，行业性的伦理规范如何既坚守职业伦理的共同价值又能适应社会的变化，这是个富有挑战性的工作。新闻业长期的黄金期，让这个行业有点娇气甚至矫情，全球性的经济压力同样冲击到新闻业，新媒体技术的发展让传统媒体面临一场未知的变革。所谓未知的变革，是指全行业都知道变革已经降临，虽然不少人也在应对变革，但他们至今还很迷茫，不知道这场变革会把传统的新闻业引向何方。全行业对未来的迷茫给新闻伦理的价值观念也带来冲击，这种冲击有时会造成某些道德冲突。在这种情况下，新闻伦理的共同价值如何坚守和完善自身，成了最大问题。对于新闻机构来说，以开放的姿态坚守新闻伦理的共同价值，把品格价值作为共同价值最核心的价值，学会平衡新闻机构的长远利益和短期利益，把新闻伦理共同价值的道德冲突降低到最低程度，应该是新闻机构及其从业者的共同任务。这个任务落实得如何，在一定程度上关系到新闻业这个命运共同体的未来。

（原载于《阴山学刊》2018 年第 6 期）

*基金项目：本文系国家社科基金重点项目"重大公共事件的社会伦理心态研究"（17AZD006）的阶段性研究成果。

"两会"采访的伦理问题
——以 2012 年全国"两会"为例

每年的全国"两会"受世界瞩目。中外记者云集，会场内外变成"新闻战场"。抢新闻、找视角、挖深度，时间紧，记者要在短时间获取有价值的新闻，无疑面临不少挑战。在被采访对象的选择、采访行为的选择以及言语沟通诸方面，存在不同程度的伦理问题。

一、对象选择的伦理问题

采访活动由记者承担，记者认知的能力、个人的旨趣，在一定程度上影响着采访对象的选择和采访内容的偏重。当然，这并不能改变采访的性质。新闻采访不同于常规的私人聊天，记者与被采访对象的交谈，代表其背后的受众与受访者交流。这种交流的主题明确，虽然记者有权决定选取哪些人接受采访，但在选择受访者时，应遵从采访对象选择的伦理。只有挑选最佳的受访角色，才有助于采集到更有价值的信息。这是因为，每个人的职业、学识、经历和思想不同，他（她）只有在其擅长的领域，才适合受访。新闻要满足受众的知悉权，采访对象的选择非常重要。

每年的"两会"，参会的代表和委员代表着全国民众，从某种意义上说，他们每个人都有较高的新闻价值。代表委员的民族、职业、知识背景差异，决定了他们关注问题的角度不同。媒体报道"两会"侧重点是什么，需要选择什么样的人作为被采访对象，应事先做几套方案。否则，在会场内外随机采访，碰到一个代表委员随便问几句，或者专挑公众熟悉的面孔去采访，这样采访到的新闻，其客观性难以保证。

综观我国的"两会"报道，省部级领导和文艺体育界明星代表委员，历来是记者优先采访的群体。政府部门是新闻的富矿，这是世界通例。省部级领导掌握的信息量相对于普通代表委员更大，其信息也相对权威，受到媒体关注很自然。问题在于，商讨国是的全国"两会"，代表委员地位平等，每个人都有建议权和批评权，除了专门的记者招待会或新闻发布会，省部级代表委员与其他代表委员相比并无特别之处。记者在"两会"进行采访，在对象选择方面，需要依照报道主题进行精心确定。一个报道主题，应尽可能采访到不同民族、不同行业、不同知识背景的代表委员，这样采访到的信息才相对全面，才体现出新闻的客观性。把采访对象扩大到每个代表委员，对一家媒体而言，显然无法实现。但近千家媒体同时报道"两会"，报道主题的差异，采访对象选择的不同，大体可以让每个代表委员都有吐露心声、表达建议的机会。

但是，在2012年全国"两会"期间，不少部委领导依然是记者竞相采访的对象。在资讯高度发达的今天，媒体扎堆采访一个部长，就会造成新闻资源的巨大浪费。这种资源浪费，对公众来说是接收重复信息，对其他代表委员来说则是失去了阐述观点的机会。对省部级官员的新闻围堵，还对新闻伦理构成威胁——被采访对象角色的单一化，损害的是新闻客观性，进而损害新闻媒体的公信力。

在新闻记者云集的地方，采访对象过于集中，也影响了采访的效果。省部级官员，每个人的见报率、出镜率不等，有的记者只是跟风围观。这种围观式采访，缺乏既定的采访目的，有时连采访者都不知道被采访对象的身份和所熟悉的领域，只好根据个人的兴趣提问。对象选择的随意，往往给受访者造成尴尬。在2012年"两会"上，"对不起"成为省部级领导代表委员被迫回答记者提问的常用辞令："对不起，你这个问题我不熟悉。""对不起，不清楚。"类似表述被一次次重复，有代表甚至一听到有关科技的提问干脆摆摆手走了。[1]

在泛娱乐化时代，娱乐明星和体育明星占据了新闻版面的不少篇幅。"两会"新闻的泛娱乐化现象，同样被舆论所诟病。省部级官员数量有限，且身份敏感，不易接近。采访省部级领导，对记者的专业素养要求较高，提不出有价值的问题，被采访对象只好敷衍了事，受众也不满意。这样一来，有的记者将注意力转移到明星代表委员身上。

娱乐圈和体育圈受媒体关注，与现代社会对休闲信息的需求猛增有关。媒体满足公众的休闲信息需求，增加娱乐新闻和体育新闻的报道量，体现着新闻事业以人为本的宗旨。然而，"两会"新闻是政治新闻，这类新闻与娱乐新闻和体育

1　陈瑜.尴尬的采访［N］.科技日报，2012-3-6.

新闻有关联，只是关联比较松散。对于"两会"报道来说，明星代表委员关注的话题，他们准备提交的议案提案内容，远比其身份和名气更有价值。有的"两会"报道记者，模糊了娱乐体育新闻和政治新闻的界限，在采访明星代表委员时沿袭了娱乐新闻采访的做法。2012年"两会"期间，一些记者对浙江团的女代表们集体穿旗袍事件表现出特有兴趣，有的记者扎堆围观某明星代表在大庭广众中的即兴演唱。此类"两会"新闻均暴露出部分记者的追星心态。

如前所述，新闻采访形式上是记者对受访者的提问，实质是公众对受访者知情权的满足。全国"两会"事关国家的发展，公众最想了解的不是某个演艺圈明星的表演，也不是他们的私人问题，而是代表委员是否具备表达民意、参政议政、监督政府以及制定并履行宪法与法律所赋予权利的资格与能力的问题。采访者忘记自己作为受众代言人的使命，从某种意义上是对受众的背叛。相反，对于少数民族地区和许多基层代表委员，记者却很少主动约他们接受采访，造成某些信息呈现真空状态。

选择对象违背新闻伦理，亵渎了新闻精神，也招致公众的不满。早在2009年的全国"两会"上，农工民主党委员肖燕军就曾批评过采访对象取向的问题："在两会这样一个行使权力、参政议政的场合，过分关注采访对象的身份，而忽视这些采访对象参加两会的真正目的和诉求，实际上是对两会本质的偏离。"[1]

二、行为选择的伦理问题

人是社会动物。社会存在的前提是交往，交往体现在个体间的行为。意见不统一，个体间的行为通过协调的方式达成某种妥协。只有这样，人际行为才不至于紊乱。随着社交圈的扩大，人际间的行为无法靠彼此协商来解决，社会规约浮出水面。社会规约是绝大多数社会成员愿意遵守的协议。这种规约具有约束力，破坏规约者轻者受到谴责，重者甚至被淘汰出局。社会规约，也就是我们常说的伦理规约。伦理和道德不同，伦理以规范社会成员的行为规范为己任。一个人的活动，其行为遵守了伦理规范，其行为被认为得体，其他社会成员才愿意与之交往，其活动范围才能逐渐扩大，进而有利于其更好地从事社会活动。

新闻工作属于标准的社会活动，与外部世界接触是记者的日常工作。记者在

1　陈国权. 两会采访多种收获［J］. 中国记者，2009（4）：24-25.

新闻采访过程中的行为表现，在很大程度上决定着采访的效果。得体的行为给受访者留下良好的印象，有助于他们用心回答记者的问题。反之，不雅的行为在某种意义上对受访者构成胁迫。在这种情况下，即便受访者本人未予以反对，这类采访一旦进入公众视线，也容易受到舆论的批评。

新闻活动是社会活动的一个有机组成部分，不是社会活动的全部。严格说来，社会活动没有轻重之别，平常所说的"重要活动"，具有相对性。以报道世界进程为己任的新闻媒体，通过对社会状况的"望、闻、问、切"，认识社会变迁，进而转述他们了解的社会变化。从权利哲学的角度看，采访权和报道权并无特权可言。有的时候，采访权可能要让位于其他权利，譬如，人的生命权。

采访权作为一项权利，没有强制性。这涉及受访者的个人意愿问题。参加"两会"的代表委员，参政议政是其法定义务，在"两会"讨论时，承担发表个人意见的义务。至于是否接受媒体采访，要看其个人意愿。对于记者的采访诉求，他们不论是选择接受还是拒绝，都是他们的权利。反观"两会"采访，一些记者采取了堵、追、拽、绊等强迫性行为，在众目睽睽之下，受访者如拒绝采访，可能面临舆论的非议；接受采访，可能与自己的意志相违背。"两会"期间，记者采访的行为选择暴露出的问题，较其他问题更为突出。[1]

作为信息的新闻必须洁净，这种洁净就包括其获取的手段符合伦理准则。赢得受访者的尊重，使受访者愿意接受采访，是记者必须具备的基本素质。对于"新闻大战"场合下的采访活动，尤其考验着记者的素养。让重点采访目标愿意腾出几分钟时间接受采访，没有过硬的应变能力，采访意愿就有可能落空。遗憾的是，有的记者希望通过所谓的捷径迫使其目标对象与自己交流。例如，曾受到某地方领导肯定的"记者拽代表"新闻，颇有代表性。[2]

拽，在本质上属于微暴力行为。无论在什么样的情形下，记者都不宜将这种行为强加于受访者，因为这违背了采访者与受访者对等的原则，也是对受访者个人意志的干扰。受众在消费靠这种采访得来的信息时，也许感觉不到有何不妥。对记者群体来说，通过微暴力手段让受访者就范，可能被看成记者的胜利，甚至

1　董钊，刘爽，李萌博.跑会这活儿……"新闻大战"背后的媒体气质［N］.齐鲁晚报，2011-3-14.
2　葛倩，陈伟斌.女记者"抢"部长［N］.南方都市报，2012-3-12.

被誉为"记者中的猛士"。可是，受众和记者不应忘记，哪怕是再轻微的暴力元素融入新闻采访，都会降低新闻的品格，使新闻事业的声誉受损。因为不顾受访者意愿的采访，与文明相距甚远。

信息的获取，建立在自愿、平等的基础上。假如新闻媒体拥有采访特权，受访者不同意则构成违法，或者违背其职业伦理准则，记者的围堵行为才具有合法性。倘若这种特权并不存在，记者的围堵行为显然偏离了新闻伦理精神。

行为有出于本能的，但更多还是受制于理性。采访活动的行为选择，无法剔除所有的本能行为因素，绝大多数的行为出自记者的理性判断。从围到堵，从拽到绊，无疑受目的所驱使，追求的是符合目的之结果。有的采访行为，形式上未必值得赞许，但出于对受访者的尊重，这样的采访具有美德的成分。例如，2012年3月8日，在政协小组讨论会上，记者们采访政协委员、著名小品演员巩汉林，有时为能更清楚地听到他的回答，有记者主动采用跪姿记录巩汉林的话。[1]

行为的得体与否，关系到新闻界的职业声誉。新闻事业充满竞争，竞争的资本在于智慧，而不是以挑战伦理底线的微暴力方式，强迫受访者满足记者的采访意图。竞争使新闻事业充满活力，也容易滋生非文明的采访行为，这需要新闻从业者树立基本的职业伦理意识，维护而不是损害新闻文明。

三、语言选择的伦理问题

采访是一门语言的艺术，巧妙、得体、到位、简洁明了的提问，节约了受访者的时间，也便于其准确领会记者的采访意图。譬如，2012年"两会"期间，人大代表、少林寺方丈释永信一开始拒绝接受采访。有记者望着释永信离去的背影，脱口而出"我佛慈悲，希望大师能帮忙完成任务"。释永信闻言止步，接受短暂采访。[2] 相反，冗长的提问，既浪费了时间，也增加了理解的难度。"两会"召开的时间相对固定，由于采访名额的限制，媒体派去参会的记者，其采写水平应该过硬。照理说，采访语言问题不该存在遗憾。然而，事与愿违，每年全国"两会"的采访，在语言选择方面，仍有一些值得探讨的伦理问题。如采访语言的顺序、采访语言的礼节、采访的语境和无声语言等。

---

1 艾迪.两会"功夫"记者：围墙角堵厕所跪着趴着为采访［N］.新京报，2012-3-12.
2 桂娟，双瑞，李亚楠.记者喊"我佛慈悲"求采访释永信［N］.扬子晚报，2012-3-7.

任何语言都具有线性特征，必须遵循特定的逻辑，依照一定顺序进行表达。也就是说，语言是一串意义符号的集合体，违反语法规则的交流，必然给交流者造成障碍。记者，不论其学科背景和知识结构如何，运用语言的基本能力应该合格。这方面若不达标，他（她）就失去了从事新闻工作的资格。就新闻采访而言，记者跟受访者见面后，先问什么，再问什么，最后说什么，应遵循基本的采访惯例。通常，先弄清楚受访者的身份、名字和其他信息，才可以有针对性提问。如前所述，没搞清别人的职业，采访的目的性势必降低，采访效果当然就会不尽如人意，甚至造成尴尬。同样，在不知道受访者姓名时采访，采访语言的礼节性受到局限。既然别人答应采访，记者首先应了解的不是自己的问题，而是别人的尊姓大名和职业身份，如果条件允许，还应打听清楚其熟悉的领域。2012 年"两会"期间，有些记者碰到愿意接受采访的对象，不是先了解别人的基本信息，而是直奔主题，最终闹出不少笑话。"两会"初期，就有记者描述了这种令人哭笑不得的场景："当大量记者疯狂围堵一位委员或代表，像追星似的不停拿着相机咔嚓咔嚓连拍，并在不断争着抢着提问后，刹那间（委员离去）就会有好大一部分记者异口同声地问：'嗨，这人是谁啊？'"[1]

从本质上说，采访不是单向信息的索取，而是双方的沟通。在采访前，记者做足功课，当然有助于信息的深度挖掘。记者无法先知先觉，即便事前采访提纲准备得非常充分，也不能保证所有问题都适合受访者回答。因此，采访前或采访过程中，记者与受访者应进行必要的沟通，征求受访者的意见，看看自己的提纲有没有需要补充的，有无不合适的问题。这既体现了对受访者的尊重，也可以赢得受访者的信赖，促进采访的正常进行。"两会"采访，在条件许可的情况下，记者应尽量事先与代表委员进行必要的沟通，让受访者了解此次采访的意图，记者也趁机了解受访者的个人信息。2009 年"两会"期间，新闻界委员黄国柱就曾对一些记者不善于与受访者进行沟通提出了批评："要与采访对象有事先的沟通，即使是在人民大会堂前的台阶上，也要让代表委员在有准备的情况下回答问题。否则，让他们对一些敏感问题发表意见或看法，首先是不好谈，其次是谈得不到位，或容易出错，会导致许多望文生义、曲解的现象发生。采访对象有准备，

1　王京.两会抢新闻记者遇到"不好意思"采访的委员［N］.现代物流报，2012-3-7.

报道才会有深度和精确度。"[1]

语言交流离不开特定的环境，有效的交流需要交流双方在同一个语境内进行，而语境建立的前提是交流双方事先沟通交流内容。只有明白彼此想谈论什么，并且达成共识，交流才可以有效展开。就新闻采访来说，记者提问的内容，应充分考虑到受访者是否能够回答。超出受访者知识结构的范围，会造成某些尴尬。采访者问得越多，越容易让受访者以为记者是在有意刁难自己。2012年"两会"期间，记者让人大代表、高铁专家王梦恕院士回答异地高考问题，曾成为笑谈。[2]

在新闻采访过程中，语言选择的伦理问题，更多地表现为采访与采访环境、采访主题相背离，造成语境的割裂。例如，记者在2012年全国"两会"上采访人大代表、少林寺方丈释永信，关注的话题不是释永信的议案内容，而是"少林寺的经营是不是出了问题"。这个问题不是不能采访，而是采访的地点和时机不对。"两会"采访的语境是作为全国人大代表的释永信方丈，其关注的问题有哪些，有何建设性的建议。至于少林寺的经营问题，属于少林寺的内部事务，显然与"两会"主旨不存在直接关联。脱离合适语境的采访，失望的往往是采访者。

前面所述主要是有声语言选择的伦理问题。除此之外，还包括无声语言选择的伦理问题。语言是一种符号系统，这种符号，有可以言说的，亦有无法言说的，譬如服饰、色彩、发型，在特定环境下都可以视作语言符号，具备某种意义。综观近年的"两会"，红衣记者群体在增加。"两会"的主角是代表委员，但在特定场合，如记者招待会，记者反串主角。不少记者在揣度新闻发布会主持人的心理，什么样的装束容易引起主持人的兴趣，进而增加被允许提问的机会。衣服的颜色选择，不存在伦理问题。发型的形状，这种无声的语言，若不得体，可能招致非议。追求另类的无声语言符号，有失新闻采访的严谨，应尽量予以规避。在2012年3月14日温总理记者招待会上，日本某媒体的中国籍摄像师，其"温"字发型引起众人关注。[3]据称，这是他连续三年以"温"字发型参加"两会"，希望能吸引主持人注意，获得提问机会。

1　陈瑜.尴尬的采访［N］.科技日报，2012-3-6.
2　张书舟.记者两会采访出乌龙：让高铁专家回答高考问题［N］.南方都市报，2012-3-8.
3　姜东.记者会现场"温"字发型的记者［N］.中国日报网，2012-3-14.

　　规范的新闻事业，主要通过新闻伦理的软约束规避失范现象，树立良好的职业声誉。以往的新闻伦理研究，对采访环节的伦理问题关注不够。而采访环节是记者与外界交流的过程，这个环节出现问题，受损的不只是采访者的个人形象，更包括整个新闻事业的声誉。全国"两会"关系国家形象，新闻采访的伦理问题，与其说是新闻界自身的问题，不如说是整个国家形象的有机组成部分。因此，对全国"两会"采访伦理问题的关注，其现实意义超出了学术意义。

（原载于《新闻记者》2012 年第 5 期）

报纸的传播权与公众的收阅权
——从《都市消费晨报》遭物业禁投谈起

2009 年 4 月 16 日，新疆《都市消费晨报》的投递员在多家小区受阻，被保安拦下禁止进入小区投递该报；几十家小区居民的《都市消费晨报》报箱被统一拆除。阻拦该报投递的新疆广汇物业管理有限公司，在乌鲁木齐市管理着 73 个居民小区、近 7 万户业主客户。为何不许《都市消费晨报》进入居民小区？广汇物业的说法是，该报曾夹带违禁宣传品。而报社在否定这个说法的同时透露，2009 年 4 月 3 日该报刊发了针对新疆广汇集团的舆论监督稿件。

物管企业阻止新疆《都市消费晨报》的正常发行，这在中华人民共和国新闻史上还闻所未闻。这一事件被曝光后，立即引起舆论的强烈关注，也为讨论报纸的传播权和公众的收阅权提供了实例。

一、报纸的传播权

新闻传播是人类重要的精神交往活动。采集、编辑信息不是媒体的真正目的，发布传播信息才是媒体自我实现的价值所在。这里涉及媒体的传播权问题，"传播权是把一种信息或思想传播于大众的权利"[1]。现代社会，传播权已经是一种基本的媒体权利和公民权利，这个观念早已在世界范围内被广泛接受。

报纸拥有的传播权利，应该来自法律的授权和保护。我国现有的法律条文，并未明确赋予报纸的传播权。包括报纸在内的新闻媒体，其生存权和发展权，可以从我国宪法的第二十二条追溯到源头："国家发展为人民服务、为社会主义服务的文学艺术事业、新闻广播电视事业、出版发行事业、图书馆博物馆文化馆和其他文化事业，开展群众性的文化活动。"但宪法赋予的只是新闻媒体存在的合法地位。我国没有新闻出版方面的专门法律，媒体的权利散见于其他法律和相关管理条例之中。比如，《中华人民共和国著作权法》赋予了著作权人包括发行权、

---

1 甘惜分．新闻学大辞典［M］．郑州：河南人民出版社，1993：30.

放映权、广播权、信息网络传播权等多项权利。这里的"著作权人",既包括自然人,也包括新闻媒体。著作权法中的"发行权",对报社而言可以理解成报纸传播权中一项非常关键的权利,因为报纸的信息传播主要依靠发行来实现。据此,我们可以将报纸的传播权分为两个组成部分:报道权和发行权。这两种子权利密切相连,没有报道,发行失去了内容;没有发行,报道失去了传播渠道。

报纸的传播权又可以狭义地理解为报纸的发行权。报纸的发行权可以看作是点对点的人力信息传播手段,这也是报纸(刊)有别于其他类型媒体的显著特征。报纸的发行权迄今没有明文规定,只有经营权限的许可。2009 年 4 月 24 日修订、2009 年 10 月 1 日起正式实施的《中华人民共和国邮政法》(以下简称《邮政法》)第十四条第 4 款和第十五条授权"邮政企业经营国内报刊、图书等出版物发行"等业务。在实践上,自 1950 年起,我国采取了"邮发合一"的模式,由邮政企业包办报刊的发行业务。1984 年,《洛阳日报》开始自办发行,打破了报刊发行的垄断局面。[1]2003 年 7 月 24 日,新闻出版总署颁布的《出版物市场管理规定》允许民营企业参与报纸发行。2003 年 8 月,文德广运发行集团是国内第一家获得报刊总发行权的民营企业,目标是建立一个全国性的"都市发行网络"和高效的报刊物流配送和分销体系。[2]

新闻信息传播不是静态的,需要依赖外部的客观环境。新闻媒体的信息传播,很容易受到外部因素的影响,有时甚至遭到信息屏蔽。对报纸而言,就是发行权受到阻扰。尽管新修订的《邮政法》第三十八条第 2 款禁止任何单位和个人"阻碍邮政企业从业人员投递邮件",随信件投递的报纸也可视作"邮件",法律能保障的对象也仅限于委托邮政投递的报纸。对于那些自办发行和采取公司化投递的报纸来说,它们的发行权如何捍卫,目前尚处于真空地带。近年来,一些地方报摊的某份报纸突然被恶意收购,其实质无非是有人在用准市场手段控制信息传播,以达到变相屏蔽信息之目的。新疆广汇物业公司的保安拒绝《都市消费展报》的投递员进小区送报,采取的是"软暴力"手段阻挠报纸发行,进而达到"封杀"这家报纸的目的。

1　吴锋,胡星.改革开放 30 年我国报刊发行的三次突围与创新[J].今传媒,2008(12):26-28.
2　民企获报刊总发行权[J].中国乡镇企业,2003(11):59.

报纸的发行权是报纸信息传播权的具体体现。《都市消费晨报》的遭遇表明，报纸的传播权概念没有明晰，报纸的发行权没有依法生存的空间，报纸作为大众传媒的权益就无法得以保障。而报社的发行权受到外力干涉，整个社会的公共利益也将会受到损害。在《都市消费晨报》遭物业封杀事件中，物业管理部门的做法是否"越位"？谁来敦促此次事件的主管部门？这些部门依据哪些法条进行管理？所有这些棘手的问题，折射出报纸的传播权处于法律真空状态的尴尬。

二、报纸读者的收阅权

新闻信息的传播和收受是一枚硬币的两面，缺一不可。受众是对不同类型媒体信息收受者的统称，包括报刊读者、广播听众、电视观众和互联网使用者以及手机用户。就报纸读者而言，读者研究重点关注的是读者和报纸的关系、报纸内容如何适应读者需求等内容。至于报纸读者的权利问题，似乎主要集中在图书馆学研究领域[1]。图书馆虽然也提供报纸阅览服务，但图书馆的读者权利和权益与新闻传播语境下的读者权利和权益有着显著的区别。至于报纸读者在图书馆以外接触、利用报纸的权利，迄今鲜有人论及。在报纸读者的诸多权利中，没有涉及报纸读者的收阅权，而这个权利早已融入现代社会生活之中，成为人们日常生活的一部分，加之很少出现纷争，以致没能引起相当的重视。

和报纸的传播权一样，在我国现行的法律框架下，报纸的收阅权也没有明确的界定。收阅权是公民知情权的延伸，属于公民权利的一种。知情权的概念是1945年由美国记者肯特·库柏首先提出的，杜钢建在《知情权制度比较研究》中将知情权定义为"寻求、接收和传播信息的自由"[2]。对报纸读者而言，报纸是他们获得信息的重要渠道，是公民知情权的实现途径之一。报纸为读者提供的知情权，由两个基本的环节构成：接收报纸和阅读报纸。接收的方式，有订阅和零买两种方式。读者对报纸的接收和阅读，可以合称为报纸读者的收阅权。

报纸读者的收阅权受到宪法的保护。我国宪法赋予了公民的言论和出版等自由，为保障这些自由的落实，宪法赋予公民住宅不受侵犯和通信自由等一系列权利："除因国家安全或者追查刑事犯罪的需要，由公安机关或者检察机关依照法

---

1 例如，窦潮的《读者权利若干问题的法律分析》，（《图书馆杂志》2005年第1期）和吴漂生的《我国读者权利研究综述》（《图书馆论坛》，2007年第4期）讨论了"读者权利"以及"读者权利"和"读者权益"的区别。
2 李国际，夏雨. 知情权的宪法保护［J］. 江西社会科学，2007（2）：191-194.

律规定的程序对通信进行检查外，任何组织或者个人不得以任何理由侵犯公民的通信自由和通信秘密。"据此我们可以推断，公民拥有订报和阅报的权利。订报是订户和报社的经济契约，这个契约本是订户和报社之间的事务，其他单位和个人不得干涉。然而，在现实生活中，报纸订户作为信息消费者，应有的权利常常受到侵犯。自家门口的报箱是私产，物业不经报箱主人同意，擅自拆除报箱，是破坏了公民的个人财产。更为严重的是，报箱是公民通信自由的物质外壳，破坏了这个外壳，公民的通信自由将受影响。广汇物业一夜之间将数十个居民小区近7万户的报箱悄悄拆除，由此暴露出公民信息收受状态的脆弱与无助。

厘清权利是为了保障合法的权利，限制权利的滥用。报纸的传播权和报纸读者的收阅权，是信息社会中两项基本的权利。构建和谐社会，需要媒体提供更多的优质信息，需要公众有更多的知情权。切实保障报纸的信息传播权和公民的信息收受权，关系到我国社会的稳定，关系到国家事业的健康发展，同时也是贯彻落实科学发展观的具体体现。

（原载于《新闻记者》2009年第7期）

论媒体评论的社会责任

　　大众传媒的功能主要是承载、传播新闻信息，它是现代社会生活不可或缺的因素，是"公共空间"的重要部分。美国传播学家乔治·格伯纳认为："任何新闻，同时都是一种见解。"传媒业的发达，离不开以剖析新闻事件的各类媒体评论的同步繁荣。应该说，媒体评论的兴盛，是社会发展的重要标志之一。由个人主观见解衍生的媒体评论，受诸多因素的影响，一旦缺乏必要的社会责任，其负面影响显而易见。尤其在网络媒体勃兴的今天，言论空间急剧增大，言路畅通，随之出现的一些缺乏责任感的评论，直接损害了媒体评论形象，进而危及其公信力。

　　社会责任的缺失，是个普遍的社会问题。自 2003 年起，国内外掀起一股社会责任研究浪潮。就媒体评论研究领域而言，虽有这方面的论述，因零碎且不成体系，故有进一步研究的必要。

一、关于媒体评论社会责任的历史回顾

　　一部中外传媒发展史，就是一部督促媒体担负起社会责任的历史。从中国报刊的传统看，媒体历来以担当社会责任为己任。在这方面，媒体评论始终发挥着重要作用。

　　在 19 世纪后半期，中国出现了现代意义上的报业。从梁启超的《时务报》到张季鸾等人的《大公报》的"言论报国"理想，直至邹韬奋的《生活》周刊，确立了我国传媒重视评论的传统——"中国报原则上是文人论政的机关"（张季鸾语）。这个"传统"，是历代著名报人"我以我血荐轩辕"的结晶。英敛之在《大公报出版弁言》中强调："本报但循泰西报纸公例，知无不言。以大公之心，发折衷之论；献可替否，扬正抑邪，非以挟私挟嫌为事；知我罪我，在所不计。"在《说国家思想》中，梁启超把报纸的两大责任定义为"国民之向导"和"政府之监督"[1]。我国新闻界历来强调传媒的责任意识，将承担和履行社会责任作为

1　胡兴荣.新闻哲学［M］.北京：新华出版社，2004：232-233.

自己的行为规范。1991 年 1 月，全国记协通过的《中国新闻工作者职业道德准则》第一条就提出，新闻工作者要"坚持对党，对国家负责和对广大群众负责的一致性"。1999 年 12 月中国报业协会通过《中国报业自律公约》，在"自律条款"第一条中，就有"忠实履行报纸的社会责任"之规定。相比之下，评论的作者们较学界更早关注媒体评论的社会责任问题。自 2001 年以来，以时评为主要形式的媒体评论，呈现出蓬勃发展之势。与此同时，新闻评论界也出现了诸如评论质量下滑、一稿多投、评论版编辑之间交换稿件等不良现象。有些评论，贪图哗众取宠，观点牵强附会，造成不良影响。2003 年 6 月 6 日，潘凤亮在《人民法院报》发表了《时评的社会责任》的短文，明确提出了媒体评论应担负起社会责任的观点，但这篇文章并未得到应有的重视。评论责任意识缺失，根源在人。2004 年 6 月 19 日，人民网发表《丑陋的中国时评圈》，引发了对时评及时评人的批判讨论。7 月 9 日，陆高峰在《时评的社会责任和伦理底线》中指出：批评的目的是"引起疗救的注意"，其出发点应该是建设性的而不是相反或其他。好的时评应该是公正负责任的，而不是一味地追求"标新立异"或"异论锋生"。《时评的九个是与九个不是》的作者认为：公民表达强调的是发言者的社会责任感。[1] 新闻娱乐化的风气，在评论中也有流露。有作者指出，缺乏社会责任感，媒体评论面临被娱乐化"化"得越来越离谱的危险。[2]

传媒要讲社会责任，这是世界各国对大众传媒的共同要求，也是新闻传播应当遵循的一项工作原则。1957 年，施拉姆的《大众传播的责任》问世，标志着大众传播的社会责任理论正式确立。美国三位大众传播学者希伯特、彼德森与施拉姆合著有《报刊的四种理论》一书，"社会责任传播理论"被列为其中的一种。该书强调了"社会责任"是近代传播事业发展的必然趋势。

二、媒体评论的社会责任

媒体评论作为"喉舌的喉舌"，媒体社会责任的实现，离不开它来明辨是非，弘扬正气，针砭时政。当今社会，"旁观者已经不复存在。每个人都是剧组成员，消费者的功能过时了。在地球这艘太空航船上，谁也不是乘客，人人都是飞船的

1　王立纲.时评的是与不是 [J].青年记者，2004（8）：5.

2　毕诗成.娱乐化将吞噬新闻评论的生命——兼论都市报时评的发展误区 [J].新闻知识，2007（1）：40.

工作人员"[1]。置身于时代洪流的大众传媒，担负着比一般企事业单位更多的责任。引领舆论导向功用的媒体评论，究竟肩负着什么样的社会责任，迄今尚未厘清。媒体评论的社会责任，主要集中在党报评论、都市报评论和网络评论三大领域。

（一）党报评论的社会责任

现阶段，中国的报业集团，无不是由党报作为旗舰媒体组建而成。党报在中国报业中的特殊地位以及其定位，决定了其在履行社会责任时，"不仅要坚持党性原则，而且要坚持人民性、群众性等原则，既对党对上负责，又要对人民对下负责"[2]。目前，各级党报上的评论，除社论、评论员文章外，开辟专业评论版的报纸也不少，如《解放日报》《南方日报》《河南日报》等。另外，几乎所有的党报，根据版面的需要，都辟有相应的评论栏目，甚至是专栏（如《河北日报》的"杨柳青专栏"）。所有这些评论版面、栏目，在传递各级党委的声音、透视社会热点、评判时事新闻、引领舆论方面，起着重要作用。党报的性质，要求党报上刊发的评论，必须具有高度自觉的负责精神。社论和（特约）评论员文章，时时本着以对党负责的态度发言；评论版和其他评论栏目上发表的由公民写作的评论，应该比都市报评论和网络评论更客观和更理性。这意味着，党报评论越是对社会负责，其方向的把握和质量的标准就越高。党报评论在防止党报主流媒体不被边缘化方面，同样责任重大。近年来，都市报的迅速崛起，党报面临的竞争压力空前加大。新闻纸的性质，迫使党报在做好新闻报道的同时，发挥重视评论的传统，给受众带去权威的评论，确保党报在受众中的龙头地位。2007年12月23日，《人民日报》副总编辑米博华在中国传媒大学"人民共和国党报论坛"第四届年会上发言中，提出了"三个舆论场"的观点。处于主流媒体舆论场之中的党报，只有充分发挥党报评论的优势，才能做到对党和人民群众负责。

（二）都市报评论的社会责任

时下，都市报以其丰富的新闻信息、多元化的版面设置，受到城市读者的喜爱。都市报的商业性特征，迫使其在市场竞争中，"提供所有的适宜刊登的新闻

1　麦克卢汉. 麦克卢汉如是说：理解我［M］.何道宽，译. 北京：中国人民大学出版社，2006：131.

2　蒋含平，谢鼎新. 简明中外新闻事业史［M］.合肥：合肥工业大学出版社，2004：245.

（All the news that's fit to print）"（《纽约时报》社训），而不是为媚俗而低俗。都市报评论的品牌，经过数年的角逐，目前形成了以《南方周末》《南方都市报》《新京报》《燕赵都市报》《大河报》为代表的一批在国内有一定影响力的都市报评论版面。这些报纸的媒体评论，标榜深度、理性和建设性，实质上就是自觉恪守媒体评论的社会责任，不论是涉及深层的政治评论，还是给受众提供有关"人情味"（human interest）特征的评论，尽可能去发现问题、分析问题，最终为解决问题建言。不可否认，有的都市报评论，因忽视了媒体评论应有的社会责任，为吸引受众眼球，有意哗众取宠，或者剑走偏锋，为倾泻个人私愤而以偏概全，导致了一个"有缺陷的公众责任程序，在此过程中几乎没有提供能有规律地从不同角度发现问题的论坛"[1]，最终降低了都市报评论的品位。都市类的媒体评论如何履行社会责任，不妨以史学的眼光，学习邹韬奋的《生活》杂志的办刊宗旨。邹韬奋给这份刊物确定的定位是："以读者利益为中心，以社会的改进为鹄的"[2]。在 20 世纪 30 年代，《生活》周刊的发行量几次创全国最高，取得可观的社会效益和经济效益，是对社会高度负责精神的综合体现。以言论见长的《生活》周刊，非常在乎"读者利益""社会改进"，这八个字，对今天的都市类报刊，颇具借鉴意义。都市报靠自身的营利维持生存，其履行社会责任也有别于党报。纵观闻名国内外的都市报评论，在恪守社会责任方面，未必是政府强制性施压的，也未必是媒体拥有高度的道德自觉，而是出于遵守市场规则的缘故，迫于竞争压力，不得不坚持评论的客观、公正、理性、建设性原则。由是观之，正是市场法则"这只看不见的手"，迫使都市报在报道新闻和评论新闻之时，必须无条件地履行起码的社会责任。

（三）网络评论的社会责任

网络媒体的兴起，是我们这个时代的重大事件。现阶段，我国新闻单位主办的网络媒体，拥有原创网络评论的首发权（《人民日报》的人民网、新华社的新华网和中央电视台的央视网等）。不过，网络媒体上发表的（含首发和转发）新闻报道，网友均可以发表跟帖评论。所以，本文所讨论的"网络评论"，外延

1　朱克斯.传媒与犯罪［M］.赵星，译.北京：北京大学出版社，2006：27.

2　蒋含平，谢鼎新.简明中外新闻事业史［M］.合肥：合肥工业大学出版社，2004：183.

要相对宽泛得多。网络评论的随意性、匿名性、简短性等特点，使网络评论有如万花筒，在给人耳目一新的洞见和幽默的同时，也充斥着谩骂、诋毁和歪曲事实等不良现象。良莠不齐、泥石俱下的网评，致使网络评论的整体水平差异悬殊。网络评论的社会责任问题，较传统媒体评论，显得尤为突出。时至今日，网络媒体的管理，尚处于探索阶段。指望网络评论一夜之间全部自由而负责，显然不大现实。恩格斯有个论断：人创造环境，环境创造人。虚拟公共平台上发表的网络评论，更需要一个自由而负责的良好环境。如果网民在发表评论时，位卑未敢忘忧国，都能本着负责的态度评说是非曲直，那么网络评论的社会责任有望得到履行。

三、评论作者的社会责任

媒体评论属于主观创作，它倚仗的是评论作者的才智和洞见。媒体评论社会责任的实现，虽然元素很多，但追根溯源，当需在源头上打好基础。这个源头，就是作者。评论作者的社会责任观以及社会责任感如何，因此显得至关重要。评论作者的社会责任，可归结为"德""利""责"三个字。

德：和文学写作不同，新闻评论写作，作者个人的思想境界，比单纯的才气更关键。"善良意志像珠宝一样闪光"（康德），评论的闪光点，是见解和善良意志的完美结合。一个评论作者，如果"故意利用言论自由来玷污真理的源泉，那么他就没有要求言论自由的权利。只有他负起相伴的道德义务时，他才有道德权利"[1]。史量才主政《大公报》时期，对新闻人的个人品德有过论述："新闻家既为国医，国魂民命系焉，其私德可不重乎？新闻家私德唯何？慈廉忠实而已。"他本人的"慈、廉、忠、实"品格，对国家与民族的无限忠诚，直接决定了《申报》的"报格"。[2]史量才的品格，正是媒体评论的作者们所应该追求的。

利：读书不为稻粱谋，历来是中国文人的追求目标。然而，"媒介从降世那一天起就难以摆脱世俗利益的纠缠"[3]，评论作者"在媒介上评时论世"不纯粹

1　胡兴荣.新闻哲学［M］.北京：新华出版社，2004：303.

2　王升远，庞荣棣.史量才的新闻家"私德"观［J］.新闻记者，2006（12）：72-74.

3　胡兴荣.新闻哲学［M］.北京：新华出版社，2004：序.

是"感受或者显示自己的存在"，同样有正当的利益诉求。这是《中华人民共和国著作权法》赋予公民的权利。作者的这种权利，既包括财产权利（稿费），也包括精神权利。然而，评论作者不同于文学作家，其创作更多是"为了引起疗救的注意"（鲁迅语）。换言之，评论作者逐的"利"首先是国家利益和民众利益，其次才是作者个人的经济利益。在这方面，巴金的利益观颇具代表性："我始终不把稿费放在心上，我一直将'自己要说话'放在第一位，你付稿费也好，不付也好，总之我不为钱写作，不用看行情下笔，不必看脸色挥毫。"[1] 然而，时下的一些评论作者，攀比稿费收入者不乏其人。这些评论作者，表面上激扬文字、指点江山，实质上看重的是稿费。过分看重物质利益的评论，能否"铁肩担道义，妙笔著文章"，令人怀疑。这种倾向，关系到我国新闻评论事业能否健康发展，也是评论作者社会责任意识不强的表现。

责：媒体评论"不仅应体现言论的开放和自由度，更要承担起直面现实、关注民生的社会责任"[2]。这就需要评论作者对舆论负责，既不能轻易立论，更忌讳哗众取宠，忘记了评论字里行间的社会责任。盲目跟风，缺乏独立思考精神的人云亦云，发起"媒体审判"，已成某些评论作者的家常便饭。这一现象的出现，与作者的素养有关，与过于追求名利有关，归根结底还是责任意识淡薄所致。譬如，新闻评论的娱乐化倾向，"忽视理性思辨，过于夸大新闻中软性的部分，过于讲求趣味性、刺激性，甚至通过文字游戏的方式来获得受众眼球"。"对于新闻评论边缘性、变异性的探索或尝试，则是缺乏社会责任感之举。"[3]

四、评论"把关人"的社会责任

评论编辑、评论部门负责人以及主管评论版面（栏目）的总编，对媒体评论社会责任的实现，起着重要作用。如果说"报纸的好坏决定于出版人如何"（美国报人雷蒙德·尼克松语），那么，根据编辑学"得缔构者得传播"的理论，一篇评论能否得以发表，取决于评论编辑的选稿和编稿。作为媒体评论把关人的评论编辑，需要先给自己的价值取向"把好关"，为媒体评论这艘航船找好准确的

1　李明山，常青，等.中国当代版权史［M］.北京：知识产权出版社，2007：149.

2　潘凤亮.时评的社会责任［N］.人民法院报，2003-6-6.

3　毕诗成.娱乐化将吞噬新闻评论的生命［J］.青年记者，2006（22）：23-24.

方向。评论编辑，应该有明确的编辑理念，而不是盲目跟潮流，别的同行开了评论版，自己也不甘示弱。真正的媒体评论，应该是百报争鸣，而不是多报一声。广州的《南方都市报》虽只是一份区域性报纸，但其评论编辑坚信"一张优秀的区域性报纸的声音可以传遍全国，而评论正是这张报纸的声音"。该报评论主编李文凯先生阐释过其办刊理念："国家的方向、所获得的进展、所遭遇的困顿、所影响的命运，是我们评论所要紧密关注、积极表达的话题。这看似有些宏大拔高的定位，其实正是中国现状下媒体的自觉。"[1] 然而，评论编辑自身存在的诸多问题，已经频频引起非议。其中，评论稿件同质化严重的现象，是对读者注意力资源的浪费，更是编辑责任心不强的表现。媒体时评编辑的职责是筑巢引凤，为社会各阶层的人提供一个良好的发言平台，"现在的一些写手型时评编辑似乎把主要的精力投入到时评写作上，如果不考虑其他因素的话，这是一种认识上的错位，好比一出戏的导演只忙着演好自己的角色而忘记了他要负责整个戏的组织引导"。有的编辑喜欢将这个圈子中的所谓"名人""高手"的文章登到自己的报刊上去，既轻松又省事，还能提高双方的"知名度"，但实不知这无形中就剥夺了一些真实的民声。有的编辑，如果胆敢有人公开批评，就可能"遭到不能发表作品的所谓封杀"。评论编辑不仅是联系作者和读者的中介，还是媒体评论履行社会责任的关键环节。强调媒体评论的社会责任，既需要编辑和作者的道德自觉，同时也需要报业协会对评论编辑进行职业规范。比如，限制评论编辑的写稿和发稿数量、交换稿件。无欲则刚，评论编辑只有远离名利纷扰，才能唯稿是取，而不是相反。构建和谐社会，对媒体评论提出了更高的要求。然而和谐社会不是以忌讳批评的评论为前提，而是强化媒体评论的社会责任感。这正是每一家媒体、每一位评论编辑和所有评论作者努力的方向。"对一些人来说，责任是一个没有意义的陈词滥调；对其他人来说，它是一个值得努力的目标。"[2] 媒体评论，畅所欲言，是宪法赋予的媒体和公民的权利。媒体评论自由而理性，理性而负责，负责才能有益于国家的发展和社会的进步，有利于社会矛盾的化解。媒体只有组织、发布以强大道德力量为基础的评论，才会在为社会寻求正义的同时，赢得自

1 李文凯. 重要的是形成风格——《南方都市报》时评的理念与操作 [J]. 中国记者，2005（4）：59-60.

2 新闻自由委员会. 一个自由而负责的新闻界 [M]. 展江，王征，王涛，译. 北京：中国人民大学出版社，2006.

身真正的言论自由和崇高的声誉。

（原载于西南科技大学学报（哲学社会科学版）2008 年第 3 期）

*基金项目：本文系四川省教育厅青年基金项目"媒介评论社会责任与效益研究"（项目编号：B06032）的阶段性成果之一。

焕然一新的面貌
——喜读《人民日报》党的十七大特刊

一、版面富于创新

版面研究历来是报纸研究的重点。2007 年 10 月 8 日至 22 日，《人民日报》的《喜迎党的十七大特刊》和《欢庆党的十七大特刊》（以下统称"十七大特刊"），共出版 14 期。分析十七大特刊，仍有必要以其版面为切入口。

（一）统筹性

创办一个肩负着特殊使命的特刊，尤其需要在形式和内容两个方面讲究统筹兼顾。客观地说，《人民日报》这次创办的十七大特刊，在稿件组织、编排的统筹方面做得较好。这种统筹性，尤其表现在一个具体的版面内，专稿、特稿栏目的内容和言论栏目的话题相一致，两者相得益彰的。

这方面的例子，可以信手拈来。以 2007 年 10 月 11 日的第 4 期特刊为例，第五版"奔向全面小康"栏目下发表的《法治改变着我们的生活》，分别从"立法民主""文明执法""法律援助"三个方面，详尽报道了党的十六大以来，我国法治建设的巨大成就，同时报道中还配发了 5 张照片。在"抒怀"栏目发表的言论《法治人民的福祉》，从"我国公民权利日益得到依法保护""我们正迈向依法执政、依法行政的时代"以及"中国日益融入世界"等方面，阐释了法治如何改变了我们的生活。而同版"画说新气象"和"人民网·民声"栏目刊发的照片和网友留言，也都与法治相关。

（二）叙事性

注重报纸的叙事性，不仅能为读者提供更多的信息，而且能增加可读性。《人民日报》党的十七大特刊，需要将抽象的政治成就和宏观的时代风采，变成具象化的文字，让读者喜闻乐见。

本次特刊第八版上的"故事·5 年"栏目，充分体现了这一点。例如，2007

年 10 月 14 日（特刊第 7 期）的"故事·5 年"栏目里，发表了《绿色，向黄沙挺进》一文，记述的是宁夏白芨滩林场场长王有德的治沙故事。以往我们听到的往往是"沙进人退"的消息，记者讲述的王有德治沙故事中却是黄沙"畏惧"他。如此叙事手法，既新颖也饶有趣味，很容易吸引读者。

十七大特刊的叙事性，不止一个"故事·5 年"栏目，诸如"画说新气象"，同样是一种特殊的叙事方式。该栏目精挑细选一些具有典型意义的照片，以点带面，以小见大，具有较强的"视觉叙事"效果。

（三）创新性

1. 栏目设置新颖

今天的中国，与五年前相比已经发生了显著的变化。这就从客观上要求十七大特刊能反映时代的变化，以还原一个全面、真实的中国。

《人民日报》十七大特刊，在保持版面大格局基本不变的情况下，在新栏目设置方面推陈出新，推出了一系列的新栏目。如"奔向全面小康""人民网·民声""求真""历史节点""新探索新经验""心语""实感录""新亮点""长镜头""关键词""故事·5 年""信息库""抒怀""话说盛会"等栏目，都是一些崭新的面孔。这些新栏目，以其新颖性和贴近性和版面融为一体，成为一个个报道党的十七大、宣传党的十七大、贯彻党的十七大的阵地，发挥着不可替代的作用。

2. 增加文化内涵

胡锦涛总书记在党的十七大报告中提出："弘扬中华文化，建设中华民族共有精神家园。"我国的各级党报，作为严肃性大报，更是社会主义精神文明的传播阵地。与"十六大特刊"相比，十七大特刊在编排过程中，编辑者更加注重特刊的文化品位，给每个版面增添了副刊的韵味。这表现在篆刻、剪纸和诗歌作品的数量，较"十六大特刊"有较大幅度的增加。"十六大特刊"发表的篆刻作品，没有独立的栏目，只是作为一种美化版面的手段。十七大特刊则独立安排绝大多数的篆刻，书法作品也是如此。此外，十七大特刊的诗歌作品，也不止一次出现。例如，2007 年 10 月 11 日第六版上，刊登了《欢天喜地兴中华》（诗作）和"篆刻"；2007 年 10 月 15 日第六版又有"剪纸""书法"作品。这些篆刻、书法和诗歌作品，对美化版面、提高特刊的文化品位颇有作用。2007年10月14日的"新亮点"栏目下的两篇报道，都是和廉政有关的话题，编辑为此配了四幅宣传性的廉政漫画，效果也很好。

二、评论关注民生

我们常说，"版面是脸，评论是眼"。如果说《人民日报》十七大特刊因精心编排而具有了一张表情生动的"脸"，那么评论则是这张面孔上炯炯有神的"眼"。评论是时代的先声，反映时代变化，体现时代主题。

（一）反映时代主题：民生

党的十六大以来的五年，我们党的执政理念、发展理念都发生了较大的变化。如果说"发展"是党的十六大的主题词，那么"科学发展、社会和谐"便是党的十七大的主题词，民生问题成为代表们最广泛的话题。人民日报评论把握了时代主题。在十七大特刊上，更为多见的是《从"发展"到"科学发展"》（"抒怀"栏目）、《公平正义：社会和谐的基石》（"求真"栏目）、《民生连着国运》（"抒怀"栏目）、《民生，百姓总有新期待》等关注科学发展、社会和谐的题目。

新闻评论以理性见长，但仍富于真挚的情感。这种感情是对人民的深情，它同我们党关注民生之情相吻合。比如《民生，百姓总有新期待》，作者在谈到民生追求时，用了这样的句子——"从活得有保障到活得有尊严，这'尊严'二字，重若千钧！"一枝一叶总关情，带着感情写评论，《人民日报》十七大特刊的评论给了我们深刻的启示。

（二）评论依托报道主题

一篇评论，如果没有事实做铺陈，难免流于空谈。十七大特刊评论，依托了版面的报道主题，不仅站稳了评论的脚跟，更有利于反映时代的主题。这种评论编辑方法，值得推广。

不管是"抒怀""求真""心语"栏目，还是"观潮"和从网上摘录的"民声"栏目，虽是作者个人观点的陈述，但这些观点的产生，都建立在坚实的事实基础之上。十七大特刊上发表的所有评论文章的评论对象，都是由版面报道的内容决定的。只要看到版面上的任何一篇文章，就能知道当天该版评论所关注的重点。如《民生，百姓总有新期待》（"抒怀"栏目）、《吃饭穿衣看家底》（"求真"

栏目）、《理论宣讲也要与时俱进》（"心语"栏目）、《待13亿人的文化中国》（"观潮"栏目），这些标题所透露的信息，反映了每期特刊不同版面上的不同侧重点。

（三）接纳网评，反映民声

党的十六大以来，党和政府越来越尊重民意、重视民意、采纳民意。随着现代媒体技术的发展，在以党报为核心的主流媒体所形成的官方舆论场之外，网络上也形成了不可忽视的民间舆论场。两个舆论场，相互影响，互为补充，形成两者之间的沟通和融合。《人民日报》十七大特刊显示了这种变化，不仅有自己评论员写的评论，也让来自网络世界的声音反映在党的报纸上。

此次开办的"人民网·民声"栏目，是在十六大特刊"人民网大家谈"栏目的基础上重新包装的。网评和署名评论的一个显著区别是，前者是匿名的。特刊为增加"民声"栏目的可信度，还将每条"民声"留言的IP地址刊出（为保护网民的隐私权，省去后三位数字）。如前所述，"民声"的议题和版面的主题融为一体。

接纳网评，用直接的网友评论反映民意，是党报特刊编辑开放心态的写照。随着网络技术的进步和网络言论的发展，相信在以后的类似特刊中，"民声"评论的分量将会继续增多。

（原载于《新闻记者》2007年第12期，作者：刘海明，李忠志）

新闻采访权是否是记者证持有者的专利
——从兰成长无"记者证"被殴打致死事件说起

2007 年 1 月 10 日，《中国贸易报》山西大同记者站的兰成长等两人到该市浑源县一家"黑煤窑"采访。因他们只有《中国贸易报》出具的采访介绍信，兰成长被打成重伤，翌日不治身亡。事发后，《中国贸易报》山西记者站负责人表态说，这两人没有采访权，也没向站里请示报告，纯属个人行为。《中国贸易报》一位副总则表示：兰成长只是他们的新闻线索采集员，不能说是记者，因为他没有新闻出版总署颁发的"新闻记者证"。[1] 山西省有关部门的调查结果是："死者兰成长为中国贸易报山西记者站聘用的临时工作人员……兰成长不是正式记者，没有采访资格，他到浑源县采访是个人行为，组织上没有委派他前去。死者不是记者，这案子是一般刑事案件。"

闹得沸沸扬扬的兰成长事件，使得新闻记者证与新闻采访权的关系成为公众争论的焦点。记者证与采访权的问题，由来已久。据《中国青年报》2004 年 5 月 26 日报道：沈阳市民董国明，在抵制违法拆迁、维护其自身合法权益过程中，被商家非法困于楼上达 27 天之久。中央电视台记者前去采访，遭到 10 余名保安阻止；因该记者只有介绍信没有记者证，被当地警方强行扣留。

这两起事件的"导火索"如出一辙：采访者当场拿不出全国统一印制的新闻记者证。在被采访者看来，新闻从业人员没有"记者证"，就没有采访权。但是，这样的看法经得起推敲吗？

一、新闻记者证与采访权

从事新闻采编工作，需要有身份证明。2005 年 3 月 1 日起施行的《新闻记者证管理办法》第二条规定：全国新闻机构使用统一样式的记者证，证件名称为"新闻记者证"。符合持证的条件是什么？《新闻记者证管理办法》第十一条规

1　何忠洲.报社人员被矿主打死调查：假记者后面有真记者［EB/OL］.［2007-02-02］.

定：（1）遵守国家法律、法规和新闻工作者职业道德；（2）具备大学专科以上学历和经国务院有关部门认定的新闻采编从业资格；（3）在新闻机构编制内从事新闻采编工作的人员，或者经新闻机构正式聘用，从事新闻采编工作且连续聘用时间已达一年以上的非编制内人员。第十三条还规定：新闻采编人员从事采访工作必须持有新闻记者证，并应在新闻采访中主动向采访对象出示。新闻记者从事新闻采访的合法权益受法律保护。

综上所述，"新闻记者证"可以表述为：它是我国新闻机构的新闻采编人员从事新闻采访活动使用的有效工作身份证件，由新闻出版总署统一印制并核发。这意味着，"记者证"是从事新闻工作的一个合法凭证。此外，《新闻记者证管理办法》的颁布、实施，对"记者证"的确认，也是新闻职业化的一个表现。由此可见，新闻出版总署统一核发记者证，等于赋予了持证的新闻记者以相应的权利——"新闻采访权"。从这个角度说，不管是因无"证"到沈阳采访而被扣留的央视记者，还是2007年年初被打致死的兰成长，尽管其各自的遭遇深受同情，但还有一点有苦难言的味道。

新闻采访权的含义，学界比较主流的有三种："信息搜集说""自主调查研究说"与"知情权与表达自由说"。学者杰文津认为："以上三种观点的后两种，在内容和逻辑上都有其不可忽略的弊漏：'自主调查研究说'虽然指出了新闻记者能够对某一个事件有一定自己调查的自由，但却是完全站在'新闻党性'原则的立场上来表述。'知情权与表达自由说'能够结合西方先进的权利保护思想，以系统论来理解采访、编辑、报道的内在联系是非常有益的思路。但笔者认为，采访权本身有其概念范畴，该说容易导致这一范畴的随意扩大。基于此，笔者认为应当采信'信息搜集说'一论作为对采访权内涵的贴切解释。"[1]因此，我们不妨将新闻采访权的含义理解为：新闻采访权是指新闻工作者采集新闻素材、获取新闻信息的权利。

二、新闻采访权是不是持证记者的专利？

新闻采访权是否持证记者的专利？如果对这个问题做出肯定的回答，上述两起事件的结果，也就有了某种必然性。但这样一来，无异于剥夺了聘用记者、实

---

1 杰文津.含义与源头：新闻采访权再探［N］.法制与社会，2006-4.

习记者以及特约记者的新闻采访权。

这些类型的"记者"能不能申办新闻记者证的问题，到目前为止，可以查阅的明文规定只有《新闻记者证管理办法》。其第十一条规定："经新闻机构正式聘用从事新闻采编工作且连续聘用时间已达一年以上的非编制内人员可以申办记者证。"第十二条："新闻机构以外的工作人员，包括为新闻单位提供稿件或节目的通讯员、特约撰稿人、特约记者，专职或兼职为新闻机构采编新闻稿件的其他人员不发新闻记者证。"

依照这些规定，那么那些进入媒体从事新闻采编不足一年，或者虽然工作满一年，却尚未具有相应资格的新闻从业人员拥有新闻采访权吗？事实上，即便是中央级媒体，其聘用的采编人员中，也未必全部拥有记者证。作为弥补措施，新闻单位大多采用本单位印制的工作证或采访证件。如兰成长随身携带的"新闻工作证"上，盖有记者站的钢印，就可以证明其身份。

新闻媒体每年都要接纳新闻或其他专业学生前来实习，媒体也不可能给实习生申办统一的新闻记者证，只能办理标识有"实习记者"字样的证件，以方便他们进行新闻采访活动。此外，根据采访需要，不少媒体还不定期临时聘请特约记者。假如被采访单位都以聘用记者（实习记者、特约记者）没有记者证为由，拒绝采访，甚至动粗，新闻单位该如何应对呢？

在新闻实践中，不管是新闻单位的正式聘用人员还是实习记者、特约记者，都承担着新闻工作赋予他们的职务责任。对他们而言，新闻记者证或新闻单位出具的有关证件、介绍信，意味着什么？中国人民大学的马少华教授给出的回答是："前者表达的是国家认可的职业资格；后者表达的是新闻单位为此承担的责任，新闻单位对他们的信任，并由此为他们向被采访者争取信任。"[1]依照目前的新闻体制，"聘用记者""特约记者"以及"实习记者"，新闻单位无法为其申办正式的记者证，但只要有新闻单位颁发的相关证件或证明，理应也有新闻采访的权利。当然，这种"采访权"常是临时的，有效时间较短。它是新闻单位采访权利的一种延伸，新闻单位应相应地承担这些非正式记者采访活动所带来的法律后果。

──────────

1　马少华.记者证并不垄断采访权［N］.北京青年报，2007-1-22.

　　新闻媒体承担着向公众传递信息、使公众了解事实真相的特殊职责，从宪法中公民言论自由权利延伸出的新闻自由，实际上肯定了新闻工作者正常采访的权利。这里的"新闻工作者"应该是一个广义的概念，既包括拥有"记者证"的记者，也应该包括那些聘用、特约和实习记者。可见新闻采访权并非持证记者的专利，上述两起事件中，没有"记者证"就没有新闻采访权的说法，显然是站不住脚的。

　　新闻采访权固然是记者展开工作的首要权利，就兰成长被暴打致死事件而言，假设兰成长不以记者的身份，而是以一个普通公民的身份，并且不存在任何讹诈嫌疑的话，能不能到那家煤矿采访呢？

　　普通公民就某一事件或问题，向有关部门或单位了解情况，就是我们通常所谓的"知情权"，它离不开知情诉求者主动的了解、调查。从这个意义上说，这种知情权也可说是一种采访权。近年来，不少市民在街头用摄像机摄录许多现场新闻，提供给新闻单位；个人用博客在网上采集信息、传播信息，也都不失为一种采访的权利。但是这种了解、调查与现场摄制，和专业的"新闻采访权"有区别，也是没有疑义的。兰成长倘以普通公民的身份当然也可以去那家煤矿了解情况，但其实际效果如何，恐怕难以与记者的采访相提并论。社会之所以需要专业的记者来承担这项工作，其原因就在于此。

（原载于《新闻记者》2007 年第 5 期）

第四章　人工智能

技术的界碑：人工智能对新闻真实的伦理挑战

人工智能诞生至今，正经历着"第三次浪潮"：以深度神经网络为基础的产品研发和应用。受这种"浪潮"的影响，人工智能与传媒业的结合愈发紧密，正在研发相应的智能传媒产品。人工智能技术与新闻生产的结合可以促使传媒业发生结构重组与内容创新，但随之而来的是多维的新闻伦理思考，其中，新闻真实在人工智能的深度融合下，边界重塑成为一个无法回避的重大伦理问题。人工智能快速地汇入传媒业的"融合"之路，如何在保持媒体机构独立性的同时呈现出更加符合事实并有穿透力的新闻，成为人工智能与传媒业融合的关注焦点。人工智能展现的是科学理性的光辉，其核心是"学习能力"而非简单机器的"模仿能力"，由此带来了技术边界的无限扩展。从理论上说，机器学习的潜力无法预估，发展状态呈现某些自主性，存在摆脱外力（人作为主体）实际控制的可能性，这引发业界和学界的普遍担忧。如何框定技术运用的框架，确保媒体从业者的职业主体性身份，本文尝试厘清新闻真实与人工智能的边界，探寻人工智能背景下新闻真实的实现路径。

一、由混沌到清晰：新闻真实的技术界碑

新闻真实并非是一个固定的点，而是一个可以测度的范围。新闻真实依托于技术手段，呈现出由混沌到模糊、由模糊到清晰再到超清晰的发展趋势。技术致力于完善新闻真实呈现的形态，提升新闻的信度值。纵观新闻与技术的结合过程，不难发现，技术已然成了衡量新闻真实的特殊界碑。

1.新闻真实的技术演变

传媒业深受技术的影响，这种影响可以追根溯源到传媒业的诞生之初。关于技术对传媒业的影响，马克思曾指出："印刷术变成新教的工具，变成科学复兴的手段，变成对精神发展创造必要前提的最强大的杠杆。"[1] 印刷术带来的巨大

---

1 马克思，恩格斯．马克思恩格斯文集：第8卷［M］.中共中央马克思恩格斯列宁斯大林著作编译局，译．北京：人民出版社，2009：338.

变化，最直接的便是新闻纸的问世，它不仅为报纸的诞生铺平了道路，而且降低了报纸的成本，使之逐步平民化。技术的进步对新闻生产在内容方面的促进作用逐渐明显，新闻的真实性和时效性特征也逐渐显露。摄影技术的运用紧随其后，使得新闻真实性大大增强，图片给新闻的呈现带来了"权威性"，其对于现场的还原是新闻真实的客观呈现。印刷术、摄影技术的发展，形成了新闻内容的文字和图片，至今依旧是新闻产品的核心要素。

与此同时，报纸和阅读者之间达成了"契约"，这种契约是一种约定俗成的契约：报纸作为单方面的信息传播方，拥有一定的公信力和权威性；阅读者对报纸内容表示极大的认同。两者之间的契约关系即报纸呈现的新闻内容真实无误且清晰，阅读者对于新闻内容真实性的信任，其核心便是新闻机构（包括报社）以诚实可靠赢得阅读者的信任。报纸最初的权威也来自其对新闻真实的呈现，即文字和图片内容的真实性，一旦报纸出现假新闻，其自身的权威就会下降，读者的信任度也会随之削减，双方之间的契约稳定性便会受到冲击。传统技术运用于新闻行业，不断地加深其真实性的度值，以一种"感官参与"的方式寻求契约关系的加深。

可见，这里所说的"真实"并非新闻五要素之一的真实性，而是包含着更广泛意义上的新闻的本质内涵。在已有技术条件下，能达到的最大限度之新闻真实呈现：在受众认可之下，媒体从业者努力呈现内容与社会价值的"契约内容"。这里从新闻真实的角度出发，不仅对新闻内容和媒体从业者提出要求，同时对受众认知和技术呈现也提出了相应的要求，即受众对于新闻内容的认知程度和虚假新闻的辨别程度，受众认可的才是新闻真实。从另一个角度看，在技术层面上对新闻真实的呈现进行某些限定，不同技术发展之下对新闻真实的认知则不尽相同。

在此基础上，我们再对新闻真实进一步拆解："真"即新闻事件的"确有其事"，新闻内容的"确保无误"，一个"真"字提出了对于新闻事件本身和新闻表述呈现的要求；"实"是新闻创作的"符合实际"，新闻传播的"平实畅达"，这是对新闻在创作层面的要求。新闻的"真实"是对媒体从业者提出的要求，即对新闻"真实性"原则的坚守，践行新闻职业伦理的"志向"。随着技术的进步，新闻"真实"更加地可感、可知，有了可以量化的技术准则。

2.新闻真实的技术争论

技术的诞生本是人类出于对大自然的探索，劳动方式的进化促使人们对工具的升级，人对自然的征服也体现在工具的更迭上。"人类的命运取决于他如何为自己生活（从每个时代所达到的整体的秩序到个人在每一时刻的举止行为）而控制技术后果的方式"。[1]人为了彰显自己的智慧，总是不断地改造自然，这种主体性意识不断地加深，促使了他们对技术的渴望，技术也逐渐偏离了最初的理性而变得更加具有目的性，也具有更多的功利主义色彩。

技术在传媒领域的运用，其初衷本是为了提高新闻生产的效率并容易为受众所接受。至于技术促进新闻真实，让新闻更为客观、生动地呈现，显然是被后世阐释的产物，未必是技术研发者和媒体技术引进的原初动机。技术有助于新闻真实只是其内在的一个功能，技术同样也可能损害新闻真实。这是其另一个功能，只是这个功能长期被人为地忽视了。作为新闻生产主体的媒体从业者，他们在运用技术的过程中，某些技术（比如修改或虚拟事实）的现实可能性使得新闻真实的素材成了更可能被篡改、被断章取义、被制造的内容。人的主体性在技术的膨胀中变得愈发明显，这种主体性过分强调媒体从业者在新闻生产中的"创作"能力，这种创作能力试图对新闻真实进行"合功能性"的改造。

随着广播电视媒体的诞生，视听形态的新闻使得广电新闻一度成为公众消费新闻的"盛宴"。广播技术给公众带来了更多的感官刺激，新闻不再是抽象的静态符号，而变成了可感的连续性符号。技术的利弊总是形影相随，新闻的严肃性由此受到了不同程度的削弱。"新闻真实"本身蕴含严谨的本质要求。技术刺激了公众对"视听双感官"的偏好，视听新闻的娱乐化成分在增多，媒体从业者对新闻报道呈现方式的片面追求，对于收视率、流量的过分追求，打破了受众与媒体（现在需要称之为传媒行业）之间的平衡，受众喜好所占比例逐步加重。以新闻真实为契约核心的守恒被打破，新闻真实仍旧重要，但因其新闻要素的增加，其重要性有所削减。

新闻记录者成为新闻"创造者"，这种依托技术的新闻报道对新闻真实性的冲击明显。技术干预下的"新闻真实"不是简单地进行虚构，而是对新闻事实的

1　绍伊博尔德.海德格尔分析新时代的科技［M］.宋祖良，译.北京：中国社会科学出版社，1993：81.

片面呈现，对事实的一部分进行断章取义式的解读，加之以看似真实的图文进行佐证。这样的真真假假，动摇了媒体与受众之间的既有信任。新闻的娱乐属性的"扩大化"逐步趋向于"极端化"，在技术发展之下，人们将自我放置于客观之上，对新闻真实造成损害。

3. 新闻真实的技术信任

将个人凌驾于新闻真实之上，新闻真实的根基受到威胁，无法保证新闻报道的真实，新闻可能沦为误导公众的工具。只有以新闻真实的边界框住人的主体性活动范围，才能还报纸内容的公信力。研究者操瑞青认为新闻真实并非真实本身，而是一种"假设真实"。[1] 这是对新闻真实的一种大胆设想，但也未尝不是新闻真实的现实写照。新闻真实被誉为是新闻的生命线，也是新闻最为核心的要素，在新闻实践中，尽管新闻真实性受到各种因素的影响和削减，但其依旧是新闻的核心价值体现，任何与真实相左的内容一旦被判定为虚假，这些虚假内容就理应被排除于新闻内容之外。从反向角度进行思考，新闻真实便是一种去伪的过程，当虚假内容一个个被剔除之后，由此逐渐达到新闻真实的彼岸。

这里引出了"假新闻"和"反转新闻"的界定。有人认为"反转新闻"是一种"假新闻"，因其反转之前与事实存在着出入，这种说法显然是错误的。一类反转假新闻是新闻事实与实际相左，是新闻构成内容的虚假，是"地基"的错误，而反转新闻的构成要素则不仅是虚假的问题；另一类反转新闻是新闻素材虽然真实，但这种真实并不全面，因认知的片面带来的误导，这是一种"视觉受限"带来的反转。笔者认为，新闻真实自身存在着过程性，并且很难在一个新闻中得到全面的呈现，这种过程性和动态性正是"假设真实"的内涵。

从"假设真实"的角度出发，不难达成有关新闻真实的理论共识。新闻的"绝对真实"即"假设真实"，作为存在于媒体从业者脑中的"理想真实"，他们朝着这个方向行进，但未必能一蹴而就。在追求新闻真实的过程中，需要强调过程的真实性和"理想真实"的接近性，这便是新闻真实能够达成的既有共识。技术给新闻真实带来了可靠的依据，媒体从业者的职业主体性不应该凌驾于新闻真实之上。这个过程具有探索的复杂性和难度，只有这三者之间形成良性互动，新闻

1　操瑞青. 作为假设的"新闻真实"：新闻报道的"知识合法性"建构［J］. 国际新闻界，2017，39（5）：6-28.

的真实才得以最大限度地保留。同时，将新闻真实当成一种"假设真实"，就不难理解新闻真实的实现过程困难重重亦是必然。而对于新闻真实的判断便围绕去伪之实践展开，有助于实现时效性语境下的相对平衡。

二、由事实到虚拟：新闻真实的边界模糊

技术一经诞生便有很强的扩张性，人工智能也是如此。随着人工智能向新闻领域渗透，新闻真实与传统的传媒技术在实践中形成的平衡面临局部崩塌的危险。争夺媒体从业者的职业主体性地位、破坏新闻内容的真实性、制造虚拟情境影响受众的体验，人工智能以看似具有建设性（增进表象真实）实则颇具破坏力（混淆真实的边界）的姿态对新闻真实造成潜在的消极影响。

1.虚拟的主体：身份认同错位

技术是人的主体性的体现，当媒体从业者的职业主体性超越新闻真实的边界，新闻真实成了功利性的牺牲品，内容变得可以制造和改编。一旦技术拥有某种"主体性"，媒体从业者的职业主体性受到威胁，新闻的真实边界便会更加难以掌控和呈现。2019年3月新华社上线的两位"AI合成主播"，以真人为原型，以虚拟人像播报新闻。"AI合成主播"当前只是简单地模仿人的行为，完成人的指令，一旦其升级为真正意义上的高级人工智能"主播"，具有自身学习能力之时，人工智能可能会达到甚至反超人的智能程度，当媒体从业者的职业主体性部分丧失时，传媒业的主体之争将无法避免。

一方面，"AI合成主播"以其快速的讯息接收、文字编辑和语言转换能力，能迅速且自动化地进行简单新闻的播读工作，其优点在于不知疲倦、快速反应和文本播读的准确性；另一方面，其避免了人的主观倾向和因自身知识水平带来的错误理解和呈现。显然，前者毋庸置疑，但后者在人工智能发展后期则显得不可信起来。梳理当前国内学界对于"AI合成主播"的研究，笔者将两种主要观点归类为"玩具论"和"重构论"。我们先来看第二种观点。按照"重构论"的观点，"AI合成主播"给新闻行业的业态带来形态上的重构[1]，试图营造一个较为和谐的AI与媒体从业者各司其职的合作体系，但其将AI与人进行平等的设定，

---

1 娄艳阁."AI合成主播"对新闻业态的影响——以新华社"AI合成主播"为例［J］.传媒，2019（3）：49-51.

带来的是媒体从业者主体性的缺失，新闻真实依赖于技术理性，而技术理性缺乏第三者的评估，这可能造成新闻真实平衡的倾斜。

而在第一种观点"玩具论"者看来，当前"AI合成主播"处于保罗·莱文森"媒介演进三阶段"即"玩具—镜子—艺术"中的"玩具"阶段，换言之，即"前现实—现实—后现实"的"前现实"阶段。[1] "AI合成主播"的热情退去之后，要从"玩具"阶段迈向后期，需要大量的人力、物力投入。且技术投入和收获并非成正比，在其前期发展中，大部分人工智能的研发机构呈现出负收益的状态，其发展前景依旧扑朔迷离。新闻真实作为传统的新闻理念之一，难以在一个具体的时间内达到完全、本质的真实，任何个人和机构都不能在某个固定时间内对新闻真实进行全面的把握，却努力寻找着自我和外界的平衡点，以期达到新闻的真实呈现。人工智能技术造成人的主体性存在某种模糊性，这无疑是对未来媒体从业者职业能力的一大考验。

2.虚假的内容：制造新闻事件

人工智能使得新闻内容的真假变得难以辨别。技术的"以假乱真"，客观上为那些缺乏自律精神的媒体从业者利用虚拟现实技术"虚构"新闻事件提供了可能。"虚构"新闻事件一旦变成新闻生产的某种手段，就连具有良好媒介素养的人也将难以识别真假新闻。这种状况若无制度性的规制，滥用虚拟技术的新闻机构将很难受到相应的制约，导致"虚构"新闻的行为成为一种极具风险性并且对新闻真实构成威胁的技术手段。抛弃过去耗费心力的"四力"模式，通过简单的一台新闻生产智能机器就可以"虚构"任何新闻，博取"眼球"赢得利益，而真实原因是其缺乏观赏性和难获得性被抛弃。

"人脸交换技术"便是人工智能模糊新闻真实的一个手段，通过技术将视频或图像中的人脸换成任意一个人的脸。2017年12月，一个名为"Deep Fakes"的用户在Reddit上发布了一个以假乱真的换脸"假视频"。"人脸交换技术"打破了人们原本对于新闻图像造假的认知。以往，图片造假是通过模糊关键线索来产生认知的偏差，而"人脸交换技术"提供了一种新的造假方式，即"以'真实'的证据"来迷惑你的感官。所谓的"眼见为实"在人工智能下被打破，眼见、

1　易艳刚.作为"玩具"的AI合成主播［J］.青年记者，2019（3）：112.

耳听都有可能是虚假的内容。这些虚假的内容进入传媒领域，新闻真实变得更加难以检测，相反新闻造假却越发显得"真实""可信"。

人工智能在对内容进行技术维度的建构之外，无形中也可以将技术自身的机械性的认知和判断嵌入人工智能的新闻生产程序之中。人工智能在传媒业应用的初始阶段，以模仿媒体从业者的职业行为为主，它们的活动被设定在传统的新闻生产框架模式之中。人工智能作为媒体从业者的"化身"自然会"遗传"它们所模仿对象某个特定时刻所呈现的情绪。人类世界显然不是一个无偏见、无矛盾的"乌托邦"；相反，在这里充满了暴力、色情、政治等各种冲突。智能技术工程师研发的人工智能产品，这些产品必然带有这些研发者认知的某些特征。传媒业在引入人工智能前应先去评估这些智能产品的先天性特征，并寻求到克服这些机器的"生理性因素"，以免因为机器的原因降低新闻报道的真实性。

令人不安的是，在技术理性的欢呼声中，正视技术缺陷的声音并未真正引起业界的重视；相反，不少人推崇人工智能新闻的"真实"与"客观"。需要强调的是，在人工智能时代，新闻的主观与虚假被理所当然地置于新闻真实的范围内，并且超过任何时代对于新闻真实的共识，以一种摆脱个人主观的面目呈现。此外，任何制造虚假新闻的行为毫无例外地有悖于新闻职业道德，人工智能的新闻造假如何进行惩罚，这是个有待讨论的现实问题。

3.虚幻的场景：受众感官亢奋

人工智能首先对塑造新闻真实场景进行挑战。新闻真实的实现并不仅仅源自传受双方之间的既有默契，在这个过程中，无法忽略的是整个过程完成的场景的真实与否。当新闻传播内容的场景不再真实而是技术虚拟的产物，而这种虚假成为一种"现实"的存在，人们将虚假与现实进行一一对应，势必会影响对新闻真实的接收和认同的程度，对受众造成新闻真实的感官紊乱。

"沉浸式新闻"（Immersive Journalism）这一概念由 Non-nydela Pea 首次提出，她将"沉浸式新闻"定义为"可以增强使用者在新闻故事中事件或情境的第一人称体验的新闻制作形式"[1]。这种技术将质朴的新闻变成现实感超强的体验，带

---

1 DE LA PEA N, WEIL P, LLOBERA J, et al. Immersive Journalism: Immersive Virtual Reality for the First—Person Experience of News [J]. Presence, 2010, 19（4）：291-301.

来的是新闻真实严肃性的再次解构，新闻真实成为一种更倾向于游戏的体验，过度重视体验性而忽略新闻真实的客观性。

"沉浸式新闻"强调交互（Interaction）、沉浸（Immerse）和想象（Imagine），[1]观看者以第一视角全身心地投入，以期和整个场景产生共鸣。它的这种交互性是场景和观看者之间跨越时间和空间的交互，也是一种不在场的"在场"。前线（Front Line）节目组和标志公司（Emblematic Group）合作出品《监禁之后》（After Solitary），通过摄影测量、体视摄影技术和 VR 技术，使观众以第一视角体验犯人肯尼·摩尔压抑、黑暗的监狱生活，和被释放后对生活的无望和心理的挣扎。

这种极具震撼性和共情性的体验带来的是巨大的感官冲击，它使新闻的呈现方式做到了多感官的融会贯通。从受众角度来看，视觉、听觉融合于一体，将单纯的"阅读者"变为"体验者"是"沉浸式新闻"有别于其他新闻的核心。原本新闻是文字、视频、声音三种独立的方式或者简单的两两结合，通过"沉浸式新闻"的呈现，新闻的独立性变得式微，过于依赖技术的形式，内里显得空泛。新闻真实在"沉浸式新闻"中成为一种体验的素材，人们越发注意情绪上的共情而忽略其新闻事实的内涵，受众理性情绪在体验中变得感性起来。"沉浸式新闻"致力于通过营造某种特殊的情境真实，以情绪刺激传播，这种形式的新闻追求视觉和感官的逼真而忽视对事实本质的追问和挖掘。需要提醒业界的是，不能因追求技术而忘记了新闻生产的初心。

三、再现还是虚构：技术的边界之问

技术是推动社会发展的第一驱动力，从蒸汽时代到电气时代再到信息时代，技术对社会发展的促进作用有目共睹。吊诡的是，纵观历史，技术对社会发展的副作用很少被夸大，反倒经常被低估。人工智能作为一种有别于非智能性技术的存在，仅于当下的新闻实践就带来了诸多的技术伦理问题，这需要我们进行思考与追问。

1. 技术的边界与人的底线

技术的边界与人的底线作为相伴而生的两个问题，人的底线即是技术的边界。技术永远不能超越人的底线，违背社会规约和人伦道德，正如"只有守住底线，

---

1 魏晓莉."沉浸式新闻"客观性的双向重构［J］.传媒，2018（20）：49-51.

相关互联网企业才能把握好科技创新的风口，站在社会发展的潮头"[1]。人工智能概念自达特茅斯会议上得以确定以来，其发展方向以麦卡洛克、皮茨为代表，认为构建神经元模型可以实现人工智能[2]，该方向也在当下人工智能发展中逐渐形成引领地位，而神经元模型便是技术边界与人的底线存在争议的关键。

"人是有缺陷的生灵，为了幸存下来，而又能够保持人的特点，人不可避免地需要雅典娜的科学和赫斯托斯的技术，把使用工具、制造工具和利用火看作向有理性的人发展的决定性步骤，这不是偶然的，技术从一开始绝对就是人类生存的基本条件。"[3]然而，人类有目的地使用工具进行劳动，是人类与其他动物最根本的区别。工具论将技术视为辅佐人类劳动的一种工具。随着技术的不断发展，人工智能时代带来的转变是"思想"可能不再是人的专利，智能机器（包括生产新闻的人工智能机器）也可能会拥有自己的某些"想法"。"缸中之脑"（Brain in a vat），又称"桶中之脑"（Brain in a jar），是哲学家希拉里·普特南在《理性、真理和历史》一书中提出的一个知识论实验。假设将一个人的大脑放入营养液中，所有的神经都由芯片进行连接和控制，那么一切大脑中所认知的真实其实都是芯片设置的情景。

"缸中之脑"带来的哲学思考是没有了身体的大脑是否还称得上一个真正的人。若大脑作为人之所以为人的核心依据，那没有肢体的大脑如何履行个人的权利与义务便成为关键。人工智能虽然解放了媒体从业者的手脚，但肢体器官因长期闲置造成的退化带来的是思想与事件的脱节，需要从科技的营养液中，通过数据补充营养以此形成对于外界的认知。人工智能带来的或许就是媒体从业者"缸中之脑"的形成。技术的迷人之处在于。不断地发展更新去产生新的形态，这也是人工智能学习能力区别于其他技术的根本能力。与此同时，由于人工智能学习能力不断延伸扩展，人和机器的身份出现某种"交融"甚至转换，我们促使人工智能（智能机器）不断地学习，更好地来为人类服务。而当人工智能真正获得超越人类的能力之时，人的身份便被取代，人可能变成人工智能圈养的"返祖型宠物"。

1　支振锋.守好互联网平台的价值出口［N］.人民日报，2018-4-13（5）.

2　吕廷杰，王元杰，迟永生，等.信息技术简史［M］.北京：电子工业出版社，2018：243.

3　波塞，邓安庆.技术及其社会责任问题［J］.世界哲学，2003（6）：69-78.

人与人工智能之间主体与客体身份的对调，一方面，是出于未来人的职能退化；另一方面，是由于当下人的主体性过度膨胀。"人类中心主义"[1]学说描述的是人对于自我意识的过度信任，强调人在世界上的特殊性和主导性，这种盲目的自我中心主义思想是当前在人工智能上过度自信的重要原因。不论如何，人的主体性需要边界，不能发展成为人类中心主义，但与此同时，人的主体性也不容丢失，这也是人工智能发展的边界——人之所以为人的底线不容侵犯。作为工具的技术不能脱离工具论的边界，拥有自身的体系和规则，它需要在人类体系下进行具体内容的划分。西方有学者对于机器赋权有所争议，建议对机器内部形成尊重和秩序的维持，这样的观点显然是疯狂的。"人类中心主义"不能使人创造另一种"人类"即人工智能，人类试图担当造物主的身份，违背了人的底线和技术作为工具的上限。

2.真实的边界与技术的上限

新闻真实是客观实在的事实，而不是被某个群体或机构"虚构"的"真实"。真实具有层次性，新闻的魅力在于不断地挖掘深层次的内容，层层剖析式地呈现世间百态。人工智能给予更巧妙地呈现新闻事件的可能，图片、音频、视频等作为新闻事实的依据。然而，在技术的强大可操作性面前，某些事件因为技术的干预让新闻事实变得更加真伪难辨。这种技术之下的新闻事实不确定性愈发强烈，如何从各种看似真实的事件中挖掘真实、检验真实成了技术带给新闻实践的新难题。人工智能框定下的新闻真实变得具体和简单起来，而新闻的真实往往是些复杂而难以简单评估的内容，人工智能对新闻真实内容的选择和发布有可能造成简单的归因和组合，对于多元的新闻真实事件不能很好地进行描述和表达。边沁提出了一个标准：感受性，问题不在于"它们能思考吗""它们会说话吗"，而在于"它们能感受痛苦吗"。[2]目前，人工智能在传媒业的运用尚处于起始阶段，虽然与边沁所说的"感受性"还相距甚远，但是，人工智能的发展本身就是追求其"学习能力"的不断进化，机器学习人类由此超越人类的过程，对于其发展的无限性不能不警惕。

1 刘同舫.技术的当代哲学视野［M］.北京：人民出版社，2017：5，102.
2 约翰·斯图亚特·密尔，杰里米·边沁.效益主义和其他论文［M］.企鹅丛书，1987：251-252.

"网络文化是现实世界的'摹本'，也是乌托邦世界的'影像'"。[1]互联网的发展使得网络和现实的界限越来越模糊，我们对于网络世界的定义也从"虚拟世界"发展到现在认为网络世界也是现实世界的一部分，两者之间的"包含"与"包含于"关系，现在下定论为时过早，但互联网的发展给人工智能发展提供了可循的轨迹。同样，作为各自时代之下的新兴技术，面临过或正在面临争议，互联网将争议变为实证，将技术狂欢推向了全民共享的高潮。我们有理由相信技术的发展规律，人工智能与传媒业的结合已然带来新闻真实与虚假界限的模糊，为了避免这种模糊的过渡，致使两者之间边界的相"溶"，有必要对人工智能与新闻真实的界限进行界定。对两者的上限和下限进行界定，在可控与不可控之间进行路径的规划和限制，无疑是最明智的决定。

新闻真实的边界依据事实真实来框定范围。技术具有"虚构"事实碎片的能力，但这是人工智能运用于传媒行业的底线问题，也是新闻技术的边界所在。事实不容许通过技术来"虚构"，"AI换脸"毫无疑问是违背新闻职业诉求的行为，其仅仅代表着技术的绝对权威。对于现实社会实际操作当中缺乏更深刻的意义，对新闻真实更是具有破坏性的打击。人们对于技术发展的期待似乎没有上限，但技术的运用却需要规范和限制。人工智能在新闻行业的运用显然需要遵守的是其对于新闻真实的服务属性，而不是宣扬其对新闻真实构成素材的任意裁剪甚至"制造"的能力，保持这两者之间的主次关系，明晰人工智能运用的目的是其新闻真实和技术的融合过程中是否互相"融"而不同的关键所在。

3.技术的理性与迷性博弈

"技术迷性"是对于技术的极端推崇之下，忽略其缺陷和对于人的主体性地位的丧失。人工智能重构我们对于新闻事件的认知，加深我们对于"拟态环境"真实性的认知度。人们与"身外世界"——也就是现实环境的距离越来越远，人们很难直接和自身活动范围之外的环境接触。拟态环境并不是真实环境，但只要我们信以为真，我们似乎就会认为那就是环境本身。[2]人工智能使得"拟态环境"的视听等感官体验越来越真实化，使人沉浸于"虚拟的现实"当中而忘却真实与

---

1 刘同舫.技术的当代哲学视野［M］.北京：人民出版社，2017：5，102.
2 李普曼.公众舆论［M］.阎克文，江红，译.上海：上海世纪出版集团，2006：4.

虚假的边界。

人工智能标榜的绝对理性在新闻呈现中展现出非理性的狂欢状态，比如2019 年度的普利策新闻奖作品《墙：无数的故事，意想不到的后果》以全景式视频、照片及 3D 位置图，全方位地向观众客观展示墙的边界范围及热点地区，标榜提供"无偏见的事实"。[1] 人工智能以一种绝对的技术理性，强调对于新闻真实"全方位、无偏见"地呈现，但这种绝对权威性的标榜值得我们警惕和反思：当权威打破了一种平衡，权威本身代表的技术理性变成了"技术迷信"，缺乏新闻真实的尺度把握和力量呈现。为了在众多的方案中确定一个最佳选择，我们需要通过某种方法决定什么组成了"最佳"选择。也就是说，在选择标准的表述上，我们所选择的应该是做理性的事情。[2] 技术作为社会发展和进步的"最佳"选择，是理性和进步的表征，而理性和进步的对等从侧面将非理性和感性的因素进行舍弃。2019 年 4 月 1 日，阿里巴巴发布了一项旨在粉碎网络谣言和假新闻的 AI 技术——"AI 谣言粉碎机"，通过技术理性来客观测试人的言论的真假，技术理性在其间的话语权威愈发显现。

技术理性表现在技术作为客观存在的物体，受到自然本身的制约，人们提倡遵循自然法则，顺应自然。颇具讽刺意味的是，技术理性本身就是一种改造自然的观念，两种理念之间追求的平衡无非是一个度的把控。再者，技术本身有着其内在的逻辑关系，这些技术逻辑对技术的应用又是格外的严格。另外，托马斯·阿奎纳的道德学说中有着一条引人争议的"双效原则理论"，它指出一个行为会产生善恶两种效果，而行为本身则是善意的，或是非善非恶的中性。[3] 技术中性论一直以来作为技术哲学的主流思想，研究者认为技术本身并不具备善恶的属性，技术的发展方向由人掌控。这显然如"人类中心论"一般，是对人的控制能力的绝对自信。

对于"技术理性"过于推崇，很容易陷入"技术迷性"之中。首先技术活动本身具有极强的创造性，创造过程中的化学反应难以估量。再者，尽管技术是一

1　田思奇. 不为人知的故事和后果：普利策奖报道这样展现美墨边境墙［EB/OL］.［2018-04-17］.

2　约瑟夫·C. 皮特. 技术思考：技术哲学的基础［M］. 马会端，陈凡，译. 沈阳：辽宁人民出版社，2012：19.

3　奥吉安. 伦理学反教材：热羊角面包的香味对人性的影响［M］. 陆元昶，译. 海口：南海出版公司，2017：244-245.

种强调逻辑的存在，它也需要个人直觉、审美、创意等抽象的主观成分。双效原则用于解释一般技术发展未尝不可，但人工智能具有其技术的特殊性，即机器的学习能力。人工智能不是简单的程序应用而是通过程序进行学习，智能机器自动组合和升级，尽管其基础依旧是人为设定的程序，但是其发展框架、过程并非人为控制，具有技术非理性的因素。同时，人工智能依托大数据平台进行代码的输入，自动采集信息时代的各种网络信息，而当前网络社会本身并不是一个完全理性的社会，充斥着网络暴力、公关营销，各种偏见与歧视、色情等非理性因素，人工智能依托于这样的数据库之下的代码，非理性的因素更加隐性。这种非理性来自于技术"自主性"和人类"不可控性"，其影响更加难以预估和把控。

四、结语——技术界碑对新闻真实的捍卫

以严肃的伦理态度审视人工智能（技术），即对这项技术的价值作出理性判断。鲁德纳在对科学决策中的价值角色进行分析时指出，当人们从事设计和开发时，某种应用的假设便存在了，价值也就在此时存在于决定之中。同样，人工智能从诞生之日起，它的价值已经客观存在，而这些价值在运用于传媒行业的时候才愈发可感，这样的过程是"假设"到"结论"的过程，充满着期待与落空的不确定性。

新技术的应用势必打破原有的常态平衡，也需要新的理念来理解和新的规范来约束。麦肯认为重新构建一个被恶意中伤的时代，是一种理解一个时代复杂性的新方法。[1] 当前，围绕人工智能应用所出现的议论和批评，无非是为了更好地理解和创造新的智能时代。因此，面对传媒业的发展带来的变化，需要新方法的重新构建。同时，新闻机构需要加深媒体与用户之间的联系和对话，以一种自反性[2]的状态吸收意见，对人工智能在传媒业的运用进行反思和调整。

人工智能作为一种技术诞生并蓬勃发展，对于它的解释可以从三个方面入手：一是人工智能能否实现人们的预期；二是人工智能如何发挥不同的作用又如何产生不同的后果；三是人工智能带来不可预期的后果。人工智能在传媒业的应

1　Donovan S. Feeling normal: sexuality and media criticism in the digital age [J]. New Review of Film and Television Studies, 2018, 16（4）: 496-499.

2　URSYN A. Criticism and Assessment Applied to New Media Art [J]. Teaching Artist Journal, 2015, 13（4）: 204-217.

用必然引起生产结构、内容产品等多方面的变革，这些变革出于对技术的追求和期待，与此同时也承担着不可预期的非理性的后果：新闻真实性受到人工智能的挑战，这种挑战使得新闻真实愈发地难以找寻，可能动摇传媒业的基石。

传媒业界对人工智能的狂欢如何有所降温，使其发展方向沿着"双效原则"中更可靠的道路前行，需要将"人类中心论"的自信加以约束，存有更多对自然规律和法则的敬畏之心。公众对于新兴智能技术的担忧，也是对于人的主体性之独立地位的担忧。正如学者帕葛所说："我们所遇到的敌人就是我们自己。"这种担忧不仅是技术的"自主性"和"非理性"带来的一系列对新闻真实的伤害，最重要的是对于掌握技术的媒体从业者的不确信。现实世界技术和思想、制度的发展必然不能实时同步，人工智能先行一步带来更鲜明的对比：精神层面的落后和不自知。

归根结底，我们需要明确的是：技术的进步带来了责任意识的跟进。当技术可以"以假乱真"之时，我们更需要对技术的使用和发展保持清醒意识，不能盲目地推崇和盲目推广。其重点是媒体从业者主体性的规制，人工智能带来更多的便利，与此同时也需要更多的框架进行约束。人工智能应用程度的拿捏和尺度的平衡都有赖于两个上限的规制：底线的牵绊和博弈带来的平衡。这需要在实践当中不断地试错和重构，才能得以形成具体条文和规约，以此对技术带来的既成规范也不容置喙，将人工智能放于伦理和法规的约束之下，新闻真实才能更好地保护和重构式地呈现，技术与新闻的融合才能真的"融"而不"溶"。

（原载于《现代传播》2019 年第 9 期）

＊基金项目：本文系国家社科基金重点项目"重大公共事件的社会伦理心态研究"（项目编号：17AZD006）、中央高校基本科研业务项目"多元社会的媒体记忆与社会共识研究"（项目编号：2018JDCSK07YJ04）的研究成果。

媒体算法的价值纠缠与伦理误区

算法技术对传媒业的影响表面上是辅助性的功能，实质上算法（algorithm）正在深入传媒业的骨髓，使媒体由传统的信息载体变身为"智媒"。算法对媒体的改造遵循的是技术逻辑，新闻机构和媒体从业者对技术的运用先于对技术的认知。认知过程的短暂，势必造成新闻机构和媒体从业者对大数据和算法技术消极影响的认知。当他们还沉浸在享受算法技术带来的便利时，诸如"信息茧房""算法暗箱"等算法问题正成为新型的"技术烦恼"。算法技术对传媒业的深层危害究竟有哪些，我们应该以何种姿态审视这种崭新的技术，亟待学界进行思考。

一、媒体算法的利益取向问题

技术作为改造社会的工具，一经问世必然发挥其特定的作用。大数据在本质上是某类数据的汇集，这样的数据汇集需借助特定的运算规则才能形成。这表明，"大数据""大数据技术"建立在某种运算程序的基础之上。信息汇集的目的性明显，算法只是实现目的的手段。信息的全面需要是社会性，每个行业都希望通过特定的数据汇集，促进本行业的发展。行业需求带有浓厚的自利色彩，不论信息数据以何种方式呈现，获取经济方面更多收益无疑是终极目的。这样，大数据技术遵循的是利益逻辑，其快速发展让我们迎来一个被称作"算法经济"的时代。在这样一个时代，隐藏在收集、组合信息背后的算法，正以无孔不入的态势渗透到社会生活的方方面面，其中包括企业创新、产业变革、经济发展[1]。

技术具有普惠性，不会将自己局限于某个具体的领域。作为信息中介的传媒业，无论是加工信息还是传播信息均离不开相应的技术支撑。媒体要获得市场份额，引入以算法为核心的大数据技术，使信息的采集更为便捷，信息的传播更为精准。在新闻机构特别是新兴新闻机构看来，算法对受众收受信息偏好的计算能力超强，这是读取受众心理的有效工具。因而，在算法盛行的媒体环境背景下，

---

[1] 多梅尔.算法时代［M］.北京：中信出版社，2016：8-13.

当代的媒体已由传统媒体、以互联网为载体的新媒体以及自媒体变革为人工智能与传媒业深度交融的智能化媒体时代[1]。

　　算法是一种指令，这种指令旨在处理具体的问题。算法被引入传媒业，传媒业的特殊属性赋予了算法专属的使命，这就是促进信息的精准传播。算法以数学逻辑审视信息和受众的信息消费习惯，这样，算法也就从单纯的计算技术变身成"媒体算法"通过对受众既往的信息消费习惯预测其未来可能的信息消费轨迹。与普通的计算规则不同的是，当代的算法技术具有智能化的特征。换句话说，它不再是纯粹的运算规则，而是可以自我完善的技术。因为这种计算具备自主"学习"的潜质，有学者断言：我们即将面临的未来是"万物皆媒、人机共生"的时代，智能机器在做某种意义上都有可能媒体化，并且机器会不断自我进化[2]。

　　算法本身只是一种技术，这种技术如何发挥作用在于使用技术的人。作为纯粹的运算工具，算法本身理应超然于利益之外。只要算法被具体运用到社会领域，行业领域的利益属性决定了算法运用自利倾向，由此"算法经济"与"智能化媒体"在某种程度上产生交叉与碰撞就具有了必然性。算法和计算器不同，计算器人人可以平等使用。算法更多被机构所掌握，机构之外的团体和自然人并不知晓算法是如何被运用的，算法技术的非对等性赋予了算法以某种特殊的权力。传媒业对算法的运用是新闻机构的事务，受众对信息的消费是算法权力发挥作用的结果。算法权力的边界和限度如果不当，难免带来不少棘手的问题。当前，算法权力的问题主要集中在算法个性化推荐、算法透明度、算法背后的价值观以及算法时代新闻编辑的转型等伦理层面，算法权力在传媒业的扩张引起学界关注。

　　随着算法权力在国内新闻生产和传播的持续扩张，媒体算法的利弊也逐渐显现并受到关注。算法技术在传媒行业的运用有其存在的必然性，个性化推荐反映的是人与信息之间的新型关系形态，依据算法进行的新闻推荐可以满足个性化需求，这种内容推荐的算法一般表现为三类：基于内容的新闻内容推荐算法、基于协同过滤的新闻内容推荐算法以及混合模式下的新闻内容推荐算法[3]。媒体算

1　张淑玲.破解黑箱：智媒时代的算法权力规制与透明实现机制［J］.中国出版，2018（7）：49-50.

2　彭兰.智媒化：未来媒体浪潮——新媒体发展趋势报告（2016）［J］.国际新闻界，2016，38（11）：6-24.

3　王博.新闻内容推荐算法研究［J］.信息与电脑（理论版），2016（6）：146-147.

法是否真正满足个性化的需求，前提是保证信息需求的多样性。从某种意义上说，离开多样性，信息需求就失去了自然的本性，变成了供给型需求，即通过信息供给塑造虚假的信息需求。这种现象也引发了研究者的担忧。有研究者指出，个性化推荐在本质上不是用户在主动选择信息，而是信息的主动呈现[1]。媒体算法对受众信息需求产生的影响带来人工干预的性质，这种干预目的在于满足受众的个性化信息需求，增强用户黏性。受众的信息需求有盲目的一面，对这种盲目性需要引导，提高其信息的鉴别能力。媒体算法有矫正受众信息需求偏颇的能力，只是这样的矫正需要兼顾新闻机构和受众的合理需求。在媒体算法方兴未艾的阶段，学界的任务在于做好个性化新闻推荐算法的研究工作，这样既能保证新闻推荐算法质量的提升，同时对新闻事业中网络技术应用的开展也能提供有效的帮助[2]。

现有的媒体算法研究侧重在算法伦理方面的探讨。首先对媒体算法个性化推荐所引发的"信息茧房"表示担心，研究者认为这种信息茧房导致的信息偏食往往使人局限在个体以及相似群体的行为活动中，如果信息吸取不当，便存在"集合行为"或是"群体极化"的潜在可能性[3]。其次，研究者担忧分类推荐所导致的"算法歧视"使个体独立选择与思考的空间不断缩小，个体在算法推荐的渗透下逐渐失去自我的决断权，这种信息偏向使受众的视野逐渐变得狭窄，逐渐成为信息时代的"井底之蛙"[4]。此外，研究者认为算法推荐的低门槛可能会解构"主流价值观"，因为在新闻聚合平台上，娱乐功能被无限放大甚至触及到法律红线，相反新闻信息的教育功能被不断弱化，算法更是催化了企业追逐利益的功利心，在算法商用过程中社会责任亟须受到重视。"算法新闻"不只对受众、社会，甚至对新闻行业内部也产生了重大影响，算法时代人工编辑的存废也一度引发热议。2016年12月，《人民日报》发文强调算法终究只是工具，算法时代需要把关、引导、引领的"总编辑"，更需要有态度、有理想、有担当的"看门人"。

1　张潇潇.算法新闻个性化推荐的理念、意义及伦理风险［J］.传媒，2017（11）：82-84.
2　胡细玲，付达杰.浅析面向移动互联网的个性化新闻推荐算法［J］.科技资讯，2015，13（24）：21-22.
3　王秋旭.信息茧房效应下微博群体极化现象分析［J］.新闻研究导刊，2015，6（7）：177-178.
4　陈昌凤，张心蔚.信息个人化、信息偏向与技术性纠偏——新技术时代我们如何获取信息［J］.新闻与写作，2017（8）：42-45.

算法应用存在的伦理风险不仅在中国学术界受到重视，在西方学界也不乏类似的担忧。近年来，部分国外学者，如美国的迈克·安妮（Mike Ananny）[1]、泰斯·斯洛特（Thijs Slot）、托德·普赖斯纳（Todd Presner）等均对媒体算法的伦理问题展开研究[2]算法伦理涉及媒体算法的道德价值与问题的判断，算法新闻的局限与问题使有关学者将其与"圆形监狱"进行比较研究，通过研究表明"算法新闻"与"圆形监狱"的契合主要表现在运行目的一致、运行模式的相似以及运行结果的契合，这种契合提醒我们要警惕算法新闻背后的伦理风险[3]。有研究者定位于数字媒体伦理和网络伦理的重叠领域，尤其关注新闻伦理，并且由功利主义道德理论、契约主义以及道德伦理来窥探算法新闻学的伦理问题[4]。

媒体算法使媒介伦理经历继网络媒体冲击后的第二次风暴，算法新闻突破了传统新闻的界限，使生产端、流通渠道、传播受众等方面都有了新的诠释。这种新的诠释主要体现在媒介伦理研究范围从关内容拓展到传播技术，研究主体从新闻专业人群拓展到算法工程师，研究从关注传播者到关注受众、社群分化、媒介伦理、媒介素养是否需要精准分层，通过这种转变深入探究算法媒体时代的伦理责任，是在我国当前部分媒体算法迷失的背景下亟须探讨的问题。

当前关于媒体算法问题研究占的比重较大，由"问题"深入到"伦理"层面，对媒体算法价值判断问题的论述较少，有专门讨论的必要。

二、媒体算法的价值纠缠

互联网是新闻内容传播方式革命的一个分水岭。互联网诞生前的新闻传播，主要靠传统媒体载体本身的传播；互联网将媒体载体虚拟化，扩大了新闻传播的范围。媒体算法则让新闻内容的传播朝着专业化的方向迈进，商业化的信息企业（如今日头条）既独立于传统的新闻机构也独立于受众，这种传播模式反过来也影响到传统媒体的新闻生产模式。商业化的信息传播企业依据自己制订的媒体算法规则，主导着新闻内容的传播。传媒业在内容判断中如果依赖媒体算法设定的

1 MIKE A. Toward an Ethics of Algorithms: Convening, Observation, Probability, and Timeliness [J]. Science, Technology & Human Values, 2015（41）：93-117.
2 郭林生.论算法伦理 [J].华中科技大学学报（社会科学版），2018，32（2）：40-45.
3 李翠翠，任蒙蒙.圆形监狱：算法新闻的伦理风险 [J].新闻研究导刊，2017，8（15）：109，133.
4 Dörr K N, Holln buchner K. Ethical Challenges of Algorithmic Journalism [J].Digital Journalism, 2016, 5（4）：404-419.

运算程序，不但使新闻生产失去独立性，还会冲击传统的新闻价值观，导致媒体算法的价值纠缠——"技术烦恼"的现实表现。媒体算法的"技术烦恼"表现在媒体算法的价值纠缠、利益纠缠和品牌纠缠三个方面。

1. 媒体算法的价值纠缠

算法技术在引入新闻传播领域前，业界相中的是其精准筛选信息和精准推荐信息的功能。这样的实用功能仅仅是"能够"如何，至于"应该"在新闻传播中扮演什么角色，迄今并未真正引起关注。

在新闻传播过程中，内容传播的有效性和传播效果的最大化是传播主体追求的目标。传统媒体的内容传播在形式上实现了大众传播，这种传播的针对性和有效性长期没有得到实质性解决。这种局面的形成并非传播主体缺乏这方面的主观意愿，而在于主观意愿和客观条件之间的矛盾。算法技术的问世，使媒体算法成为可能。媒体算法实现了海量信息的快速筛选和精准推荐（传播），这种筛选和推荐借助于特定的运算规则，这样的规则来自传播者的目的和具体的诉求确定。新闻内容的分类和定向推荐，涉及传播者的价值取向。

价值就其本质而言是一个人的习惯性审美偏向。换言之，符合审美需求才被认定是值得欲求的。审美偏向有功利性的，也有非功利性的。媒体传播的内容是否具有新闻价值是媒体从业者的职业审美选择过程，受众同样依据自己的审美习惯选择所需信息。从这个意义上说，传播效果的最大化就是传播主体和受众审美偏好的最大公约数。换句话说，只要找到两者的交叉区域，新闻传播的效果即有望达到较为理想的结果。媒体算法的作用在于可以通过分析受众的新闻收受习惯，预测他们的内容消费习惯，传播主体依据这样的判断有针对性地向个体的信息消费者推荐他们可能需要的内容。

新闻价值遵循相应的选择标准，这种标准蕴含着客观性准则。客观要求新闻机构的内容中立。在学术史上，"中立"通常有着严格的范围限定。以马克斯·韦伯（Max Weber）倡导的"价值中立"为例，为保证研究的客观公正，他强调在研究的过程中，研究者应摈弃主观的价值观念，以客观、中立的态度进行观察和分析。

价值中立作为一种科学理念有其特殊的现实意义。作为计算技术的算法，运算的规则一经设定，运算程序会执行指令。媒体算法的新闻筛选和推荐，同样执行的是人工设置的某种运算程序。从技术层面而言，媒体算法相比传统的新闻生产——记者选择新闻选题、编辑把关，至少在形式上剔除了媒体从业者的主观色彩，给人以"客观中立"直观印象。然而，算法不等于抽象的数学，任何算法都包含着人的价值判断。这种价值判断必然受到诸多现实利益的影响。看似无利益干扰的媒体算法，新闻内容的筛选和推荐，也体现着新闻机构的利益诉求，有时甚至存在价值纠缠现象，这意味着媒体算法的价值取向无法真正做到客观、中立。价值纠缠并非媒体算法的专利而具有普遍意义。关于这一点，可以通过"量子纠缠"现象进行解释。按照量子理论，时空几何可以被看作代表微观量子态的纠缠结构，通过研究量子纠缠可以了解微观事物间的新的关联方式。量子纠缠是可观测的，笠真生（Shinsei Ryu）和高柳匡（Tadashi Takayanagi）将"纠缠熵"作为计算时空几何直接的工具。

"熵"的物理意义是体系混乱程度的度量。这个概念被广泛运用，1948年，信息论创始人克劳德·艾尔伍德·香农（Claude Elwood Shannon）提出了"信息熵"的概念，旨在对信息的量化度量，以厘定冗余信息。量子信息可以通过"纠缠熵"进行测度；"信息熵"可以被度量。据此，媒体算法的价值是否中立，可以通过某种方式进行判断。从理论上说，只要媒体算法的价值取向与传统的新闻价值观相吻合，媒体算法的价值就是中立的。相反，如果媒体算法的价值取向存在偏差，就可以认定它存在不同程度的价值纠缠现象，这种价值纠缠意味着媒体算法并不中立。然而，在媒体算法的实践中，新兴媒体并不承认媒体算法存在"价值纠缠"，而是标榜媒体算法中立。

媒体算法中价值判断的价值纠缠主要体现在技术主体标榜所谓的"算法中立"技术观念。这种"中立"的理论依据是技术是客观的，所以较人工筛选信息在价值判断中更少受主观因素的干扰。既然算法的价值判断"中立"，不受外在因素的干扰或纠缠，有的新兴媒体企业人为地削弱人工审核的成分。虽然媒体算法本身从属于技术，而技术是人的智慧和利益相结合的产物，技术中必然含有发明和使用技术者的价值观。

由此不能回避这样一个问题：算法是否含有价值观，媒体算法的价值判断是否真的可以独立于使用它们的人。单从研究者或受众的角度探讨这个问题，答案或许没有从技术使用者角度的说法更具说服力，因为后者会有意遮蔽其使用技术的真实目的。例如，"今日头条"创始人张一鸣曾否认"今日头条"是信息生产型媒体，将"今日头条"纳入纯信息销售企业的范畴。在他看来，企业与媒体的区别在于媒体是有价值观的，它要教育人、输出主张，而"今日头条"更关注信息的吞吐量和多元化。既然"今日头条"不是媒体，当然也无所谓价值观。即使有价值观，也指的是提高分发推荐信息的效率，满足用户的信息需求。直到2018年4月，"今日头条"永久关停"内涵段子"客户端软件及公众号，张一鸣终于承认之前过分强调技术的作用，忽略了将正确的价值观融入技术与产品。这个态度的转变源于对媒体算法价值取向的重新认识，等于否定了媒体算法价值中立论。

价值中立是一种静态的、抽象的描述，在现实生活中，很难找到纯粹的价值中立。即便是媒体算法技术也必然受到各种因素的制约，使媒体算法在价值判断时服从于行为主体的利益。

在本文中，"缠"不含有贬义的色彩，而是特指媒体算法的价值取向（价值判断）受制于来自行为主体的诉求和外部环境的影响，需要行为主体有所取舍。在传统的新闻价值诸要素中，并没有给行为主体的价值选择预留"中立"的空间。比如，追求时效，在一定程度上对新闻真实构成潜在的威胁；追求趣味，在一定程度上可能降低了新闻报道的严谨。媒体算法以特定的运算程序筛选和推荐新闻内容，对传统新闻价值的重要性要素的甄别未必见长，但在缩短传播的时间差和筛选某类词性的信息方面有天然的优势。对于形容词和副词等语词的甄别容易，这类词语在增加趣味方面有积极的作用。但是，媒体算法的聪明程度尚未达到预判受众收受心理的地步。时间性和趣味性是新闻价值的两个重要的构成要素，通常新闻机构在选择新闻时也受此纠缠，不得不有所取舍。媒体算法的价值判断无非是以机器运算的方式部分地取代了人工的价值判断，它没有情感，程序自身也没有私利，因为这样的价值判断只是在执行特定的运算程序，不会纠结于某种利益的抉择。所谓媒体算法的"价值纠缠"，不过是运用这种程序的新闻机构的价值取向。从这个意义上说，有什么样的新闻机构就会有什么样的媒体算法。一旦新闻机构价值取向发生转变，它们的媒体算法（程序）也必然会做出相应的调整。

如果技术方面的原因暂时无法适应这类调整，就不得不借助人工干预手段弥补算法技术的先天不足。媒体算法只是一种被编写的程序，编写者的目的性决定了算法的向度。媒体算法是无法应急转变的程序代码，人的不确定性也会导致算法的不确定性，对这种不确定性的修正有时也需要使用人代劳，例如，"今日头条"在算法推荐出现问题后开始强化总编辑责任制，全面纠正算法和机器审核的缺陷，不断强化人工运营和审核，将6 000人的运营审核队伍扩大到10 000人。

媒体算法的内容推荐标准首先应该考虑的是新闻价值大小，其次才是受众的审美习惯。新闻价值的要素多元，受众的审美习惯并非不可逆转，或者说也并未完美无瑕。如果媒体算法只是依据某个受众一次偶然性的信息选择或者某个阶段的信息选择偏向，就断定这种选择是恒定的，并据此不断定点推荐某类内容的信息，这样的推荐既无益于受众，也可能损害了他们的信息选择自由。这样，媒体算法的价值判断就从纠缠于自身的利益滑向了价值悖论的深渊。所谓价值悖论，是指媒体算法只顾及了自身的价值判断，用机械的运算程序代替了现实需求的多样性，既降低了公众需求的多样性和创造性，也降低了新闻消费的品位。

2.媒体算法的利益纠缠

互联网技术不仅改变了新闻生产的模式，也塑造着传统媒体新的利益格局，媒体算法并非纯粹意义的毫无价值诉求的技术，它在某种意义上扮演着新闻机构利益"代言人"的角色，筛选和寻找目标受众以及信息内容的推荐，新闻机构信息传播的目的性被嵌入媒体算法的程序中。媒体算法的每一个步骤都体现了新闻机构的商业逻辑。商业逻辑在媒体算法技术中的地位，是算法技术的基因决定的，因为算法技术不是抽象的数学。数学是科学，它没有功利的成分。数学原理一旦转变成为某种运算程序而不是数学方程，这种计算数学服务的对象也便有了特定的领域，而所有的社会领域都有利益诉求。算法技术与新闻传播相关联的媒体算法，其存在的意义在于满足新闻机构的传播需要。正如新闻客观性理论作为理论是纯粹的，一旦贯彻到新闻传播活动中，客观性的理论必然弱化成方向性的指导原则，因为新闻传播是新闻机构利益和社会利益的混合物。利益诉求无法剔除，价值中立只能作为一种理念，价值纠缠在新闻传播实践中具象化为利益纠缠。媒体算法的运用并不会因为技术中立而减少新闻机构的利益诉求，相反，媒体算法技术促进了新闻机构的利益诉求。这是因为，算法程序对数据的处理速度和处理的精准度远超于媒体从业者，后者占有的数据和运算的能力无法和算法技术媲美。

算法助推新闻传播，在给新闻机构创造经济效益的同时，也给新闻机构带来了相应的舆论压力。新闻机构标榜新闻客观中立，媒体算法的工具属性让它成为新闻机构的助手，这个"助手"利弊兼有：一方面，新闻机构希望借助算法技术增进新闻传播的精准度，在此基础上提升自身的盈利能力；另一方面，新闻机构不希望因为算法技术的运用背负上唯利是图的罪名，损害媒体的公信力。这种利益纠缠的客观存在是一个有待解决的问题。

在现阶段，新闻机构借助算法技术实际上是在用一种新的纠缠来解决自身"旧的纠缠"。所谓"新的纠缠"是指媒体算法技术的利益取向和价值取向的矛盾；所谓"旧的纠缠"，是指新闻机构受众的流失和广告收入的下降以及媒体发展对受众和广告的同步需求。在这里，其实质是一种"纠缠"的消失以另一种"纠缠"为代价。这种解决方法很难从根本上解决传媒业的问题。在传媒业处于低谷期的今天，技术至上论的重新抬头有其特定的社会背景。特别是技术功效的周期短，有形的利益以直观的形式呈现，很快会得到传媒业界的认可和模仿。媒体算法技术的快速推广就是例证。

媒体算法最直接的利益诉求是寻找目标受众。新闻机构担心失去受众，担心他们缺乏忠诚度，希望每一个接触过新闻媒体者能变成固定的受众。为达到这个目的，新闻机构借助算法技术寻找受众的信息消费痕迹，通过大数据资源匹配与这种痕迹相关的信息，密集地推荐给对方。媒体算法将信息消费痕迹从一个点快速集纳成一个面，以最大限度服务受众的形式希望他们增加对新闻机构的黏度。这种黏度只是新闻机构借助算法技术希望达到的某种主观意愿，至于能否真正留住受众，或者有效传播信息，显然有待充足的数据对此进行验证。可以显见的是，媒体算法是新闻机构摆脱利益纠缠的突破口，媒体希望在激烈的市场竞争中掌握更多的受众。至于不了解媒体算法的受众和了解媒体算法的受众如何看待媒体算法，会不会顺从媒体算法的信息推荐，如果他们对媒体算法的特殊偏爱兴趣不大，那么要反思的就是媒体算法技术本身。

媒体算法的另外一个利益纠缠是对广告的追求。新闻机构的经济收入来源主要是广告。在媒体算法问世前，新闻机构主要通过版面或者节目推荐广告。媒体算法被应用后，传统广告的大众传播模式（一对多的传播模式，即一则媒体广告无区别地向受众推荐）因媒体算法技术改变，变成了专属推荐的个体传播模式。媒体算法致力于发现每个信息消费者的消费习惯，进而判断哪些广告可能适合该受众。媒体算法实现了精确推荐广告的目标，受众的广告呈现出不同程度的"个性化"特征：不仅自己的新闻区和他人的页面不同，广告区页面都与他人有别，这源于媒体算法控制下的信息流广告盈利模式。

个体传播模式的广告被称作信息流广告。信息流广告是指出现在社交媒体受众好友动态中的广告，其特点是个性化，针对性地按照受众的需求去推，通过刺激受众的购买欲使其有一种被服务的满足感。

媒体算法通过整合多种数据，为受众进行"画像"、识别兴趣，同时聚合阅读场景、社交场景、消费场景，把信息精准推荐到用户面前，并依托智能大数据评估体系，将效果精量化。信息流广告推荐依靠媒体算法所设置的标准，在实践操作中难免存在偏差，对于受众的搜索跟踪并不代表其具有准确定位性，媒体算法控制的区域与现实世界的真实需求有明显的偏差。这种偏差造成了新闻机构新的利益纠缠，纠缠于如何致力于扩大广告推荐的精准度。

3.媒体算法的品牌纠缠

新闻机构的价值取向和利益取向在很大程度上决定了其品牌价值，价值取向和利益取向经得起市场和时间的检验，新闻机构才能获得应有的公信力。公信力的高低，与新闻机构的品牌价值基本一致。真正的媒体品牌，对媒体而言必然是可以对新闻机构长远发展有促进作用的无形资产。传统媒体的困境，在某种意义上反映出新闻机构品牌价值不足的尴尬现状。

媒体算法的问世，从技术角度看，新闻机构迎来了提升品牌价值的良机。大众传播模式的内容传播的盲目性比较明显，新闻生产的内容是"集体大灶"烹饪的信息，媒体算法技术可以将新闻生产变成"私家小厨"，不论是新闻内容的精致程度还是信息消费的对口程度，建立在算法基础上的新闻内容，较之于传统媒体时代的新闻生产不仅更具针对性，也更具可读性。技术的可能性多样，一项技术要发挥主导作用，既促进使用者的个体利益也兼顾社会利益，以此实现技术效益的最大化。技术在付诸实践的过程中，只能有部分的技术功能实际发挥了作用，有些功能被忽略甚至用偏了方向。技术的某种功能被放大，这种功能因过度使用可能产生负面影响，如果这种负面影响殃及他者将导致技术的品牌价值降低，这种现象在新兴技术的运用中较为常见。

媒体算法也存在品牌纠缠现象。新闻机构对算法技术感兴趣，是因为这种技术对信息传播有促进作用。媒体算法以大数据为基础，通过数据分析每一位网络受众的信息消费轨迹，依据该受众先前的信息选择的习惯，判断其未来的信息需求可能，据此"精准"推荐信息。现阶段，媒体算法大抵依照这个模式帮助新闻机构实现信息的传播。作为信息生产和销售的专业机构，传播效果的最大化是新闻传播的首要目标。媒体算法从技术层面协助新闻机构实现了这一目标，新闻机构不会满足传播效果最大化目标的基本实现，相反，它们期待媒体算法在传播的精准度方面更上一层楼，这是新闻机构利益最大化的前提。与此同时，新闻机构也希望通过信息传播间接扩大媒体的品牌价值。在正常情况下，新闻机构的信息传播功能越强大，媒体品牌的价值也该得以提升。这需要一个条件：传递给受众的信息必须是他们所需要的信息，并且他们接受的信息量适中。新闻机构的信息供给不足，无法满足受众的信息需求，他们虽然是信息的受益者，但对新闻机构的评价不会太高，媒体的品牌价值被削弱；相反，新闻机构的信息超量，尤其是针对具体某位受众的信息推荐超量，这种信息"馈赠"模式打破了受众信息需求的数量平衡，"馈赠"的副作用凸显，受众对这种新型的信息供给将持消极接受的态度。如果新闻机构意识不到受众的心理反应，长此以往，媒体算法将损害新闻机构的品牌价值。可见，新闻机构一方面离不开媒体算法完成信息的精确推荐，另一方面又担心自身的品牌价值，这是媒体算法带来的第三个纠缠。

媒体算法形成的信息"馈赠"模式，目前学界多用"信息偏食"这个概念表述。显然，这个概念缺乏必要的严谨性。"偏食"是个比喻，比喻需要相关性。汉语的"偏食"是指行为主体选择食物的特殊指向，行为主体的意志起着至关重要的作用。反观所谓的媒体"信息偏食"，实质上是指受众被动接受某类信息，这是由算法技术主导的，受众并无选择的余地可言。真正的"偏食"行为主体对所偏好的食物持肯定态度，偏食中的受众是信息的被动接受者，他们曾接触过某类信息，这种接触可以是偶然的也可以是个体兴趣所致，当前的媒体算法的智慧程度尚不足以识别受众的心理变化，因而超量的信息推荐反而诱发受众的厌恶心理。这种心理如果持续，并且由个体的暂时心理上升为群体的常态心理，他们对新闻机构的印象发生改变，媒体品牌随之受损。

当前，媒体算法技术正值推广期，新闻机构寄希望于借助这种技术增加受众的黏性，其中就包括增加自身的品牌价值。媒体算法的信息"馈赠"以信息关联的方式超量"喂养"受众，这种状况如果不能及时得以纠偏，可能诱发群体极化现象。媒体传播的内容在品质方面，应高于社会信息的平均水平。纵观媒体算法技术筛选并推荐的信息，对传统新闻价值的冲击最大。关于这一点，门户网站新闻频道（比如新浪新闻）制作的标题，自媒体文体新闻的比重在增加，新闻标题的煽情、新闻内容的庸俗成分在增加，严肃新闻的客观性与媒体算法问世前相比明显退行。对于缺乏媒介素养的年轻受众而言，他们可能觉得标准的"新闻"就是这个模式，低俗煽情的新闻将解构主流的新闻价值观。这不仅降低了所有新闻机构的品牌价值，也不利于互联网空间的净化。

品牌是新闻机构存在的基石。新闻机构经过长期的努力，其所属媒体的品牌价值基本形成。互联网媒体对传统新闻机构的竞争，在一定程度上消解了后者的品牌价值。以大数据技术为基础的媒体算法，既可以为网络新闻机构所用，也可以为传统新闻机构所用。不论何种类型的新闻机构，媒体算法在不降低新闻内容品质的前提下，可以强化新闻机构的传播力和传播效果。媒体算法本身不降低新闻的品质，也不会降低新闻机构的品牌价值，只是媒体算法的筛选需要有所平衡，不能在运算规则的制定上出现偏颇。具体而言，不能只重视受众既有的信息消费却忽略了信息品质的建设。在推荐信息时，如何增加受众的筛选权利，不能全部由媒体算法的运算规则代替受众做主。了解受众，是提升传播效果的前提。目前的媒体算法的数据运算是否真的可以读懂受众的信息需求，这是个有待验证的问题。只有尊重受众才能赢得受众的信赖，提升媒体的品牌价值。媒体算法只是新闻传播的工具，只有真正收到传播效果的算法，才有助于维护新闻机构的品牌价值。

三、媒体算法的伦理误区

作为改造世界的工具，所有的技术都是利与弊的混合体。确保技术是造福人类的工具，促使其趋利避害，是技术伦理必须面对的现实问题。信息社会，算法技术对每个行业的发展都有促进作用，其对信息传播的促进作用更为明显。技术进步具有相对性，依托于技术诞生的工具也不会完美无瑕，作为工具的算法也带来新的问题。算法技术和新闻传播结合的时间不长，业界的不当使用造成某些误区，常见的伦理误区有二：一是媒体算法殃及受众隐私；二是媒体算法在新闻传播中技术位次的颠倒。

1. 媒体算法殃及受众隐私

媒体算法的个性推荐对受众的影响显著。这种影响在不同的行为主体那里也不大相同。站在新闻机构的角度看，媒体算法可以提高推荐效率并实现信息的精准推荐；站在受众的角度看，这种"精准推荐"是在跟踪自己的行为习惯，这种行为的实质是在窥探私人隐私，这涉及媒体算法的伦理问题。在新闻机构看来，受众的信息消费轨迹并不私密，它们不过是一组有因果关联的数据而已。显然，这种观点是对媒体算法伦理的误读。

何谓隐私？一般认为，隐私是不受他人非法干扰的安宁的私生活或不受他人非法收集、刺探、公开的私人信息[1]。私人信息受到保护，是现代社会的普遍法则。至于什么样的信息才是隐私，迄今没有明确的界定。受众在互联网上消费信息，信息消费的过程是否属于隐私，每次的信息消费过程看似无法复制，实则蕴含着规律。这种规律表现得并不直接，甚至连受众自己也未必清楚，但媒体算法可以通过数据分析轻而易举地把握这种潜在的规律。媒体算法对不同受众的信息消费习惯进行分析，无疑是在窥探他们的隐私。如果说隐私权的底蕴是自由，那么，消灭自由最有效的方式就是对个人隐私权的剥夺[2]。

媒体算法是否殃及受众隐私，并不在于媒体算法对受众信息消费习惯的计算，而在于他们计算的动机。媒体算法不是为披露所获得的受众信息，而在于利用这种信息为新闻机构获取利益。这种对信息的利用，应该建立在受众授权的基础上。早在 1987 年，日本东京地方法院就曾指出：在本人不同意的情况下，不允许将

1　张新宝. 隐私权的法律保护［M］. 北京：群众出版社，2004：7.

2　马特. 无隐私即无自由——现代情景下的个人隐私保护［J］. 法学杂志，2007（5）：22.

自己知道的他人的私生活秘密向他人公开或利用[1]。媒体算法筛选的精确信息，这个"精确"本身是对受众信息收受习惯的开发利用，这种利用的道德性应该存疑。

媒体算法对受众隐私的威胁。早在1998年，前安大略湖省信息和隐私专员安·卡沃基安（Ann Cavoukian）就曾指出，数据挖掘中的个人隐私问题可能是未来10年将要面对的"根本的挑战"[2]。实践表明，算法对受众隐私的威胁超出了人们的预料。这种局面的形成，未必是新闻机构存在威胁受众隐私的主观意图，而在于对算法的技术伦理认识不足。隐私的范围缺乏明晰的边界，在于隐私和技术的关系看似被重视，实则一直缺乏清晰的认识。多数人以为技术对隐私的侵犯是直接的窥探，这是摄像技术的专利，没有意识到算法运算这种无形的隐私窥视。事实上，算法对隐私的破坏性远远超出了摄像技术。摄像只是机械地成像，它本身的智慧程度较低，如果人们有意遮蔽自己的某个部位或行为，摄像技术往往显得无能为力。算法则不同，它是数据处理技术的高级阶段，可以通过数据处理寻找到内在逻辑的相关性，并依据这种相关性对未来进行预测。这种预测的准确性有待验证，但利用这种运算结果则是对他人无形隐私的干扰。新闻机构运用算法技术，通过信息筛选强行推荐。只要这种推荐不符合受众的需求，显然对其构成了轻度的信息骚扰。

媒体算法对受众隐私的骚扰，在新闻机构看来这是新的信息传播方式，并不构成侵权。现阶段，尚无法律对媒体算法的信息推荐进行限制，我们只能从媒体伦理角度审视这个问题。在我们看来，媒体算法改变信息传播的模式值得探索，前提是这种探索应尊重受众的信息收受主动权。新闻机构的职责在于构建信息超市，信息的类型越是完善，每种类型的信息量越是巨大，越是有利于受众的信息选择。媒体算法以预测的形式自发配送信息，这种信息传播方式因过于殷勤反而对受众有失尊重，这种隐形的威胁尤其应引起业界和学界的广泛注意。"在某种程度上，个人信息泄露不可怕，可怕的是用户的行为可以通过数据挖掘被预测出来"。

尊重受众是媒体伦理的核心内容。尊重有主观的尊重与客观的尊重之别，前者建立在价值判断的基础上，后者建立在事实判断的基础上。尊重受众离不开新

1　康晓虹.论隐私、隐私权的概念和特征［J］.西南政法大学学报，1999（2）：38.

2　马华媛，胡志强.数据挖掘中的隐私问题与限制接近/控制理论［J］.自然辩证法研究，2017，33（5）：103-104.

闻机构的主观努力，更重要的是看客观的效果。媒体算法的信息推荐在大众传媒模式下，受众是匿名的，他们有选择接受还是拒绝信息的权利。虽然大众传播模式的信息推荐也可能伤害受众，这种伤害可以通过其他方式进行消解。比如，受众以拒绝的方式免于自己被信息骚扰。算法推荐的信息，受众无法直接拒绝它们。这种强加的方式不仅叨扰了受众，并且可能造成某种情感伤害，尤其是他们意识到自己的信息选择习惯被新闻机构掌握，未来个人的信息选择习惯被持续侵扰，可能加重情感的伤害。可见，新闻机构在运用媒体算法之前，应该洞察受众的心理，而不是以数学运算的方式算计他们。意识不到模拟算计的偏差，片面夸大媒体算法的智能化程度，这是媒体算法的一大伦理误区。

2. 媒体算法颠倒技术位次

在传统媒体普遍不景气的今天，传媒业弥漫着一种普遍的悲观情绪。算法技术的问世，从某种意义上让新闻机构看到了摆脱困境的希望。特别是算法在某些新兴媒体的信息筛选和推送方面收效显著，这成了化解媒体悲观情绪的解药。媒体算法的这种"解药"功能，是技术乐观主义的现实写照。技术乐观主义产生于人类对技术的社会功能有所了解但又缺乏理性认识的特定历史条件下，其实质是"技术崇拜"或"技术救世主义"，其基本特征是把技术理想化绝对化或神圣化，视技术进步为社会发展的决定因素和根本动力[1]。

现阶段，新闻机构对算法的功能缺乏足够的认知，类似"今日头条"等信息企业通过媒体算法在商业上取得的成效，让一些媒体管理者将这种技术理想化。由此带来的问题是：媒体算法在传媒业的发展中，其技术位次究竟是主导作用还是辅助作用。传统媒体的新闻内容在网络平台二次传播过程中，媒体算法发挥的作用比较明显，算法程序通过计算每位用户的新闻浏览轨迹判断其可能喜欢的内容，有选择地推荐这类内容。反过来，新闻机构会依据这类数据分析受众对何种类型新闻的接收程度，进而增加该类型新闻的供给量。这样，新闻生产的主导地位面临考验：是媒体从业者的知识和经验为主导，还是以媒体算法的运算结果为主导。换言之，就是人工抉择和机器抉择的较量。假若类似"今日头条"和网络媒体利用媒体算法的经验不断被推广，在未来的新闻生产中，媒体算法将因其数

1　徐奉臻. 梳理与反思：技术乐观主义思潮［J］. 学术交流，2000（6）：14.

据的庞大和计算的精准，最终占据主导地位。对于新闻机构来说，这意味着双重的利益，既确保了新闻传播的有效也降低了新闻生产的人工成本。反客为主，是当前新闻机构在算法方面的又一个误区。

媒体算法对新闻传播的促进作用显著，这并不意味着这种技术就没有远忧。正如波兹曼（Neil Postman）所说，"每一种技术都既是包袱又是恩赐，不是非此即彼的结果，而是利弊同在的产物"[1]。媒体算法的弊端表现为新闻传播的技术越位。这里所说的技术越位，是指媒体算法超越了大众传播应遵循的传播底线：传播信息，收受自由。具体而言，新闻机构负责信息的广泛传播，前提是这种传播不具有任何的强制性，不能苛求受众被动消费某类信息。广播电视的内容表面上具有强制色彩，但受众有权选择更换频道或者关闭接收端设备。媒体算法在网络平台推荐给受众的内容，是他们在尚未接收完一条信息的同时附加了相关的内容。这种信息的叠加推荐，可以视作越位的信息推荐。

传播技术越位的危害并不仅限于强行推荐信息，深层的危害更在于这种信息传播模式将加剧受众的信息营养不良，也就是所谓的"信息偏食"。媒体算法与"信息偏食"的关系已经引发了学界的担忧，至于这种状况的实质有待学界进行深度思考。这里，我们不妨借用马尔库塞"免于匮乏的自由是一切自由的具体实质"[2]的论断，来具体分析媒体算法因为技术越位的深层危害。表面上看，媒体算法增加了媒体端的供给力度，甚至说新闻机构正在以超量的形式增加对每个受众的信息供给，至于这种供给模式是否得体，是否经过信息传播的伦理审查，目前并未引起业界的关注。相反，传媒业正在依据算法技术的逻辑打造新型的信息传播方式，这种传播模式看似在最大限度地满足受众的信息需求，忽略了受众甄别信息的能力是否因此提升，进而他们独立选择信息的能力和独立思考的能力是否同步得到提升。进而言之，现行的媒体算法不加修正，将导致受众信息收受的片面，在信息时代，因为信息的相近造成他们特有的"信息营养不良症"。技术的要义在于促进人的全面自由，造成自由受限制的技术，需要人们对此保持应有的警惕。

媒体算法主导新闻传播，是对技术位次的颠倒，受到伤害的不仅仅是受众，

1　波斯曼．技术垄断：文化向技术投降［M］．何道宽，译．北京：北京大学出版社，2007：2.

2　马尔库塞．单向度的人：发达工业社会意识形态研究［M］．刘继，译．上海：上海译文出版社，1989：3.

同样也包括新闻机构。新闻生产是知识和经验的混合型生产，人的知识和经验在新闻生产中起着关键性作用。除非算法技术可以针对每位媒体从业者设计一套专属的运算程序综合每个人的知识和经验，否则，统一模板或近似的运算程序扼杀了媒体从业者的主观能动性，这既是对媒体从业者的职业侵权，也是在降低新闻的品质，进而降低新闻机构的原创能力，因为媒体算法驱动的新闻生产，更像是技术在指导新闻机构如何做新闻，如何传播新闻。技术位次被拔高的危害，随着媒体算法的普及程度提高，将表现得更为明显。

四、建议与讨论

技术的本质是造福社会。技术的种类众多，任何一项技术都无法覆盖社会生活的方方面面，它对社会发展的促进作用具有局限性。技术功能局限性是技术不断完善自身的必要条件，无数种技术联合发力，基本满足社会发展的需要。媒体算法在当代社会的技术家族中虽然璀璨，但其作用毕竟有限。这种技术的使用者是新闻机构，使用对象的明确决定了媒体算法的利益取向。这种技术在新闻传播中的积极作用明显，距离造福全社会尚有差距。媒体算法在早期的运用中，通过技术手段干预新闻传播的大众化性质，这种努力的方向也许没错，但客观上造成了对受众的信息奴役，即通过算法判断每位受众的信息需求，进而将同质的信息强加给受众，这样的隐形"奴役"对人的多样性发展需求非常不利。因此，在媒体算法技术向新闻机构推广的同时，也应倡导"信息解放"——将信息选择的主动权交给受众，而不能任由媒体算法越俎代庖，代替受众筛选信息。新闻机构的这种强势精确传播和受众的弱势被动接受之间有无平衡点，是个有待继续探讨的话题。

信息社会，信息的分享非常必要。媒体算法追求信息的精准分享，这样的设计理念并没错，前提是信息分享的方式是构建个体化的信息分享模式还是构建多样化的信息分享模式。两种分享模式的定位不同，效果也自然有别。在大众传播时代，新闻机构构建的是信息分享的共同体。传统媒体提供信息产品，这些产品如信息超市面向受众分享，受众如何选择信息，新闻机构无权干预。信息分享的"无为而治"，尊重受众的选择自主，客观上拖慢了其信息选择的时间，但提高了他们的信息筛选能力，符合受众的主体地位。媒体算法纠正了受众选择的某些偏差，比如选择信息耗费自己，只是这种自发供给信息的模式在方便受众信息收受的同时也增加了他们的惰性，长此以往将降低他们的信息分辨和选择能力。媒体算法的缺陷并非不可以避免，关键在于如何打造新型信息分享共同体，而不是回到传统的大众传播模式或者全面否定媒体算法的积极作用。

媒体算法对新闻机构的积极作用显而易见，这也是新闻机构看好这种技术的原因。如果媒体算法不改变自身，当受众不满新闻机构的这种信息推荐模式，一旦有新的传播技术问世，被受众抛弃的就不仅仅是媒体算法，也包括了新闻机构。因此，现在要改变的不是新闻机构而是设计媒体算法的算法工程师和算法企业，只有他们重视算法技术信誉的构建，懂得媒体算法技术服务的对象是新闻专业主义与受众而不单纯是新闻机构，受众需要有价值的信息，媒体算法应该担负起信息分享的重任而不是个体化的信息分享，这样，媒体算法才有真正的未来。

（原载于《湖南师范大学社会科学学报》2019 年第 1 期）

*基金项目：本文系国家社会科学基金重点项目"重大公共事件的社会伦理心态研究"（17AZD006）、中央高校基本科研业务费专项项目"多元社会的媒体记忆与社会共识研究"（2018JDCSK07YJ04）的研究成果。

算法技术对传统新闻理念的解构与涵化

2018 年 11 月下旬的"基因编辑婴儿"事件引发科技伦理大讨论，事件主角被媒体称作"基因狂人"[1]，舆论批判违背科技伦理冒险制造"超级人类"的行为。[2] 科技伦理提升伦理警觉，这样的警觉不仅有助于增加科技界的道德危机感，也是规避科技风险的重要保障。当代媒体的技术含金量高，新闻机构有必要警惕传播技术的伦理风险。近年来，算法（algorithm）技术对新闻传播的贡献有目共睹，消极影响也不容忽视：某些商业门户网站的"惊讶体""调侃体"标题降低了新闻品质，门户网站选择新闻的习惯影响着新闻生产。这种现象应引起学界重视，及时反思算法技术对新闻理念的影响，尤其是那些潜在的、长期的消极影响。本文拟从伦理角度分析算法技术对传统新闻理念的解构和涵化。

一、传统新闻理念演进的技术维度

新闻实践"一直受到技术的影响，约束和结构化"[3]，从新闻理念的演进到新闻文体的变化都有技术的身影。人们习惯于从实用角度分析技术对新闻生产传播的作用，忽略了技术和新闻理念的内在关联。哲学是避免这种缺失的补药。海德格尔（Martin Heidegger）从本体论角度审视技术的本质，认为它是人和物的关系体现。在这里，技术变成了规律的发生方式，对技术的认识过程也是个"解蔽（去蔽）"的过程，因为"technique 中的决定性的东西绝不在于制造和操控，也不在于工具的使用，而在于去蔽（解蔽）"[4]。当代社会，技术正在渗透到新闻业的骨髓，它不再是简单的实用工具而成了职业者的思维工具。技术对新闻理念的影响包括对价值理论、客观理论和伦理规范的影响三个方面。

---

1 陶若谷.漩涡中的"基因狂人"贺建奎［EB/OL］.［2018-11-28］. http://www.bjnews.com.cn/inside/2018/11/28/525877.html.

2 邹瑞雪.基因编辑婴儿事件：别让"超级人类"担忧成真［N］.新京报，2018-11-28.

3 Pavlik, J.V., New media and news: Implications for the future of journalism［J］. New Media & Society, 1999, 1（1）: 54.

4 HEIDEGGER M. The Question Concerning Technology［M］. New York: Harper Torchbook，1977：7.

（一）新闻价值理论的技术因素

新闻业是社会发展到一定阶段的产物。只有信息传播的物质和技术条件与信息需求相匹配时，新闻媒体才有了诞生的可能。媒体为传播信息而生，至于何种类型的信息对受众具有知悉意义，早期的新闻生产只能在实践中摸索，并走过一些弯路，比如美国新闻史上的"黄色新闻"就通常被视作新闻业的污点。换个角度看，它何尝不是新闻理念从混沌状态向清晰状态过渡的转折点。在约翰·费斯克（John Fiske）看来，"新闻价值是产业化的新闻公司由于生产性需要而导致的结果"，媒体从业者"隶属于环环相扣的劳动分工。在公司之外还存在竞争对手，以及记者与广播专业的职业观。处于这些语境之中，新闻价值的功能就在于从混杂着所有这些人物、实践与信仰的文稿中产生一种标准化的产品"[1]。

传统的新闻价值理论的价值构成要素包括真实性、时新性两个不变要素以及重要性、显著性、接近性、趣味性等可变要素。在新闻价值诸要素中，以不变要素最为根本。就真实性原则而论，这种理念的获得也有技术的因素。比如，摄影技术、录音技术和摄像技术为新闻真实的提升奠定了技术基础。李普曼（Walter Lippmann）指出："只要有了良好的记录手段，现代新闻报道就可以极为准确。"[2]时新性中的技术因素更为明显。交通运输技术缩短了报纸运输分发的时间，电子传输技术实现了报纸的异地印刷，广播电视媒体的技术因素更为明显。传播技术每前进一步，就是在弥补信息传播的延迟性这一缺陷并优化新闻理念的时间框架，改变传统新闻价值观念赖以存在的时间感。

真实性和时新性被纳入新闻价值理论，新闻机构的市场竞争是主导原因，然而也不能忽视技术的影响。随着技术对媒体竞争的满足程度提升，影响新闻生产与传播理念的形成，使技术最大限度地服务于新闻竞争。新闻业的发展也在刺激技术的进步。拉普（Fried rich Rapp）就曾断言："技术产品总是人通过自己的行为制造出来的，技术的核心机制就是设计和创新，技术活动的形成是有一定的哲学前提和价值观决定的。"[3]约翰·卡尔金（John Culkin）也有类似的观点："我

1 费斯克，等.关键概念：传播与文化研究辞典［M］.李彬，译.北京：新华出版社，2006：184.
2 李普曼.公众舆论［M］.闫克文，江红，译.上海：上海世纪出版集团，2006：246，240-247，253.
3 拉普.技术哲学导论［M］.刘武，康荣平，吴明泰，译.沈阳：辽宁科学技术出版社，1986：34-35，148，149.

们塑造了我们的工具，之后我们的工具塑造了我们。"[1]

（二）新闻客观理论的技术影响

在传统的新闻理念中，客观地报道事实是另一个共识。事实可以为媒体从业者认识并把握，而客观是那些"存在于我们之外，通过我们的知觉达到的事物"[2]。新闻报道的客观性决定了媒体从业者"掌握资料的可能性和我们得出结论的有效性"。[3]

新闻客观性观念的形成得益于对新闻真实的认识。随着黄色新闻的发展，报纸开始在头条新闻中做歪曲报道。新闻故事本身确实存在，但一则两到三人轻微伤的火灾新闻见报后，标题就变成了多人死亡。[4]为哗众取宠，新闻偏离了客观轨道也就失真了。19世纪末，媒体从业者获得了更多的职业权威，发展了忠诚协作和新闻实践。20世纪20年代，客观性成为改善新闻业形象的道德准则。[5]1922年，李普曼强调客观的方法；1924年，克劳福德（Nelson Antrim Crawford）的《新闻道德》中第一次明确给"客观报道"做界定。[6]1925年，弗林特（Leon Nelson Flint）对客观报道进行了更多的分析。此后，客观性的实践准则逐渐在世界新闻事业中占据主导地位，成为新闻界公认的标准，是新闻事业的自我规定。[7]新闻客观理念从无到有是"时代的产物，文化的结晶"[8]。

在新闻客观性理论形成的过程中，也有技术的作用。从某种意义上说，技术形塑了一些新闻的样式。比如，消息写作的"倒金字塔"结构受制于电报技术，发送电报收费昂贵不利于篇幅较长的新闻稿件收发，有限的电文内容造成了新闻叙事的过于粗略。受传播技术的限制，记者无法现场完成的工作只能留给后方编辑处理，导致电讯新闻增加了想象的成分。罗兰德·G.亚瑟（Roiland G.Arthur）教授称"发送冗长新闻电报的成本高昂，所以，新闻以8~10行的电讯发送，报

1 拉普.技术哲学导论［M］.刘武，康荣平，吴明泰，译.沈阳：辽宁科学技术出版社，1986：34-35，148，149.

2 拉普.技术哲学导论［M］.刘武，康荣平，吴明泰，译.沈阳：辽宁科学技术出版社，1986：34-35，148，149.

3 曼海姆.意识形态与乌托邦［M］.黎鸣，李书崇，译.北京：商务印书馆，2000：序10.

4 克劳福德.新闻伦理学［M］.江作苏，王敏，译.北京：中国传媒大学出版社，2018：43，48，89，157.

5 Michael Schudson. The Objectivity Norm in American Journalism［J］.Journalism，2001，2（2）：149-170.

6 吴飞，田野.新闻专业主义2.0：理念重构［J］.国际新闻界，2015，37（7）：6-25.

7 郭镇之."客观新闻学"［J］.新闻与传播研究，1998（4）：58-66，92.

8 克劳福德.新闻伦理学［M］.江作苏，王敏，译.北京：中国传媒大学出版社，2018：189，191.

馆收到后，改写员将之扩展为两个专栏"。印刷排版技术也为新闻内容的煽情提供了可能性，有的编辑"浮夸的大字号新闻标题"或者内容煽情有意"使用小号标题"达到夸张的传播效果。[1]

客观性的理论向度在于提升新闻的品质，这种品质的获得与新闻机构标榜的独立、公正理念相关。在弗林特归纳的影响"新闻界独立"的诸要素中，包括不受广告、公众舆论、公众品位以及商业主义等因素的影响[2]，却未论及媒体不受传播技术的影响。在海德格尔看来，技术比科学更为基础，它属于"完成了的形而上学"[3]。每种影响深远的技术也是在构建一种行为模式，这种行为模式规定着人的行为方式，使用这种技术的人被嵌入特定的位置。技术塑造着新的制度和新的文化，技术的本质是"座架"（Gestell），也就是"摆置"（stellen）的结合而形成有自身生命灵魂的系统、框架。[4]传播技术同样在"摆置"从事新闻生产的媒体从业者，新闻客观性理论也是现代传播技术"座架"范围内媒体制度和媒体文化的一种表现形式。

（三）新闻伦理规范的技术制约

技术与伦理道德的关系很早就引起关注，这一点可以从中国传统哲学对"技艺之德"的强调得到印证。先秦时期，"以术入道，以道驭术"的技术伦理思想已经萌芽，庄子的"由技至道"理念蕴含在"庖丁解牛"的故事中。"技艺之德"的伦理蕴涵是对技术的尊重和敬畏，这建立在对技术的深刻理解和运用的节制之上。缺乏技术运用的节制，技术运用的不规范和对技术的过于倚重，技术的副作用就可能被放大。

现代技术以"座架"的方式构造世界，人反而成了被技术统治的对象。兰顿·温纳（Langdon Winner）在《技术秩序中的公民美德》中批评西方的伦理传统将技术从公共领域中剥离出来，把技术伦理的价值判断留给私人领域。[5]公共领域的

1 克劳福德.新闻伦理学［M］.江作苏，王敏，译.北京：中国传媒大学出版社，2018：43，48，89，157.

2 弗林特.报纸的良知［M］.萧严，译.北京：中国人民大学出版社，2005：87.

3 Heidegger, Overcoming Metaphysics［M］. tran. By Joan Stambaugh, ed. By Richard Wollin, Cambridge, mass: The MIT Press, 1993：75.

4 张祥龙.技术、道术与家——海德格尔批判现代技术本质的意义及局限［J］.现代哲学，2016（5）：56-65.

5 Langdon Winner. Citizen Virtues in a Technological Order［J］. Inquiry：An Interdisciplinary Journal of Philosophy, 1992, 35（3-4）：341-361. FEENBERG A, HANNAY A. Technology and the Politics of Knowledge［M］. Broomington：Indiana University Press, 1995：65-84.

问题不能变成公共话题将导致更多的伦理问题。当代社会，"人们越来越意识到技术引起的伦理学问题。一切技术行动都反映一定的价值观念，如果改变已有的行动，必须重新思考和转变态度"[1]。

"自由""客观""公正"作为西方传统新闻理念的核心内容也是新闻道德哲学的基本原则，这些原则是新闻竞争的产物。出于趋利避害的本能，不少西方新闻媒体的报道准则中对媒体从业者提出了伦理要求。20世纪20年代，美国《斯普林菲尔德联合报》要求"每位通讯员、记者、样刊校对者、编辑都应遵循准确性原则。而且，仅仅做到准确还不够，公正原则同等重要"[2]。1935年，美国新闻界职业道德准则强调"新闻人员首要的职责便是给公众准确的和无偏见的新闻报道"。[3]传统的新闻理念对伦理的强调是由于外部环境的压力最终形成的伦理自觉，新闻机构和媒体从业者由此进入相应的道德境界，其中就包括对公众的负责。诚如特纳（Turner B）所说："专业化是被服务公众而不是直接物质回报的期待所推动，是利他价值对自利倾向的胜利。"[4]

在新闻业的发展过程中，技术的运用加剧了媒体竞争，无规则的竞争触及新闻伦理的底线。从早期的报纸间的竞争到报纸和广播的竞争以及电视出现后三种不同介质媒体间的相互竞争，技术一直在影响不同阶段的媒体秩序。传媒技术造成新媒体竞争，也在构建新的媒体秩序，这种技术制约"随着社会文明的进步以及科技水平的发展，传播手段变得多样化，媒介伦理也呈现出泛化的特征"[5]。

二、算法在悄然解构传统新闻理念

互联网技术改变了传统的媒介生态，新闻机构在尚未真正适应互联网环境带来的媒体变革时，算法技术已经开始在传媒领域发挥着独特的作用，新闻生产和新闻消费的过程日益受到算法的无形控制。[6]算法技术的无形控制在本质上是对

1 拉普.技术哲学导论［M］.刘武，康荣平，吴明泰，译.沈阳：辽宁科学技术出版社，1986：34-35，148，149.

2 克劳福德.新闻伦理学［M］.江作苏，王敏，译.北京：中国传媒大学出版社，2018：43，48，89，157.

3 HACKETT R A, ZHAO Y Z. Sustaining Democracy: Journalism and the Politic of Objectivity［M］.Toronto：Garmond Press.1998：41.

4 Turner B, Talcott Parsons. Universalism and the educational revolution: democracy versus professionalism［J］.British Journal of Sociology, 1993, 44（1）：1-24.

5 克劳福德.新闻伦理学［M］.江作苏，王敏，译.北京：中国传媒大学出版社，2018：189，191.

6 MAGER A. Algorithmic Ideology: How captitalist society shapes search enqines［J］. Information Communication & Society, 2012, 15（5）：269-787.

传统新闻理念的某种解构，至于在何种意义上能够谈论与思考算法对新闻理念的解构，这是新闻哲学无法回避的问题。

（一）算法对新闻价值选择的解构

传统新闻价值理论和现代新闻价值理论属于功利主义的取向。算法参与新闻生产和新闻传播的过程，从形式上看属于功利主义取向，实际上与传统／现代新闻价值选择有着显著的区别：前者的行为主体属于非自然人（运算程序）的选择，后者的行为主体是自然人（媒体从业者）的选择。行为主体的这种变化具有颠覆性。自然人的思维方式和审美习惯、知识背景、个人阅历各具特点，他们在选择的新闻素材和报道角度时存在明显的差异。算法的运算程序是给定的，只要指令一样，新闻素材和报道角度必然相近。这显然是对新闻价值选择模式的解构。关于这一点，迈尔·舍恩伯格（Viktor Mayer Schnberger）曾断言："在现代社会，大数据和算法结合已经颠覆了传统的决策方式。"[1]

新闻价值的理论向度以服务受众为目标，这种服务建立在了解受众心理的基础之上。受众的需求多元，媒体从业者以预判形式代为选择新闻，在准确性方面难免有所欠缺。算法技术在这方面优势明显，进而改变着传统的新闻生产模式。生产模式的改变强调了人工智能时代媒体转型的未来发展，新闻业在很大程度上被重新定义并被改写。[2]这种定义和改写就包括对新闻价值选择的解构。算法依据数理逻辑推测受众心理追求的是相关性和准确性但忽略了情感因素，自然人兼具抽象思维和形象思维的能力为数理逻辑所无法比拟。媒体从业者彼此间的差异恰恰促进了新闻的丰富性。算法编程由算法工程师而非记者编辑来完成。除非编程者熟悉新闻筛选业务，否则难以体现新闻价值选择的个性化。并且，单一的运算程序代替了编辑部门的群体工作，导致群体分工作业模式面临被解构的危险。

算法的基本理念在于"控制"。随着这种"控制"在新闻业的延伸，新闻生产和新闻传播处于算法的操纵之下，这种新型控制是对传统新闻理念的解构，取而代之的是算法主导的新闻理念。技术从诞生到成熟需要经过大量的测试，否则，

1 SCHNBERGER V M, CUKIER K. Big Data: A Revolution That Will Transform How We Live, Work and Think [M]. New York: Houghton Mifflin Harcourt Publishing Company, 2013: 34-70.

2 Yue Zheng, Bu Zhong, Fan Yang. When algorithms meet journalism: The user perception to automated news in a cross-cultural context [J]. Computers in Human Behavior, 2018, 86: 273.

技术运用造成的问题可能超出想象。克拉茨贝格（Melvin Kranzberg）担心"技术与社会生态的互动使得技术的发展常常有一些环境的、社会的和人类的后果，这些后果超出技术设备和实践的即时目的"[1]。

（二）算法对新闻客观理论的解构

客观是一种处世的准则，中西方社会都视之为圭臬。亚里士多德（Aristotle）倡导的"中道"强调"适度""适中"和"执中"；孔子主张的"中庸"强调"中不偏""中正"与"平和"，这些理念运用到传媒领域就是新闻报道的不偏不倚。客观要求新闻报道的超然、全面和平衡，从抽象的概念到具象的实践，不同的媒体从业者在处理同一新闻实践时形成的报道有所差别。由此带来的困惑是：何谓"客观"，如何评价"客观"，在鉴定时难免存在分歧，使得传统的新闻客观性理论存在理解方面的偏差。

算法在搜集整理与加工数据时不受情感控制，在新闻生产和传播的程序上为克服传统新闻生产的某些缺陷奠定了基础，从理论上可以实现新闻报道的准确，这看似维系了新闻报道的客观准则，但无法就此得出结论：算法主导的自动化新闻（Automated Journalism）为实现新闻客观铺平了道路。"算法所涵盖的新闻项目被限制在财经报道、房地产报道和体育赛事报道等特定领域，因为这类报道基于客观和具体的数据，速度和准确性是算法新闻的主要优点，深度则是次要考虑因素。"[2]算法程序可以占有大量数据，这些数据无法通过字面意义权衡利弊，影响新闻报道的客观与公正。算法的程序设计存在瑕疵也会降低新闻报道的质量。即便设计者很好地理解了新闻机构的设计意图，这样的"客观"也只能是机器的"客观"，"技术客观"在实质上"是对独立的部分背弃"[3]，这种工作机制剥夺了从业者的知识、经验和临场的自主判断。"作为独立的新闻工作，媒体从业者需要评估重要的报道对照保持距离，为其提供了独特的感受——即机会。"[4]

1　Melvin Kranzberg. Technology and History：Kranzberg's Laws［J］.Technology and Culture，1986，27（3）：545.

2　Daewon Kim，Seongcheol Kim. Newspaper companies' determinants in adopting robot journalism［J］. Technological Forecasting & Social Change，2017，117（4）：185.

3　HEADLEY L A. Algorithms and the Organization of Independent Journalism［D］. San Duegi：University of California，2014：5，53-54,30，25-26.

4　HEADLEY L A. Algorithms and the Organization of Independent Journalism［D］. San Duegi：University of California，2014：5，53-54,30，25-26.

（三）算法对新闻伦理规范的解构

技术影响人的世界观，世界观影响人的行为方式，行为方式反映着一定的伦理道德观念。互联网冲击的不仅仅是传统的新闻生产和传播方式，也改变着新闻伦理观念。"随着算法进入阶段专业新闻生产，发行和消费，编辑结构和新闻事业正在发生重大变化，逐渐在算法权威、算法客观性和算法透明度以及数据使用和滥用等方面遇到了伦理挑战。"[1]

算法挑战新闻伦理规范的明确性。算法运算程序通常被视作新闻机构的商业秘密而拒绝公布于众，受众无法知晓新闻活动的伦理依据。现阶段的算法技术处理新闻业务缺乏必要的专业性，这种技术对传统的新闻伦理规范存在解构的危险。

算法技术对新闻伦理规范最大的威胁在于对行为主体的解构。传统新闻伦理规范的对象是人，算法执行的是人的指令，至于这个人是算法工程师还是媒体从业者成了无法回避的现实问题。假如算法工程师不属于媒体从业者，新闻伦理规约有何权力约束他们的行为？假如属于媒体从业者，他确立的技术通过智能运算得出的结论（程序命令）究竟是媒体从业者的还是算法程序的？主体边界的模糊将增加伦理问责的难度。算法对新闻伦理主体的解构是新闻业界的新问题，有关技术时代导致的主体性危机担忧早已存在，尤尔根·哈贝马斯（Jürgen Habermas）早就敏锐地意识到先验哲学视域下主体性的危机。在他看来，处身于技术统治的强力阴影下有可能被终结的主体意志，将使得一种主体间的交往维度被彻底抹杀，代之以一种"数据搜集者 - 信息"的主客模式。[2]现在看来，哈贝马斯的这种担忧正在传媒领域变成现实。

主体性危机的另外一个后果是：责任主体的危机。算法新闻的理念是通过了解受众的偏好达到精准传播之目的的，这迥异于新闻机构标榜自己所承担的"社会责任"。社会责任是新闻机构赢得公众尊重的前提，新闻不是普通的商品，它包含着一定的价值引领。算法新闻的优点突出但缺乏人工新闻的丰富营养，一旦出现问题还缺乏承担责任的主体。传统的新闻伦理强调新闻报道的深度和广度，算法技术汇集和编辑的信息追求的是逻辑的相关性，这种相关性因为缺乏个性化的

1　Napoli，Philip M. Automated Media：An Institutional Theory Perspective on Algorithmic Media Production and Consumption［J］. Communication Theory，2014，24（3）：340-360.

2　曹卫东. 开放社会及其数据敌人［J］. 读书，2014（11）：73-80.

知识和经验综合加工，缺乏新闻报道的深刻性，而这是新闻伦理所追求的目标之一。新闻报道失去了其历史文化背景以及思维的纵深推演，这种由算法控制的新闻传播信息链只能是低层次的新闻，这显然是新闻机构背弃社会责任的写照。

三、算法技术涵化未来的新闻理念

莱文森（Levinson）认为技术不会压倒人类的选择能力。尽管技术也会使人们着迷，但麻木和痴迷的状态总是暂时的。[1] 技术也在潜移默化地影响人。算法技术对传统新闻理念的解构和涵化是相互的。涵化包括对新闻生产、受众心理和新闻伦理的三重涵化。

（一）算法对新闻生产的涵化

传统传播技术的工具属性突出，并未挑战到媒体从业者的新闻生产权。[2] 生产权属于工作权，这关系到职业者主体地位的安全与否，媒体从业者对"自动化新闻"存在排斥心理并不奇怪。算法打破了媒体从业者对新闻生产的垄断地位，后者需要调整职业心态，逐渐习惯这种与机器竞争的现实。媒体从业者心态的调整过程也是个被涵化的过程，通过扬长避短与技术进行差别性竞争来适应新闻生产。

算法对新闻理念也进行着一定程度的涵化，这集中体现在对新闻价值的涵化上。新闻价值贯穿整个新闻生产过程，算法对新闻生产者的权利和生产秩序的涵化塑造着带有算法印记的新闻价值观。算法蕴含着价值判断，总是与特定的价值立场相关，这就遇到了"以何种价值为主导；如果有不同价值且各自均有自身的合理理由，价值优先性关系怎样"等系列问题。[3]

传统的新闻生产的新闻价值由媒体从业者决断。李普曼指出："尽管新闻业的经济规律压抑了新闻报道的价值，但我相信，如果就此而放弃我们的分析，那就是错误的宿命论了。"[4] 职业化生产是新闻专业主义理念涵化的产物。算法技术实现了新闻的自动化选择，虽然现阶段算法在新闻的价值选择方面相对简单，相信随着人工智能程度的提升，未来的算法技术将提高新闻的价值含量。价值选

1 莱文森.数字麦克卢汉［M］.何道宽，译.北京：社会科学文献出版社，2001：262.

2 Graefe A. Guide to automated journalism［J］.Columbia Journalism Review，2016：4.

3 高兆明，高昊.信息安全风险防范与算法法则的价值原则——自动驾驶汽车研发的两个实践哲学问题［J］.哲学动态，2017（9）：77-83.

4 李普曼.公众舆论［M］.闫克文，江红，译.上海：上海世纪出版集团，2006：246，240-247，253.

择是一种综合选择，算法依赖的数理逻辑"可以可靠地构建有限且特定的事件范围，因此它可以在使用过程中起辅助作用，但不能起决定性的作用"[1]。媒体从业者的职责是判断复杂情境的新闻事实，决定什么样的事实可以纳入报道并确立关键词。算法作为辅助工具，新闻生产过程中的简单劳动由算法承担，复杂的思考和判断以及个性化的语言表述留给媒体从业者完成。新闻生产角色和生产职责的变化是算法对新闻生产的另一个涵化。

（二）算法对受众心理的涵化

技术是构成媒介生态环境的要素，它对受众的心理产生某些影响。算法分析受众收受新闻的习惯为的是提高新闻传播的精准度，这里的"精准度"只是数据计算的精准，不等于实际效果的精准。算法挖掘受众在特定阶段受众收受新闻的偏好为新闻生产提供依据，这样生产出来的新闻反过来在培养着受众的收受习惯，受众因此处于被算法技术的心理涵化之中。所谓心理涵化，"是指个体在与其他文化群体的实际接触中所经历的心理与行为上的变化，以及个体因参与其本身所在文化群体的涵化进程而导致的变化。"[2]算法改变了新闻生产的模式，这种改变体现在新闻的内容上。人工新闻带有记者的个性化特点，自动化新闻在词性选择和叙事方式等方面和人工新闻报道就有了差别。"与其他计算工具相比，自动化新闻强调了媒体的新方向转型，可能会以重塑和破坏新闻的方式生产和消费。"[3]这样的重塑与破坏也包括对受众心理的重塑与破坏。重塑属于积极的心理涵化，破坏属于消极的心理涵化。前者表现在算法从技术层面实现了新闻生产的自动化，承担时效性强的地震、海啸等自然灾害报道任务。受众接纳这类形式的新闻有利于确立算法新闻的市场合法性地位，他们对这类新闻的逐步接纳本身就是一种心理认同的过程。

算法介入新闻生产对受众也有消极的心理影响，这主要表现在可能降低受众的媒介素养水准。新闻在涵化着受众对新闻的认知方式和认知水平，一个人经常

1　HEADLEY L A. Algorithms and the Organization of Independent Journalism［D］. San Diego：University of California，2014：5，53-54，30，25-26.

2　Graves T D. Psychological acculturation in a triethnic community［J］. Southwestern Journal of Anthropology，1967，23（4）：337-350.

3　Yue Zheng，Bu Zhong，Fan Yang. When algorithms meet journalism：The user perception to automated news in a cross-cultural context［J］.Computers in Human Behavior，2018，86：266-275.

接触到的新闻形成了其对新闻的认知和理解，这是媒介素养的重要组成部分。缺乏媒介素养的年轻受众接触算法新闻时会认为这就是标准的新闻。有的商业门户网站减少严肃新闻，增加煽情的低新闻价值的新闻，客观上涵化了网络受众。在传统的新闻生产过程中，李普曼认为编辑"要解决的问题是判断如何才能让某一批读者拿出半小时的注意力放在他的报纸上"[1]，算法计算的是如何赢得受众瞬间的心理快感，这样的消极心理涵化有待引起重视。

（三）算法对新闻伦理的涵化

古希腊哲学家普罗泰戈拉（Protagoras）提出了"人是万物的尺度"的命题，技术发展的主动权始终掌握在人的手中。算法在一定程度上改变人们做出决定的方式，这种技术的"能动性"仅仅是有限度的能动性。诚如拉普所言："尽管技术的已有现状决定了潜在活动的范围，但是最终决定人行动的，不是外在的技术事实而是人体本身的基本规范。"[2]

算法技术不会改变媒体从业者对技术的主导性地位，但会影响媒体从业者的职业伦理观念。算法造成新闻生产的人机冲突，伦理自治需要协调技术造成的冲突。与新闻机构的内外部利益冲突不同，这种冲突化解的过程其实是个涵化与被涵化的问题，主要包括算法与媒体从业者人格和伦理审查程序的互为涵化。

算法对新闻伦理的第一个涵化表现在算法与媒体从业者的职业人格互为涵化。媒体从业者的职业人格是媒体从业者与他人相区别的思维方式和工作方式。思维方式和工作方式受制于技术的影响，这种影响必然在媒体从业者的内心世界留下烙印，重塑其职业人格。媒体从业者对新技术的心态复杂，既希望借此提高新闻生产效率，也担忧算法存在反人性的成分。弗雷·德特纳（Fred Turner）曾描绘过20世纪60年代美国大学对抽象数字的恐惧："我们是加州大学的学生，请不要折叠、扭曲、旋转或毁坏我。"[3]算法作为未来媒体职业的伴随性技术，必然会从外围延伸到人的内心世界而成为思维方式的组成部分，这个渗透的过程也就是媒体从业者职业人格被算法技术涵化的过程。至于两种不同介质的物体能

1 李普曼.公众舆论［M］.闫克文，江红，译.上海：上海世纪出版集团，2006：246，240-247，253.

2 拉普.技术哲学导论［M］.刘武，康荣平，吴明泰，译.沈阳：辽宁科学技术出版社，1986：34-35，148，149.

3 特纳.数字乌托邦：从反主流文化到赛博文化［M］.张行舟，等译.北京：电子工业出版社，2013：Ⅵ.

/226/

否彼此涵化，"两种似乎不相容的价值认知、判断、态度必须且应当能够在主体人性深层以某种方式获得统一，否则，主体人格精神就是截然分裂的。算法法则应当兼容这两种情况"[1]。

算法对新闻伦理的第二个涵化表现在算法规则与伦理审查的互为涵化。每一种技术都有自己的逻辑，技术要适应行业需求就面临矫正其逻辑的问题。算法强大的数据收集分析跟踪能力也威胁着传统的新闻伦理范式，算法"技术的'用户'和'开发者'之间的界限很容易模糊，特别是因为'用户'可能对如何修改技术有深入的了解，并且因为用户可能自己获得了干预发展进程"[2]。算法技术部分地越过了传统的新闻伦理审查，其中包括新闻机构对算法代码的保密，打破了传统新闻伦理规范的公开性惯例。新闻伦理审查要考虑算法技术的利弊，确定这种技术运用的规范，新的规范在算法程序代码的公开性、新闻价值和新闻客观性的维系以及尊重受众隐私等方面做出妥协和调整，这个妥协和调整的过程也是算法与新闻伦理审查互为涵化的过程。

技术的发展没有止境，新闻伦理的发展因而也呈现出某些不确定性的特征，而"不确定"恰恰具有其价值，因为"正是这些挑战促使我们暂时停下来，重新定位，或者继续从事我们过去的事情，也可能是转变方向"[3]。

四、结语

技术对思想观念和生产方式的解构与涵化是人类社会发展史上的交替过程。新技术一方面在某种意义上解构着既有的思想观念和生产方式，另一方面也在设法融入传统的思想观念和生产方式中。在这样一种交替过程中，技术扮演着解构与涵化的双重角色，世界由此处于演进之中。一部新闻业的发展史也是一部传播技术解构并涵化传统新闻理念和新闻生产方式的交互过程史。传播技术给媒体从业者和媒介研究者提供着如何看待新闻生产和新闻消费的全新方式，改变媒体与受众的关系，就像照相机改变了媒体从业者反映事实的关系一样，也改变了受众

1　高兆明，高昊.信息安全风险防范与算法法则的价值原则——自动驾驶汽车研发的两个实践哲学问题［J］.哲学动态，2017（9）：77-83.

2　HEADLEY L A. Algorithms and the Organization of Independent Journalism［D］. San Diego：University of California, 2014：5, 53-54, 30, 25-26.

3　Zelizer B. Terms of Choice：Uncertainty, journalism, and crisis［J］. Journal of Communication, 2015, 65（5）：888-908.

看待事实的方式。同样，算法对新闻理念的解构和涵化犹如绘画与图片的关系，新闻理念的改变转而影响着新闻生产和新闻消费方式的某些转变。反过来说，新闻业对算法的希冀和要求必然会影响到算法技术未来发展的方向，因为"一切技术都是人的理念的外化；在外化中并通过外化，我们可以读到技术所体现的思想"[1]。

算法是人的理念的产物，服务社会需求是其存在的前提。厘定算法技术与新闻业的关系也就确立了算法在新闻业的地位：它只能是新闻生产和新闻传播的辅助工具，或者说是新闻业的"机器仆人"。从不识人心的"机器仆人"给传统新闻理念带来某些挑战甚至威胁新闻业的发展需求，算法在以技术方式涵化新闻理念的同时也须适应新闻职业规范，并服务新闻机构和受众，这样的解构和涵化才有积极意义。"新闻的灵魂是公众，公众是新闻的最高目标，没有公众，新闻也就成为没有意义的事业"[2]，算法的灵魂是受众，受众是其最高目标。"灵魂"限制了算法只能是新闻机构逐利的工具，它必须以刚性标准坚持传统的新闻价值和新闻客观标准，将合规、不损害受众利益放在首要地位。如果算法缺乏新闻理念的坚定性，"没有把毫不动摇地将价值与伦理底线放在优先的地位，其结果必然在研究与创新中将价值和伦理限制放在后面"[3]。

（原载于《南京社会科学》2019 年第 1 期）

* **基金项目**：本文是中央高校基本科研业务费专项项目"多元社会的媒体记忆与社会共识研究"（2018JDCSK07YJ04）、国家社科基金重点项目"重大公共事件的社会伦理心态研究"（17AZD006）的阶段性成果。

1 莱文森.思想无羁：技术时代的认识论［M］.何道宽，译.南京：南京大学出版社，2003：209.
2 James Carey. The Press and the Public Discourse［J］.Center Magazine，1987，4：4-16.
3 段伟文.基因编辑婴儿亟待刚性生命伦理规制［N］.学习时报，2018-12-5.

第五章　舆情预警

规范网络舆情预警活动问题研究

互联网的出现，在很大程度上改变了人类社会的工作和生活方式。与此同时，也给社会治理部门带来了新的挑战。人们对互联网的认识，从最初的"虚拟世界"逐渐转变为"现实化的世界"。发酵于互联网上的各类舆情事件，最终在现实社会里变成了群体性的活动。网络舆情事件频发，促使网络舆情产业快速发展。网络舆情产业以网络舆情信息的搜集、研判和预警为主要内容。预警工作是整个网络舆情业的核心环节。在这个环节，需要舆情机构给网络舆情事件涉事方及其社会治理部门提供化解舆论危机的建议和方案。网络舆情预警活动的规范程度，在很大程度上决定着社会的稳定程度。

毋庸讳言，迄今为止，世界各国对网络的治理还处于探索期。就网络舆情预警活动而言，因为治理的缺乏、越位，依然存在某些方面的乱象。当前的网络舆情预警活动，需要从以下三个方面进行规范。

一、组织管理架构的规范

社会活动的规范与治理，首先应从微观层面进行。对于网络舆情预警活动而言，网络舆情预警机构的内部组织管理，社会治理部门对网络舆情预警机构的监管和指导，二者之间以什么样的架构模式最有效率，显然是个无法回避的问题。

1.当前我国网络舆情预警组织管理失范

就网络舆情预警活动而言，目前普遍存在网络舆情的处理效率不高、权责不够清晰等问题，导致有些地方以维稳的名义屏蔽网络舆情信息，对国家机关和民众同时隐瞒实情，造成社会矛盾的"地方保护主义"。究其原因，与网络舆情机构和网络舆情的社会治理部门的组织管理架构缺乏系统性、管理者和被管理者缺乏有效的沟通有关。

网络舆情预警机构内部的组织管理，以企业化的形式出现。相关的社会治理部门的组织管理，则政出多门，多为宣传系统、公安部门和政务部门等，这些部门不同程度参与网络舆情预警的管理。组织管理架构的衔接不够，给网络舆情预警管理带来了一些问题。

近几年来，社会治理部门对网络舆情预警的管理参与度并不低，有时甚至表现得相当积极。从社会责任的角度看，社会治理部门主动关注网络舆论的最新变动，有利于预测社会发展的趋势。"积极"并不意味着动机的完全正当。社会治理部门对网络舆情的主动关注，其动机应建立在减少社会问题的基础上，一旦主动关注的动机是维护社会治理部门自身的形象，对于问题本身并不关注，这样的"积极性"动机与行政的伦理精神背道而驰。有的社会治理部门对网络舆情的主动关注，目的还在于掩饰自身的问题。这样的动机因缺乏正当性，同样容易造成网络舆情预警工作偏离正常的轨道。

2.规范网络舆情预警组织的管理架构

网络舆情预警的组织管理，应借用积极组织管理理论，建立全国性的舆情管理协调机构。

积极组织管理是积极心理学的产物。积极组织管理源于动机理论的自我决定理论。自我决定理论认为人类是积极的生物，具有自我实现、自我成长的潜能，每个个体都具有先天性的、内在的、建设性的、发展自我的倾向，寻求自我的整合。[1]个体的自我决定理论以及在此基础上形成的积极组织管理理论，同样适合于网络舆情预警的管理。换句话说，社会治理部门对网络舆情预警的管理，是采取消极的管理模式还是积极的管理模式，需要有所抉择。消极的管理模式的动机仅限于维护具体的或整体的社会治理部门形象和利益，积极的管理模式则本着严肃对待社会问题的态度，并在此基础上把解决社会矛盾作为根本目的。

随着互联网媒体属性越来越强，网上媒体管理和产业管理远远跟不上形势发展变化。

互联网的特殊性，决定了对网络舆情预警管理更应重视管理的层级性和协调性。美国非常重视对互联网管理的全国监管和协调，在白宫设有"网络办公室"，该办公室的首席网络官直接对总统负责。我国也在不断探索类似的全国性协调模式，并组建了专门的协调机构。如2011年开始设立的国家互联网信息办公室，

1　RYAN R M，DECI E L. Self-Determination Theory and the Facilitation of Intrinsic Motivation，Social Development，and Well-Being［J］. American Psychologist，2000，55（1）：68-78.

各地市也逐渐成立相应机构，负责互联网信息内容管理工作。中央网信办的工作重点是网络安全治理，虽然其网研中心设有舆情处，负责互联网舆情的研究、协调和管理，但该机构对网络舆情及其预警的协调能力如何，尚有待实践的检验。

理想中的网络舆情管理全国协调，并不仅仅着眼于及时发现网络舆情信息，给舆情事件的涉事方发出预警，而在于"由关注个案向整体掌控转变""更好地把握网络舆情发展的整体态势"[1]。网络舆情的全国协调机构，可以将对个案的关注变作对网络舆情案例的分类、总结，指导全国性社会治理部门（国家部委）和区域性社会治理部门（省、自治区、直辖市以及地市级）从典型网络舆情案例中吸取教训，检查本部门、本地区的社会治理工作是否存在类似的问题。对于存在类似问题隐患的部门，要如实向上级网络舆情协调机构提供情况说明。只有坚持网络舆情治理的案例化和问题排查的强制性，才可以让所有的社会治理部门引以为戒，减少社会矛盾的发生。

二、法律治理方面的规范

网络舆情预警作为新兴的社会活动，其规范更多依赖于立法的完善，社会治理部门对网络舆情预警的监管，网络舆情预警机构的工作流程，都必须置于法治的框架下。网络舆情预警活动既是个人或单位性事务，也是社会性事务。不论舆情预警属于何种性质的事务，只要涉及与网络舆论打交道，就要遵守相应的行为准则。对于立法机构来说，要重视对网络舆情预警的管理，网络立法也应涉及舆情信息的搜集和研判、预警活动，规范每个阶段的行为"禁区"。依法治理网络舆情机构和社会治理部门的舆情预警事务，是大势所趋。

1.当前的互联网法律治理

对于网络管理的立法，西方国家比较重视这项工作，不仅立法工作起步早，相关法律也比较多。自1978年以来，美国先后出台制定了130多项有关互联网管理的法律法规。[2]日本、韩国在互联网立法方面，也走在了中国的前面。虽然西方国家针对互联网治理出台的法律较多，但并不意味着这些国家的互联网法律治理就完善了。事实上，即便在互联网法律相对健全的美国，现行的法律仍无法

1　卿立新.创新大数据时代的网络舆情管理［J］.红旗文稿，2014（22）：28-29.

2　欧阳旭，魏志强，程洁.浅谈我国网络舆情管控法律体系的建立健全——以美国网络舆情管控为借鉴［J］.贵州警官职业学院学报，2012，24（3）：26-32.

满足社会需求。因此，其法制建设还处于进行时状态。例如，2015 年 2 月 26 日，由美国联邦通信委员会（FCC）提出并制定的"网络中立"以 3 ∶ 2 的投票率得以得通过。对于联邦政府来说，它们获得了更大的监管权。

我国的互联网法律治理也在互联网出现后及时跟进。应该承认，在我国现有的互联网法规中，涉及网络舆情及其预警活动的法规不多。和网络舆情预警关联度相对较高的，当属 2000 年 12 月 28 日通过的《维护互联网安全的决定》。与舆情及其预警相关的是该决定的第四条："为了保护个人、法人和其他组织的人身、财产等合法权利，对有下列行为之一，构成犯罪的，依照刑法有关规定追究刑事责任：（一）利用互联网侮辱他人或者捏造事实诽谤他人；（二）非法截获、篡改、删除他人电子邮件或者其他数据资料，侵犯公民通信自由和通信秘密；（三）利用互联网进行盗窃、诈骗、敲诈勒索。"[1]

我国现有的法规以国务院、全国人大的规定和颁布的条例居多。我国的法律位阶共分六级，从高到低依次是根本法、基本法、普通法、行政法规、地方性法规和行政规章。这表明，涉及互联网的法规，多数居于最末一级，属于行政规章的居多。法律的位阶不高，表明立法机构对互联网法律治理重视的程度不够。以部门法规的形式治理互联网，在没有专门法律的情况下用作临时性的补救措施，可以理解。随着时间的推移，立法机构有足够的时间检验这些规定的执行情况，并依据互联网的发展状况，将部门的规定、条例上升为专门的法律。

2. 要规范网络舆情预警的法律治理

互联网立法应重视对网络舆情预警问题的治理。网络舆情预警的法律治理，应考虑到当前阶段我国互联网的发展状态，对比较突出的问题进行规范和限制。以删帖为例，未来涉及网络舆情预警的法律应对删帖、敏感词屏蔽等行为作出专门的规定。这并不是完全禁止管理部门删除内容敏感的言论，也不是不能设置相应的敏感词，而是应该规定：谁有权删帖？删帖的理由是什么？删帖会不会影响言论自由？被删帖内容发布者的权利是什么？他们有无资格维护自己的网络言论权？对于互联网公司黑客的删帖行为该如何予以惩罚？什么样的惩罚力度才算适

---

1 《全国人大常委会关于维护互联网安全的决定》，2000 年 12 月 28 日第九届全国人民代表大会常务委员会第十九次会议通过。

度？什么样的字词敏感？它们为什么敏感？这类字词在互联网传播会给国家和社会造成什么样的不利影响，会对公众造成什么样的不利影响？敏感词的制定权隶属于哪些社会治理部门？该项权力的依据是什么？所有这些都是网络舆情预警法律治理的重要事项，都不应该被遗漏。

网络舆情预警的法律治理，还应涉及对舆情服务机构之间的不正当竞争、预警解释的弄虚作假等行为作出规定。网络舆情服务需要尊重市场规律，按市场化的方式运作，这一点并无异议。任何竞争都需要规则，只有按照规则展开竞争，竞争才可以发挥更多的积极作用。"近期案件显示，互联网企业之间的不正当竞争行为持续向移动互联网蔓延，这将成为未来一段时间互联网不正当竞争的重要特点。"立法者应该考虑这些状况，通过限制不正当、不公平竞争，规范我国的商业舆情服务。对于舆情预警活动，法律可能不适宜对个人性质和企业性质的雇用活动进行明确的限制，对于为社会治理部门提供的舆情预警解释，应明确禁止夸大或隐瞒舆情事件的负面影响，应禁止给雇主提供删帖等不当手段以消除网络舆论的影响；舆情服务机构应被禁止参与删帖行为。

三、职业伦理教育的规范

网络舆情检测技术、舆情分析软件的出现，为社会治理部门认识并把握当下的社会热点和难点问题提供了某些便利。技术产品的使用也存在风险，如对技术的滥用。这就需要社会治理部门及早规范这些技术使用可能带来的风险，相关的职业伦理就应运而生。

互联网行业的健康发展，也离不开专门的职业伦理建设。《中国互联网行业自律公约》中也有与网络舆情间接相关的规定。如第七条："鼓励、支持开展合法、公平、有序的行业竞争，反对采用不正当手段进行行业内竞争。"第八条："自觉维护消费者的合法权益。保守用户信息秘密；不利用用户提供的信息从事任何与向用户作出的承诺无关的活动，不利用技术或其他优势侵犯消费者或用户的合法权益。"[1]但仅靠这些规定，远远解决不了网络舆情预警活动中存在的问题。

当前的社会转型期，社会矛盾趋于公开化，群体性事件发生的比例上升明显，社会治理部门被迫应对不少突发事件。这类事件先在互联网舆论中发酵，进而在

---

[1] 中国互联网协会.中国互联网行业自律公约 [EB/OL].[2002-03-26].http://www.isc.org.cn/hyzl/hyzl/listinfo 15599.html.

线下聚集，一旦社会治理部门引导不够及时，就可能酿成群体性事件。每一起群体性事件的发生，总会让具体负责该项事务的社会治理部门陷入被动境地。一些社会治理部门出于不愿被动处理群体性事件的考虑，提出了社会维稳的口号。维稳模式的社会治理，采取主动出击的方式，通过网络舆情的监测，搜集舆情信息，并对可能存在的问题进行研判，对于可能造成危险后果的舆情信息，给职能部门或利益相关者发出预警，提醒他们重视此类网络舆论的发展走势。

从理论上讲，主动监测网络舆情、及早研判并发出预警的社会治理模式并无不妥。但是，主动监测也容易造成一些社会问题。从地方政府对信访民众的截访甚至"被精神病"的现象不难发现，民众的信访信息被泄露，甚至他们的个人活动行踪被监控。对互联网舆情监控的动机不纯，监测的手段存在过度搜集公众个人信息的问题，对获取的舆情信息存在不同程度的瞒报或漏报现象，对舆情信息的社会危害存在被人为扩大的现象，这些都导致社会治理部门作为的过度。这样，网络舆情业的工作就具有某些暴力和秘密性质，引起民众的反感。一些公众对"网络舆情"的印象较差，不少人将"网络舆情"和"网络特务"相等同，认为舆情服务就是给社会治理部门搜集信息，舆情预警服务就是教社会治理部门如何对付网络舆论和网民。维稳作为社会治理的手段，有其合理性和必要性，但这种手段的伦理动机必须纯正。从一些信息管理官员的落马看，有的官员利用自己掌握的行政权力参与非法删帖、牟取巨额私利。这表明他们的动机不但不纯，手段也背离了舆情职业伦理，所产生的社会影响极差，降低了舆情服务业的社会声誉。

改变这些问题，需要我们加强网络舆情预警服务的规范。专门的职业伦理并不与该行业同步诞生，而是在行业发展过程中出现诸多不规范行为后被迫改善自身的产物。职业伦理的产生虽然与舆论不存在直接的关系，但舆论对一个行业的评点还是会形成压力，提醒该行业重视外部舆论的批评。另外，市场竞争也迫使一个行业的绝大多数从业者不得不接受具有共识性的伦理规约。只要我们承认舆情服务业已成为一个新兴的行业，且这个行业具备了一定规模的企业和从业者，那么舆情服务业就需要专门的职业伦理，以规范从业者的职业行为。

伦理教育和学校教育不同，伦理教育可以由单位、行业举办的专门培训班，也可以是在从业实践中吸取教训的产物。事实上，后一种"教育"因为教训深刻，

"教育"的效果可能更好。当然，这种教育缺乏系统性，只能作为辅助手段。最有效的办法还是通过立法强制规范舆情服务从业者的权利和义务以及禁止事项。

综上所述，组织管理架构的规范、法律治理方面的规范和职业伦理教育的规范，是规范网络舆情预警管理的发展方向，也是网络舆情预警管理的三个维度，缺一不可。

（原载于《中州学刊》2016 年第 2 期）

论网络舆情预警的主客体及其伦理问题

社会发展导致社会分工的出现，社会的进一步发展促使社会分工精细化。随着我国社会转型期的到来，群体性突发事件增多，由此促成了新的社会分工——舆情管理职业。现在，党政机关和事业单位按照要求在逐步组建专门的舆情监管部门；重视舆情工作的大型企业，配备专门的舆情监管人员。随着舆情监控软件的成熟，信息搜集的工作难度开始呈下降趋势。相反，舆情预警环节相对薄弱。预警工作，也就是通常所说的研判，这个职业的门槛较高，目前合格的舆情分析师还无法适应社会的需求。这里，我们对网络舆情预警的主客体及其伦理问题进行简要的分析。

一、网络舆情预警的主体

网络舆情预警作为一项新兴的职业，以网络舆情为研究对象。网络舆情的主客体，只是网络舆情预警从业者观察、分析的对象。网络舆情的主体和网络舆情预警的主体，在理论上没有重合的必要；如果重合，将影响研判、预警的客观公正。

网络舆情事件覆盖面广，社会影响大，关注者多。但是，真正从化解事件危机角度思考问题者，则相当有限。这样看来，网络舆情预警的主体包括网络舆情事件的利益相关者、专业舆情机构和社会治理部门三类。

1. 利益相关者

对个体利益的感知、诉求和维护，是个体的人从事社会活动的动力。利益是主客观的混合体，不同的主体对利益的界定存在差别。这样，利益的边界就会产生歧义，由歧义导致同一利益边界可能出现模糊的状况。以利益所有者自居的人，对自身的利益要敏感许多。当自身利益可能受到损害时，其反应最为敏感，也最为强烈。在网络时代，利益相关者往往是最先预感到问题可能发生或将要发生的群体。这样，网络舆情事件的利益相关者自然成为网络舆情预警的主体。

预感到问题发生，利益相关者可能采取相应的预防措施，也可能任其发展，这就是零预防。至于是积极预防还是消极预防，或者是零预防，在于预警主体单方面的判断。这种判断依据利益相关者的知识、经验、心态以及判断力。个体的知识和经验毕竟有限，无法适应社会的发展变化，这是各种问题发生的重要原因。

利益相关者作为网络事件的预警主体，通常适用于规模较小、危害不大的舆情事件。比如，一个人的言论失当，在网上受到较多的批评。在这种情况下，言论失当者就是利益相关者，他意识到个人言论的问题，可以用公开道歉的方式减少批评的声音；可以站出来反驳，以维护自己的自尊心和社会形象；可以保持缄默，期待随着时间的流逝，这种被动的局面逐渐消失。不论采取何种应对之策，均以其自我预警的结果为依据。这样的预警，不论结果的好坏，均由其个体承担风险。

现实社会的情况远不是这么简单。利益相关者从来就不大可能只限于一个孤立的个人，而是一个利益共同体。对于社会机构来说，利益相关者的成分就更为复杂。举个例子，"走廊医生"兰越峰后来被医院开除，就是医院职工集体投票决定的产物。涉事医院受"走廊医生"举报存在过度医疗现象，陷入网络舆论的批评之中。因该单位舆情应对不力，凤凰卫视、《南方周末》和中央电视台等媒体先后报道，导致该医院面临降级的危险。在这种情况下，医院若降级，将涉及医院所有职工的利益。这样，医院采取职工代表投票的办法，通过决议，将"走廊医生"除名[1]。在投票前夕，投票赞成开除"走廊医生"的代表，与该事件都变成利益相关者，维护医院利益变成了维护代表个人的利益。投票除名"走廊医生"可以视作一种利益相关者预警的做法，因医院声誉受损可能导致医院被降级，医院降级将导致个人经济利益受损。

2. 社会治理部门

社会治理工作涵盖了社会生活的方方面面。不论什么样的社会问题，在现代社会，都会有一个与其对应的社会治理部门。换句话说，没有任何个人和单位可以宣称自己独立于社会治理部门的管辖之外。

社会治理部门作为社会问题的职业诊断、治疗者，其存在的意义就在于干预无法自行消失的社会问题（主要是民生问题）。

现代社会的社会治理部门有个基本的职责，这就是社会监督。监督有事前监

1　何光，黄晶晶.同事上街要求开除绵阳"走廊医生"［N］.新京报，2014-2-20（A17）.

督、事中监督和事后监督。在绝大多数情况下，社会治理部门日常化的监督属于事中监督和事后监督。这并不是说，社会治理部门的工作职能只能是被动性质的，只有等问题发生才可以被动干预。事实上，社会治理部门具有社会设计的职能，它可以在职权范围内设计社会的某些制度、结构，这种设计建立在汲取以往教训的基础上，通过改良社会制度、社会结构，减少社会矛盾，促进社会的更好发展。这种改良，在某种意义上可以视作预警的产物，因为制度具有前瞻性，可以预先估计到某种社会结果。

互联网出现后，社会治理部门的工作较传统社会的工作有了更大的压力。网络舆论每天都非常活跃，活跃的舆论造成社会冲突的可能性在增加。即便网络技术手段可以辅助社会治理部门加强对网络舆情的监控力度。这种技术手段的作用依然有限，它能做到的是监测的同步，但对舆情信息的整理、分析和预警则无法和事件真正同步。这样，在网络舆情事件发生后，社会治理部门的工作重点是预警，根据预警协调事情的直接利益相关者和网民之间的矛盾。

社会治理部门和网络舆情事件本身可能没有直接的利害关系，却有间接的利害关系。社会治理部门对网络舆情事件的预警不力，社会矛盾激化，最终被问责的还是社会治理部门。网络舆论酿成的不少群体性事件，其实归根结底与社会治理部门工作的某种不力有关。如果社会治理部门不能有效监督网络舆论，对处于发酵期的网络舆论研判不及时或者研判不到位，社会治理部门不能给涉事方发出预警，引起社会的重视，其作为网络舆情预警的主体资格将受到舆论的批评。

3. 专业舆情机构

不论在什么时代，都得承认术业有专攻。网络舆情事件社会影响大，必然给商家提供了参与处理网络舆情事件的机会，提供这样的机会获取经济利益。商家招聘擅长信息搜索技术、社会学、法学、声誉管理等知识的专业人士，组建专业的网络舆情机构，给社会提供专门的服务。

专业舆情机构一个非常重要的职责是研判网络舆情事件的危害程度、事件的走向。这也正是所有深陷网络舆论漩涡者所急需的服务项目。这样，服务和被服务者之间，通过提供有偿的服务建立联系。受聘协助研判网络舆情事件的专业舆情机构，可以全面参与网络舆情事件的处理，成为网络舆情预警的重要主体之一。

现在，越来越多的网络媒体组建专业的舆情机构，一些宣传部门、新闻媒体也在成立舆情部门，这些舆情机构的出现，在一定程度上有利于社会矛盾的缓和，其积极意义应予以肯定。

不论是利益相关者、社会治理部门还是专业的舆情机构，在充当预警主体角色时，其预警的目的非常明显：为某个特定的主体（不论这个主体就是预警者自己还是服务对象）。预警主体预警的这种"为我性"，表现为显著的利益指向。通常认为，不论什么样的主体，因为人具有认知的能力，决定了主体是自然性、社会性、意识性、实践性和能动性的综合体。相反，客体则有客观性、对象性、社会性、历史性的特点。主客体之间的利益关系，决定了预警主体有意识的预警工作本质上属于"为我关系"——为自己的利益而开展活动。可见，"主体和客体的关系，虽然首先表现为外部关系，但它只有内化为意识，即在主观上自觉到这种关系时，主体和客体的关系才算真正建立起来。正是意识使人自觉为主体，把自身同环境自觉地区分开，从而把自身之外的事物看作有别于自我的他物。""实践是把'自在之物'转化为'为我之物'的活动，因此，主体对客体的实践关系本质上是一种'为我关系'。"[1]

二、网络舆情预警的客体

同一事物在不同的历史时期，以自身具有的多种属性可以依次充当不同实践活动形式的客体。同一个客体，其存在的价值在于对人的有用性。客体的价值实现是指自然物及其属性向价值属性的转化过程和实现方式。这种价值关系使人与客体的对象之间具有了某种特殊关系。对于网络舆情预警的客体来说，它和自然界的客体一样，与作为主体的人之间具有某种价值关系。所不同的是，预警的客体比自然物的客体对人更为重要。需要指出的是，这种重要性具有阶段性，它并不恒定。只有当主体的人意识到预警的客体对自己至关重要时，这种客体才成为真正的客体。换句话说，对于那些不能意识到这种客体的价值关系时，可能不会被当作预警的客体来对待。因此，预警客体是主体的认识达到高级阶段的产物。

从利益的角度看，网络舆情预警的客体包括网络舆情事件涉事方的精神利益和经济利益。

1　李景源，韩铁城.简论主体和客体概念［J］.哲学研究，1990（5）：39.

1. 涉事方的精神利益

预警受到社会的重视，很重要的一点就是人们越来越开始看重自己的精神利益。网络舆情事件的本质是舆论事件，舆论给事件涉事方最直接的损害则是精神利益方面的损害。这样，精神利益就成为舆情预警的客体形式。

一般来说，"精神利益"被界定为满足主体生存和发展需要的一切精神生活条件的总和。精神利益通常指与人们的精神生活需要有关的利益。按照马斯洛的需求层次理论，人的需求分为生理需求、安全需求、归属和爱的需求、尊重的需求、自我实现的需求五个不同的层次。生理和安全的需求，可以视为物质利益的需求；归属和爱的需求、尊重的需求和自我实现的需求，则属于精神利益的需求。需求五层次由低向高依次排列。需求的层次每提高一个等级，对人的要求就越高。所以，精神需求的三个层次，并非每个人都可以意识到或者说可以达到的。不论什么层次的精神需求，都建立在人格意识完善的基础之上。

人格是无法用金钱交换的东西，它是具有生命的人最为宝贵的财富。与人格紧密相连的是个人荣誉。对荣誉追求所形成的荣誉感，被认为是人的所有精神利益中最为核心的内容。一个人的社会声誉被作为人在社会上的立身之本。没有健全的人格，就难以获得必需的社会声誉。社会声誉不足，将制约个人的社会发展空间。

互联网的出现，人们的社会活动面借助互联网得以扩展。社会活动空间的扩大，给个人的发展带来了机遇。不过，机遇总是与风险同步。一个人的交际圈越大，其声誉风险也就越大。所谓声誉风险，是指个人为自我发展的需要不得不经常做的风险评估，风险评估需要考虑一些相关的指标，每个不合格的指标都可能给个人的名誉造成损害。所以，声誉风险在本质上是因个人的言语、行为导致利益相关方对个人负面评价的风险。与声誉风险相关的是每个人都需要具备相应的声誉资本。这种资本属于个人精神利益的范畴，它包括真诚、信任、尊严、同情和尊重等。在现实的个人社会关系中，声誉资本比个人任何的有形资产更为脆弱，也更为重要。因为个人不经意间的一句话、一个举止，都可能在网络上招来舆论的关注。一旦自己的言行在网络舆论中受到围观，就可能给个人声誉造成不同程度的损害。一个人的知名度越高，遭遇这类事件的概率就越高，因网络舆论的围观所蒙受的损失也越大。

社会声誉作为个人、法人的无形资本，成为网络舆情事件预警的重要客体形式。但是，精神利益包括的内容却不仅是社会声誉，还包括个人或法人的诸多法定权利。

现代社会，法律保护公民个人、法人单位诸多的利益。网络舆情事件在给涉事方造成荣誉损失的同时，还可能触及他人的法定权利，比如说个人隐私。2014年，网民在议论某明星事件之余，一些媒体对和该明星相关的两位女性的住宅进行踩点，对其行踪进行跟踪，这就不但危及涉事方的社会声誉，还可能侵害了其隐私权。类似的精神利益作为舆情预警的客体，在当下，其受到的重视程度远低于社会声誉本身的损害程度。换句话说，预警客体间同样存在某种预警的不平衡性。这种状况，显然也有改善的必要。

2. 涉事方的经济利益

在马斯洛的需求层次理论中，生理需求和安全需求侧重于人的物质利益方面的需求。这种需求虽然被置于个人需求的底层，但它更为直接，需求的欲望更为强烈。

经济利益的外延相当宽泛，它几乎涵盖了个人、集体、国家或社会赖以生存和发展的全部物质条件。经济基础是人类社会赖以生存的前提。对于个人而言，经济利益则是其从事社会活动的原动力。这个道理可以从俗语"人为财死，鸟为食亡"中得到验证。

就网络舆情事件的预警而言，首先考虑的是网络舆情事件中涉事方的精神利益，因为精神利益在这类事件中表现得最为直接。一个人的精神利益受损，与之相随的是个人情绪沮丧，这将影响到其个人的日常工作，增加工作中出现失误的概率。一旦工作出现闪失，意味着可能造成某些经济损失。对于处于网络舆论漩涡中的涉事方而言，精神利益的损失和危机事件同步。经济利益的损失，则相对滞后。比如，一个知名演员遭遇网络舆情事件的冲击，将影响到当事人以后的出镜率，进而明显影响到其个人日后的经济收入。对于企业来说，精神利益和经济利益关系更为紧密，甚至精神利益的损失不好计算，经济利益的受损情况则比较具体。例如，2011年央视"3·15"晚会曝光双汇集团后，仅半个月的时间，这家公司的经济损失就超过了百亿元。

2011 年 3 月 31 日上午，双汇集团董事长万隆在"双汇万人职工大会"上称，"瘦肉精"事件对双汇集团影响巨大：3 月 15 日双汇发展股价跌停，市值蒸发 103 亿元；3 月 15 日至 3 月 31 日，影响销售 15 亿元；济源双汇处理肉制品和鲜冻品造成的直接损失预计 3 000 多万元；由于瘦肉精改生猪检查，全年预计增加检测费 3 多亿元；预计 3 月减少税收 8 500 多万元；品牌美誉度受到巨大伤害 [1]。几乎每年都有知名品牌的企业因为质量问题被媒体曝光。媒体曝光后，在网络舆论上会继续激化网民的情绪，由此形成的网络舆情事件持续的时间更长，网民的态度会在短时间内改变他们的消费习惯，拒绝选购新近被曝光企业的产品。网络舆论情绪的盲目性，会导致网民把一个知名品牌所有的产品当作拒绝购买的对象。而事实上，舆情事件的导火索只是针对其中某个具体的产品进行议论。

评估网络舆情事件造成的经济利益损失，需要预警主体科学预测，对预警客体的评估既不明显扩张，也不明显缩水。关于这个问题，将在舆情预警的伦理问题部分进行分析。

三、网络舆情预警的伦理问题

预警的本质是解释，解释是预警主体的主观判断。这种判断在正常情况下应该恪守责任伦理的原则，以事实为准绳，对网络舆情事件进行客观、符合事实的判断。在舆情研判进入商业服务阶段，专业的舆情机构在开展舆情服务的过程中，也出现了某些有悖于职业伦理精神的问题。网络舆情预警的伦理问题，主要表现在舆情机构及其从业者片面强调客户利益、滥用删帖技术手段和舆情服务的利益至上等三个方面。

1. 片面强调客户利益

舆情机构作为信息服务的延伸，市场占有率的多少决定着这类机构的发展前景。新兴的舆情机构要取得客户的信任，需要良好的口碑。为此，站在客户的角度看待问题，符合舆情机构的职业伦理。

任何人的利益都有边界。超越了合法利益的边界，利益也就变成了损害的代

1 腾讯财经.双汇损失已超 121 亿元 将引入第三方安全检测［EB/OL］.［2011-3-31］. http: //finance.qq.com/a/20110331/004003.htm.

名词。同样，置身于网络舆情事件中的涉事方，当下处于相对不利的境地是不争的事实，渴望尽快摆脱危机事件的困扰，这样的愿望属于人的本能，并无不妥。只是网络舆情事件的发生必有原因。就网络舆论形成的舆情事件而言，这是经过众人集体发力的产物，完全误伤一个人的可能性虽然存在，比如同名同姓的人无端被牵涉进来，只是这样的误伤很快会得到纠正。正常情况下，网络舆情事件的涉事方必然存在某些过失才导致自己陷入被动境地的。前面提到的某明星事件、双汇产品质量问题，都属于这种情况。作为舆情机构的舆情预警者在为客户服务时，认真对待自己的工作责无旁贷，前提是要和客户的利益保持一定的距离。这就要求舆情预警者对客户的负责不能超越法律和道德的底线。

所谓超越法律道德的底线，就是给客户提供的预警对策中包含用不法手段规避风险的做法。在这方面，舆情预警工作和律师的辩护工作有相似之处。有的律师拿了不菲的辩护费后，可能会给客户出主意，用一些不当的手段规避本该客户承担的法律责任，比如做伪证。舆情预警工作和法庭辩护虽然不同，但舆情预警者仍有可能过度考虑客户的利益，为规避风险而作出触犯法律的事情。

现在，社会治理部门是舆情服务最大的客户。个人或企业的网络舆情事件，几年一遇已经非常难堪，所以个人和企业的舆情预警服务不具有常规性。相反，社会治理部门作为社会问题的处理者，它们对舆情服务的需求量最大。这也是党政机关重视自身舆情机构的原因所在。舆情服务对这类客户的服务，更应保持中立之态，因为涉及社会治理部门的舆情事件，更多关系到民生问题。虽然处于舆情事件中的社会治理部门是舆情服务的客户（雇主），舆情服务也不应为客户而牺牲公众的利益。在现实生活中，有的舆情机构给客户的服务就是为应对问题而应对问题，没有触及问题本身。这样的舆情预警，把预警当作纯粹的生意，为讨好客户（特别是社会治理部门这样的客户）而越位。偏离了职业伦理的轨道，把客户当作信仰中的"上帝"去伺候，损害的是这个新兴职业的集体声誉。

2. 滥用删帖技术手段

技术是人类为了满足自身的需求和愿望，在长期利用和改造自然的过程中积累起来的知识、经验、技巧和手段。简而言之，技术是人类为方便自己而采取的方法、技能和手段。

技术伦理是指在技术科技创新活动中需要注意的人与社会、人与自然和人与人关系的行为准则，它规定了技术研发者和使用者应恪守的价值观念、社会责任和行为规范。

信息社会，信息伦理成为技术伦理的一个分支。信息无论是自然的信息还是人工的信息，一旦被制造出来，对社会可能有益也可能有害。不论信息是有益还是有害，都具有相对性。一则信息，可能对一部分人有益，而对另外一部分人有害。作为信息伦理，要处理的是如何发挥信息有益的一面，减少信息有害的成分。以舆情服务为例，减少信息对客户的危害程度是这个行业存在的前提，如何减少信息的危害程度则需要具体的分析。当前我国的舆情服务，普遍存在用"外科手术"的方式"消灭"信息的危害性。

应该说，这种局面的形成，是典型的专业技术思维的产物。毋庸讳言，舆情服务业的从业者以具有计算机专业背景的人士居多。这样的专业背景，让舆情从业者最擅长的是信息的程序化处理。所谓程序化处理，就是运用技术手段对信息进行多样化的处理。这样的处理方式，在自然科学领域无疑是必要的。在社会领域里，可能要遇到麻烦。因为社会问题是人类社会的冲突性事务，这种冲突性事务的成因各具特色，只能具体问题具体分析，无法套用自然科学的方式格式化处理。舆情服务的计算机专业背景浓厚，导致删除负面信息成为舆情服务的重要内容。特别是不少公关企业也加入到网络舆情监测服务的行列中来，这些公关公司的主要服务项目是帮助客户删除网络负面舆论，并根据不同的客户及信息删除的难度，收取费用。这又形成了网络舆情监测服务业的灰色领域。

网络舆情事件是社会矛盾被激化的产物，这类事件源自公众的态度和看法。删帖这类技术手段可以删除一些负面评价信息，却无法真正消除公众心中的不满情绪，不能堵住他们的嘴，更无法禁止他们用自己的眼光打量这个世界。所以，删帖不是真正意义上的舆情服务，而是技术化的"外科手术"，这个手段除了简单地割除负面信息，对事件的解决没有多少帮助，甚至会造成网络舆论报复性的反弹。尤其需要指出的是，技术手段也具有两面性，有人恶意删帖，还有人用病毒式传播报复删帖行为，具体来说，是用技术手段强行推广被删帖的内容。所以，滥用删帖技术不但于事无补，还可能造成舆论的反弹，将舆情服务的顾客置于更为不利的境地。

3. 舆情服务利益至上

舆情服务作为一个产业，盈利是其应有之道。舆情服务只有在得到合理的回报后，这个产业才可以有持续发展的潜力。

和利益有边界一个道理，服务业的收益也有个度的限制。舆情服务不是垄断业，所以不存在垄断性利润。舆情服务的经济回报源自智力投入和社会效果的平衡。这就需要舆情服务机构的预警兼顾客户利益和社会利益，以此赢得客户和公众的双重尊重。时下，舆情服务的行业口碑欠佳，这固然与公众对这个新兴行业的了解不深有关，但更应审视这个行业存在的问题。

符合职业伦理精神的舆情服务业，应该以化解社会矛盾为出发点，不能把服务者的经济利益放在首位。

2014年3月14日，深圳新闻网深网舆情工作室发布了2月份深圳网络舆情监测分析报告。在2014年2月，总共关注到与深圳有关的网络舆情事件86个。按照网络热度选取的10大网络热点问题中，"雇员群体呼吁改善制度实现同工同酬"的事件最为引人注目，原因是该事件中作为主管部门的市人社局对网络舆情回应处理的得分为37.13分，评价等级最低，在10大舆情事件应对中垫底。在当前群众路线实践教育活动开展得如火如荼之际，这不能不说是一个巨大的讽刺！

在这个例子中，舆情服务机构的舆情预警人员，并没刻意维护社会治理部门（深圳市人社局）的面子，对该部门无视舆情预警提出公开的批评。这样的舆情服务，值得舆情预警从业者学习。在现实中，这样的事例毕竟太少，更多的是舆情服务者出于自身利益的考虑，把舆情事件作为发财的机会，把服务对象（客户）作为赚钱的对象，在舆情预警时要么夸大事件的危害程度，要么回避问题的实质掩盖真实的危害。

夸大事实危害的程度，有点像缺乏职业道德的医生给患者看病，把小病说成大病，把不该住院的患者当作需要住院治疗的患者来处理。舆情事件的危害，虽然表面上看上去显得严重，实质上未必真的特别严重。比如，娱乐圈个别人员的负面行为被曝光引发的网络舆情事件。如果舆情预警者片面夸大事实，以此抬高服务收费标准，这样的舆情服务，为达到高额收费的目的，给舆情事件的涉事方制造不必要的心理恐慌，这种不诚实的服务最终降低了服务机构的社会声誉。

利益至上的服务，违背了服务机构的服务宗旨，把不定期的舆情服务扩大为日常性的服务项目。为达到这个目的，把舆情培训当作舆情服务的经济增长点。有的服务机构可能会通过行政权力以红头文件的形式，强行举办舆情培训班，直接目的不是化解社会矛盾，而是增加培训机构的经济收入。

四、结语

厘清网络舆情预警的主客体，有助于全面认识网络舆情背后复杂的利益关系。对网络舆情预警伦理问题的描述，在于提醒社会治理部门、舆情事件涉事方和公众，不要为虚假舆情所蒙蔽。舆情预警过程中存在的因片面利益至上而导致的删帖等伦理问题，更多基于学理层面的分析。这种做法是忽视甚至轻视舆情及其背后重要内涵的不良政治行为，对正确认识网络舆论、合理地应对网络舆情及其变化，具有很大的危害。事实表明，那些通过刻意删帖等不良行为应对网络舆情事件的，不但事与愿违，通常还会造成更大的社会风险。

（原载于《情报杂志》2015 年第 8 期）

*基金项目：本文系国家社会科学基金项目"微博语境下媒体应急管理研究"（编号：13BXW041）、西南科技大学媒体应急管理研究科研团队（编号：13SXT018）的阶段性成果。

网络舆情表达的主客体和表达伦理

人们对客观世界的认识，需要确定谁是认识的主体，谁是认识的客体。没有主体，也就无所谓主体对客体的认识。同样，没有客体，主体也就失去了其自身存在的真正价值。主客体的关系无法割裂，在于人具有认识其他对象的能力。主客体的关系相当复杂，对于网络舆情来说，同样要先从纷杂多变的舆情表象中确定舆情表达的主体和舆情表达的客体。

一、网络舆情表达的主体

网络舆情概念的内涵和外延之间，存在反比关系。和许多具体的概念限定一样，网络舆情概念的指向非常具体。网络舆情的主体是指具有言说能力的公众，因为网络舆情是网民对某个具体事件的态度。

在现实生活中，作为认识主体的人，其构成成分复杂，只有对其按照不同类型进行分类，才不至于造成认识主体的混乱。我们依据主体的存在形态，把舆情表达的主体区分为个体的主体、群体的主体、社会整体的主体和人类全体的四种主体形式。

1.网络舆情的个体表达

对于网络舆情研究来说，也许我们认识不了网络舆情事件中几个真实的个体之人，但我们无法忽略他们的存在。要关注其存在，就必须重视对网络舆情个体表达的研究。网络舆情的个体表达和现实社会的个体表达有所区别。网络舆情表达的个体主体可以细分为：网络舆论的个体表达、利益相关者的个体表达、社会治理部门的个体表达和媒体评论的个体表达四种形式。

（1）网络舆论的个体表达。网络舆情是网络舆论的衍生物。研究网络舆情的个体表达，首先应关注网络舆论的具体发言情况。"个体表达"指的是和舆情事件不存在利害关系的人。严格而论，网络舆论个体表达的主体，不但和网络舆情事件的涉事方不存在利益方面的瓜葛，也应是与网络舆情事件涉事方互不相识的普通网民。只有剔除了这种利害关系，网络舆论的个体表达才更趋于真实。

表达与其说是人的生理需要，不如说是人的社会需要。在互联网时代，人们的视野扩大到人类社会的每个地方。只要是互联网能触及的地方，就为网络舆论的诞生奠定了基础。对于个体的网民来说，浏览信息不是目的，对自己接触的信息进行消化才是网络信息消费的目的。根据自己的感触发表个人的看法，"思维""表达"在一个流水线上，所不同的只是表达属于有声还是无声。

网络舆论个体表达具有鲜明的个性。不同的人，针对同一个事情，会选择从不同的角度表达自己的看法。这种表达很少是成系统的长篇大论，多是言简意赅的即兴发言。

网络舆论个体表达以匿名为主。匿名性的个体表达，使表达更具原生态的性质。原生态的舆论，更具社会认知价值。

（2）利益相关者的个体表达。网络舆论没有国界和地域之别，个体的人只要具备基本的语言交流技能，可用一种语言进行交流，网络舆论就没有门槛可言。网络舆论的这个特点，利弊兼有。优点在于，同样的事件，相对于大众传媒时代所产生的舆论，网络舆论无论是规模还是持续时间，都超过了前者。个体表达的门槛降低，则让个体表达的主体变得复杂起来。这样，网络舆情事件的涉事方，面对汹涌而来的网络舆论浪潮，趋利避害的本能可能促使他们加入舆论论战的行列。为显示公正，自己可能使用网名发言，或者发动自己的熟人甚至花钱雇佣他人在互联网上给自己辩护。

利益相关者的个体表达，既可以是匿名的，也可以是实名的。利益相关者可以是涉事方自己，也可以是与涉事方利益间接相关的人。在新浪微博上，除了一些名人的微博之外，可能还拥有专门的粉丝团微博账号。这些账号的好友多数是名人的粉丝。如果这类名人遭遇舆情危机事件，这些粉丝通常会站在自己的偶像一方发言。

（3）媒体评论的个体表达。互联网出现后，传统媒体的影响力已明显下降。随着传统媒体对网络媒体的重视，媒体融合成为媒体发展的新趋势。媒体融合的表现形式之一，就是传统媒体的内容数字化。传统媒体的内容通过自己在网络上二次传播和门户网站的转载，实现内容的三度传播。这样，新闻的立体化传播，为网络舆论提供了许多讨论的话题。

网络舆情主要表现为网民的态度、观点，而这是新闻评论的长项。当代的时事评论被视作公民意见的自由表达，这类评论以个体作者的发言为主。影响较大的评论，其点击量可达到几十万甚至上百万。一般影响力的评论，其流量也可以在 5 万 ~ 8 万。这类评论对网络舆情事件的影响也不可低估。例如，2015 年，羊年春晚总导演哈文称：对于节目和演员，我们坚持"三不用"，即低俗媚俗的节目不用、格调不高的节目不用、有污点和道德瑕疵的演员不用，这是底线。

媒体时事评论的个体表达，主要针对热点事情发表个人看法，这样的评论在互联网上再度引发议论，成为网络舆情事件不能忽视的意见。时下，不少的舆情内参都喜欢从媒体评论里寻找线索，这表明媒体评论作为特殊的个体表达，具有较高的认知价值。

（4）社会治理部门的个体表达。在网络舆情表达的个体主体中，还有一个表达的个体主体不容忽视，这就是社会治理部门的某些人士，他们不论以工作身份还是以个人身份发言，在网络时代都易成为舆论关注的焦点。

社会治理部门中，他们接受媒体采访或者个人的网络发言，一旦与社会共识有所偏差，都容易引发舆论的关注。比如，2015 年 1 月 29 日，在教育部学习贯彻《关于进一步加强和改进新形势下高校宣传思想工作的意见》精神座谈会上，教育部党组书记、部长袁贵仁有关教材的讲话，经过媒体的报道，在网络上引起强烈反响，成为高教领域的典型网络舆情事件。[1]

网络舆情事件中，社会治理部门的个体表达总量很小，因为其职业的缘故，一旦被网络舆论所关注，影响力就必然超过普通个体的意见表达，所以应给予重视。

2. 网络舆情的群体表达

由个体的人结成的群体，在地域、习俗、利益诸方面有着相同的地方。在遭遇网络舆情事件时，除了个体有各自的态度和看法外，该群体往往还会有比较一致的意见。随着网络舆情事件的发展，有时需要以群体的名义表达看法。群体表达产生的社会影响，通常会大于单个社会成员的个体表达。

按照组织结构的不同，群体表达可分作集体主体和集团主体两种形式。

集体主体指松散的不同个体所形成的一种组织关系。比如，城市居民小区的

---

1 诸葛亚寒. 教育部：全面加强和改进新形势下高校宣传思想工作 [N]. 中国青年报，2015-1-30（003）.

成员之间，平时未必有直接的社会交往关系，但共同的居住环境，使得他们客观上结成了一个集体。如果该居民区出现了意外的事情，这些成员会临时发生联系，结成利益同盟，共同应对居民区面临的问题。这样，该群体就变成一个统一的主体。因此，集体主体是个体主体扩大化的产物。"由于集体主体总是由若干个体主体构成的，因而，集体主体的功能大小，首先取决于构成该集体的个体主体的素质。但是集体主体的功能并不是单个主体功能的总和，正如单个主体的功能取决于它自身的各种因素的性质和结合方式一样，集体主体功能的大小也主要取决于群体主体的内部结构状况。"[1]

个体表达是个人强烈愿望、秉性的产物，群体表达代表的是集体意志，其作为单一主体的表达需经集体协商，在取得共识的基础上对外阐述合乎集体利益的观点。社会的组成结构复杂，集团只是介于个体和整体之间的一种结构形式。集团作为主体的组织，主要由企事业单位和非政府组织的社会团体构成。和集体主体不同的是，集团属于常规性的利益联盟，其内部有明确的利益诉求，为实现自己的利益诉求而形成严密的组织结构，制定规章制度，在集团内部每个成员都有明确的职责分工。集团主体的这个组织特性，决定了其在遇到触及集团利益的网络舆情事件时，具有较强的抗击网络舆论冲击的能力，不论在资金、人力还是在社会关系等方面，较个体抵抗网络舆情事件都更具实力。

集团作为主体进行表达，和个体主体表达不同的是，除了阐述立场，更多体现的是介绍自己准备采取的措施。利益非相关者的个体表达，体现的是其态度和立场；利益相关者的个体表达，也以态度和立场为主，措施为辅。集体主体的表达，因其成员组织结构的松散性，决定了其更多的是表达抗议和表态，很难有具体的措施。集团主体的表达，需要态度和立场鲜明，措施则更为必要，因为这是公众最希望了解的有效信息。

3. 网络舆情的社会整体表达

由个体主体、集体主体继续向上延伸，就到了社会整体作为主体的层面。这里所说的社会整体，指的是地区或国家范围内的社会成员被视作一个统一的利益共同体。这个利益共同体在遇到问题时，出于共同的利益需要，也会彼此协调利益，

1　李景源，韩铁城. 简论主体和客体概念［J］. 哲学研究，1990（5）：40-41.

达成某种共识，共同渡过难关。社会整体作为表达主体，通常是具有公权力的社会治理部门。社会治理部门作为某个地区、国家行业利益甚至整体利益的代表，具备代表公众表达社会整体意见的资格。社会治理部门代表社会整体发表看法，往往具有被动的性质。比如，约旦飞行员被ISIS杀害，日本公民也被ISIS当作人质，两国政府先后发表声明，阐述自己的立场。作为社会整体的主体，其利益不受到威胁时，通常不会主动以主体的形式面向舆论进行表达。这同样适用于我国的社会治理部门。

网络舆情事件中的社会整体表达，对具体的时机、用语和态度均有较高的要求。如果出现纰漏，表达引起连锁效应，会招致更多的议论。在这方面，我国的社会治理部门有过多次教训。

4.网络舆情的人类全体表达

自麦克卢汉提出"地球村"概念后，世界是个利益共同体的概念已成为社会共识。虽然不同的人、不同的群体、不同的国家都有着属于自己的特殊利益，但是不得不承认，人类作为一个整体也有着不少共同的利益。第二次世界大战后成立的联合国作为最大的国际性机构，发挥协调、管理全世界事务的作用。虽然联合国的实际作用可能有限，但其代表人类全体的利益来发言，这个角色至今无可替代。

在网络舆情事件中，不论是何种主体的表达，均有明确的利益指向。作为主体的人（法人），必然具有相应的主体意识，其表达的内容也会本能地捍卫自身和团体、群体、整体的利益。

二、网络舆情表达的客体

与主体相对应的是客体。客体表示人的活动对象及其范畴。在黑格尔看来，客体是"现实化了的概念"，即"世界是观念的异在"。如果一个自然物超出了人们的认识范畴，那么，这样的物体虽客观存在，但也不是（至少目前不是）人们认识的对象。或者说，这样的物体依然不能被称作严格意义上的与主体相对应的客体。网络舆情表达的客体包括以下三方面。

1.自然客体

自然界是指在人的意识以外、不依赖意识而存在的客观实在。自然界既包括人类已知的，也包括人类未知的物质世界。如前所述，舆情研究的自然界剔除了人类未知的物质世界。在哲学界，自然界有广义和狭义之分。广义的自然界除了涵盖整个客观物质世界外，还把人类社会纳入研究的范畴。

按说，自然界的变化不该进入舆情研究者的视野。因为自然界的变化，不该是网络舆情事件的诱因，更不该是事件的主导因素。客观而论，这种观念从古至今都不符合事实。历史上，越是人类认知水平不高的时期，自然客体在舆情事件中所扮演的角色就越重要。这其中，以异常天象的作用尤为突出。日全食、月全食和特大旱灾、洪灾等自然灾害，都可能导致社会问题的激化。

随着人类认知水平的提高，虽然"世界末日"之类的"预言"还不时出现，并且也能形成网络舆论事件，只是这些舆情事件更多的是给公众造成短期的社会恐慌心理，严重的可能出现某些物品的抢购风。如"世界末日"可能导致帐篷等野外生存商品的紧俏，但不会出现社会动荡事件。然而，这并不等于网络舆情研究可以就此不再重视对自然客体的关注。事实上，火山爆发、特大地震、特大洪灾，甚至濒危动植物保护等话题，都可能在互联网上形成影响较大的舆情事件。特别是2008年的汶川大地震和2013年的雅安强震等自然灾难事件的发生，往往引发网络舆情事件，作为社会治理部门，对自然客体引发的灾害，应有足够的舆情应对之策。

2.社会客体

在狭义的自然界之外，就是人类活动的世界。人类自身的活动因为与具体的个体、群体、整体有关，不同的活动所产生的结果可能引起其他个体、群体、整体的注意。如果这样的注意引起的反应激烈，可能导致网络舆情事件的发生。

社会客体就是舆情表达客体的重要内容。人们要认识社会，适应社会，就不能不注重自身社会活动的结果。社会利益的整体性趋势，促使人们重视对其他社会群体的社会活动进行评估，以确定对自己可能产生的影响。社会客体的外延相当广泛，它可以涵盖人类活动所产生的一切后果。为论述的准确，这里所说的"社会客体"仅指人类活动所产生的物质产品。

社会客体要成为舆情事件的诱因，必须具有足够的重要性。"重要"是个具有相对性的概念。一般来说，关系到绝大多数社会成员利益的社会客体，通常被认为比较重要。现代社会，与全体人类关系相对密切的可能当属核武器了。联合国制定了《不扩散核武器条约》，严格限制拥有核武器国家的资格。

冷战结束后，核武器对人类社会的直接威胁呈下降趋势。相反，全球工业化造成的环保问题更为引人瞩目。就中国而言，以前是交通事故和工矿企业的安全事故容易成为舆情事件；后来，雾霾存在华北大地日常化的趋势，使人们开始关注自身的健康问题，所以，一些污染企业投资项目引发的群体冲突事件，很多都是网络舆论推波助澜的结果。

自然客体在数量上远远多于社会客体，但能引发网络舆情事件的自然客体毕竟数量有限。人类活动所形成的社会客体，各有不同，人们很难预料哪个群体、什么样的社会活动将可能引起网络舆论的广泛关注。所以，对舆情表达社会客体的认识更有现实意义。

3. 精神客体

人类的社会活动不仅在创造物质产品，还在创造精神产品。精神产品同样是网络舆情表达的重要客体。

抽象地谈论精神客体，也许会让人觉得这些形而上的文字不仅枯燥乏味，也没有实质意义。实际上，一旦将抽象的论述和现实世界联系起来，就会发现思考这些问题具有多么重要的社会意义。就网络舆情表达而论，自然客体和社会客体可以引发网络舆情事件，人们所创造的精神产品——具体来说包括一切的语言文字产品，都可能成为网络舆论争论的对象。

就网络舆情表达的客体而言，由语言符号构成的精神客体通常包括政治传言、讽刺漫画、新闻报道、文学作品和学术研究五种形式。

（1）政治传言。有政治生活的地方，就会产生和政治有关的议论。议论的内容，有事实也有对事实的想象和加工。舆论生成的机制，适合对政治生活进行品评。这类品评经过多次传播和不断的加工，有些话题事实的成分减少，想象的成分增加。在政治生活透明度不高的社会里，无形中给政治谣言提供了温床。互联网出现后，网络匿名发言的特性，让公众在网络上谈论政治话题的热情高涨，政治传言传播的数量和速度较以往有了显著增加。

（2）讽刺漫画。漫画是无声的语言，其讽刺性决定了其必须植根于社会生活，用夸张的方法反映社会问题。讽刺漫画作为舆情表达的客体，社会治理部门对其重视度并不高，因为漫画反映问题的时效性较差。但是，法国《查理周刊》因为刊登讽刺漫画引发的恐怖暴力袭击，成为全球高度关注的网络舆情事件，再度把讽刺漫画的舆情价值展现出来。[1]

网络时代，漫画表达更加多样化，漫画作品传播速度和新闻的间隔缩小。这样一来，讽刺漫画作为网络舆情表达的客体，其重要性也随之较传统漫画有所突出。

（3）新闻报道。大众传媒的出现，使社会生活的镜像化成为可能。通过新闻媒体的及时报道，可以迅速让公众了解最新的时事。新闻价值的获益性，成为新闻价值的有机组成部分。虽然传统的新闻被称作大众媒体，其传播的对象主要是普通民众，但对于社会治理部门而言，阅读新闻报道也应该是其日常工作的一部分，他们会从大众传媒新闻报道中筛选有认知价值的信息，以分析判断这些信息的参考价值。同样，对于非情治机构的社会治理部门而言，新闻报道中所反映的问题，更该是社会治理的重点事项。这与新闻报道披露社会问题的特性相关。新闻报道的求新性，决定了那些反映社会问题的内容最容易为公众所关注。一则新闻报道反映的社会问题越尖锐，该新闻在社会上引起的反响才可能越大。这样，新闻报道理所应当成为舆情的重要客体。

在网络社会，传统媒体的新闻报道，几乎都会在互联网上二次传播。现在不少媒体从微博等社交媒体上寻找新闻线索，但传统媒体的专业优势，新闻加工的能力，使得新闻报道依然是社会治理部门最好的舆情参考材料。当代的网络舆情事件，和新闻报道没有丝毫关系的很少。这样说，并非是新闻报道酿成了网络舆情事件，而是社会治理部门对新闻报道研判不够，没有从日常的新闻报道中发现更多有潜在舆情价值的新闻，导致社会问题积少成多，最终酿成网络舆情事件。

（4）文学作品。诗词、小说、小品、相声等文学作品，也是舆情表达的客体。一些知名的网络社区，如凯迪社区的"猫眼看人"论坛于2014年起每周推出的视频单口相声节目，就浓缩了不少最新的社会问题，对社会治理有着较高的认知价值。

1　范婷玉 . 巴黎一杂志社遭袭致死 12 人　法国宣布 8 日为全国哀悼日［EB/OL］.［2015-01-08］. http：//gb.cri.cn/42071/2015/01/08/3245s4833249.htm.

传统的小说也是舆情表达的客体。小说是艺术化的社会生活，脱离了生活真实的小说，不大可能为公众所喜爱。文学表达也是对社会问题的再现。这种再现，决定了其是舆情表达的客体形式之一。

网络社会，使文学作品在互联网上得到更好的展示。不少文学网站因发表和传统小说风格不同的小说，受到网络读者的欢迎。网络小说受传统出版的限制较少，反映社会问题的力度也较大。例如，洪放的《秘书长》最开始是放在天涯社区上的，被网友称作'官场政治课本、职场教科书'的《男人战争》，一开始也是在网络上发表的，这些网络官场小说中反映出共同的社会舆情，也值得深思。

（5）学术研究。学术是指相对系统、专门的学问，学术研究是指借助前人已有的各种理论、知识、经验对科学问题进行假设、分析、探讨并推出结论。学术研究力求得出符合事物客观规律的结论，或者对未知科学问题在某种程度有所揭示。自然科学和人文社会科学研究都属于学术研究。自然科学以自然界为研究对象，研究的目的、过程和结果相对客观；而人文社会科学方面的研究，因研究的对象是人及人的活动，往往受意识形态等因素的影响，研究的客观性有时受到质疑。针对这种状况，英国哲学家大卫·休谟提出了"是"与"应该"的划分，强调事实判断与价值判断之间有着不可逾越的鸿沟，不能简单地从"是"与"不是"推论出"应该"与"不应该"。这是最早有关"价值中立"的论述。德国社会学家马克斯·韦伯在《以学术为业》中，提出应当把价值中立性作为从事社会学研究所必须遵守的方法论准则，每个人都是自己的主人，不能拿自己的标准来衡量别的人或事，在研究中应保持中立的态度。所以，学术研究，应该与社会保持距离。这样，学术研究的舆情价值相对较弱。

有些自然科学研究受到外界影响的因素相对多一点，导致有的研究不够客观，由此也会引发一些社会问题。比如，西方社会对转基因的研究，至今还存在争论。作为社会治理部门，自然科学研究也应被视作舆情表达的客体。至于人文社会科学领域的研究，距离社会现实较近，有些研究本身可能就会成为网络舆论的诱因。

在微博和微信上，社会科学领域的研究者因为学术观点的差异显著，他们的研究成果经网络媒体的传播，有时会掀起剧烈的舆论风浪。对于社会治理部门而言，显然不该忽略社会思想对立的状况，关注这些争论可以预防某些社会事件的发生。

三、网络舆情的表达伦理

舆情表达属于公民权利的范畴。个人发表看法的权利，在什么时候都是最基本的公民权利之一。权利的行使需要和责任挂钩，没有责任的权利会导致权利被不同程度地滥用。权利被滥用，必然会伤及其他人的正当利益。所以，人们常说，权利是柄双刃剑。对权利和责任进行研究，是伦理学的重要内容之一。

表达的本质是言说。言说是语言文字的具体运用。语言文字本身只是交际的工具，非伦理问题。语言文字在具体运用过程中，不同主体的人基于不同的目的、使用不同的方式表达自己的意图，言说的过程和结果则与伦理存在某种联系。许多时候，表达主体决定着表达伦理的走向。因为，人的社会联系并不仅仅是主体从事活动的外在的形式，还是规定主体内在本质的结构要素。

网络媒体给公众提供了自由表达的便利条件。表达自由对表达者的个人素质有较高要求。我国网络舆论表达的自由度和公众的素质之间，存在着不够对称的矛盾。这个矛盾，造成了网络舆论的混沌状态。有学者曾将中国逻辑归为三点：问态度，不问事实；问动机，不问是非；问亲疏，不问道理。这个归纳，也适应于网络舆论。参照这一观点，把网络舆情的表达伦理归纳为以下三方面。此外，还涉及表达主体的不平衡现象。

1.动机代替是非

作为心理活动的动机，只有心理活动者自己最为清楚自己行为的真实理由。动机不会外露，不等于我们无法判断每个人行为中的动机。一个人的行为可从伦理的角度进行评判，评判的过程中不得不追溯行为者的真实动机究竟是什么。行为和结果是一个人依据自身利益作出的现实反应，那么，其动机也必然与他的价值观和利益相关。网络舆情事件中网民的言论，同样有较为明确的言说动机。"在价值关系中，人作为价值主体，不是被动地等待客体功用的自我呈送，也不是简单享用客体的现成属性，而是力图根据自身的复杂需要和价值追求，去发现和发掘客体对于自身的有用属性，作出恰当的评价与选择，决定对其褒贬取舍，并通过自己的积极努力，去创设各种必要的条件，克服、限制、减弱和预防客体的消极属性和不利功用。"[1]

参与网络讨论的网民，彼此间大多数人并不相识，这并不妨碍各自在网络论坛里寻找利益的共同点。兴趣是最好的动机，只是发言者未必会告诉公众自己之所以这么做的原因是什么。当然，也没法苛求每个发言者先亮出自己的底牌（动机）然后才有资格发表看法。这样，有些匿名讨论可能就会降低是非标准的重要性，而是喜欢揣度他人发言的动机。是非标准本该是正常交流的底线，这个标准被忽视，会激发人随意发言的欲望，进而导致其所表达的内容偏离了伦理的轨道。

2. 态度甚于事实

舆情的本质是态度，关乎社会政治事件的态度。网络舆情的态度表现得更为明显。态度和事实有关，但态度并非事实。同一事实，不同的人可能有多种态度，因为看待问题的角度产生态度。"在社会政治态度中，'态度'是一种心理形态，一种心理活动，而'社会政治'则表示态度的指向或对态度作性质上的规定"。[2]

网络舆情事件中网民的态度可能会发生变化，事实本身则很少发生性质的改变。这表明，态度和事实的关系应以事实为基础，适度涉及个人的情感和利益。美国学者史蒂文森在《伦理分歧的性质》开篇写道："当人们对某个事物的价值出现分歧之时，他们的分歧通过何种论证或研究方法可以得到解决？"[3] "态度分歧涉及的是对立的态度，态度无所谓真假，只能谈论它们是否得到满足，而对立的态度不可能同时满足。""在史蒂文森看来，道德分歧既涉及态度分歧，也涉及信念分歧，但将伦理问题同纯科学问题区别开来的主要是态度分歧，因此，道德分歧主要是一种态度分歧。"[4]

在价值多元的今天，统一的真理性的论断几乎很难遇到。一个观点，总会遇到不同的声音。这种情况符合网络舆情的特征。需要注意的是，有些人或出于个人偏见，或出于某种利益考虑，在参与网络讨论时，可能只管站队而不顾事实。这类表达属于为赞成而赞成或为反对而反对，宁可牺牲事实也要竭力维护自己的立场。

1 欧阳康. 从功能角度深化主体——客体研究［J］. 哲学动态，1991（3）：22.

2 王来华. "舆情"问题研究论略［J］. 天津社会科学，2004（2）：78.

3 Stevenson.Facts and Values：Studies in Ethical Analysis［M］. New Haven：Yale University Press，1963：1.

4 陈真. 事实与价值之间——论史蒂文森的情感表达主义［J］. 哲学研究，2011（6）：99.

3.关系超越道理

社会成员在人际交往中形成的人际关系，相对稳定。社交媒体上的网络人际交往更加频繁，网络交际也会形成各自的交际圈。这种人际关系规模的大小和关系的稳定程度，与该关系网中的意见领袖的个人名望有关。维护本交际网络意见领袖的权威，排斥和意见领袖观点不同的言论，使得网络舆论的表达具有不少的盲目性。这种状况，可以进一步扩大为在和社会主流观点有别的言论出现后，本来应该是通过讨论，求同存异，逐渐达成共识，但在某些网民那里，只看重关系，维护符合自身利益关系的言论，为达到目的可以不讲道理，用暴力、侮辱性的言语对待他人。

讨论游离于问题本身之外，用偷换概念甚至胡搅蛮缠的方法在网络上发言，类似的讨论每天都在大量出现，给网络舆情研判带来了困难。特别是那些受雇的网络评论员或网络舆情事件中涉事方临时雇佣的发帖者，更不具备职业伦理精神，自然也不会在乎表达伦理的问题。

4.表达主体的不平衡现象

舆情表达的伦理问题，还有个值得注意的现象，那就是网络舆情表达主体的不平衡现象。我国地域辽阔，经济发展水平存在明显差异，对互联网的使用情况也存在不小的差别。对于有上网条件的人来说，可参与网络舆情事件的讨论，这些人可以正常行使其表达权。还有相当一部分人，他们暂时不具备上网条件，或者没有足够的业余时间参与网络舆情事件的讨论，他们对事件的看法，就很难被公众所了解。如果说这还仅仅是个遗憾的话，当这个群体的成员的利益受到损害时，他们利用互联网表达个人观点的机会同样不多。这种表达主体表达机会的缺失，对于社会治理部门而言，可能无法从网络上及早发现此类舆情事件。问题若不能得到解决，可能演变成群体性事件。

应该说，舆情表达的伦理精神既体现在对公平正义的积极诉求和对公众权利维护的意识上，也体现在舆情表达主体对预警主体回应的期待上。对舆情表达进行伦理规范，可以避免造成不必要的道德恶判。

四、结语

网络舆论的文明程度，在很大程度上体现一个社会的文明程度。热点网络舆情事件引发的网络舆论，主要是网络舆情的个体表达、群体表达、整体表达甚至全体表达的混合物。规范网络舆论讨论，让网络舆论的各种主客体表达与个人的真实见解相吻合，以便舆情服务机构和社会治理部门能够真实地把握网络舆情信息，研判其中存在的问题，提出合理的解决办法，需要重视对网络舆情表达伦理问题的认识。

（原载于《编辑之友》2015 年第 8 期，作者：吴安辉，刘海明）

*基金项目：本文系国家社科基金一般项目"微博语境下媒体应急管理研究"（13BXW041）、西南科技大学媒体应急管理研究科研团队（13SXT018）的研究成果。

论新闻报道引发的媒体舆情及其预警
——以马航失联事件为例

2014 年 3 月 8 日，马来西亚航空公司一架航班号为 MH370 的波音 777-200 飞机与管制中心失去联系。事件发生后，国内外媒体对此展开报道。中国媒体因为对该事件的报道不尽如人意，引发了针对媒体的舆论批评。国内媒体需要从舆情中发现自身危机，积极预警，以便防患于未然。

一、网络社会与媒体的声誉风险

马航失联事件发生后，因为原创性新闻少、核心信息缺失，本是信息传播者的中国媒体成为舆论批评的对象。特别是相关信息进入互联网之后，批评的声音不绝于耳，媒体声誉受损。面对这一现实，媒体需要清醒地意识到所面临的声誉危机，积极应对，力求巧妙化解。

1. 印象管理与声誉管理

印象管理，又称印象整饰，由心理学家库利、戈夫曼等人提出，指人们总是试图管理和控制他人对自己所形成的印象的过程。戈夫曼认为，在演员与观众的互动中，如果想给观众留下好的印象，就必然要对自己在表演时的种种行为进行管理。通常，印象管理侧重于个人的自我评价。对于社会机构来说，社会交往的扩大决定了它必然与更多的人或机构发生联系。个人或机构对他者的印象可能存在单一的看法，但多数人产生相似印象后，共同的印象会成为影响他者声誉的重要因素。

美国学者凯文·杰克逊的"声誉资本"理论更有助于社会机构重视社会声誉的塑造。他认为，声誉资本是一种无形资产，包括真诚、信任、尊严、同情和尊重等，在实际的商业关系中比任何有形资产都更为重要。可以说，社会声誉已经超出了纯然的"他人印象"或者社会评价，具有了相应的实用价值。

2. 媒体声誉与声誉危机

声誉资本对其所有者越重要，声誉资本所有者就越应重视对这种特殊资本的经营和管理。新闻媒体作为社会机构，其社会职责在于通过舆论监督促进社会秩序的改善。进入网络时代，媒体规避自身信誉风险的"声誉堡垒"不复存在，遇到媒体报道不力或出现差错时，新闻媒体同样可能被卷入舆论的漩涡里，其社会声誉严重受损。这样，正视媒体的声誉风险对新闻媒体乃至整个传媒业就非常重要。本文所说的媒体声誉风险，是指由于媒体的报道内容存在问题或报道水准不高或外部事件导致受众对媒体产生负面评价的风险。一般来说，声誉风险由某个具体的声誉事件引发。

自社交媒体登上历史舞台特别是微博普及以来，信息交流的及时化以及信息传播的全球化程度大大提高，声誉事件发生的概率明显增加。社交媒体用户众多，其所有者的身份多样，媒体对信息的垄断格局被彻底打破。在这种情况下，新闻媒体的声誉事件也屡见不鲜。不论是新闻报道的差错、新闻报道的技术失误，还是媒体从业者的违规活动，都会形成与媒体相关的声誉事件。纵观近年来中国新闻媒体的声誉事件，影响面最大、持续时间最长的当属马航飞机失联事件，由于事件发生后中国媒体反应慢、原创新闻少，导致了舆论对媒体的批评。

二、突发事件与媒体舆情

对中国传媒业而言，马航失联事件原本与传媒业没有关联，新闻媒体一如既往地报道客观事实即可。但与过去的灾难事故不同，马航失联事件的特殊性造成了信息量过少，而公众对此类信息的知晓欲相对强烈，国内媒体只能靠转载国外媒体报道、打温情牌来弥补信息源的不足。最终，业界、学界和受众对中国媒体在马航失联事件中的表现不满意。这些不满，属于标准的"媒体舆情"。媒体舆情是指针对新闻报道和媒体从业者职业行为的评价和态度。这些媒体舆情可以归纳为以下三个方面：

1.有关媒体业务的舆情信息

在互联网出现前，对传统媒体的新闻报道质量的评价多采用同行和专家评价的方式，受众对新闻报道质量的反馈不够及时，反馈渠道单一，反馈信息不公开。社交媒体出现后，人们可以通过互联网交流对新闻报道的看法。互联网的交互性，使得这些信息可以及时反馈给媒体编辑部门。只要编辑部门重视网络舆情信息，汲取受众的批评意见，就能积极地提高报道质量。

关于马航失联事件的报道，国内媒体被舆论斥为"完败""丢脸"和"吃闲饭"。批评之尖锐，超出媒体从业者的预料。对此，《南方都市报》一针见血地谈道："现在针对任何一个热点事件，致力于事实真相原创报道的中国媒体都不会超过五家，剩下的都是聪明的新媒体，一伺别人把菜端上桌，立刻扑上去转载，然后回过头来嘲笑传统媒体的落伍。"[1]新闻业务水平高低决定了新闻报道质量好坏。在互联网环境下，媒体要提高业务水平，既要时常自我反思，也要接受多方意见。

2.关于媒体人员的舆情信息

国内媒体报道马航失联事件遭舆论批评，尽管舆论所批评的是报道业务方面的问题，客观而论，必须承认媒体从业者自身的素质不应被忽视。媒体从业者的基本新闻素质包括发现新闻、搜集信息和写作报道。

中国媒体在失联事件后的初期阶段，因为盲目信任权威媒体的消息而造成新闻报道失实状况增多，招致舆论批评："一些新闻媒体，也曾对这种舆论状态'推波助澜'。'据 CNN 报道，马航 MH370 航班已确定在越南胡志明市以北 100 千米境内坠落。'这条声称客机已经坠毁的消息在多家媒体微博转发传播。也有媒体转引越南媒体报道，称'越南搜救人员当天在越南南部金瓯省西南 120 海里处发现马来西亚航空公司吉隆坡至北京航班失联客机信号'。类似的乘客奇迹生还、宣布客机坠落的消息，尽管均在传播不久后即被否认辟谣，但传播效果及其造成的影响不容小觑。"[2]

突发事件的报道更考验媒体人员的职业素质。在马航失联事件的报道中，由于事发地点扑朔迷离，确定、寻找合适的采访对象不易，不能找到报道的突破口，国内媒体的报道不得不以转述国外媒体的消息为主。在业内人士看来，转述国外媒体的消息，毫无疑问首选知名媒体的消息。但是，不是所有知名媒体的所有消息都确切可靠，这就需要转载媒体善于多方核实消息的准确性。如果求证无果，也该在转载时特别予以说明，提醒受众对这样的消息可以作为参考但不能作为绝对的事实。在这方面，国内媒体普遍忽视了对信息源的质疑与核实。

1 狂飞.社交媒体时代，记者何为？［N］.南方都市报，2014-3-21.
2 赵新乐.马航报道，中国媒体该思考什么［N］.中国新闻出版报，2014-4-15.

3.透视媒体管理问题的舆情信息

舆论针对国内传媒业的批评，不仅仅局限于具体的媒体和具体的新闻报道。针对国内一些知名媒体的官方微博在马航失联事件后喜欢点蜡烛哀悼以及煽情评述，批评者认为这是中国新闻媒体灾难报道新闻理念缺失的表现。国内媒体在信息供给不足的情况下，把乘客家属作为重点采访对象，用祈祷帖或安慰帖满足公众的知晓欲，这种做法的初衷可以理解。只是在新闻竞争国际化的今天，国外媒体的信息几乎同时被中国公众所接触得到，BBC、CNN的官方 Twitter 上没有此类祈祷、安慰的信息。对比之下，导致公众对国内媒体有不满情绪。新闻媒体应敏锐地捕捉这些信息，并从管理层面进行反思，明确灾难报道中媒体的新闻理念。

除了对国内媒体灾难报道新闻理念的批评外，舆论还在批评国内媒体灾难报道的机制存在问题。如对各类突发事件的报道预案的强调，折射出中国媒体报道机制还不够健全，特别是突发事件的应急报道机制缺失是造成马航失联事件报道被诟病的主要原因。理念、机制方面的舆情信息，国内所有媒体的管理层应从中吸取教训，避免类似的尴尬再度发生。

三、舆情预警与新闻竞争力提升

舆情只是民众的态度和意见的汇集，它必须被涉事主体意识到，才能发挥实际作用。如前文所述，当个人和机构重视各自的公共印象，在乎自己的社会声誉时，舆情对推动社会进步的实际贡献就越来越多了。因为舆情具有特殊的预警功能，在负面信息刚出现时，根据以往的规律或教训可能预料到将出现某种不良状况的前兆，需要向涉事方发出紧急信号，报告可能发生的危险状况，以避免危害在不知情或准备不足的情况下发生，从而最大限度地减少危害所造成的损失的行为。就媒体舆情而言，所有与媒体舆情相关的信息都可以成为媒体自我反思的动力，进而改进报道质量，提升新闻竞争力。

1.通过舆情预警提升危机意识

中国的传统哲学强调做人做事要有居安思危的前瞻意识。经验表明，居安思危远比"居危思安"要困难得多。人在缺乏安全感的时候，为摆脱困境，思维最活跃，做事也相对果断。相反，在安全状态下，要让每个人、每个机构绷紧自己的神经，提防可能发生的意外状况，却很困难。

意外发生的马航失联事件，因为中国绝大多数新闻媒体对突发事件缺乏专门预案，在某种程度上决定了媒体报道的败局，由此让中国传媒业切实感受到了来自国内舆论的巨大压力。虽然少量媒体的报道有值得称道的地方，例如，新华社在事件发生后分析预判事件进展、调动国内外采编力量、调查飞机行踪、报道搜寻情况、追问事件真相，很快启动了应急报道机制。《21世纪经济报道》每天都给前方记者预留一个版的发稿空间，做滚动报道。而移动应用的加入，也让此次前后方的配合更加密切。[1] 但大多数媒体的表现欠佳。针对舆论的批评，有些知名媒体也未能体现必要的危机意识，而是在极力为自己辩解。

舆情不是敌情，而是良药。媒体舆情也是如此。长期以来，国内媒体擅长舆论监督，只是监督的对象是媒体以外的其他行业。针对媒体进行的监督，集中在少量新闻传播学术期刊的媒介批评栏目和专门的新闻伦理研究。媒介批评和新闻伦理集中了最新的媒体舆情，只是媒体管理层真正重视这些研究成果的并不多见。媒体舆情因力度不足未能真正唤醒传媒业的危机意识。马航失联事件，间接引发了一个中国传媒事件，这个事件使一些学术刊物开始集中反思中国媒体存在的危机。如《新闻记者》在2014年第5期就集中刊登数篇反思文章。应该说，针对中国媒体的批评，给中国传媒业发出了强烈的预警信号，这种预警信号会促使危机感强烈的媒体进行反思，并采取相应的补救措施。

2.通过预警舆情追求核心信息

行业竞争的初期阶段，对硬件的倚重较多。实际上，真正的行业竞争靠的是每个单位的软实力。硬件方面达到行业平均水平，通过资金注入，在较短时间内可以缩短差距；软实力由经营理念、人力资源、服务质量、单位文化及管理体制等内容综合组成，软实力拼的是综合实力，往往决定竞争的成败。对于新闻媒体而言，其软实力是新闻理念、专家型编辑记者和公共关系资源。新闻理念，可以通过唤醒新闻专业主义意识来形成；专家型记者可以通过人才招聘和内部培训来解决短缺；媒体的社会公共关系网络建设，依赖于长期的人脉积累。其中，良好的社会公共关系可以为新闻媒体在行业竞争中提供得天独厚的优势条件。

有些媒体并不在意媒体的社会公共关系网络建设，甚至于部分媒体管理者将

1　赵新乐．马航报道，中国媒体该思考什么［N］．中国新闻出版报，2014-4-15.

社会公共关系简单地视为媒体与政府之间的关系。媒体需要和政府打交道，但媒体更需要和各行各业打交道，要在激烈的新闻竞争中保持优势竞争地位，客观上需要媒体常怀满足不时之需的准备，未雨绸缪，在多个行业建立稳定的业务联系。尤其是一些关系国计民生的行业，更应建立良好的人脉关系。在一些特殊行业拥有良好的关系，媒体在遇到突发事件时可以优先获得采访权，甚至可以拿到独家信息，而特殊时期的独家信息对提升媒体的竞争力帮助明显。

在马航失联事件报道中，中国媒体的软实力成为竞争的最大软肋。缺乏独家新闻，缺乏核心信息，是国内媒体普遍的问题。在业界人士看来，马航事件新闻战——几乎所有的干货都是纽（约）时（报）、华尔街（日报）、路透、BBC 等英美媒体挖出来的。CNN 司法口老记找到国际刑警坐实假护照；WSJ（《华尔街日报》）挖掘罗罗引擎线索，后披露折返；NYT（《纽约时报》）认定西拐，很可能从美政府线人处拿到雷达数据；ABC 第一时间披露众包搜索；BBC 等最后找到卫星公司，让我们知道了 8 ：11。它们的报道真正对马来西亚形成了压力，体现了媒体的力量所在。结合这些舆论，国内媒体可以判断出造成被动局势的原因何在，舆情预警提示国内媒体重视社会公共关系的建设。

3. 舆情预警提醒弥补语言劣势

马航失联事件报道还暴露出一个重要的舆情预警：这就是西方国家媒体的马航失联事件报道占据了垄断地位，国内新闻报道也以转载西方国家媒体的报道为主，不论在报道时间、采访对象、报道角度还是倒逼真相方面，中国媒体均居于劣势地位。这表明，中国媒体向世界传达信息的能力还比较差。正如纽约时报中文网主编曹海丽所说："作为中国媒体，你在世界上的影响其实是微不足道的。世界的语言是英语，这是一个事实，大家作为中国记者要摆正自己的心态，包括作为媒体也是要摆正心态。"

承认事实，但不等于要保持现状。传媒业的国际竞争趋势只会加强而不是弱化，中国媒体和国外媒体同台竞争的机会只会增加而不是减少。马航失联事件的报道，中国媒体的整体表现欠佳，除了让国内媒体认识到新闻理念、新闻业务和核心信息等方面的差距外，还应意识到语言劣势。应该说，马航失联事件的报道，中国媒体并非没有作为，只不过是中国媒体的英语采访报道能力过弱，媒体的竞争力因此而弱。这就提醒中国的传媒业：提升新闻竞争力，不能忽视用世界主要语言采访报道重大突发事件的能力训练。这就需要中国媒体具备相应的国际视野，才能在未来的国际新闻竞争中获得应有的立足之地。《纽约时报》《华尔街日报》《金融时报》等都非常重视中文网的建设。国内媒体不能走出国门，用英语采访报道国际事件，语言的劣势状况只会更加恶化，提高新闻的国际竞争力难度更大。这一点，值得整个中国传媒业予以重视。

（原载于《中州学刊》2014 年第 8 期）

* **基金项目**：本文系国家社会科学基金一般项目《微博语境下媒体应急管理研究》（13BXW041）、四川省哲学社会科学规划项目《伦理视阈下的网络舆情预警问题研究》（SC11XK012）、西南科技大学媒体应急管理科研团队（13sxt018）的阶段性成果。

论"信息 - 想象"
——舆论恐慌心理的形成

　　舆论是群体社会的产物，舆论的发生对世界产生影响。人们不管是在现实世界还是在虚拟空间里聚集，交流必须有可资讨论的话题。话题产生观点，有分歧的观点必然有论争，论争导致观点的汇流，最终形成两三种相左的观点，舆论自此形成。社交媒体（如微博）出现后，信息和观点的传播呈现出空前的活跃之势，一个微不足道的信息，一句不经意的个人诳语，都可能被无限放大，成为舆论事件，影响公众的情绪。2013 年 3 月 7 日，新浪微博用户爆料称，黄浦江上游横潦泾段一级水源保护地中出现大量动物尸体，微博还附有相关图片，一时间该消息引起网民关注热议。随后，媒体虽对黄浦江漂动物尸体的原因和饮用水安全等问题进行了报道，但是官方的回应未能让民众释疑，反倒激化网民不满情绪，舆情热度急剧攀升。该舆论事件的影响超出了公众口头议论的层面，演变成具有普遍性的群体行为。这种自发性的群体行为有一个显著特征：群体性恐慌。我们将其称作舆论恐慌。舆论恐慌造成的群体性反应，包含在舆论规律内，同时也有自己的独立性。舆论恐慌事件搅乱了正常的社会秩序，威胁着社会稳定。

　　本文以近几年的几次重大舆论恐慌事件为例，具体考察舆论恐慌心理的发生机制。

一、恐慌心理的刺激反应

　　恐慌属于人和动物特有的一种刺激性反应。这种刺激性反应首先表现为内心的严重不安，进而体现在其行为上。恐慌心理并非人的天然属性，而是社会属性。实验表明，一个新生的婴儿并不具有畏惧心理，更谈不上恐慌。随着年龄的逐渐增加，他们与外部环境接触的频率加快，获取的教训也越来越多。婴儿的切肤之痛，会存储在其大脑皮层中，以后遇到类似情形时，这种教训型记忆复活，迫使其选择是否重复类似的行为。这种犹豫、畏惧心理，即恐慌的初级阶段。可见，恐慌更多属于人类的经验性反应。[1]

既然恐慌是人类后天形成的，恐慌就不是无中生有的东西，而是至少有一个或者一个以上的刺激源，向大脑中枢发出预警。这个刺激源，也就是人们常说的原型。原型被纳入人的记忆库，一旦遇到相似的环境，这种记忆则随即复活。恐惧型的"原型"被唤醒，使人产生恐惧感。恐惧心理加剧，首先表现为意识反应，进而形成恐慌，最终反映到行为上。恐慌是个体心理活动在行为上的反映。舆论恐慌则是群体性心理恐惧的骤然加剧，最终导致某些非理性行为。

关于"原型"与人的记忆之间的关系，瑞士心理学家荣格的集体无意识学说最有代表性。其实，荣格并未严格界定过"集体无意识"这个概念，他对集体无意识的阐释散见于其相关论著中。1917年，荣格第一次对"集体无意识"进行分析，认为"集体无意识作为人类经验的贮存所，同时又是这一经验的先天条件，乃是万古世象的一个意象"，它由"本能及其相关物、原型的总和"组成，"包含了从祖先遗传下来的生命和行为的全部模式"。在荣格看来，原型是构成集体无意识的基本内容，以至于"人生中有多少典型情境就有多少原型，这些经验由于不断重复而被深深地镂刻在我们的心理结构之中"。[2]

引起恐慌心理的事实可能是我们亲身经历过的，也可能是我们暂时还没有意识到的事实。我们没有意识到的事实，需要在特定的环境下被唤醒。原型即事实，事实又是什么？按照唯物辩证法的观点，事实即存在。作为客观存在的，只有能够被人意识到，并且已经意识到，才成为事实。这是我们所谈论的"纯粹事实"。在现实世界中，"事实"包括了目睹型事实、传言型事实、想象型事实。

二、影子事实：舆论恐慌心理的信息刺激

世界无时无刻不处于普遍联系之中，因果关系是其中一种联系。按照辩证唯物辩证法的观点，原因和结果是揭示事物先后相继、彼此制约的一对关系。舆论恐慌是一种结果，导致恐慌心理的原因是某种信息引起多数人产生共同的恐惧性反应。引起舆论恐慌心理信息要么是多个人目睹了某个令人毛骨悚然的事件，要么是少数人经历了类似的状况，通过人际传播扩散了相关信息，越来越多的人接

1　荣格.荣格性格哲学［M］.李德荣，编译.北京：九州出版社，2003：15-16.
2　霍尔，诺德贝.荣格心理学入门［M］.冯川，译.北京：生活·读书·新知三联书店，1987：5.

收并认可这个信息。假如只是收到这个信息，并不能认同这样的信息，也就无法产生共鸣。没有舆论共鸣，也就没有舆论恐慌。

先有事实，并且是目睹了的事实，然后才有本能的反应。人类对眼睛的信赖程度相当高，很少怀疑自己所见到的事实。必须承认，眼睛只是视觉器官，它在捕捉客观世界的影像时，也会受到形形色色的干扰。这些干扰，也就是所谓的假象。有幅摄影照片，将事实和假象同时固定在一个时空内：一个阳光明媚的上午，阳光照射在街上的一面围墙上。街道上，一位小伙子和一个姑娘相向而行。一个摄影师捕捉到这个瞬间。在拍摄到的照片上，墙体上的男女面对面凝视，即便当时在场的人，如果没有留意这一男一女擦肩而过的真实场面，他在墙体上看到的只能是一对情深意切的男女。墙体上的影像是典型的"影子事实"，影像的存在，我们无法否认它，但对于那些只看到影子的人而言，因为他们首先相信了自己的眼睛，进而相信进入自己视野的影响，最终使得影像构建的事实成为"真相"。假如这对男女刚好在一个小镇子上生活，大家都认识他们，"影子事实"可能经过一个目击者传播给其他人，进而演变成一个罗曼蒂克的传说。应该承认，现实生活中不乏这样的巧合。

上面的例子富有喜剧色彩，能给人带来乐趣；有的影子事实本身蕴含了令人恐惧的元素，对相信眼见为实的公众来说，悲剧色彩无疑多于喜剧色彩。进入21世纪，造成全国性的舆论恐慌事件愈发增多。2003年的SARS流行就是典型，当时全国出现了抢购板蓝根、84消毒液、口罩的风潮。2011年的日本核辐射危机造成的抢盐风潮，再一次掀起全国范围内的舆论恐慌波澜。2011年3月11日，日本宫城县以东太平洋海域发生9.0级大地震，地震引发约10米高海啸，日本福岛第一核电站机组出现故障。面对可能出现的核泄漏，3月12日，日本首相菅直人要求福岛核电站周围10千米以内的居民进行疏散。日本核电站若泄漏，核辐射将弥漫在中国陆地的上空，危及中国公众的生活，尽管谁都无法看到，却也不敢掉以轻心。这些信息是通过媒体源源不断传播给中国公众的。地震是事实，核泄漏事故是可能的事实，中国公众从新闻报道的信息中接收到了有关核辐射在中国各省份的检测数据，以及核辐射可能污染到中国的蔬菜和水源的信息。于是新闻报道让公众不得不信以为真，恐惧情绪开始滋生。2011年3月中下旬全国多个省份上演的抢盐风波，就是"地震""核泄漏""核辐射""碘盐能预防核辐射"事实或影子事实的混合体急遽发酵的结果。

影子事实不是事实，它只是事实的映射。影子事实能对社会舆论产生巨大影响，在于它可以让人们以偏概全为纯粹的事实。目睹型事实是构成"影子事实"基础，这种事实一旦具备形成的条件，其影响超越了地域的界限，可能变成席卷全国的重大舆论恐慌事件。从这个意义上说，影子事实是舆论恐慌的天然温床，也是其逻辑起点。

三、传言信息：舆论恐慌情绪的放大镜

传言以某个事实为基础，经过广泛传播后，事实部分被严重扭曲，形成了亦真亦假的信息混合体。言语世界中的有关事实的信息每一次传播，总会有所损益。不同的传播者，对事实的记忆、理解难免存在差异，加之每个传播者的目的不尽相同，同一个事实传播后，本质虽然没有改变，但细节已经和传播前有所变化。变形了的事实中，与公众切身利益密切相关的事实片段被曲解放大，经过广泛传播后，所引发的舆论恐慌情绪在相互感染中也不断地放大。

传言信息容易引发舆论恐慌。传言借助新闻媒体造成的舆论恐慌事件并不罕见。2010 年 3 月 13 日晚 8 时，格鲁吉亚"伊梅季"电视台在"特别报道"节目中声称："俄罗斯军队毫无征兆地入侵格鲁吉亚，猛烈地轰炸了机场和港口，格方有 3 个营向俄罗斯投诚，格总统萨卡什维利遭暗杀身亡。"节目中还出现了模拟的梅德韦杰夫发表的"关于入侵格鲁吉亚的演讲"，以及"俄军入侵"的画面。这条编造的"新闻"让许多格鲁吉亚人想起了 2008 年俄格爆发的一场短暂战争，此举最终引发格鲁吉亚全国性恐慌并招致多方批评。[1] 2011 年出现的罗马大地震预言，在意大利民众中间造成不同程度的恐慌。一些意大利媒体提前公布了"地震逃生路线图"，一些报纸甚至以图表形式画出罗马地区"可能在地震中倒塌的建筑物"。媒体的跟风，加剧了民众的恐慌心理，有的学生家长甚至请求学校在 2011 年 5 月 11 日"大地震"那天给孩子放假。[2] 传言是未经证实的信息。传言的生命力，在于它常常以某些现象为原型。这种现象未必每个人都经历过，却符合

1　靖鸣，童莉.格鲁吉亚"伊梅季"电视台假新闻事件的教训与启示［J］.新闻记者，2010（5）：43-45.
2　凌朔."5·11"地震？罗马击碎百年传言［N］.新民晚报，2011-5-12（A18）.

集体无意识假说中的原型理论：我们无法意识到其存在，它们确实蛰伏在我们的记忆中。和公众安危相关联的传言，传播速度极快，产生的冲击波也非常强烈。

传言将一些众所周知的事实乔装打扮，以新闻信息的形式出现，借助有效的传播媒介，经过人际传播，危害结果被放大，终将酿成社会性的群体非理性行为。2009年发生在河南杞县的钴60卡源故障，因为地方政府封锁消息，当地居民借助电话和手机短信传递信息，对核放射的恐慌导致大规模的逃离行为。2011年2月江苏的"响水事件"，也很典型。2月10日两点多钟，有人称江苏大和氯碱化工有限公司将发生爆炸，多个村庄村民连夜冒着大雪大规模逃亡。响水事件造成四人遇难，多起车祸的悲剧。响水事件造成的舆论恐慌，首先是当地居民夜间闻到刺激性气味，使人喉咙难受，加上2010年7月28日，南京栖霞区迈皋桥街道辖区原南京塑料四厂发生爆炸，造成22人死亡，方圆数里变废墟。这些前车之鉴让饱受化工污染的居民对爆炸新闻比较关注。闻到怪异气味，恐慌之中电话通知亲朋好友连夜采取逃离行动。

互联网时代，新媒体的兴起和使用，使得传言的流传更加迅速和广泛。例如微博的流行，知名度高的用户凭借其可观的粉丝数量，发布一则讯息可以很快让全国各地甚至海外的受众知晓。2011年3月16日17点52分，南京盐业公司官方网站推出一则《每月3元钱，硒盐防辐射》的新闻，文中有"与大家分享一下通过食用硒强化营养盐的方式来防御辐射的做法"的内容。这条新闻发布的时间与"抢盐潮"开始的时间相近。[1] 当时，对于那些正置身于日本核辐射危机阴影下的中国民众而言，渴望找到防治核辐射的办法，成为其最迫切的愿望。食盐可以预防核辐射的传言已经出现，地方盐业公司的"网络新闻"，刚好印证了传言，传言由此被转化成"事实"。随后，大江南北上演的抢盐浪潮，商场的货架上和盐沾边的商品，统统成为抢购的对象。这表明，传言信息只要得到"印证"，通过微博、论坛和手机短信等新媒体迅速传播，可以在数小时内演变成全国性的舆论恐慌事件。

四、合理想象：舆论恐慌心理的"科学逻辑"

不论是客观事实还是影子事实，它们只是造成舆论恐慌心理的外部条件，但

1　吴志刚.刊文称"硒盐防辐射"被指误导民众［N］.东方早报，2011-3-24（A24）.

不是舆论恐慌心理的充要条件。群体性舆论恐慌的最终形成，离不开人的大脑对他们所接收到的信息进行特殊的加工。想象是恐慌心理产生的必要程序。

（一）想象的心理活动机制

想象既是思维的高级方式，也是人类认知世界的武器。人类对世界的认识，在范围上逐渐由近到远，人类已观测到的离我们最远的星系为337亿光年。超出这个范围的宇宙对我们来说，属于未知世界（宇宙）。对未知世界的了解，天文学家只能靠推测描摹其形状。这里所说的认知，仅是指粗线条的认识。迄今为止，即便人类能观察到的世界，未知的远远多于已知的。比如，地壳的内部情况、人体的灵与肉的结合、不少疾病产生的原因，这些看似简单的东西，科学家还无法给出令人信服的解释。一个人皓首穷经，也无法掌握人类已有的全部知识。即便掌握了这些知识，仍然无法解释我们已经观察到的世界（宇宙）。人类征服世界的欲望如此强烈，征服世界的前提是全面认识世界。人类要合力实现这个目标，就只能通过想象的方式来认识世界。

正常的想象应该是愉悦的，给人以思维的快乐。然而，想象也并非总是愉悦的，有些想象给人带来的则是不安甚至是某种惶恐。恐慌是想象的产物，恐慌不是别的什么，是人对自己孤立无援的担忧。这种担忧的结果，通过想象往往变得更加糟糕，而不是相反。可能是外部环境的刺激，比如说，一个人在黑夜里看到恐怖电影，听到诡异的故事，不由自主地产生恐惧感；也可能因为周边环境的骤变，因为缺乏安全感强迫想象令人不寒而栗的结局。

按照普通心理学的解释，想象属于人类特殊的思维形式，是人在头脑里对已储存的表象进行加工改造形成新形象的心理过程。想象的主体是人脑，想象的客体是外部信息，想象的结果是产生新的形象或者图景。从目的论的角度看，想象可以分为无意想象和有意想象两种。无意想象是无目的的想象，人的思绪不由自主地随意流动，想象的结果可能有令人意外的收获，也可能一无所获。这类想象，结果如何并不重要，重要的是想象的过程给人以某种精神的愉悦。

当人们带着目的去想象时，人的思绪在意识的控制下，可以自觉地完成思维，这种形式属于有意想象。有意想象可以进一步区分为主动式和被动式两种。有一定程度自觉性和计划性的想象，属于主动式有意想象。并非所有的人、所有的问题都能促使人主动去运用想象来寻求答案。有时候，麻烦从天而降，并且必须在最短时间内做出抉择。在这种情形下，抉择的过程也就是被动式有意想象的过程，人们被迫在脑海里权衡利弊，把麻烦可能带来的多种结果进行分析。这表明，想象以现实为原材料，对未来的现实图景进行某种创造性的思维活动。想象的客体有某种现实的依据，但想象的结果却是虚拟的，是对未来世界的假设。这种虚拟的现实，我们称之为想象型事实。想象型事实建立在人的价值判断之上，包含着对结果趋利避害的特殊期待。正如萨特所说："想象的意识活动是一种假定活动；这种假定是从一种非现存的不在场向一种现存的在现场的状态的过渡；在这一过渡之中，现实性是不存在的：作为意象的对象，虽然被假定是现存的，但却是不存在的。"[1]

（二）想象在舆论恐慌事件中的作用

对于成年人来说，多年的知识积累和社会阅历，可以基本满足他们对世界的认知需要，遇到问题时可以通过自己的想象预测未来，不至于产生恐慌感。这是就个人来说的。人是社会动物，社会中的人必须和外界保持接触，这种接触以能满足个人生存为前提。个人所遇到的问题，既是纯粹个人的问题，诸如个人情感的纠葛，也有社会性的问题，比如环境污染、物价上涨。对于具有普遍性的社会问题，必然成为某个时期社会大众议论的对象，舆论的议题也随之产生。

1.形成共同的想象客体

想象的主体，既可以是个体，也可以是集体。集体想象的进行，必须有一个共同的想象客体，在同一时间段内进行，想象的结果具有高度的默契。集体想象的适用范围受诸多条件的限制，从历时的角度看，它多适用于对灾难威胁的应对。以清末京城的彗星与政局的关系传闻为例："京师政界喧传咸丰年间曾见彗星，发现未几致有发逆之变，今当莸荏遍地，人心动摇之时，而彗星呈现，恐本年内将有不测之险。"[2]人心思安，但自然天象总会被某些人赋予神秘的色彩。当时，民智已开者毕竟为数尚少，不足以成为主流声音。即便当时的报纸也有辟谣的声音，民间主流声音还是担心灾祸的降临。毕竟，人们无法预知未来，对灾祸可能

---

1 萨特.想象心理学［M］.褚朔维，译.北京：光明日报出版社，1988：3.

2 佚名.官场之迷信［N］.大公报，1907-8-22（003）.

不期而至充满忧虑并不奇怪。正如李普曼所说："现实世界太大，我们面对的情况太复杂，我们得到的信息又太少，舆论的绝大部分就必定会产生于想象。"[1]

舆论恐慌的形成，是公众集体想象的结果。社会处于变动之中，人们对社会现象的看法存在着差异，共识总是暂时的、相对的，且某种共识多形成于特殊或者巧合的时间段内。2013年3月，黄浦江漂动物尸体事件发生之初，民众急需了解事实真相，但是当时主渠道信息不透明，以致猪瘟爆发、转基因污染、水源安全被破坏等耸人听闻的信息开始不胫而走，部分市民开始产生恐慌心理。随后，任由政府宣布调查结果，也不能取信于公众。前面提及的江苏响水事件亦是如此，当地居民担心爆炸灾难的发生，连夜冒雪逃离家园。这些都是民众共同想象形成的舆论共识的结果。

集体想象所形成的舆论恐慌，源于他们对事件真实情况的确切需要。如前所述，恐慌不是天生的，恐慌是人类集体无意识的产物，需要后天特定原型的再现唤醒这部分记忆。对死亡的恐惧，是集体无意识一个非常重要的"原型"。自然死亡发生在特殊的年龄阶段。对于年轻人来说，无意想象可能涉及死亡这个主题，但通常会转瞬即逝，因为他们知道自己并不具备这个现实性；有意想象，必须具备特定的环境，如传闻将有特大地震，或者附近的化工厂可能发生大爆炸。地震和爆炸传闻属于非现实的信息，可以是真，也可以是假。在传闻阶段，人们无法预见危险是否真的发生。这时，他们只能采取非现实的方式进行预测和判断。自己和家人下一步的命运如何，既然没有现成的答案，就必须通过想象来完成。想象"注定要造就出人的思想对象的要素，是要造就出人所渴求的东西的；正是以这样一种方式，人才可能得到这种东西"。[2]

2.由想象虚拟非现实恐怖事实

想象活动虚拟出一个非现实的世界景观——想象型事实。虽然这种虚拟具有某种随意性，但在其虚拟的过程中，却是以主观的严肃方式制造出自己中意的世界图景，以慰藉自己的心理恐慌。在恐怖气氛笼罩下的想象，以强迫的方式施加给想象主体。2011年7月《美国国家科学院学报》网络版上介绍了日本横滨市

1　李普曼.公众舆论［M］.闫克文，江红，译.上海：上海世纪出版集团，2006：51.
2　萨特.想象心理学［M］.褚朔维，译.北京：光明日报出版社，1988：192.

立大学教授高桥琢哉研究小组对恐怖记忆形成机制的研究成果：大脑中神经细胞的联系会在体验恐怖的感觉后加强，从而形成对恐怖的记忆。恐怖的记忆一旦被假设为真，必然会刺激人们的行为，从心理恐惧变成行为恐慌。舆论恐慌造成的是集体的非理性行为。这方面最经典的传播学案例是"外星人入侵地球"事件。1938年10月30日，哥伦比亚广播公司的主持人奥逊·威尔斯在圣诞节特别节目中，将赫伯特·乔治·威尔斯的《世界大战》科幻小说改编成了广播剧。一连串的假新闻让许多民众信以为真，误以为真有外星人攻击地球事件发生，引发一场全美社会骚动，其紧张程度不亚于第二次世界大战。

同样的舆论恐慌在2011年2月的"响水事件"中反映得也很典型。舆论恐慌造成当地居民的慌乱景象，媒体有比较形象的记述。"到5点半，路上警车和警察越来越多，可人们或者继续往前走，或者停下来看着，没有人愿意回头。"蔡中友对独家深读记者说。事后，响水县政府新闻发言人周厚良表示，当日加入逃亡大军的人涉及陈家港、双港、南河、老舍4个乡镇的30多个行政村，超过1万人。早上6点左右，孙晓健的手机上收到了官方辟谣的短信，折腾了大半夜，他再也没有心情看这条短信，随手删掉了。[1]

舆论恐慌是非理性的，并不意味着集体想象是非理性的。产生于舆论恐慌前的集体想象，想象的结果非理性，想象的形式具有某种理性的色彩，因而，舆论恐慌的集体想象可以被称作"合理想象"，正是因为其包含有"合理"成分，想象成为舆论恐慌的基本逻辑。

3."经验"和"科学依据"成为"合理想象"的素材

除了想象的客体之外，在想象和恐惧之间还存在着一个中介物：经验。经验是自主的知识，它源于人生阅历点点滴滴的积累和总结。经验的地位，随着经验的被验证逐步得以强化，最终凌驾于外部知识之上。以"响水事件"为例，江苏响水县陈港镇的当地居民将空气中弥漫异味与爆炸相联系，显然，这个判断以经验为主。这样的经验来自对以往经历的记忆，响水事件中的江苏响水县陈家港化工园区有40余家各类化工企业。2007年11月27日，园区内的原华科技有限公司发生爆炸，造成8人死亡，数十人受伤。2010年11月23日，园区内的氯碱

---

1 刘超群.响水"万人大逃亡"那一夜［N］.每日新报，2011-2-16（026）.

化工有限公司发生氯气泄漏，30 多名员工中毒。曾经发生的事故并不是陈家港每个居民都经历过的，但这两起事故的过程和危害，则通过当地居民的口口传播，已经家喻户晓，被纳入他们的"经验"体系，在遇到类似前兆时，这些"经验"快速成为"合理想象"的素材。

然而，经验能给人们提供的"合理想象"素材毕竟有限。在民智已经大开，科学素养整体大幅度提升的今天，舆论恐慌并不像媒体普遍批评的那样，主要是政府信息不透明和政府公信力低所致。突发性事件，政府掌握的信息同样匮乏，否则就可以避免许多灾难事件的发生。在经验判断的基础上，集体想象需要借助科学的威望，才可以变成舆论的共同意见，进而引发舆论恐慌心理。1915 年，意大利气象学家拉菲尔·班单迪预测 2011 年 5 月 11 日意大利罗马会发生大地震。随着预言时间的迫近，罗马市当地居民同样变得恐慌起来。"地震"前夕，数千名罗马市民逃离家园避难。意大利当地媒体对民众进行的调查显示，每 5 名罗马人中就有 1 人选择在 5 月 11 日那天请假，带着孩子去海滩或者乡下避难。大地震的预言使得罗马市充满了恐慌的气氛，许多商店在 11 日前夕宣布临时停业，罗马市长不得不开通一条热线来安抚市民。[1]

在"科学外衣"的包装下，灾难性质的预言者运用一些似是而非的推理，为其描摹的灾难场景提供合理性。"科学依据"一旦被利用，恐慌就会引起社会性的骚乱。从这个意义上说，想象，尤其是那些有着一定科学依据作基础的想象扮演了科学逻辑的角色，最终制造了舆论恐慌。这种夹杂了"科学逻辑"的合理想象，在台湾的 14 级大地震预言事件中得到了验证。自称"王老师"的民众王超弘，"预言"2011 年 5 月 11 日早台湾将发生 14 级大地震，届时会引发 170 米大海啸，造成百万人死亡[2]。在预言破灭前，王超弘的这个"预言"引起不小的恐慌。同样，抢盐风波也是有人将碘盐赋予能够预防核辐射的特殊功效，这种借助"科学道理"编造的事实，通过"科学"的形式让公众进行合理想象，最终多数人冲进大小商场和商店，目标直奔搁放食盐的货架。

经验加上"科学"依据，形成合理想象，经过传言散布，造成了一起又一起

1 城市快报.百年前地震预言引发罗马大恐慌［N］.城市快报，2011-5-12（006）.
2 吴斌.台湾今日 14 级地震预言引发民众避难潮［EB/OL］.［2011-05-11］.http://news.cntv.cn/map/20110511/103547.shtml.

舆论恐慌事件。审视历史上历次著名的舆论恐慌事件，总能看到恐惧阴影下的人们，由于受到自己构想的虚拟环境刺激而慌乱不堪的特殊景观。

五、结语

安全感是人的基本需求之一。按照美国心理学家马斯洛的需求层次理论，只有这种需求得到了满足，人才可以向更高层级的需求迈进。人对安全感的追求源自内心需求，由于这种需求在某些特殊情况下得不到满足，人处于缺乏安全感的状态，就会产生恐惧心理。当涉及公共安全的谣言和传言出现之时，个人安危受到威胁又无法及时得到安全保障，想象的惨重后果引发个人内心的恐惧，个人的恐惧相互传染，最后演变成社会性的恐慌。美国著名的舆论学家李普曼承认："即使对训练有素的法学专家来说，把反应推迟到真相大白之后是多么困难。反应是突如其来的。虚构被信以为真，因为人们迫切需要这种虚构。"[1]

多年来，人们倾向于将舆论恐慌的酿成归咎于信息不透明，最终将矛头指向政府部门的实质，就因为其公信力欠佳[2]。通过前面对舆论恐慌心理形成过程的研究发现，舆论恐慌心理与信息供给不足相关，但这类信息并非政府所能掌握的信息。事实上，无论是美国的外星人入侵事件，还是俄罗斯军队入侵格鲁吉亚，意大利和我国台湾地区的511大地震预言，以及响水事件和抢盐风波，在短暂的恐慌时期抱怨政府信息不透明可以理解，但这种抱怨并不客观。事实证明，政府不是先知先觉的上帝，无法未卜先知某年某月某时某地将有灾祸发生。如果是政府事先掌握某种具有破坏力量的信息，政府肯定会采取措施，避免破坏性灾祸的发生。就我们能看到的舆论恐慌事件来看，并没有发现因为政府隐瞒信息造成舆论恐慌的案例。

舆论恐慌事件具有可重复性，必须从深层寻找造成这种现象的原因。舆论恐慌事件虽然有前兆，但其爆发却不以某个人、某个机构的意志为转移，其在本质上属于群体性心理活动产生的连锁反应。而舆论恐慌心理有自己专属的形成过程。影子事实，作为舆论恐慌心理的"逻辑起点"；合理想象，作为舆论恐慌心理产

1　李普曼.公众舆论［M］.闫克文，江红，译.上海：上海世纪出版集团，2006：14.

2　注释：2011年的响水事件和抢盐风波，媒体和研究者毫无例外将责任推给政府部门。根据媒体报道，这两起舆论恐慌发生后，相关部门都曾利用手机短信和新闻媒体发布信息，但这种澄清没有实质性效果。研究者因此将政府公信力欠佳作为造成舆论恐慌的重要因素。

生的"科学逻辑"，这些都是导致舆论恐慌心理反复集中出现，舆论恐慌事件不断重复的重要因素。

　　舆论恐慌是社会心理的集中反映，无法完全避免。然而公众科学素养的提高，媒体报道的规范，将有助于减少舆论恐慌事件的发生。

（原载于《西南科技大学学报（哲学社会科学版）》2014 年第 3 期）

　　*基金项目：本文系国家社科基金项目"微博语境下媒体应急管理研究"（13BXW041）、西南科技大学媒体应急管理科研团队的阶段性成果。

第六章　媒体版权

记者职务作品著作权归属的伦理反思

新闻作品的著作权保护，一直比较尴尬。著作权法不认可时事新闻的智慧创造成分，造成新闻作品的著作权被边缘化，新闻作品处于弱保护状态。即便如此，现行著作权法仍尊重记者的劳动，规定时事新闻作品的版权属于记者，媒体在其业务范围内拥有优先使用的权利。

2012 年底，《中华人民共和国著作权法》（以下简称《著作权法》）修订草案送审稿呈报国务院。送审稿中对记者职务作品著作权作出规定：著作权由单位享有，作者享有署名权、汇编方式出版自己作品权。2013 年 1 月 25 日上午，国家版权局召开"关于《著作权法（修改草案）》职务作品规定的沟通见面会"，听取到会记者的意见。国家版权局法规司司长王自强介绍说，在欧美等发达国家，都规定职务作品的著作权由雇主所有。根据主体平等、意思自治、权利义务一致的原则，现行的《著作权法》相关条款确实需要修改。国家版权局为著作权法修改做了大量工作，并始终在阳光下公开透明进行，接收各方意见。[1]

每家新闻单位都会给记者规定月度报道任务，记者为完成单位规定的工作任务而创作作品属于工作行为，由此产生的相应作品通常称作"职务作品"。记者职务作品的著作权归属，涉及全国数十万新闻从业者的切身利益，《著作权法（修改草案）》对记者职务作品著作权的变更，舆论反响强烈。对于记者职务作品著作权的归属问题，有必要从平等、无害和公正三个伦理角度进行反思。

一、是否平等

平等是伦理学中一个非常重要的概念。平等属于关系的范畴。主体和客体之间，只有建立了某种关联之后，才可对比双方在权利、地位和待遇方面存在的差别。抽象意义上的平等意指权利、地位和待遇的无差别。平等作为人类最普遍的理想，源于平等是相对的、暂时的和消极的，不平等才是绝对的、普遍的和积极

1　王星.记者职务作品或失去著作权［N］.南方都市报，2013-1-27.

的。不平等之所以具有"积极"的特性，在于人的欲望促使自己占有更多的资源。欲望驱使人首先考虑自我利益，进而为捍卫自我利益最大化付诸行动。这样，利益的失衡，必然造成主体间平衡状态被打破，平等随即不复存在。可见，差异的绝对性决定了平等的相对性。但不平等者对平等的渴望和追求，使"平等"成为伦理学特别强调的概念。评价一个行为或规定是否平等，成为判定是否符合伦理精神的重要指标。

就一项规定来说，考察其是否平等，涉及主体、权利和利益三个方面的平等问题。记者职务作品著作权的归属，同样需要符合主体平等、权利平等和利益平等原则。

从抽象的层面看，记者职务作品著作权的主体有两个：记者和其供职的新闻单位。记者和单位的关系，本质上属于被雇佣和雇佣的关系。现代社会的雇佣关系，建立在人格独立、权利和利益相对平衡的基础上。没有平衡，就没有稳定的雇佣关系。以记者职业为例，新闻单位给记者提供什么样的工作条件，给予什么水准的薪酬，事关媒体能否留得住人才；记者能给媒体做多少新闻报道，其新闻采写能力的高低，也是媒体决定是否雇佣所必须考虑的要素。只有媒体提供的工作条件、薪酬与记者的采写能力和供稿数量大体相当，主体间才有平等可言。主体平等，体现的是单位内部供求关系的平等。普通企业的生产，员工和单位并不存在产品权利的争议。智慧产品的生产情况则不然。不论是设计图纸的工程师还是撰写稿件的新闻记者，其产品含有显著的个人智慧特征，由此使每个人的产品与其他人的同类产品具有较为明显的区别。著作权法的诞生，就在于保护智慧产品创作者的劳动成果，以此鼓励其投入更多的精力、激情和智慧，创作质量更好的作品。即便这样，记者职务作品著作权的归属也无法做到绝对均等。

我国《著作权法》中的著作权、人身权和财产权，有17项权利。和记者职务作品相关的权利，至少有11项，分别是署名权、汇编权、发表权、修改权、保护作品完整权、复制权、发行权、展览权、信息网络传播权、翻译权和应当由著作权人享有的其他权利。

按照现行的著作权法规定，记者职务作品的著作权归记者所有，新闻单位在其业务范围内拥有优先使用新闻作品的权利。对照上述相关的权利内容，记者职务作品著作权的归属确实偏重于记者，新闻单位享有的权利偏少，造成主体间权利的失衡。而按照《著作权法（修改草案）》之规定，将记者职务作品的著作权归属于新闻单位，记者职务作品的著作权主体间的权利同样未能平等。依据新的修改方案，记者对其职务作品享有署名权和汇编权；新闻单位接替了记者著作权内容的绝大多数权利，享有记者职务作品的发表权、修改权、保护作品完整权、复制权、发行权、展览权、信息网络传播权、翻译权以及应当由著作权人享有的其他权利。新的修改草案一旦通过全国人大的审核，记者职务作品著作权归属的变更，将彻底改变新闻单位权利弱势的状况，记者对自己采写作品所享有的权利，仅剩下精神权利（署名权）和结集出版的权利（汇编权）。后一项权利，还是修改草案征求意见遭到多数记者强烈反对后，国家版权局妥协的方案。

从现实的角度看，记者与单位的主体平等，远比抽象层面的关系复杂。

首先，单个记者与所在单位著作权归属的平等问题，即便能找到权利对等的方案，依然难以达到完全意义上的平等。记者和单位的关系，和自然人对自然人一对一的关系不同，而是自然人和法人之间的关系。（我国新闻媒体的主办方以党委和政府部门为主。党报下属的都市报，并不具有独立法人资格。严格来说，都市报的记者和其单位的关系，并非法律意义上的自然人与法人关系，而是自然人与准法人的关系。这里为论述方便，将记者和单位的主体关系，视为自然人和法人关系。）这种关系显然不是真正的一对一的主体关系。再小规模的新闻单位，也该有 3 ~ 5 名记者；稍大规模的媒体，记者的规模一般要有数十人。大型新闻单位，如中央电视台或新华社，其员工可能高达数千人。记者职务作品著作权归新闻单位所有，其真实的含义为一家媒体记者所撰写的所有职务作品，除署名权和汇集出版权外，每一篇职务作品性质的新闻作品，著作权统统属于新闻单位。这意味着，日报社、广播电台和电视台这样的新闻单位（周报和新闻期刊例外），其新闻作品的著作权每天在成批量地增加，其著作权收益每天在显著增长。相反，单个记者的职务作品，受个人时间、精力和任务的限制，职务作品的数量随着供职时间的增加也在增加，毕竟其增长速度与单位无法比拟。记者职务作品著作权归新闻单位，一旦成为法律意志，记者和所在单位的主体关系，将变得更加不平等而不是相反。即便在记者职务作品归记者个人所有、单位只是在其业务范围内可优先使用的时代，虽然记者个人在享有职务作品著作权方面占据了部分优势，但从整体来看，记者和所供职的新闻单位来比，仍明显处于劣势。一旦记者职务作品著作权归单位享有，新闻单位的强势地位显然加强了，进而主体间的不平等也增加了。

再则，新闻报道类的作品和新闻评论类的作品不同，前者通常不是一个人可以完成的。举例来说，报纸新闻记者外出采访，重要的新闻可能需要摄影记者配合；有的报道需跨地区进行采访，这样一来，一篇时事新闻作品的作者可能不止一个。这样的新闻作品，属于著作权法所说的"合作作品"。合作作品，在电视新闻作品中更为普遍。采访记者和摄像很难由一个记者独立担任，须有分工才可协作完成一篇电视新闻作品。按照著作权法的规定，合作作品的著作权归合作者共同享有。有些合作作品的著作权容易分辨，如报纸新闻的文字稿件和摄影作品，一篇新闻作品可拆分成两件职务作品；但电视新闻作品就很难拆分开来，否则就不是独立的新闻作品了。记者职务作品的著作权归单位所有，好处在于降低了合作作品作者之间的著作权纠纷，因两人分享的作品著作权，发生纠纷的概率自然高于单个主体享有的著作权。记者职务作品著作权归属于单位，合作采写作品的记者同时失去了著作权，这意味着合作作品间的地位、权利和权益趋于平等，但与所在单位相比，各自的权利减少了。这样，记者和供职单位在主体、权利和利益方面变得更加不平等。

由此可知，记者职务作品著作权归属的变更，将破坏记者和所在单位主体间相对平等的状态，造成著作权权利的不平等状况。这种状况的出现，受损的将同时是记者职务作品的作者和著作权所有者。

二、是否有害

根据考察的侧重点不同，伦理学可分为目的论和效果论两大流派。目的论强调动机的正当，效果论强调结果的最大善。目的和效果的统一，是伦理学所理想的状态。效果最大善的行为，必须是无害的。评价一项法律规定的效果，立法的目的固然重要，但执法效果的善恶，以及善恶的比例，更具说服力。对伦理学效果论的论述，叔本华提出了"意志所准，所为无害"[1]的伦理准则。这个准则，

1　叔本华.伦理学的两个基本问题［M］.任立，孟庆时，译.北京：商务印书馆，1996：148，125，239-244，246.

将目的论和效果论有机地结合起来，并强调结果的最小善：无害。

法律是惩罚性威胁。在叔本华看来，法律的目的就在于给尚未发生的罪行提供一个反动机。[1] 法律规定是最低限度的道德，它规定人的权利和行为，目的在于防范可能出现的伤害行为。制定著作权法，目的在于保护著作权人的合法权益，鼓励创新。这表明，著作权法所追求的效果不仅仅是善，而且是最大限度的善。换句话说，通过保护著作权人的著作权，来换取社会文化事业的发展和繁荣。

权利和利益紧密相连。没有利益方面的所求，人们的创作也就无积极性可言。从表面上看，时事新闻作品只是对客观世界最新状况的直接模拟，耗费记者的智慧、知识不多，这是著作权法立法者对时事新闻作品著作权不愿意提供强保护的原因所在。熟悉新闻业务的人都清楚，新闻采访是一门艺术，不同水平的记者所采访的角度、表达的主题和表达的方式不同，记者个人的采写天赋、知识水平和阅历，很大程度上决定了其新闻作品的质量。记者职务作品虽然系工作性质的作品，但记者个人对完成此项任务的积极性，和该作品与自己的直接利益多少相关。如果职务作品不只是工作性质的任务，还与记者个人的其他利益发生联系，甚至与记者个人的长远利益相关。记者在完成该职务作品时所投入的时间、经历和智力成本，可能明显高于为纯粹完成一项工作任务要多一些。这并不关涉记者个人的品质，而是人的天性所决定的。自利是人的本性。适度的自利，无论对个人还是对社会，积极意义远远超过了消极意义。包含自利因素的行为，因为利益的缘故，行为主体更乐于把它做得更好。反之，行为主体则未必肯努力、细心完成该行为。

法律对记者职务作品著作权归属的规定，其实质是对一项权利的分割。这种分割，必然涉及权利主体的利害关系。如前所述，记者职务作品的权利归属，其利益主体至少有两个或两个以上。法律对著作权归属的划定，须从宏观和微观两个层面考虑该规定的利弊问题。为此，须参照两害相权取其轻的原则，科学划定记者职务作品的权利归属。

从宏观层面看，任何法律的制定（或修订），均须从长远的、宏观的角度权衡一项规定实施后所产生的实际效果。著作权法的每一次修订，都是鉴于该法在

───────────────

1　叔本华. 伦理学的两个基本问题［M］. 任立，孟庆时，译. 北京：商务印书馆，1996：148，125，239–244，246.

实施过程中遇到的问题而作出的某些调整。此次修订，之所以变更记者职务作品著作权的归属对象，是因不少新闻单位向国家版权局反映，新闻单位为新闻采访投入大量的财力物力，最终时事新闻的著作权归记者所有，损害了新闻单位的利益。应该承认，这个意见有其合理之处。著作权法讲究主体平等。记者职务作品从其生产和使用，首先源于新闻单位的直接需要。尽管新闻写作软件已经问世，即便这种软件可以广泛运用，新闻采访依然无法实现靠机器来完成。这样，新闻采访工作只能由新闻记者来承担。新闻业和作坊生产不同，新闻业需要规模作业，也就是媒体雇佣成批的记者，每天采集大量的信息来传播，以此获得利益。新闻单位须投入相应的采访、编辑设备，新闻记者才可能完成新闻采写工作。新闻业发展要具有可持续性，需要兼顾新闻单位和新闻记者双方的利益。互惠互利之下才有合作。记者职务作品著作权归记者个人所有，单位只能在其业务范围之内优先使用，显然没有充分考虑新闻单位的著作权权利。权利分配的不够合理，自然会影响到新闻单位加大对新闻采写工作的投入。中国新闻业要保持可持续性发展，从立法角度兼顾新闻单位利益，符合新闻单位和新闻业的长远利益，以利于其进入良性发展的轨道。

从微观层面看，法律的制定和修订，还应顾及具体对象（含法人）的切身利益。纵观国际上著作权法的性质，它属于私法。也就是说，著作权法（亦称"版权法"）的宗旨在于鼓励创新，促进文化繁荣。写作和设计属于智慧型劳动。和其他类型的产品相比，智慧产品在产品保护方面相对困难，作品的创意和作品本身被侵权现象更为普遍。作者耗费智力、心血创作的成果，如果缺乏安全保障，久而久之必然挫伤作者从事创作的积极性。与著作权相邻接的权利诸多，每一项邻接权的丧失，都将或多或少损害著作权人的利益，进而损害其创作的积极性。职务作品的类型多样，不同类型的职务作品，其权利归属所产生的效果也不尽相同。软件、图纸等作品，单位的投入多、耗时长，这些产品所带来的利益持续时间长，效益也相对更为丰厚。绝大多数的新闻报道，具有一次性使用的特征，72小时后新闻作品的经济价值几乎丧失殆尽。著作权法如果针对新闻作品的这个特点，划分记者和所在单位的著作权使用，显然比简单赋予新闻单位著作权要科学得多。如记者职务作品在本单位媒体（含子报子刊、分频道）使用时，方按首次使用和二次使用，研究新闻单位和记者的版权收益比例；记者职务作品被其他媒体转载的版权收益分配比例，可适当照顾新闻单位，以鼓励新闻单位对职务作品加大投入，但不宜将记者职务作品直接划分给新闻单位。记者职务作品归单位所有，将间接损害记者从事新闻报道的积极性，进而可能降低新闻报道的质量，间接损害单位的利益。损害所在单位的利益，最终也损害了记者自身的利益。这是因为，单位收益减少，必将影响到记者的收入。

著作权立法强调意思自治，也就是权利主体的协商。如记者在入职前可以和新闻单位协商版权归属，并以合同形式固定；没有就著作权专门协商的，记者职务作品归新闻单位所有。这样的意思自治，从形式上平等，但没有考虑现实的情况。只有相当著名的记者，被新闻媒体作为人才主动引进，这样的记者才有资本与新闻单位商谈记者职务作品的著作权归属问题。对于绝大多数求职者来说，能如愿以偿进到新闻单位工作是最大愿望，为此不得不让渡自己的部分权利。如此一来，损害的显然还是普通记者（含求职者）的利益，而非新闻单位的利益。

法律即意志，记者职务作品归属的划分，同样体现了法律意志。意志所准，所为是否无害？在所为尚未付诸行动前，多方听取利害人的意见，可以由此判断无害还是有害。可能有害的规定，必然涉及公正问题。

三、是否公正

平等和无害除保障主体的利益之外，还带来一个结果：公正。公正，同样是伦理学中相当重要的概念。何谓"公正"，通常理解为对同一事件、对于所有人的平等对待。把公正作为平等的手段，抹杀了这两个概念的区别。不可否认，作为美德伦理的概念，"公正"与"平等"之间存在内在的关联，实际上，二者所指代的内容存在明显差异。"平等"与"公平"词义相近，但"公平"和"公正"如果等同，这两个词语也就没有相提并论的必要了。

叔本华在批判康德伦理学理论的基础上，致力于寻找伦理学起源的根本原因。他开创的伦理学史上"同情学派"，认为同情心是伦理产生的基础。在他看来，人都有利己心，遇到事情首先会考虑个人的利益。与此同时，人还怀有不同程度的同情心。具有同情心的人，会促使自己抵制个人的自利动机，以确保不因自私自利给别人造成痛苦。叔本华认为，不给人增添可能遇到的麻烦，属于低级程度的同情。当同情心进一步作用于自己，愿意主动给遇到困难、危险的人提供援助，属于高级程度的同情。他把前一种同情心称为"公正"（gerechtigkeit），后一种同情心称为"仁爱"（wohlwollen）。在叔本华看来，公正的特点在于一个人切身地感受到他人的痛苦，并由此引起深深的同情。在此情形下，这个人肯定自己的意志，但决不否定别人的意志。由此，叔本华提出了"公正"的基本原则：不要损害任何人。这样，作为消极的公正，就可以通过强制来达到这一要求，从而人人实践"不损害人"的公式。强制的机构就是国家，强制的工具就是法律，为防止各种可能的不公正行为，国家建构起完整的法律大厦，作为积极权利的保证。[1]可见，叔本华把公正置于同情的对立面，表现了同情的否定性质：不能忍受他人的痛苦，迫使自己至少不去伤害他人。

厘清"公正"的含义，有助于从公正角度审视记者职务作品著作权的归属问题。如前所述，主体、权利和利益的平等，是著作权归属的重要内容。现行的著作权法把记者职务作品归属于记者，应是出于同情方面的考虑。作为自然人的记者与作为法人（或准法人）的新闻单位相比，平等是个相当抽象的概念，记者的权益相对弱小。立法者非常清楚记者的职务作品，利用了新闻单位为其提供的物质条件和其他便利。（物质条件：国家版权局政策法规司司长王自强解释，职务作品在作品权属中是特殊的，之所以对作品权属做出重大改变，源于很多传统媒体向版权局反映，认为自己向记者提供了工资、设备、时间、经费等一切便利条件，让记者得以完成新闻报道，就有权利享有著作权，不能只有付出，没有回报，所以要求对新闻作品的著作权权属做出明晰规定。其他便利：如普通公民去调查一件事情，与新闻记者去调查一件事件，身份不同，受调查方对他们的态度和信任度也往往有所区别。当前，我国新闻单位虽是事业单位，但单位还与行政级别挂钩。国家级新闻单位的记者到各地采访，所受的待遇可能高于地方媒体的记者。这表明，记者职务作品在利用单位物质条件之外，还利用了新闻单位的社会声誉和影响力。这些声誉和影响力，一定程度上为新闻记者更好地完成新闻报道提供了便利。）之所以把记者职务作品的著作权归属于记者而非新闻单位，应该说包

---

1 叔本华.伦理学的两个基本问题［M］.任立，孟庆时，译.北京：商务印书馆，1996：148，125，239–244，246.

含了伦理的因素——同情个体的记者，因为他们和供职单位相比，个体显然属于弱者的时候居多。这样的规定，虽在一定程度上削弱了新闻单位的著作权权利，毕竟从量的角度平衡了利益。叔本华认为，公正的行为在质上是没有区别的，但在量上却有重大差异。他举例说，一个富人向他的雇工付工资，这是公正行为；但这一件公正的事，同一个不名一文的劳苦者自愿地把拾到的一袋黄金，还给它富有的原主相比，则显得相当微不足道。所以，行为中的公正程度，同从另一人的损害中所得的利益数量除以他因此蒙受痛苦的损害数量是成正比的。[1]叔本华的这个例子，和老子的"天之道，损有余而补不足"天道命题类同。记者职务作品著作权的归属，单位多做出一点"牺牲"，在保障新闻报道和自身基本权益的前提下，非社论和特殊新闻作品的新闻作品，其著作权归属于记者，既符合老子的天道理论，也符合叔本华的公正理论。

支持记者职务作品归属新闻单位的人，通常会援引西方国家版权法的相关规定。如美国的著作权法规定：就职务作品而言，雇主或者指示创作作品的其他人被认为是本法上的作者，享有著作权法之各项权利，但双方在其签署的书面文件中另有约定的除外。英国的著作权法也有类似规定。

表面上看，美国的版权法将记者职务作品归属于雇主，好像美国版权法立法者"同情"雇主甚于记者。在笔者看来，美国的版权法的职务作品归属并未颠覆叔本华关于"公正"的定义。同样以新闻媒体和新闻记者为例，西方新闻媒体和其雇员的劳动关系，除严格执行劳动法规外，雇主给其雇员提供的薪酬和福利待遇和稿酬，与中国媒体支付给记者的同等费用是否相等？如果存在差距，我国修订后的著作权法在没有增加记者稿酬、薪酬和福利待遇之前，先行把记者职务作品著作权归属于新闻单位，是否属于"损不足以奉有余"呢？那样的话，著作权法的这个修订，显然是从"天之道"向"人之道"的倒退。

个人间的公正源于同情。立法的公正，也有同样的要求。修订著作权法的机构，听取新闻单位的意见，平衡记者职务作品的著作权权益，其出发点没错，但强化单位著作权权益不能矫枉过正。把记者职务作品除署名权和汇编权以外的著

1 叔本华.伦理学的两个基本问题[M].任立，孟庆时，译.北京：商务印书馆，1996：148，125，239-244，246.

作权全部归于新闻单位名下，这样的修订属于"同情过度"。同情过度，不论是对弱者的同情过度还是对强者的同情过度，客观上都有悖于伦理学的公正原则。

评价职务作品著作权归属的规定是否公正，应避免因过分追求平等而损害公正。绝对的平等是公正的危害物，并时常同公正发生激烈冲突。所以，真正的公正只能承认一定限度内的平等。平等具有交易的某些特征，但它本身又不是商品交易，不可精确计算。这方面，不妨来看看英国 BBC 的做法。如前所述，英国的版权法把记者的职务作品（雇佣作品）的版权（著作权）归属于 BBC 公司，BBC 除给予记者体面的薪酬和福利待遇，还为每一位记者建立了个人数据库，所有该记者拍摄或制作的素材带都收入数据库，通过这种方式给予记者个人荣誉。BBC 的这个补救措施，可理解成其同情心的具体写照。在法律之外，通过新闻单位对记者的额外关照，以追求更高程度的公正。

四、结语

著作权归属所要求的平等、无害、公正，均须建立在利己主义的基础上。这里的"利己"，同时包含了作为自然人的记者和作为法人（含准法人）的新闻单位。利己语境下的平等，是权利主体双方的相对平等；无害，是权利主体双方的利益平衡，不以损害任何一方为代价；公正，要求处于权利强势的一方，主动以同情的方式平衡利益。

要实现上述目标，须认识到任何权利的归属都是利益博弈的结果。著作权法的修订，调整职务作品的权属确有必要。社会进步，需要从法律层面明晰各项权利的归属，尤其是主体多元的权利。科学分配权利的"股份"，体现了公正公平的原则。记者的职务作品，确实利用了单位的资源和资金，传播也利用了单位的媒介平台。以前的法律把职务作品直接划给记者，新闻单位的利益受到损害，予以相应的修订，固然必要，只是不能矫枉过正，剥夺劳动者的版权地位。

记者职务作品著作权归属的调整，应坚持意思自治的原则，以实现其主体平等、利益无害和最终的公正。立法修订层面的意思自治，客观上要求主持修订的机构广泛征求意见。如那些呼吁修订记者职务作品著作权归属的新闻单位，在给国家版权局提出修订建议时，应征求本单位记者的意见；修订过程中，国家版权局公开征求意见的做法值得肯定，问题在于征求意见的范围应扩大。就目前来看，只是主要新闻单位有限的几名记者参与座谈。真正的意思自治，应广泛聆听著作权法学家、律师界和全国所有新闻单位及其从业者的意见。汇集这些意见，不追求修订的速度，只追求修订的质量，充分尊重各方意见，采取折中方案确定记者职务作品著作权的归属。这样的修订，才真正符合国家、新闻业、新闻单位和新闻记者的多方利益。

（原载于《编辑之友》2014 年第 8 期）

＊**基金项目**：本文系国家社科基金项目"微博语境下媒体应急管理研究"（13BXW041）及西南科技大学媒体应急管理科研团队的阶段性成果。

新闻与版权
——基于新闻自由角度的考察

在西方发达国家，文化已经接管了商业。信息时代的文化，主要是以报纸、广播和电视为主体的大众传媒所生产的新闻文化。文化是创造的代名词，创造意味着财富，财富又象征着权利，权利需要道德和法律的精心呵护。版权本身就是权利的集合体：版权既是一种无形（intangible）的权利，也是一种财产（property）权利，还是一种专属（exclusive）权利和功利性（utilitarian）权利。而在新闻产品[1]的诸多权利中，新闻产品的版权[2]长期以来没有受到应有的重视，以至于在世界的版权公约和各国的版权法里，新闻产品的版权受到种种的限制，不少国家的相关法规中明确将新闻产品的版权排斥在保护的大门之外。立法者对新闻产品的认识是否符合现实，目前尚存在争议，就司法实践而论，立法者的态度导致了对新闻产品版权保护的漠视。若深入讨论报纸的版权问题，不从辨析新闻版权的合法性入手，所有的问题讨论就犹如空中楼阁，缺乏坚实的基础。

一、时事新闻与版权保护

在人工创制的抽象物中，新闻被划入了"事实作品"（Works of Fact）类，这给新闻享有版权带来了不少阻力。尽管新闻产品没有被彻底驱逐出版权（著作权）的大门，但毕竟显得名不正言不顺。看来，厘清新闻与版权的关系，有必要对新闻产品的版权问题进行思考。"认真反思知识产权赖以存在的哲学基础是非常重要的。知识产权不是一个自然事实，它是要来争取的——它是特权而

1　在现有的著作权（版权）法规和论著等文献中，涉及新闻的版权问题，主要使用"新闻作品"这个概念。"新闻作品"的外延局限于记者、编辑、通讯员和自由撰稿人为新闻媒体提供的信息内容，而无法涵盖新闻媒体上除新闻作品以外的具有版权特征的创造性内容，如，报头、电视台的台标、电视节目的片头等不具有新闻性质的内容。为表述准确起见，本论文区别使用"新闻产品"和"新闻作品"这两个含义上有差异的概念。需要注意的是，"新闻产品"的外延大于"新闻作品"，前者可以涵盖后者，而后者却不能完全指代前者。

2　我国修订后的著作权法第六十二条声明："本法所称的著作权即版权。"1990年的著作权法第五十一条的表述为"本法所称的著作权与版权系同义语"。修订前后关于"著作权"和"版权"的关系略有不同，只是修订后的法律避免了"同义语"可能带来的歧义。世界上不存在两个绝对一样的词语。"著作权"和"版权"之间，应该存在细微的差别。事实上，著作权侧重的是著作者的个人权利，而版权更有利于理解法人的权益。

不是权利。"[1]

正如马克思研究经济学从人们日常生活中最常见的商品开始一样，讨论新闻版权应从新闻产品的最基本单位——时事新闻开始。

运动是绝对的。运动不是机械的运动，运动带来的是变化。信息的产生是世界运动变化的结果。社会生活中的大量信息对于人类生活而言具有传播的价值。不同的人需要了解最新的不同动向，以便为各自处理日常事务提供参考。新闻媒体存在的合理性正在于此，时事新闻受世人欢迎的奥秘也在于此。

构成时事新闻的要素有二：时间和事实。在时事新闻中，时间的排序位居事实之前，在于事实不计其数，而时间有起点也有终点，具有阶段性。强调新闻事实的时间性，是工业文明的产物。信息时代，新闻的时间性更为重要。以时间为主轴的时事新闻调节着时间和事实之间的函数变化，时间性的要求越高，事实的要求则越简明。有趣的是，受时代需求因子影响的时事新闻，时间性主要体现在新闻传播的流程中，新闻媒体承载的时事新闻以事实的符号形态出现。这也是时事新闻在多数国家现行的版权法（著作权法）中失宠的原因。《中华人民共和国著作权法》（以下简称《著作权法》）第五条所列举的不适用著作权法的种类中，"时事新闻"被置于第二类。

虽然我国的著作权法将"时事新闻"拒之门外，却没有阐明究竟何谓"时事新闻"。在2002年颁布的《中华人民共和国著作权法实施条例》第五条里，对"时事新闻"进行了界定："是指通过报纸、期刊、广播电台、电视台等媒体报道的单纯事实消息。"日本文化厅在《新版权概要》中所作的行政性解释是："所谓'只是传播事实的杂闻和时事报道'，是指关于人事往来、讣告、火警、交通事故等日常消息。这些东西没有版权。一般的报道、通讯、新闻照片，不属于这个范围，应作为作品加以保护。"[2]

也许在立法者看来，版权保护的是有独创性质的作品，单纯的事实消息显然不具有独创因子，所以不具备享受版权保护的资格。法律语言的精确性对立法者对版权客体的熟悉程度提出了较高的要求，否则，其在给法律造成缺憾的同时，

---

1 欧洲专利局. 未来知识产权制度的愿景［M］.郭民生，杜建慧，刘卫红，译.北京：知识产权出版社，2008：111.
2 宋素红，罗斌.新闻作品著作权的保护原则［J］.中国出版，2004（11）：54-56.

也亵渎了法律的神圣性。

时事新闻有无独创性，需要具体情况具体甄别。严格地说，世界上不存在绝对纯而又纯的东西，不论是无生命的物质还是有机体，都没有绝对的纯正。我们认识到的"事实"是一种客观存在，这种客观事实是"言语的事实"，而非客观事实本身。众所周知，言语具有主观的成分，主观又含有创造的特质。即使再"客观"的言语事实也具有某种独创的性质。进一步说，单纯事实消息因报道者的不同，叙事时难免"打上作者个性智力的烙印"[1]，从而使单纯事实消息具有原创的成分。再者，即便是简讯之类单纯事实的消息也经过了人工的裁剪，其选择事实的角度、事实的范围和表述事实的时序，也不尽相同。报纸上刊登的单纯事实消息，通常需要另外拟制标题，有的还配发有图片。由标题、正文（不少重要的新闻报道还配有图片）构成的单纯事实消息，成为一个有机的整体，加上编辑的文字润色和版面美化，很难断然否认这些单纯事实消息的独创性。因此，"独创性是一个标准，但不是精确的标准，而更像是一个原则"[2]。

拒绝给予时事新闻以版权保护，对新闻产品实行版权例外和版权限制的做法，在当今世界比较流行。比如，1986年颁布的《日本著作权法》第10条第2款规定：仅仅以传达事实的杂闻及时事报道，不视为作品。1954年颁布的《埃及版权法》第14条规定：每日新闻或纯消息性质的各种资料不受版权保护。然而，时事新闻一旦被视作"公共产品"，其内含的信息价值和经济价值，必然成为公开掠夺的对象，任何网站、报纸都可以从其他媒体上转载有关的时事新闻。可见，相关法律法规未作出明确规定，新闻报道很容易成为他人侵权的对象。

新闻作品属于演绎作品。与原创作品相比，新闻作品尤其是时事新闻从内容上看缺少实质性的差异，但这并不能否认演绎作品独立的存在价值，它依然享有著作权（版权）的合法性，因为事实的表达受到著作权法的保护。事实上，包括报纸在内的所有新闻媒体，其刊登（播发）的单纯事实消息的时事新闻所占的比重不大，著作权法（版权法）字面上用"时事新闻"来表达，误导了公众，也变相纵容了版权侵权行为。报纸版权方面的纠纷呈上升趋势，与法律对时事新闻版

1　吴汉东，胡开忠.无形财产权制度研究［M］.北京：法律出版社，2005：263.
2　程德安.媒介知识产权［M］.重庆：西南师范大学出版社，2005.

权的弱保护有关。

二、新闻自由与版权保护

一般认为，将时事新闻排除出版权保护的范围，除了时事新闻在表达形式上缺乏足够的独创性外，还有一个常见的理由：为了保护社会公众对社会重大事项的知悉权。按照这种说法，公众的知悉权涉及新闻信息的自由流动和公众的切身利益，如果给予时事新闻版权保护，可能会造成新闻信息流通的不畅，妨碍新闻自由，损害公众利益。新闻自由和版权保护的立法困境，最终以牺牲时事新闻的版权保护收场。

新闻自由与版权保护的关系究竟是完全对立还是部分对立，有待厘清。在现实生活中，不论是在法律层面还是在伦理层面，经常会遇到这样一种现象：单个的规则（规范）自有其合理性，只是这些规则（规范）置于同一个时空区域后，它们才发生了抵触。这种现象通常被称作"法律困境"或"伦理困境"。究其原因，利益的冲突在单个规则（规范）独立存在时毫无限制，规则（规范）之间的外延有不相容的部分。解决法律（伦理）困境的办法是让渡其中一些权利（利益）。换句话说，通过权利（利益）的妥协，达成新的平衡。

版权是私权，文学作品或艺术作品的版权和公共利益的冲突并不直接。一部再优秀的文学作品，一件再有艺术创新的雕塑作品，作者发表与不发表它们，是作者个人的事情。对公众来说，虽然也有某种程度的损失，只不过这种"损失"是失去了一次阅读、欣赏优秀作品的机会。不过，这种损失和社会利益关系不大。新闻产品，尤其是时事新闻则不然，记者采写（编导）的新闻作品，只要这样的新闻作品与其他法规（如保密法）不发生抵触，不发表该新闻作品既是对信息的变相屏蔽，也是对新闻自由的扼杀，因为这与公众利益息息相关，任何人都没有垄断的权利。从这个意义上说，不将时事新闻纳入著作权法的调整范围，是保护基本人权——公众知悉权的重要举措。

基于这样的观点，一些学者反对将时事新闻报道纳入版权保护的范围，因为"应该考虑这种对信息的垄断是否危害公众利益。电视节目表、天气预报之类的信息涉及公共利益，不应纳入著作权的保护范畴，否则它只会导致普通民众对基本生存信息的占有不足。这在实践中必然会引发著作权保护过度与资讯自由之冲突"[1]。而美国学者约翰·佩里·巴雷则进一步指出："信息所有权是反民主的，因为它将妨碍思想的自由流畅。"[2]

新闻自由与版权的这种对立并非不能调和。新闻自由存在的前提是需要有一批新闻机构和专业的新闻从业者，以及足够量的新闻产品。没有这三个要件，新闻自由只能停留在抽象的层面，不能成为新闻实践。虽然新闻产品有公共产品的属性，但同样不能忽视新闻供应商和新闻从业者的利益。新闻机构的双重属性中商业属性是基础，媒体日常运转的经费必须从新闻经营中赚取；新闻媒体的公共服务属性居于新闻伦理层面，在保证新闻机构合理利润的前提下，媒体还要履行自己肩负的社会责任。从表面上看，版权保护是新闻机构维护自身权益的武器，而实质上，对新闻媒体提供相应的版权保护，最终是鼓励新闻生产和创新，进而捍卫新闻自由。可见，给予新闻产品以相应的版权保护，不仅不会损害新闻自由，而且是在促进新闻自由。那种借口公共利益而呼吁拒绝给新闻产品以版权保护的做法，错在了以片面、孤立和静止的观点看待问题。在他们的视阈里，只有新闻自由和公共利益，而排除了新闻机构和新闻从业者的利益。分析要件的缺省，导致了结论的偏颇。

新闻自由旨在保障信息的自由流通，满足人类的信息消费需求。社会的发展，使得人类的精神需求呈现出多维的趋势。按照美国心理学家亚伯拉罕·马斯洛需求层次理论（Maslow's hierarchy of needs），人的基本需求分为五个层次，位于最底层的是"生理上的需要"，其次是"安全上的需要"。观照这个需求框架，新闻产品可以分别满足这两种最基本的需求。每天媒体上刊载的时事新闻，给人们提供最基本的生存信息和安全信息。假设这些服务人们基本生存需求的产品自身的权益得不到保障，新闻机构和新闻从业者的利益缺乏安全感，迟早会影响到新闻产品的供给。显然，这违背了我国《著作权法》第一条开宗明义的表述："促进社会主义文化和科学事业的发展与繁荣。"

信息时代，新闻产品的需求和供应均呈上升趋势。对新闻自由而言，版权保护具有正当性，也是版权法所值得追求的目标。毕竟，"所有的法律都具有惩罚

1　程德安.媒介知识产权［M］.重庆：西南师范大学出版社，2005.
2　斯皮内洛.铁笼，还是乌托邦：网络空间的道德与法律［M］.北京：北京大学出版社，2007.

和保护的职能，但并不是所有的法律制度都建立在权利的意识和观念上面"[1]。法律应该尊重现实、尊重不同的利益群体，主动公正地提供保护。照顾新闻版权利益的版权法，对新闻自由的完善具有积极意义，而新闻自由反过来又能够增加人类的平等。这种相辅相成的作用，用法国政治家托克维尔（Toc-queville）的话说就是："人越来越平等，新闻的影响必然随之而延伸。"[2]

三、报纸产品与版权保护

1955年，美国经济学家保罗·萨缪尔森以苹果和路灯为例来分析"私人产品"与"公共产品"的经济含义。私人产品具有排他性，公共产品则属于不具有排他性的物品。值得注意的是，"公共产品"的概念非常笼统，其囊括的产品既有物质的也有非物质的，物质属性的公共产品和非物质属性的公共产品在版权保护中显然不能等同。就报纸来说，虽说它被列入了公共产品，但它和路灯没法相提并论。所以，以"公共产品"为由否认报纸的版权，显然过于简单化了。因此，报纸产品与版权保护需要重新审视。

中国是世界上最先出现纸质媒体的国家，发行报纸的历史超过了1200年。[3]但是，现代意义上的报纸却产生在欧洲。报纸演变到今天，有可能面临报纸形态的转型问题。然而，报纸毕竟是以内容为王，其形态的变化可能为报纸版权保护提供了新的客体，但不变的是报纸的内容产品。报纸是新闻纸，新闻纸是汇编新闻工作者和其他作者媒体产生的新产品。研究报纸的版权问题，主要围绕新闻纸上刊载的内容展开。

版权保护研究中，有两个不同的学派：以帕梅拉·萨缪尔森为代表的"版权最高纲领派"以及与之针锋相对的"版权最低纲领派"[4]。前者一般都认为，"信息所有权是反民主的"，它不仅妨碍思想的自由流通，它本身就是阻碍新一轮更具规模的思想文化的更新与创新；后者则认为，自有资源属于劣等品；不受限制的东西肯定是没有价值的……"版权最高纲领派"否认版权的合法性，"版权最

1　梁治平.法律的文化解释［M］.北京：生活·读书·新知三联书店，1994：48.

2　托克维尔.论美国的民主［M］.里夫，译.北京：中国人民大学出版社，2008：162.

3　指中国古代的邸报。关于邸报的产生年代，一般认为出现在西汉时期，到唐宋开始流行。至于"邸报"名称的问世年月，新闻史学界尚存在不同看法。有学者最新考证，"邸报"之名始于宋真咸平三年，即公元1000年。焦中栋."邸报"名称首次出现时间新考［J］.国际新闻界，2008（10）：87-90.

4　斯皮内洛.铁笼，还是乌托邦［M］.北京：北京大学出版社，2007.

低纲领派"则把版权保护提升到绝对的高度。这两种观点作为两种不同的学说可以争论，不过它们均缺乏现实的可操作性。就报纸产品而言，从目前的"弱保护"逐步向"适度保护"过渡，更符合历史的发展趋势。

法律的完善通常需要经历一个漫长的过程，而这种完善离不开学术的争鸣和探索。作为公共产品的报纸，其版权保护即属于这种情况。概括而言，报纸产品主要由消息、通讯、特写、调查报告、新闻图片、新闻评论、广告以及其他文字作品构成。我国的著作权法否定了时事新闻（纯事实性消息）的版权，对非时事新闻的报纸产品也没有提及。修正后的著作权法，同样没有消除这方面的缺憾。

和其他类型的媒体相比，"报纸有时间提供视角、背景，又能够提供新闻之间的相互联系，读者得到的是一揽子的消费包"[1]。报纸产品生产所消耗的时间与产品中凝聚的作者劳动量成正比。这种劳动不是机械重复的劳动，而以报纸产品生产者个人的才智为前提。通讯、深度报道、新闻评论、新闻图片、报纸广告、副刊类作品，这些产品的日均数量，远远超过了当天纯事实性消息的数量[2]。这些含有创造性的作品，需要版权法确保那些写作并发表真实故事，如《A Time to Heal》的作者，使其至少可以享受销售原创表达的权利，作为其投资的报酬。即便是新闻媒体上的时事新闻作品，也应获得版权法赋予的经济权利。以德国的著作权法为例，其第 49 条规定：

（1）广播评论和报纸以及其他报道时事新闻的单篇文章，内容如果是政治、经济、宗教方面的时事新闻，除作出保留权利声明之外，允许其他报刊对其进行复制、传播或公开发布。

（2）应当为这种复制、传播、公开发布的行为向作者支付适当的报酬。[3]

报纸产品的版权保护，还有一个被长期忽略的问题：时事新闻的时效问题。时效是未经主体意志表明的让渡，而让渡则是主体意志明确地放弃所有权，是真

1 麦克卢汉 M，麦克卢汉 S，斯坦斯.麦克卢汉如是说——理解我［M］.何道宽，译.北京：中国人民大学出版社，2006：6.

2 以 2012 年 12 月 25 日出版的《京华时报》为例，当天该报共印有 88 版，各类作品的数量分别是：消息 145 篇（其中，0~100 字的 7 篇；100~200 字的 36 篇；200~300 字的 102 篇）；通讯 89 篇；深度报道 1 篇；广告 77 条；副刊 20 篇；评论 2 篇。

3 沈仁干.数字技术与著作权观念、规范与实例［M］.北京：法律出版社，2004：92.

正的让渡。[1]时事新闻被看作当今的历史，问题在于，随着时间的流逝，时事新闻失去了时效性，成了明日黄花的时事新闻逐步成为准历史素材。这个时候，报纸产品的版权保护该如何应对？著作权法研究中有个"权利穷竭"理论[2]，新闻产品刚好与之相反，属于"权利召回"。失去了新闻时效的新闻作品，作者（或法人）可以行使报纸产品的版权权利，有条件地支配自己的著作。以美国的《纽约时报》为例，该报的电子版只能免费阅读 7 天内的报纸内容，阅读一周前的，就需要支付费用了。香港《大公报》的做法是，点击该报相关的新闻前先需点击相关的广告，然后才可以阅读新闻。[3]

我国内地主流报纸对版权的保护尚不够重视，至少在报纸电子版的版权保护上，很少有报纸设立门槛。有的报纸虽设立了门槛，也只是要求注册方可阅读电子版，如《21 世纪经济报道》。有的报纸虽然推出了电子版（数字报）阅读收费服务，却不得不在舆论反对的情况下作出某些妥协，如 2010 年 1 月 1 日，《人民日报》电子版推出收费阅读服务，两个多月后不得不开放前两版当天电子版的免费阅读服务。[4]

四、结语

社会的发展，让新闻产品的版权问题变得无法回避。现行的法律将新闻版权弱化处理，立法者担心新闻版权的过度保护会妨碍新闻信息的自由流通，进而影响公众对新闻信息的免费接触，这种担心的出发点当然很好，新闻产品的公共服务性质，决定了新闻产品的版权保护与文学艺术等完全原创意义上的作品有所区别。但是，这不是变相取消新闻版权的理由。事实上，媒体的企业属性决定了发布新闻信息的企业必须有自己盈利的途径。广告收入是新闻媒体传统的经济来源，只是这种经济来源并不能完全满足新闻媒体自身发展的需要。新闻产品自身的版权收益，无疑是增加新闻媒体收入的第二个主渠道。

---

1 黑格尔.法哲学原理［M］.杨东柱，尹建军，王哲，编译.北京：北京出版社，2007：33.

2 所谓权利穷竭（The Exhaustion of Exclusive Rights），系指当含有知识产权的商品以合法的方式销售或分发出去后，无论该商品再辗转到何人之手，知识产权人均无权再控制该商品的流转。该理论又称为"首次销售"理论。参见吴汉东，胡开忠.无形财产权制度研究［M］.北京：法律出版社，2005：105-106。

3 程德安.媒介知识产权［M］.重庆：西南师范大学出版社，2005：124-125.

4 分别参见段红彪：《人民日报数字版今起实行收费每月 24 元》［EB/OL］.中国新闻网，［2010-01-01］.链接：http://news.qq.com/a/20100101/000139.htm；《启事》，人民网，链接：http//paper.people.com.cn/rmrb/index.html。

　　强调新闻媒体的版权，并不必然妨碍新闻自由。新闻自由包含新闻传播和新闻收受两个方面，不论哪个方面的自由要得到充分的保障，都必须建立在新闻信息有足够的供应量上。只有新闻媒体和新闻作者的物质回报和精神回报得到满足，他们才愿意生产更多的新闻信息，愿意提高新闻信息的质量，进而保障公众知悉权的现实，最终促进新闻自由的全面实现。追根溯源，新闻自由和新闻事业的繁荣，必须从新闻的版权保护做起。所以，保护新闻版权，是未来新闻事业大发展的前提，也是未来立法工作亟待解决的现实问题。

（原载于《新闻爱好者》2014 年第 2 期）

　　*基金项目：本文系西南科技大学博士基金项目"党报版权的哲学研究"的阶段性研究成果。

报纸版权的财产理论分析

新闻产品的版权保护，一直处于尴尬境地。著作权法对时事新闻作品不予版权保护，但对新闻标题、新闻行文方式和版式则予以保护。对报纸来说，要保持自身的市场竞争力，在未来新闻业竞争中具有活力，需要从法律角度寻求新闻产品的财产地位，增加报业收入。新闻产品的财产地位，需要从著作权法（即版权法）中寻找理论依据。著作权法保护精神产品的财产权利。报纸版权的地位既有人格权的问题，但更多是财产权的困惑。报纸版权的财产属性，需要从财产理论的角度切入。

一、版权与财产理论

以刊载时事新闻和其他信息为主的报纸，其刊载的新闻和其他作品毫无疑问属于精神产品，而精神产品是劳动的结晶，人格是联系著作者和精神产品的中介。然而，人格并非唯一的中介，这其中还包括了精神产品的财产属性。精神产品的这种财产属性，与精神产品并不同步，而是社会发展到一定阶段的产物。在现代社会，权利意识日益成为一种普遍的社会性主张，从自然人到法人，越来越多的权利被纳入法律的框架，受到法律保护。在诸多权利中，与人们关系最密切的也最广泛的，莫过于财产权了。

财产权与劳动结缘，是现代人的普遍观念。相对于财产本身而言，现代财产权的观念出现得较晚。按照史学界的看法，至少在原始社会后期已经出现了私有财产。当国家出现后，继而有了"国家财产"（由国王实际占有和支配）的观念。当时，无论是私产还是以国王为代表占有的国家财产，和"君权神授"一样，财产（权）也具有某种神性。"财产之所以为财产，只因为它受到了尊重，换言之，它具有神圣的性质。"在世界范围来看，在财产权的起源中确实没有发现它和劳动有直接的关系。是洛克（Locke）第一次将财产与劳动放在一起，他的财产理论中的财产权利，只有以劳动为基础，才是合法的[1]。洛克的劳动理论"塑造了

---

[1] 涂尔干.职业伦理与公民道德［M］.渠东，付德根，译.上海：上海人民出版社，2006.

我们的宪法对于财产的理解""将财产说成是自我表达的人格理论"[1]。

在素有"自由主义评论家"之称的英国著名政治哲学家约翰·格雷先生看来，洛克的知识论可能是站不住脚的，并且与他关于自然法的基础在于神圣指令的说法基本上是不一致的。他那周详的财产权理论可能是含混的和富有争议的，并且它与一种劳动价值论联系在一起，这一理论成为后来自由理论弱点的一个根源。但是，他认为缺乏私有财产权这一重要的权利，自由将化为乌有的观点，却为政治思想留下了一个永久性的标志，它赋予了英国自由主义以一个明显的特征[2]。

就财产权与神性的关系看，中国的财产权利观念的演变也具有类似的发展路径。正如我国历史学家侯外庐先生所指出的那样："礼器就是所获物与支配权的合一体，由人格的物化转变而为物化了的人格，换言之，尊爵就是富贵不分的王室子孙的专政形式。"[3]礼器在我们的先人那里具有神性的因子，人们不得亵渎，它们是神权在人间的象征。至于人，可以替天管理世间的万物，而没有占有权。"人的财产权仅仅是神的财产权的替代物而已。因为具有神圣性质，归众神所有的物才有可能为凡俗所有。同时，这种属性也使财产成为了人们尊重的对象，成为不可侵犯的东西（换言之，惟有这种属性才能使财产成为财产）。"[4]

精神产品被看作"人格的物化"。对智力作品精神权利的主张，是人格形成的前提。而财产权的获得，在黑格尔看来，对于个体自由的实现是十分必要的，因为个体通过生产物品和从事手艺把人格转化到外部世界。用里夫的话说，"财产能使个体把它的意志变成'物'"。可见，精神产品的财产权利，本质上是人格的经济化。从这个意义上说，"财产是人的人格表达，是自我实现的方式。"[5]

将知识转化为社会财富，是人类的特殊本领。知识产品（精神产品）转化为个人（包括法人）财富的历史虽然很长，但真正成为一种自觉的意识，一般认为是 17 世纪的事情。英国的培根提出了"知识就是力量"的观点。把培根的这个洞见升华到"知识创造财富"的高度的，则是一个名叫威廉·波特的人。1650 年，

1　刘春田.中国知识产权评论：二卷［M］.北京：商务印书馆，2006：2-3.
2　格雷.自由主义［M］.曹海军，刘训练，译.长春：吉林人民出版社，2005：21.
3　梁治平.法律的文化解释［M］.北京：生活·读书·新知三联书店，1994：292.
4　涂尔干.职业伦理与公民道德［M］.渠东，付德根，译.上海：上海人民出版社，2006：125.
5　斯皮内洛.铁笼，还是乌托邦［M］.北京：北京大学出版社，2007：93.

威廉·波特在英国出版了一本相当具有先见之明的小册子，指出"象征性的财富将取代真实的财富"。波特所谓的"象征性的财富"，用今天的术语说就是知识财产。20世纪80年代，美国的未来学家阿尔文·托夫勒多次强调，公司的大楼机器已经不重要，重要的是营销与业务能力、管理阶层的组织能力、藏在员工脑袋里的创意[1]。"藏在员工脑袋里的创意"，即今天正在大力推行的"文化创意产业"。文化创意的实质是精神创造，是知识产品，是知识财产。而知识财产的创造能力，衡量着一个国家的创新能力，成为社会财富增长的重要组成部分。版权对知识财产的保护，即是对财产权的尊重，进而是对智力劳动和精神人格的尊重。

二、新闻报道的财产地位应该得到社会的尊重和法律的认可

从"Power"（力量）到"Wealth"（财富），反映了人们对知识价值的认知在不断地深化。"知识就是财富"的理念，在传媒业里同样得到很好的验证。进入21世纪，全世界的传媒业每年所创造的财富总值在1万亿美元左右，并以每年7%的速度稳步增长。到2006年，仅全球的报纸行业就可以产生1 800亿美元左右的财富。社会知识与个人智慧相结合所具有的潜力构成了一种特殊的资源，这种可再生的"藏在头脑里的资源"的储备量无法估量，知识产权正领衔主演当今世界的经济大戏。而新闻媒体的版权（著作权）又是知识产权最重要的成员，以至于"没有任何一个明智的国家，应该被这样一个回报丰厚并且快速增长的财富源泉排除在外"[2]。

如前所述，人们对版权保护的担忧在于版权保护会阻碍全社会成员对知识产品的分享。在不少人看来，一旦新闻产品成为著作权或报纸的财产，获得了法律意义上的（无形物）产权，公众对信息的获取将受到限制。其实，知识产权远比传统财权更讲平等主义。社会结构的日趋复杂和精密，客观上要求不能再将财产限制在一个传统的规范结构里面，而应该解释为存在于一个历史进程中，财产的家族在膨胀，知识财产的小家族自身的数量也在不断增加，惟有如此，人类的精神创造才具有更多的活力，知识财产的总量才能以超过人们预计的数量快速增

1　托夫勒.权力的转移［M］.吴迎春，傅凌，译.北京：中信出版社，2006：40-41.
2　程德安.媒介知识产权［M］.重庆：西南师范大学出版社，2005：5.

长。法律的滞后受限于诸多的客观因素,版权研究则不能没有开放的视野,不能囿于现有的法律框架和国际公约的准则。各国版权法的修订甚至多次修订,相关国际公约的逐步完善已经证明了这一点。具体到版权的财产权,正如米勒诉泰勒案(Millar v. Taylor)的法官阿斯顿法官所指出的那样,虽然"情感和原理可以被认为是观念性的,但当同样的东西通过印刷媒介而传播给每个人观看和理解时,该作品就变成了一个可予区别的财产对象"[1]。该案的律师布莱克斯通进一步解释道:"智商劳动与大脑的生产结果是正当地有权获得由此所产生的收益的,正如体力劳动一样;文学作品是作者自身劳动和能力的结果,他对于作品所产生的利益享有一种符合道德和公平的权力。"[2]

在西方,财产被视为一种维持现状的特殊社会装置。早在18世纪,埃德蒙·柏克(Edmund Burke)就曾指出,财产"最有助于社会本身的不朽"[3]。"没有财产的地方亦无公正",而"分立的财产是任何先进文明中道德的核心"[4]。科学合理的财产制度,可以增加人们对未来的预测,这是人类社会发展的内在的逻辑。"产权强调了改革的要点是将'激励搞对',分立的秩序强调改革的要点是将'秩序搞对'。激励是秩序的一部分,所以进一步改革的关键是能够演化出一套分立的秩序,即自发秩序。""分立的秩序意味着竞争秩序的建立,意味着市场能够真正地成为发现的过程。"因而,"分立的财产比私有财产更能抓住中国经济增长的关键。"

"分立的财产"理念倡导的是按照财产的属性、归属进行分类设置财产。作为传媒产业支柱之一的报业,其财产的构成同样必须进行重新界定。以往,统计、核算报纸对国民经济的贡献时,采集的是报业的发行收入、广告收入,尽管在统计数表上有个"其他收入"的栏目,这个栏目的内容究竟为何并不清晰。报纸的版权保护,除了保护的精神权利(报格)以及报纸编辑记者的人格权利外,他们由版权所获取的收益而形成的财产权,自然也是被重点保护的客体。

---

1 谢尔曼,本特利.现代知识产权法的演进:英国的历程(1760—1911)[M].金海军,译.北京:北京大学出版社,2006.

2 谢尔曼,本特利.现代知识产权法的演进:英国的历程(1760—1911)[M].金海军,译.北京:北京大学出版社,2006.

3 刘春田.中国知识产权评论:二卷[M].北京:商务印书馆,2006.

4 哈耶克.致命的自负[M].冯克利,胡晋华,等译.北京:中国社会科学出版社,2000.

长期以来，由新闻产品版权衍生出来的财产保护被边缘化了。尽管"精神性的东西还是可以作为物的，因为精神的东西可以通过表达而成为一种外在的现实的存在形式。从这种意义上说，精神性的东西也是一种物，只不过不是一开始就是，而需要通过表现和转化"[1]。知识产品的抽象性，决定了其品种的丰富性。在众多的知识产品中，有些产品的创造性表现得比较充分（如文学作品、艺术作品和发明专利），有些产品的创造性特征则不够明显，这些产品给人的印象仅仅是"大量劳动的产物：由通讯社收集并发布的新闻报道或者由金融商计算出来的股票指数"[2]。虽然根据国际新闻社诉联合通讯社案（International News Service v. Associated Press）的裁决，其他形式的资料汇编也可能获得准财产的地位[3]，但这样的准财产地位可能是不够公正的，因为新闻产品不仅是耗费了体力的汇编产品，而且是工业化生产流水线上创造性劳动的结晶。换句话说，新闻报道的财产地位应该得到公正的待遇，亦即社会的尊重和法律的认可。

三、报纸版权应遵照版权法（著作权法）许可的保护期限执行

和其他类型的知识财产不同，报纸产品版权所获得的财产有自己的特征，这个特征就是报纸版权财产的"生命周期"。任何财产都有消亡的时候，传统有形财产寿终正寝之日，其经济寿命也将同时结束。无形财产的情况不是这样，精神的永恒性决定了精神产品在形态上的永恒，但其经济寿命却不能永恒。从世界上第一部版权法诞生的那天起，从来没有哪部版权法赋予过任何知识产品经济收益方面的无限期。尽管版权法（著作权法）保护作品的期限几经延长，相对于知识产品的永恒而言，知识产品的经济寿命还是显得相当短暂。以我国修正后的《著作权法》为例，该法第二十条规定"作者的署名权、修改权、保护作品完整权的保护期不受限制"，第二十一条规定：公民作品的保护期为作者终生及其死亡后五十年，截止于作者死亡后第五十年的 12 月 31 日；合作作品的保护期截止于最后死亡的作者死亡后第五十年的 12 月 31 日；法人或者其他组织的作品、著作权（署名权除外）的保护期为五十年，截止于作品首次发表后第五十年的 12 月 31 日。

1　黑格尔 . 法哲学原理［M］. 杨东柱，尹建军，王哲，编译 . 北京：北京出版社，2007：23.

2　刘春田 . 中国知识产权评论：二卷［M］. 北京：商务印书馆，2006：20.

3　刘春田 . 中国知识产权评论：二卷［M］. 北京：商务印书馆，2006：7.

可见，作者的精神权利是无限期受到保护的，经济权利的保护为作者的寿命另加50年为限。其他国家的版权保护期限，也大致相似。

报纸新闻作品的版权地位没能解决，其版权的保护期问题当然更为尴尬。学术研究的前瞻性要求我们对报纸新闻作品版权的经济寿命予以必要的关注。哈耶克在《致命的自负》中写道："……赞成版权必须几乎完全视情况而定，有些极为常用的作品，如百科全书、词典、教科书和工具书，如果它们出现之后马上就可以免费复制，它们大概根本就不可能生产出来。"[1] 报纸刚好相反。作为新闻信息传播的黄金时间，报纸的新闻报道可以被自由复制，如果这种状况没有时间的限制，报纸产品自始至终都可以无限制被免费复制。可以设想，缺乏经济利益的刺激，终将挫伤报纸源源不断生产优质报道的积极性。英国管理学教授马克斯·H. 博伊索特的观点是：知识资产的经济寿命是它赖以维系的知识基础发生变化的速度快慢的函数。他举例说，一张报纸的寿命一般不会超过24小时，因为过去的新闻根本不再是新闻了。他得出的结论是，"实物资产的经济寿命也是知识内容的经济寿命的函数"[2]。将报纸等同于日常的物质财产，断言报纸新闻的经济寿命随着新闻不再是新闻而失去了经济价值，进而报纸作者和所有者也失去了对报纸新闻的财产权，只能说是对新闻产品的属性缺乏足够的了解。报纸新闻是明天的历史，报纸新闻的产生是一个行业协作生产的结果。只要承认报纸不是简单的"额头出汗"就可以制造出来的产品，那么，报纸新闻的经济寿命就不宜套用"实物资产"经济寿命的算法，而应遵照版权法（著作权法）许可的保护期限执行。《纽约时报》对一周前的报纸实行收费查阅，是报纸经济意识觉醒的写照，也是报纸维护自身版权经济权益的先驱者。

四、结语

版权的财产理论告诉我们，新闻产品虽然是一种公共信息产品，产品向社会大众开放，但这种公共性本身只是就新闻产品的消费对象而言。对新闻机构而言，服务公众是其存在的前提。新闻产品的公共性并不意味着新闻产品的所有权无偿让渡给社会。那样的话，新闻机构就成为纯公益性事业单位。纵观世界范围内传

---

1 哈耶克 . 致命的自负［M］. 冯克利，胡晋华，等译 . 北京：中国社会科学出版社，2000：37.

2 博伊索特 . 知识资产——在信息经济中赢得竞争优势［M］. 张群群，陈北，译 . 上海：上海世纪集团，2005：205.

媒业的发展史，包括我国正在进行的新闻单位体制改革，均表明新闻机构的企业性质符合事物发展规律。既然新闻机构是企业，那么，其产品必须具有价值，这种价值可以转化成生产者的财产。研究新闻版权，必须重视新闻版权的财产理论，只有从劳动理论层面审视新闻的版权哲学问题，才可以为新闻版权寻找哲理上的合理性。

党报是目前我国报纸的主体，党报和商业报纸的区别，不在于投资的主体，而在于报纸承担的使用有所区别。就报纸版权的财产理论而言，报纸版权的财产权广义上归全体国民享有，都市类报纸版权的财产权则属于地方性的国有财产。不论这种财产最终的权属对象如何，作为报社重视版权的财产权，是保证新闻事业蓬勃发展的内在要求，是避免自身陷入经济困境的有效手段，应加大挖掘这方面的潜力。

（原载于《西南科技大学学报（哲学社会科学版）》2013年第4期）

*基金项目：本文系西南科技大学博士基金项目"党报版权的哲学研究"（课题编号：10zx7151）的阶段性研究成果。

媒体版权纠纷中的和解现象及其批判

媒体在创造着独特的新闻文化。不论是纸媒的版式、新闻作品和报道风格，还是电子媒体的节目形态、节目内容和编排手法，无不凝聚着媒体从业者的智慧和汗水。所有经得起市场检验的媒体产品，必然包含着创新的成分，而创新正是版权产生的首要条件。随着版权法（著作权法）的普及，包括媒体在内的社会各界，其版权保护意识日渐觉醒。版权保护觉醒的最大表现，在于版权纠纷案件的增加。其中，媒体版权纠纷的数量，也在逐年增多。

在当代社会生活中，媒体的所作所为引人注目。媒体一旦卷入版权纠纷，舆论会格外关注版权纠纷的解决结果。法治时代，围绕权利、利益产生的纠纷，世界上通行的解决途径有两种：要么通过纠纷双方的自我协调自行解决，要么通过诉讼程序由法院裁决。美国学者埃尔曼[1]将解决纠纷的方法归为纠纷主体通过协商自己解决和将纠纷交付裁决两类。日本学者棚濑孝雄把解决纠纷的类型分为根据合意的纠纷解决方式和根据决定的纠纷解决方式，前者指双方当事人通过协商性交涉达成合意解决纠纷，后者指第三方就纠纷应当如何解决作出指示，并据此终结纠纷。

如今，包括版权在内的民事诉讼领域，多元化纠纷解决机制颇为流行。媒体版权纠纷在庭外、庭内以和解的形式解决，具有一定代表性。对于媒体版权纠纷中的和解现象，有探析的必要。

一、诉前和解——私了

作为利益集合体的人类社会，社会成员之间的利益关系处于动态的平衡过程中。新的利益不断产生，利益一旦形成，必须有所归属。利益的归属，并不总是明晰。许多时候，它是权利博弈的结果。只要权利的界限没有被明确地界定下来，就为利益的纠纷埋下伏笔。

1　埃尔曼.比较法律文化［M］.贺卫方，高鸿钧，译.北京：生活·读书·新知三联书店，1990：155.

版权作为一项私权，通常归其创造者所拥有。在版权创造者单一的情况下，版权的归属并不存在争议。从权属角度看，媒体版权属于混合版权，其创造者有单一主体的，更多则是多主体的。不论是报社记者采写的稿件，还是电视记者制作的节目，多具有合作性质。合作性质的作品，决定了新闻版权的归属应依据实际参与创作（含编辑）人员的贡献来分享同一作品的版权。属于职务行为的作品（如社论），单位拥有版权的所有权，作者仅享有版权的使用权。

新闻版权的复杂性还在于，新闻产品具有写实的特性，在采写新闻时不可避免地会使用被采访对象的观点作为素材。在编排、制作新闻过程中，有时需要使用资料图片。为此，媒体版权应注意与新闻产品相关的邻接权。邻接权处理不当，容易引发版权纠纷。2012年5月14日，中央电视台制作的纪录片《舌尖上的中国》与观众见面。因该纪录片海报"舌尖上的腊肉"采用了许钦松的作品《岭云带雨》，引发版权纠纷。

媒体的版权纠纷发生后，具体采取何种方式解决，取决于纠纷双方的意愿。涉及媒体的版权纠纷，以媒体侵权居多。事发后，涉事媒体多采取私下沟通的方式，征得权利受害人的谅解。如果权利受害人提出的条件媒体能接收，会以私了的形式在诉讼之前解决问题，进而避免诉讼。以《舌尖上的中国》海报版权纠纷为例，《舌尖上的中国》播出后，赢得观众的普遍好评。中央电视台的牌子，质量上乘的纪录片，其新闻价值很快让这起版权纠纷成为媒体竞相报道的对象。海报设计者张发财向许钦松致歉，起初许钦松表示该事件不适合私下解决。因为作品的侵权不仅与海报设计者本人有关，还涉及了中央电视台，处理方式值得慎重考虑。但是，许钦松的代理律师建议，若通过法律手段解决，将涉及一笔高额的侵权赔偿金。许钦松考虑到《舌尖上的中国》客观上有益于中国文化在海内外传播，决定对此侵权事件不作深究，希望通过该事件让更多创作者、设计者、作品使用者形成强烈的版权意识、法律意识，在日后的创作中避免此类侵权事件的发生。

诉前和解，即通常所说的"私了"，其法理基础在于私权自治。如前所述，版权属于私权，其权属对象以个人为主。个人的版权权利受到了侵害，通过何种途径维权，权利人有选择的自由。对权利人而言，诉讼与非诉讼，要看什么样的解决途径有助于实现个人的利益最大化。诉讼需要支付相应的时间成本和经济成本，有时还包括精神方面的成本[1]。相反，纠纷双方直接协商，或者第三方协调，商谈侵权的处理事宜。若权利人提出的要求，侵权方可以满足，纠纷就此化解。可见，诉讼是诉求协商失败后的被迫选择。在司法实践中，法院也鼓励纠纷双方自行商讨。由此观之，私权自治。

> "解决纠纷的目的在于消除纠纷当事人的争议，使彼此原本的法律权利和义务得以恢复。面对纠纷，当事人首先强调的是其主体自治性。即使自己的意志在纠纷的解决中能够得到充分的展现，并基于公正性、成本、效率及利益实现多重因素的考量，选择何种纠纷解决方案取决于当事人的意思自治，和解方案能否被选择的关键也是归于纠纷当事人各方的利益衡平。"[2]

当前，与媒体相关的版权纠纷渐多，表明我国公众的版权保护意识在提高。从历史上看，虽然宋代我国就有了版权保护的措施，但真正现代意义上的版概念和版权立法，则源自西方国家。从世界范围看，民众的版权权利意识，真正的启蒙始于20世纪80年代。我国《著作权法》的颁行和修订，使版权观念逐渐普及。文化繁荣的前提是文化创新，而新闻文化是当代文化中一个重要的分支。新闻文化的创造，首先要求新闻媒体尊重他人的版权，保护自己的版权。客观地说，媒体在维护自身版权权利方面，做得较好。比如，《舌尖上的中国》版权方就相当重视保护其相关法律权利。在其官网上，有一则中央电视台纪录片《舌尖上的中国》新媒体权利声明："任何单位和个人，凡通过前述信息网络传播央视纪录片《舌尖上的中国》，均须事先与本机构协商并签订版权合作协议，取得授权后方可传播。"[3]

媒体重视自身版权保护，前提是需要尊重他人的版权权利。《舌尖上的中国》海报设计者未经许钦松同意，擅自将许钦松的画作植入海报，涉嫌侵犯许钦松的署名权、修改权、保持作品完整性以及获酬权等权利。尽管这起版权纠纷在诉前即得以解决，维护了中央电视台及《舌尖上的中国》版权方的声誉，间接惩罚了

---

1 譬如，采取诉讼途径解决纠纷，被诉讼方可能会托人给诉讼人施加某种压力，劝其撤诉，由此给诉讼人造成精神压力。

2 卓家武，朱德宏.纠纷自行和解的权理基础——意思互动与利益衡平［J］.沈阳农业大学学报（社会科学版），2011，13（02）：179.

3 张演钦.许钦松山水画变成"舌尖上的腊肉"［N］.羊城晚报，2012-6-3.

版权侵犯方，但诉前和解表明权利受害人的版权诉讼意识不足，变相将属于自己的版权权利让渡给媒体。诉前和解（私了）的私权自治虽然符合当事双方的利益，但对打击版权侵权现象，维护《著作权法》的法律尊严，则相对不利。

二、审前和解——撤诉

诉讼是人类文明的产物。当处于纠纷中的双方无法自行调和其矛盾时，纠纷双方至少有一方主动通过司法程序来寻求矛盾解决的途径。对纠纷当事双方而言，诉讼意识是维护权益的必要条件。在版权保护意识薄弱的环境下，人们普遍对版权缺乏基本的认识，当事人的版权利益受损，却不知道以何种理由追讨损失。随着版权权利被更多人所认识，版权保护意识不断强化，版权诉讼意识也相应提高。出现版权纠纷后，一旦私了失败，诉讼便成为首选。

诉讼只是解决纠纷的手段，而不是解决纠纷的目的和结果。在不少国家的行政、民事诉讼案件中，结案方式为撤诉的案件占有相当比例。具体而言，就是调解多、撤诉多而判决少。在媒体版权纠纷中，案件正式审理前原告申请撤诉的现象，同样具有一定普遍性。

考察我国现有与媒体相关的版权纠纷诉讼案，有三个现象值得注意：其一，诉讼主体主要由媒体从业者以外的作者构成；其二，新闻媒体是版权侵权的主体；其三，撤诉、庭外调解的比例居高不下。前两个现象表明，一方面在媒体和作者之间，媒体在尊重新闻单位以外的作者版权权益方面还有较大的提升空间；另一方面，也反映出媒体在版权方面的诉讼意识相对薄弱。媒体对著作者的版权权利不够尊重，自身也没有意识到其他类型媒体对自己版权的侵害。更为重要的是，在新闻单位成为被告时，通常采取庭外和解的办法，促使起诉者撤诉，以维护新闻单位的声誉[1]。

《中华人民共和国著作权法》第五十五条允许著作权（版权）纠纷通过调解的方式解决。调解的形式有两种：诉讼方与被诉讼方之间在庭外自行调解以及法官的当庭调解。这类调解达成协议后，由诉讼方向法庭提出撤诉，法院以裁定的

---

[1] 在中国民商法网检索中心案例库检索到的涉及报社著作权的案例共有 177 篇。法院对诉讼的处理结果为：裁定书（原告撤诉）81 篇；调解书（法院对原被告之间进行调解，双方达成共识）22 篇；民事判决书（无调解或其中一方不同意调解）73 篇；其他篇。检索时间：2012 年 6 月 24 日的 22：00 到 2012 年 6 月 25 日的 00：30。

形式准许。

　　庭外自行调解后原告主动撤诉，此类媒体版权纠纷案例非常普遍。以报纸版权纠纷案件为例，"程桂华诉人民日报社文化事业中心著作权侵权纠纷案""北京全景视拓图片有限公司诉人民日报社侵犯著作权纠纷案""吴筑清诉光明日报社侵犯著作权纠纷案""陈金钊诉光明日报社侵犯著作权纠纷案""魏肇权诉光明日报社侵犯著作权纠纷案""北京全景视拓图片有限公司诉参考消息报社等著作权侵权纠纷案""星金标诉北京晚报等侵犯著作权纠纷案""王汶诉北京晚报社侵犯著作权纠纷案""叶洪桐诉北京晚报侵犯著作权纠纷案""唐朝诉（香港）亚洲论坛报社侵犯著作权纠纷案""北京美好景象图片有限公司诉中国妇女报社侵犯著作权纠纷案""北京市嘉华苑科技发展有限责任公司诉南方日报业集团21世纪经济报道社等著作权侵权案""北京全景视拓图片有限公司诉南方都市报社等侵犯著作权纠纷案""北京全景视拓图片有限公司诉新民晚报社等侵犯著作权纠纷案""北京嘉华苑科技发展有限责任公司诉《中国经营报》社侵犯著作权纠纷案""北京全景视拓图片有限公司诉广州日报社著作权侵权纠纷案""原告崔亚斌与被告江苏新华日报报业集团有限公司著作权侵权纠纷案"，这些涉及媒体版权纠纷的案件，原告对报社的诉讼均以主动撤诉的和解形式告终。

　　撤诉是进入诉讼程序的当事人根据自己的意愿主动提出终结诉讼的行为，是程序处分权的具体表现形式之一。具体而言，在法国学者让·文森、塞尔日·金沙尔看来，撤诉是"原告向被告提出并由被告接收的一种'不待判决、即停止诉讼'的提议"[1]，其所希望的仅仅是熄灭诉讼、熄灭诉讼程序，但仍然保留其追究权利。民事撤诉制度体现了诉讼主体的自主处分原则，撤诉制度是私法意思自治在诉讼领域的延伸。意思自治的法理在于，每个社会成员均有依据自己的理性判断管理自己事务的权利。意思自治有利于诉讼双方当事人形成权利义务的预期，他们可以根据自己的选择预见法律行为的后果。此外，意思自治也有利于契约争议的迅速解决，节约交易成本。我国的《民法典》第五条所规定的"民事活动应遵循自愿原则"，也正是私法意思自治的法理依据。

　　纵观媒体版权案件审前撤诉的原因，主要包括：（1）原告或上诉人因被告

1　文森，金沙尔.法国民事诉讼法要义：下［M］.罗结珍，译.北京：中国法制出版社，2000：1044.

改变看法，愿意承担违法损失；（2）原告或上诉人屈服于行政机关的压力而撤诉；（3）原告或上诉人经过法院的"协调"而撤诉。我国媒体版权纠纷的撤诉案件，以第一类和第三类现象居多。目前，越来越多的法院为节约司法成本，维护新闻单位的声誉，倾向于庭外调解。例如，2011 年 7 月 25 日，北海市中级人民法院受理了原告北京全景视拓图片有限公司、北京全景视觉网络科技有限公司以图片广告刊登方北海日报社、北海晚报社等为被告的 14 起著作权侵权纠纷案件。原告以被告在未获得授权且不支付著作权使用费的情形下，擅自使用其享有著作权摄影作品，要求被告停止侵权并赔偿因侵权造成原告相关的经济损失共 165 000 元。该法院鉴于这些著作权侵权纠纷案件涉及了北海市委党报——北海日报社，从分管院领导到庭长强调要争取调解结案。最终，14 起案件以被告方向原告支付总金额为 29 000 元的许可使用费达成了和解协议。对此，北海市中级人民法院认为，这批案件以撤诉结案，"不仅实现了诉讼成本最小化，而且达到了法律效果和社会效果的有机统一"。

撤诉现象的大量存在，从司法的角度看节约了诉讼双方的时间和精力，减少了因诉讼增加的边际成本，是法官所希望达到的一种结果。可是从伦理的角度看，撤诉现象的社会危害同样不能忽视。诉讼效率高，意味着国家在版权诉讼领域投入的司法资源少。但是，诉讼效率的高低存在一个度的问题：假设诉讼效率过高，国家必须投入适当司法资源以保证诉讼程序的正当性；假设诉讼效率过低，必须在国家投入司法资源有限的情况下，还能保证查明案件事实、厘清当事双方的责任、正确适用法律条文。可见，诉讼效率只有在其应有的"度"的框架内才具有合理性。

版权纠纷从私了过渡到诉讼，对诉讼当事人来说，诉讼的直接目的在于追求精神权利的尊重和经济利益的补偿。对于社会来说，版权纠纷通过诉讼裁决，可以促进版权保护制度的最终确立。撤诉，满足了诉讼双方利益调和的需要，由此导致了司法侵权定性的缺席，并且撤诉因缺乏有效的法律约束，助长了版权使用者的法律规避行为，导致著作权法对版权侵权行为的监督和对版权人权利保障目的的变相落空。

三、和解现象批判

人类社会和自然界不同，在于主体具有法定的权利以及相应的权利意识。从某种意义上说，离开了权利也就没有了现代人类自身。人的权利以及由权利产生的利益处于动态变化之中，这种变化并不稳定，导致权利界限的模糊和交叠，权利的动态变化使得权利之争大量存在。权利之争，造成了权利纠纷不断涌现。具体的纠纷只是暂时现象，解决纠纷是社会的客观需要。现代社会所关注的不是纠纷如何得到解决，而是应当如何解决纠纷。不论是非诉讼的私了，还是诉讼（含庭外和解撤诉、法庭调解撤诉和判决），纠纷的多元解决方式及其特定的功能之间相互协调、相互补充，构成一种满足社会主体多种需求的程序体系和动态调整系统。媒体版权纠纷以和解方式解决，利弊兼有。版权纠纷属于法律问题，而"法律问题是社会问题的一种，需要把法律问题放在更宽阔的社会背景下进行考察，才能更准确地进行定位及解决"[1]。对于媒体版权纠纷中的和解现象，有必要以批判的眼光来审视。

先来看诉前和解（私了）现象。作为私权的版权，保护的是个人精神权利和智慧财产权利。版权保护著作者的发明创造和个性表达，进而促进文化创新。版权受到侵害如果得到纠正，侵权者如果不能受到惩罚，则模仿、抄袭、盗用现象必然泛滥。素享有社会良心美誉的新闻媒体，本应是社会的道德楷模。但反观我国不少媒体的版权侵权事例，对于权利人的主张要么置之不理，要么通过代理人寻求私下和解。前文提到的《舌尖上的中国》海报涉嫌版权侵权事例，较为典型。版权受害人的律师，也不希望雇主采取诉讼维权。这从一个侧面表明，我国的著作权法的权威性有待提高，版权诉讼的成本较高，诉讼难度较大，这在客观上使权利受害人对诉讼程序产生畏惧心理，进而主动接受妥协条件。正如美国学者埃尔曼所言，在缺乏裁决机构或者蔑视诉讼的地方，通过协商解决纠纷是人们倾向性的选择[2]。

媒体作为社会的瞭望者，亦应注意观察自身的变化。这其中，就包括观察自身的不足。建设法治社会，媒体是法治理念的传播者，同时也应无条件遵守法律及相关的规章制度。我国的著作权法颁行多年，保护知识产权，是全体公民和法人的义务。近年来，新闻媒体在保护自身的著作权利益方面，取得明显的进

1　托马斯·莱塞尔.法社会学导论［M］.高旭军，等译.上海：上海人民出版社，2008：6.
2　埃尔曼.比较法律文化［M］.贺卫方，高鸿钧，译.北京：生活·读书·新知三联书店，1990：155.

展，省级以上的新闻单位，竞相设置法务部门，聘用专职律师或兼职律师。对于媒体版权的受害现象，一些媒体对侵权者提出诉讼，并用新闻报道的形式进行宣传[1]。法治精神在于权责必须对等，片面主张自己的权利，忽视自己的责任，显然是对法律精神的亵渎。对媒体来说，熟悉与传媒相关的法规，在新闻采编和新闻传播过程中，避免因新闻参与者的工作不当侵犯他人权利，应成为一种常态。当侵权事实发生后，不利用媒体的社会关系给受害人施加压力。选择私了，只是对当事双方有利，对公众并无教育警示意义。可见，私了对法律环境的建设并无裨益。

对违犯著作权法的处罚不重，作者同意媒体的私了请求，其获益通常高于法院的判决赔偿标准，但这只是满足权利人眼前的利益。一次版权纠纷私了，只能解决一个问题。版权侵权的媒体可以继续侵犯其他版权所有人的权益。由是观之，诉前私下和解，涉事双方在协商后固然可以圆满解决纠纷，其危害在于：其他新闻媒体并未意识到媒体有时也是侵权的主体，甚至私了的媒体依然无视其他版权人的权利，继续侵权。

再来看审前和解现象。对侵权者来说，被诉讼是最好的普法手段。在地方法院那里，调解、撤诉被当理解成和谐社会建设的考核内容。一些法院在"意思自治"方面认识存在误区。私法领域的意思自治虽然是诉讼双方的权利，但这种权利行使应有所节制，否则就是对权利的损害。康德认为：

> 如果在某种程度上，行使自由的本身就是自由的妨碍，那么，根据普遍的法则，这是错误的；反对这种做法的强迫或强制，则是正确的，因为这是对自由的妨碍的制止，并且与那种根据普遍法则而存在的自由相一致。于是，根据矛盾的逻辑原则，所有的权利都伴随着一种不言而喻的资格或权限，对实际上可能侵犯权利的任何人施加强制。[2]

案件正式审理前，诉讼双方私下和解后主动撤诉，符合意思自治原则，法院准许撤诉也很正常。需要指出的是，审前和解并撤诉，只适合媒体版权侵权社会

1　如新京报社，对浙江在线未经授权大量转载其报道，曾集中提起版权诉讼。

2　康德. 法的形而上学原理——权利的科学［M］. 沈叔平，译. 北京：商务印书馆，1991：29.

反响不大、危害不深的纠纷案件。毕竟，进入诉讼程序的和解，对侵权方（这里指新闻媒体）已经达到某种法律教育之目的。若要确保媒体牢牢树立版权意识，学会自觉尊重他人的版权权利，法院应控制由意思自治而撤诉案件的比例，以警示媒体意识到：自己侵犯他人的版权，既面临经济赔偿的风险，同时也将损害自身的社会声誉。事实上，私法上的意思自治原则受到不少诘难与批评，越来越多的国家在立法中对之进行限制。实行有限制的"意思自治"，一方面可以保障当事人的自主权利，另一方面可以保障社会和他人的利益不致受到损害。媒体版权纠纷案件，适当限制审前和解，对促进媒体尊重版权人权利更为有益。审前和解，在客观上给侵权的媒体造成一种误识，以为自己可以掌控版权权利人的思想，进而淡化尊重他人版权的意识。

　　审前和解还违背了司法公开的原则，将本应被裁判或决定违法的被告人（媒体）裁决为无罪。表面上看，诉讼是权利人的个体行为，但诉讼的意义除了化解个体间的冲突，还有其社会意义。一起诉讼案件，可以在社会上产生相应的警示效应，警示类似的侵权行为者——侵权行为的收益将因被诉讼而付出更多的代价。要达到这样的效应，法院的判决至关重要。相反，调解（不论是诉讼双方自行的调解还是在法院主持下的调解）保护的只是被诉讼方的精神权利、减少的只是诉讼双方的边际成本，维护的是双方的利益，缺乏应有的社会意义。法院的存在，在于用专业知识和专业判断，避免类似违法行为的重复发生。经典的法院判决书，饱含了诸多的法律知识和法官的法理思维，以及诸多的道德因素。判决书对诉讼双方的影响，不仅在于让诉讼双方知道自己为什么胜诉（败诉），而且可以激励他们的权利意识，让他们懂得法律的神圣，并由此对法律产生敬畏和崇高的尊重。调解以及自行的撤诉，皆大欢喜式的结局，展示给社会的是无价值的东西。对侵权方来说，他们可能会暗自庆幸这样的结局，因为对侵权方来说这是减免侵权成本的最好方式。但是，这样的结局无论对自然人还是法人而言，通常增加的是违法无碍的侥幸心理，而不是对法律的敬重和对被侵权方的由衷忏悔。

　　此外，如前面所举的北海市那个例子，涉及媒体版权纠纷的案件，地方法院以和解之名给双方当事人施压，这种庭外和解间接侵犯了当事人的合法权益。就版权保护来说，诉讼方提出撤诉虽然符合法律规定，但未必是权利人真实意图的表达。浏览数十份涉及媒体版权纠纷的撤诉裁定，不少裁定书称撤诉"是原告真实意图的表达"，只是字面意义上的真实与原告内心意图的真实之间，显然有不小的距离。"在我国目前的民事审判体制下，撤诉不再被看作当事人自己的事情，相反，法院以积极的姿态出现在撤诉程序运作中，具体表现为法院'动员'当事人撤诉。也就是说，在撤诉实践中法院的干预重点不是审查和限制原告行使撤诉权，而是主动要求原告行使撤诉权，颇有'不告而理'之嫌。"[1]

撤诉现象的普遍存在，使违反著作权法的行为受不到应得的处罚，媒体的侵权行为得不到纠正，进而对版权所有人和公共利益的侵犯仍会持续。对于非正常撤诉侵权案件，势必要采取相应的对策予以限制。必须在弘扬法治文化、更新诉讼观念的基础上实行制度创新。可以规定，在法院已经合议并宣布判决之前，如果当事人提出撤诉，禁止当事人再次起诉。

四、结语

法律是一项人的事业。人的活动，人的诉求，人对是非的认识，是这项事业的重要内容。因此，法律事业承载的是人的欲念、希望和追求。正因为这样，法律无法斩断与本民族历史、文化的联系。我国的和谐思想源远流长，至今仍影响着我们的社会生活。避免诉讼，进入诉讼程序也追求和为贵，这类思想非常普遍。新闻媒体在我国社会的特殊地位，其活动能力和影响力远远超过普通的个体。个体与媒体之间发生版权纠纷，在判决解决与和解解决之间，后者所占的比例远远超过前者。如果版权侵权行为都以这种形式处理，无疑是法制社会的倒退。无讼，或者讼而不判，都是法治失灵的表现。媒体版权纠纷中的和解现象，属于纠纷没有得到有效解决。而"纠纷没有得到有效解决的一个重要原因，是解决方案本身出了问题。为了'解决'解决方案而不是解决纠纷本身成为所有问题的重点"。[2]

媒体的法制管理，包括对媒体版权纠纷的管理，目的在于将媒体纳入遵守著作权法的轨道，而不是片面维护媒体的形象和声誉。媒体版权纠纷的和解现象所表达出的是一种和谐的假象，其实质是对版权侵权行为的变相纵容。无论是版权者还是新闻媒体，树立诉讼意识不仅仅是将起诉作为威慑侵权者的手段。在版权

1 王福华.正当化撤诉［J］.法律科学.西北政法学院学报，2006（2）：110.
2 贺海仁.无讼的世界——和解理性与新熟人社会［M］.北京：北京大学出版社，2009：155-166.

侵权现象大量存在的今天，应该追求法院的判决。判决是对侵权行为的强制性规范，撤诉（或接受法庭调解）则不利于版权意识，尤其是强势权利者版权意识的普及。

（原载于《国际新闻界》2013 年第 4 期）

*基金项目：本文系"党报版权的哲学研究"（10zx7151）的部分成果。